荊楚文庫

〔道光〕黃安縣志

〔清〕林縉光 修
〔清〕侯安國 汪瀛 等 纂

荊楚文庫編纂出版委員會
武漢大學出版社

荆楚文库

〔道光〕黄安縣志

DAOGUANG HUANG'AN XIANZHI

圖書在版編目(CIP)數據

〔道光〕黄安縣志/〔清〕林縉光修;〔清〕侯安國,汪瀛等纂.
—武漢:武漢大學出版社,2019.11

ISBN 978-7-307-21026-4

Ⅰ.道…

Ⅱ.①林… ②侯… ③汪…

Ⅲ.黄安縣—地方志—清代

Ⅳ.K296.34

中國版本圖書館 CIP 數據核字(2019)第 132336 號

責任編輯:李 程

整體設計:范漢成 曾顯惠 思 蒙

責任校對:汪欣怡

出版發行:武漢大學出版社(中國·武漢)

地址:武昌珞珈山

電話:(027)87215822 郵政編碼:430072

録排:武漢恒清圖文菲林輸出工作室

印刷:湖北新華印務有限公司

開本:787mm×1092mm 1/16

印張:28.75

版次:2019 年 11 月第 1 版 2019 年 11 月第 1 次印刷

定價:138.00 元

ISBN 978-7-307-21026-4

9 787307 210264

《荊楚文庫》工作委員會

辦公室

《荊楚文庫》編纂出版委員會

《荊楚文庫》編輯部

《荊楚文庫·方志編》編纂組

出版説明

湖北乃九省通衢，北學南學交會融通之地，文明昌盛，歷代文獻豐厚。守望傳統，編纂荆楚文獻，湖北淵源有自。清同治年間設立官書局，以整理鄉邦文獻爲旨趣。光緒年間張之洞督鄂後，以崇文書局推進典籍集成，湖北鄉賢身體力行之，編纂《湖北文徵》，集元明清三代湖北先哲遺作，收兩千七百餘作者文八千餘篇，洋洋六百萬言。盧氏兄弟輯録湖北先賢之作而成《湖北先正遺書》。至當代，武漢多所大學、圖書館在鄉邦典籍整理方面亦多所用力。爲傳承和弘揚優秀傳統文化，湖北省委、省政府決定編纂大型歷史文獻叢書《荆楚文庫》。

《荆楚文庫》以「搶救、保護、整理、出版」湖北文獻爲宗旨，分三編集藏。

甲、文獻編。收録歷代鄂籍人士著述，長期寓居湖北人士著述，省外人士探究湖北著述。包括傳世文獻、出土文獻和民間文獻。

乙、方志編。收録歷代省志、府縣志等。

丙、研究編。收録今人研究評述荆楚人物、史地、風物的學術著作和工具書及圖册。

文獻編、方志編録籍以一九四九年爲下限。

研究編簡體横排，文獻編繁體横排，方志編影印或點校出版。

《荆楚文庫》編纂出版委員會

二〇一五年十一月

前言

《〔道光〕黄安縣志》十卷首一卷，清林縉光修，清侯安國、汪瀛等纂，清道光二年（一八二二）刻本。内封鐫：「道光二年續修　黄安縣志　尊經閣藏板」。

林縉光，字黼文，清廣東南海人，舉人，嘉慶末至道光初任黄安知縣。侯安國，字玉陽，湖北興國州人，舉人，官黄安教諭。汪瀛，湖北沔陽州人，拔貢，官黄安訓導。

黄安縣建縣較晚，明嘉靖四十二年（一五六三）由黄岡、麻城、黄陂三縣析置。邑之有志始於明萬曆邑人耿定向纂《黄安初乘》。清志始成於清康熙三十六年（一六九七），由縣令劉承啟主修，距林縉光到任時已百年有餘，續修久闕，舊獻典文行將散佚。縉光蒐集舊文，以康熙志爲藍本，缺者補之，訛者正之，繁者去之，復博採輿論，參以省、郡二志，親自纂述，九閲月而書成，入尊經閣收藏。

志分十綱：地理、建置、學校、祀典、賦役、職官、選舉、人物、藝文、雜志。是志較之前志，體例更趨完善，綱目改前志之繁冗，更具條理。綱目名稱上，前志有二字至五字之分，是志除「祀典」之子目「各祠廟」與「職官」之子目「陰陽學」，及「藝文」下各子目外，均統一爲二字，更爲工整、簡要。綱目設置上亦多有改動。如將「圖考」移動至卷首；合併「沿革志」「疆域志」「風俗志」爲「地理志」，增設「建置志」，並將前志中非在自然地理範疇者如「公署」「城池」「橋梁」移入；合併「田賦户口志」「蠲賑志」爲「賦役志」；將「閨範志」併入「人物志」；改「諸祀志」爲「祀典志」，其下子目照例歸入各綱下；「學校志」之子目，前志設有十一目之多，是志詳記「黌宫」「制度」「儀章」「殿廡」「從祀」，其餘者併爲三目附之。

是志所録者多有考證，於人物更爲謹慎。如「八景圖考」，因陵谷變遷，多非其舊，縉光乃親覽境内名勝，擇其足供遊眺者易之。「職官」載實授者，有功德者爲之傳，無考者從略；「儒林」所録必爲學養純粹、抱負宏深之人；「閨範」所録需有切結等。又欲以所録裨後之人，凡忠義、孝友之懿行，若有舉報，必爲表揚，其外特增設「善行」一目，收入樂善好施之士，而「貞節」一目，雖依例應不録未旌表者，爲彰壸範亦備録之。

據《中國地方志聯合目録》，北大、湖北兩館藏有該志。本次影印以湖北省圖書館所藏道光二年（一八二二）刻本爲底本，有少許字跡不清者，以該館所藏同版本相應葉替補。（彭筱溦）

目録

卷之七　選舉志

卷之八　人物志

卷之九　藝文志

卷之十　雜志

道光二年續修

黃安縣志

尊經閣藏板

郡邑之有志由来尚矣原於周官外史
文仿乎漢書十志之例凡夫星野地輿以
及謠俗因革人物土產溯委窮源釐然具
備非徒以資博聞實治理政教之所由考
鏡也我
國家版圖式廓化澤涵濡即山陬海澨僻壤

遐荒莫不喁喁向風鼓舞恐後仰惟
聖天子釐心宵旰乂安宇内於守土親民之任
尤加意遴選以為與共治平責在良吏躬
膺璽綬者其必周知夫土地人民之宜悉
心於風俗移易之故所謂宣力布化莫重
乎此也黃安之屬黃郡始自前嘉靖中析

黃岡黃陂麻城地創置為縣其時鄉先生
楚侗耿公採輯舊聞撰為初乘一編以備
叅考至我
朝康熙三十六年邑令劉君承啟復合一百五
十年之事跡詳加考訂勒為成書迄今又
百餘年矣歷時曠久續修闕如粤東林君

黼文分符茲邑能以經術飾吏事優仕之
暇勤勤焉蒐輯舊文躬自纂述成帙後將
重壽棃棗而問序於余余維吏治者所以
宣
朝廷之德化邑乘者所以廣吏治之見聞兩
者相資具見本末余奉

命觀察刋郡每思與同事共相敦勉以守土安
民勿負委任爲亟今林君是舉不獨一邑
之文獻足徵其裨益於後世之治理豈淺
鮮哉故深嘉其意而樂爲之序
道光二年歲在壬午嘉平月分巡漢黄德
道覺羅善連譔

邑之有志猶國之有史也自周官職方
氏掌天下之圖又有外史掌四方之志此
後世郡邑志所由始其間山川人物風
俗制度罔不班班可考然有志矣使後
無修之者將向之所紀山川人物之屬亦
有時而不傳是邑賴有志尤賴嗣輯

之有人也昔劉知幾論作史三長學問
尚已顧乏淹貫之才則聞見不廣無以
盡修之能乏論斷之識則搜討未精無
以提脩之要故必有作金史之才識而後
能修一邑之興志修志可輕言與黄安
古江黄地前明析爲縣治自恭簡耿

公著有初稟追九河劉邑令纂志以来歷今百有餘年矣舊獻典文久將散佚且在志成以後一切應紀之事積年累世竟聽其廢而不修斯亦爲政者之責也嶺南林君黼文宰是邑有年政通人和以簿書之暇爲纂修之舉

參互稽考補後来之缺遺兼訂前志之脫悞不矯異不阿狥自春徂秋九閱月而編成舉凡山川之靈奇人文之美秀物産之蕃盛以及風俗制度之因革損益燦然大備洵一邑之良史也非才與識之大過乎人又豈易盡

其能而并提其要哉是爲序

道光二年歲次壬午嘉平上浣知黃州府事麗山成善撰并書

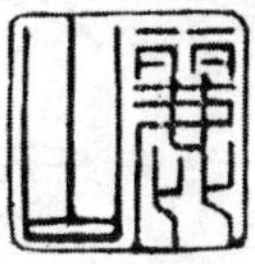

嘉慶丙子秋九月莅鄂城披閱邑乘僅鈔本多訛誤亟欲循之而未逮也今春邑人士爲之請自維譾劣不能任第職在有司責無可諉爰偕學博侯玉陽安

國汪蓬僊瀛山長壺鏡亭犢晨夕討論採而輯之以舊志爲宗參以省郡二志分十綱各以其目附焉方邑之未建也縣且無有何有於志自明嘉靖間秦鉞

李大夏諸君子起而爲之倡値厥恭簡公定向仕於朝力爲贊畫始得割三壤以成邑定百廛以居民迄今士食舊德農服先疇熙熙攘攘蔚爲都會且南糧

折而民無輓運之勞驛站免而戶鮮差徭之累

國家深仁厚澤涵養而休息之者百餘年於茲矣先是厥恭簡公著初乘厥後九河劉前令繼循之越今百

有二十餘載山川猶是城郭猶是而戶口之殷蕃土田之增闢名儒碩彥代有其人治績循聲卓焉稱最或忠孝垂爲盛事或節烈傳爲美談壹範揚彤管之

休文華擅詞林之雅已至善士逸民緇流羽客取其一節可爲世風不亟爲表彰之不幾湮沒而無傳哉因郎所舉郭者博採輿論筆之於書以俟後君子決

擇焉若以云史則吾不敢則吾不敢也

道光二年壬午秋杪知黃安縣事嶺南林縉光書於雙泉堂

建置志城池卷九公廨卷十祠祀

黃安初乘原序　學使王　圻　上海

籍家有言誌猶史也志體經見則自禹貢周職方始漢以降殆濫觴矣譚者謂常璩之志華陽盛宏之記荆州格古而辭簡要之言有枝葉先民所不貴也明興輿圖開拓視古百倍自統志外郡邑載乘在在有之顧多繁蕪不根所紀山川風俗壤則民數無裨省方實政乃今覩耿師楚侗公所著黃安初乘則彬彬乎文獻矣黃故楚疆在春秋爲江黃地國初置縣所屬於黃郡者爲州一爲縣七而黃安之建則創自肅

廟甞黃岡麻城黃陂之析壤也時我耿師爲侍御力主其議先是玆土去三邑遼邈率多萑苻之警逮今永戢爲桑梓利猶懼載乘缺畧無以信今傳後故公特身任之圻讀公所自叙卷目次第條理血脉貫串言言關國計切民務葢意昉禹貢職方而體裁則良史矣卽使常盛二家覩之退避三舍而況繁蕪不根者乎或謂我師道德功言並垂不朽乃玆總肅百僚游登八座凡四方要害九土綱維皆所規畫奚限梓里圻曰不然昔尼父操筆削之權以我魯而準列國故曰舍魯何適公之黃安獨非孔氏之魯乎公將以一邑風天下俾有志作述者倣而爲之文如其簡事如其核義例如其嚴且詳此豈徒以邑乘名哉間又讀公所志往績謂以有盡觀無盡公之爲心亦遠矣卷凡二目僅十有三有道者之言信不贅云萬歷歲次乙酉夏五月撰

黃安初乘原序　鄧應祈　內江

丙戌秋余來宰麻城於時會稽余君領黃安令有年矣麻黃故稱脣齒邑其間民表裏出入壤繡錯春相

聞也余下車問俗從父老詢旁邑與革利病及長吏治行卓絶者旦暮若將模楷之于是得首聞君聲葢嘖嘖誦黃安令者口碑莫盡矣已稍稍從君遊習知君寬仁明斷揮霍沉密彬彬質有其文焉因益願交讙君問叩其治邑狀曰行何德政而令頌聲載道也者則君頗笑不應也無何而出黃安初乘示余余讀而嘆曰嘻君之治黃安固若斯乎固若斯乎今天下語吏治難矣無論其斤斤奉三尺不敢破拘攣而操短長卽其傳記所載布在方册物軏以彰之語言以

詔之勸戒以維之表儀以範之而且也先後殊軌廢置異宜上下别等遠近各制大小雜用輕重兩叅明闇并燭寬猛互存若是數者乃欲巨細畢舉詳畧不遺方圓兼周左右共貫勢不必一責以殊途時不必同强以合轍自非轉觔隨機隂陽握樞安能勝其任而愉快哉乃今觀君之理黄安也舉凡禮樂文章民風土行錢穀要害土宜物産沿革變更虚實强弱靡不炯若觀火歷如辨指修廢舉墜表隱張微易琢爲樸因害制利矯枉而直正陂以平變而通之使自從

之張而弛之使自宜之潤色藻繪撣掞挺搁順而引之以適于道卽取初乘一書援前驗後比長絜大毛舉而悉貫之則君之政績班班具在何得只令張季黄次公之徒若班氏所傳循良者卓卓稱上治也又不寧唯是天下之事有傳則久有徵則信有人則與有時則合不可闕也黄安自創建至今幾三十載欝者欲舒積者將洩而都御史耿公以理道微言振起絶學漸被其鄉君涖兹土復日夕鼓舞濡染品式而節宜之文獻與矣且是書也創于耿公而成于君無耿公則載籍莫據而美不傳無君則掌故悉虚而史不信耿公由性命發言故其詞贍其體辨其事核君以經術飾治故其績昭然燦然犂然炳然盖與是書相證不爽也則兩者若相待也則是書之所以不朽也萬歷戊子歲仲春撰

重脩初乘原序　　金學曾　錢塘

前史叙循良期令家給人足無愁嘆之聲要矣未溯厥本也孔子過邶鄘之墟有感於先王之澤未遠慨然欲進于教深哉其思乎國家鑒古興理建樹百司

以寧海宇又率百里爲邑邑首置令使親附百姓其稍僻遠者往往復開設縣治立官師提衡之慮民之弗義蹈於辟也民之多辟久矣又罔羈縻之幾何其無辟長人者務教化以生其善心耳黄安古黄子封内地錯黄陂黄岡麻城間以去郡絶遠故其自阻法度逋糧差保豪猾薦命作姦多萑蒲謍至煩三邑調度之不得嘉靖中鄉先生楚侗耿公謂非邑之不可制士民走請于朝下使者議邑之使卽其中城郭以爲邑置令長以下官治之公因自爲志命曰黄安初

乘其叙經始疆理之規與山川人物風俗文獻官師之紀備矣侍御周君梓其書歸於邑藏史徵不佞叙之益不佞往視楚學嘗嘆黄安風氣之美至于今不能無慨也夫黄安故稱難治一成邑而濔者淳亂者擾風俗厚龐而英賢輩出蔚然巖邑無亦令長承上德意滋養滲漉倡率化道之效耶今去建邑時甫四十年耳刓方枵竇風俗日偷向所稱雅馴樸茂者漸澆辟矣窮鄉僻壤有饑寒之虞吾懼其廹而走險安從責其善心也然則課農桑足衣食先禮教厚風俗

必躬必親以無忘前事返之淳樸令久安長治而稱上意烏可後哉烏可後哉侍御黄安人不佞鄉所掖士先是礦稅興侍御移書部使者力陳縣無礦且不宜輕動召亂使韙之獨免黄安礦稅以故全楚騷動而邑中晏然法得備以補史乘之闕云萬歷壬寅仲秋撰

重脩初乘原序

侍御周家棟邑人

環天下皆邑也或因封以續古或剏壤以棘時聯絡山川綱紀身臂夫豈無所繇來哉然抑有開邑而並得一時名世以爲邑開者乎今父老之言曰以劉莊襄之威重陸中丞輩之經營而遷延築舍竟罔功焉耿恭簡一鳴而建萬世之安邑固有待也夫余謂不有先生則無以宣滯陳謨而壯任事之氣不有先生諸仲則無以披荆萃渙而合三疆之成爾者豈偶然哉然先生寧惟開邑且並一邑之人心開之自先生伯仲崛起吾里而獨奮然以其身上接姚江絶學之緒元屑與義非余小子所能窺然余父伯並遊先生之門與先生諸仲左提右挈以闢草萊而一時烏合

麏集景附猋起者無不釋耒賣劍灑志同心以傾耳先生之訓即今通邑人士不必知先生之學而猶知有所謂先生之學互鄉窮陬不迷善惡之所剌褒孝子順孫悌弟節婦勉強而知爲世所重畏友諍朋論心切劘相與正色斥過而耻爲同諛婞節篤行之士伏巇岩而持古道者有司欲弋之而不可得此孰非先生之所遺哉乃先生猶脱藁初乘以詔來兹乘言初也即所謂洪荒之羲畫也然余有感於今昔之變矣邑建甫四十年耳民固素鮮盖藏而猶能力穡餬

口以卒公家之賦項自礦榷之令一下而金貂大璫啣王綸而搜山藪者所至必饕括稽算賦公私一空國狗之瘈寧不噬乎此其變變在民貧珥筆耕訟以衡命於國門外者不具論而侈口習儇橫機鬭捷以商爲謾者果盡先民之程也甚則相姤相軋惟力是逞而名義幾爲不足畏此其變變在俗偷民貧則先生所開之邑壞俗偷則先生所開邑之人心壞數十年生聚數十年教訓吾安知所終始乎夫占氣運者謂國家此日似天之有秋冬余以爲颯栗寒凝吾邑

與他邑雖同一氣候而含苞固蒂洩而未盡者總之視他邑稍遲而其零落亦必稍後自非身政教之任者休養生息於下而挽回倡導於上則自今以往益不可保而先生開邑之心孤矣然則作乘者夫豈無憂患乎哉夫豈無憂患乎哉昔余令越時先生以初乘見遺欲壽諸梓余以吏事未遑也今余適按越而先生歿世已七年所乃爲板之以終先生之志益比延陵掛劍之意云萬曆壬寅歲仲夏撰

增脩初乘原序

邑侯蕭　恒　關中

天下大矣自列邑有志而山川之蒼莽人物之班次土風之沿革道里之遼遠以及草木蟲魚之畜産文章節義之精華靡不悉載黃安雖小亦邑也締造未開界楚豫之壤最號萑苻隆萬間耿恭簡先生爲大司農總度支之藪得以耑請建縣割三邑之隅輸三邑之賦不逾年而成兹邑凡城池學社刑獄貢稅之事視他邑不少缺與子言孝與臣言忠至今觀於鄉而斷斷如也余就外傅時慕恭簡先生之爲人如日星之可仰睇如麟鳳之不世出安得親挹餘韻以慰

余懷而

簡命再頒承乏兹土簿書之暇時得與長君公府先輩看竹觀魚名園清賞可謂掇郄林之丹桂擷唐苑之緗桃也濫竽七載善政無聞移守臨邛更逢錯節余自惟叱馭西行有日矣巫山秋雨劍閣猿啼回思疇昔之居諸茶竈筆牀不忘寤寐滄桑勿改日月如駛郎使曳組蘭臺飄纓雲閣不知與安邑之縉紳父老尚得相遇於邂逅否也爰搜敝簏有黃安初乘一書爲恭簡先生撰述出入懷袖指點煙雲以當晤對但慮

此書之不壽諸梨棗而浸失其傳幸公府先生紹衣前志欲廣詢而備逃之斷碣荒崖有可採者盡付剞劂將勒爲不刊之書以昭金石屬序于余余又何嫌數語爲貂之續而且以見余之繾綣於茲土也康熙四年乙巳歲中和節之後一日撰

黄安縣志自序　邑侯劉承啓 九河

自龍門有八書而後之作史者宗其書蘭臺有十志而後之作史者宗其志夫志者心之所之也孔子不曰志在春秋乎古者列國各有史官以記其事故春

秋爲經中之史則志之所在卽書也諸葛武侯稱王佐才其治蜀不設史官使後世鮮所考據識者猶譏其躬校簿書精於細而忽于鉅而況才不逮武侯者哉今之邑猶古列國今之邑志猶古列國之史故志必自縣始而府而省彙爲一統志層累而上乃詳且確所謂滙衆流然後知朝宗之大挹列宿然後知北極之尊尊者職要卑者職詳理勢然爾乙亥冬余謁典銓得安邑固知安爲明嘉靖時割黄岡麻城黄陂三邑之裔驅百數十年來理學名儒比肩接踵人文物産越鄰猶聞風慕之旣莅任未嘗不亟欲辨形勢之險易明土田之沃瘠稽戸口之登耗核賦稅之贏縮考風俗之淳漓舉其利弊興釐勒成一書永埀不易相其緩急而輕重布之顧以簿書鞅掌未暇問及筆墨事然或晤對賢哲則訪其舊或驅車田間則諮諸野或道逢碑碣則摩其字或惠投編帙則攷其文竊庥圖維冀得一當無如保固疆圉必有其程則辨險易之難也調劑區畫必有其竅則明沃瘠之難也斟酌損益必有其準則核贏縮之難也勸懲旌別必

有其方則考淳漓之難也一旦而欲清弊源抉蠹本移風易俗返樸還淳俾耳目一而心志齊非徵文考獻刊定成規以傳永久斷斷乎不可也考安邑自草昧初開卽有耿恭簡公所著初乘一書畧載縣事然已久而多缺繼則從事修葺者廣陵絕響噫亦可慨矣方今

朝廷聲教誕敷化成廣被安雖彈丸小邑乎其農服先疇而士遵舊德者卒皆

聖天子湛恩汪濊之所及也使于百數十年之人文物産

利弊與除聽其淪落于荒烟蔓草而無所表見尚可謂之知務也乎爰于丁丑閏春奮勉舉事延黃岡詹陟園名宿主其稿籍屬耿子宗坤鍾子應遜盧子紘慈吳子宏初詹子士齊分校之矢公矢慎碻尸商確如是者三閱月而余亦藉手告成事焉就中分列十二卷每于卷首畧引其端而結之以論總以明乎志內之所關係者甚重初非泛及也唐韓昌黎與張韶州詩云願借圖經將入界又張籍贈鄭尚書句曰嶺南封管送圖經可知圖經所載自古不容假易及時

而修之豈特備一邑之觀乎况恭簡與八先生倡明理學以後彬彬蔚起代有賢哲文章道義之涵濡忠孝節烈之蘊蓄藉榮史册允彰不朽苟或實未必至而欲竊其名則公道在天是非在人南董雖不可作乎而三代之直尚未泯故是役也事取其覈而郢書杜撰之必屏也議取其公而納交要譽之必察也謀取其斷而聚訟築室之勿泥也三資者備庶幾乎適覩厥成而無愧也乎若云稽往竢來布在方策遂謂有合于龍門蘭臺之遺意也則非余之所敢居也康熙三十六年桂月上澣撰

黃安縣志序

黃岡　詹大衢

黃安爲吾郡名區每望天臺偃居五雲摩空紆夢直淩霄漢方三邑未割以前先文憲公同始遷敝邑輒不憚越境踐履濟勝迄今坊額不刊有以也逮二世祖少保公巖生三子長中翰綬即先祖次洗馬綎居黃陂次廕監綱居安代遠地隔媿生也晚從未經其地歲丁丑春三月九河劉公光仲先生以世家名宿蒞安邑甫朞革故鼎新百廢具舉固已士悅民安旣

修黌序更公廨葺治城垣樓堞更念邑創百餘年締造伊始畧載初乘迄今又八歷年所奐因孜孜以邑乘爲急務從吾友周廣文我席寓書於余屬爲纂裁余謝不敏者再四詎越數日公親自赤壁扁舟渡江枉駕草堂復申前說德容盎溢引人以深公爲余本郡鄰近父母余面不敢辭而中實媿甚稔知九耆之峻無待于翳薈之翔四濱之深無取于蹄涔之積矧乘猶史也司馬子長家世史官猶不免誤闕止爲子我盧陵五代史莊輿輩尚多摘其譌謬旣慮狥此失

彼又恐掛一漏萬聽遠者聞其疾而不聞其舒烏焉
成馬㨿觚家能無惕息乎公曰否否不然夫興利而
除弊弊正而序袠長吏之事也蒐訪舊聞酌通時變
剤量參合正其牴牾而刊其謬誤特恐非簿書鞅掌
之所得暇及耳嘗聞諸先正曰郡邑之志滿天下求
其近可以恭水經遠可以追岱史者止有成都松江
二志成都弭律于升菴松江喻麋于眉叟安以彈丸
小邑介楚豫之交凡疆域山川扼塞要害城郭溝塗
田井賦役學校公署仕宦選舉人物隱逸節孝以及

黄安縣志　卷首　舊序　十三

壇祠仙釋方術禽獸草木一邑之禮樂于是乎在文
獻于是乎徵名教于是乎彰民情風尚于是乎托夫
豈徒遐稽博採資爲潤色而已乎試思先聖何以爰
侑而見尊崇之實提封何以錯綉而獲磐石之安等
威何以明辨而嚴上下之體經賦有定額何以不煩
追呼而足也營繕有常役何以不待鳩集而來也高
風亮節逸侶貞媛幽芳久湮未闡者何以悉表揚而
無脫漏也薦紳先生賁然辱臨者軒蓋時有何以文
淡如水相信而不疑也通經學古肄業膠宮者濟濟
彬彬何以環境內拂楮濡毫敲金戛玉而惠教者比
肩接踵也凡今之所欲言而不暇及者殊難以更僕
數至矣哉何其鴻纖無遺本末畢徹耶余聞之而愈
覺㦡然矣以公之學行公之才以公之才運公之心
已然者且不勝書將然者方未有艾行見薰蒸大化
比户可封華薄從忠還淳返樸匪曰志一邑之盛已
也郎入膺
丙召左右疑丞不過本此治一邑者推而廣之以佐治天
下裕如爾余雖獲來是地侗局數月侗分校耿君資

黄安縣志　卷首　舊序　十四

生鍾君敏來盧君其度吳君慎旃及余次子士齊簪
筆以從而撫衷滋愧猶疇昔也管窺之見曾何裨于
高深之萬一哉然躬逢盛典自有不能已於言者故
書之康熙三十六年蒲月中澣撰

黄安縣志序　編修張希良邑人

皇上稽古右文蘭臺石室之英抱槧摛毫日不暇給凡郡
國紀載皆得上之太史資考按而吾邑自造昧之始
大司農恭簡耿公著初乘贖百五十年屢欲繼作卒
無成書予毋從史局目覩縹緗深引以爲恥屬九河

劉明府蒞吾邑諮詢一切予首舉邑在萬山中不通舟楫其漕糧久入條編恭簡公有力焉惟南糧本折無成畫歲煩詳請僞爲民累自乙丑通籍首陳之大司農相國余公徐崑山繼長民部又陳之忠節葉公今大中丞吳公與督糧馮公先後之楚皆力請焉且言麻榆大冶通山俱艱輓運往時忠烈楊公欲爲通山圖永利遺書當事字字血淚事垂成而寢予悲其志載其書於通志中安邑南糧僅四千石侯能創非常之原永請改折萬世利也又言邑雖彈丸山原雄

曠土風厚善萃三邑之人文爲一郡會於吳公西山之隱德詹公同文之著作吳公朝陽之高節耿公恭簡之理學耿公叔臺之經濟俱足炳麟千秋而其間孝子節婦義俠隱流潛而未燿者難更僕數也及今無述後將奚徵矧侯大家績學才擅三長興舉廢墜先此二者而徐及其餘則安人之幸矣侯首肯焉既下車而刁訟者不敢窺公府萑苻屏跡修廟學課生徒諸所張施頌聲大起又數月則遺予書云改折體大且有待邑志則捐貲從事已邀同邏朋詹公暨邑

紳士刻日編纂矣侯之不托空言而知無不爲風發飈迅如此書成屬予序予維今之令長簿書期會外率贅疣視之曰吾俗吏此其說不然志者一邑之精神眉目也於沿革見古今之形勝焉於疆域見金湯之保乂焉於田賦見民力之艱難焉於蠲賑見惠輯之得失焉於學校祠祀見時代之興替祈報之是非焉於風俗職官見剛柔之異性寬猛之殊施焉他如選舉以彰教化之盛衰人物以表不朽之樹立而閨範之節烈貫金石藝文之彪炳懸宇宙也酌其盈虛

補其偏弊而政不外是矣詎非長吏事乎且非特此而已今

聖天子疇咨吏治必及學問賢令長固將待徵召入爲侍從者也昔有官毘陵者召對問錫山不知曰郡有名山不知政可知矣假令俗吏自甘房州杜若幾何其不爲天下笑哉如我侯操此以往有餘矣侯所爲志蒐求博而裁斷精忠厚謹嚴深得良史遺意傑然與初乘並垂百五十年曠闕舉之一旦吾儕何幸而際此也若時當大凱方旦卧鼓韜弓邊塞積糧俱無所

用卽前者第一芻言猶於侯有厚望焉時康熙丁丑

七夕後五日撰

凡例

一是書汰其浮文務歸簡要康熙三十六年以前藍本舊志缺者補之訛者正之繁者去之以後則博採輿論参以省郡二志未敢臆爲軒輊於人物尤加謹焉

一圖考八景陵谷變遷多非其舊因親攬境内名勝擇其足供遊眺者易之而各詮其畧於後

一疆域山川惟卽建縣後隸於本邑者詳加考訂俾閱者開卷瞭然舊志分野多載天文兹從其略

一古蹟如程鄉社址龍邸故居先儒講學之墟名賢税

駕之所皆邾城勝事槪從其舊至墳墓非賜塋及舊志所載者未便增入

一城池以圉守衛歷志之明剏始之難與匯修之不易其他建置各從其類惟村店繁多不無掛漏然承平日久雞犬相聞邑雖小亦可云碁布星羅花明錦簇矣

一學校於黌宮制度儀章殿廡從祀皆敬謹詳注此外凡有關學校者倂附及焉

一祀典粢遵

大清通禮併附以各祠廟

一賦役照全書備載惟南糧改折在前志已修之後當日邑人士連名呈請大費經營今類入條編或利其利而忘其所自爰拔全卷節錄並聯名之人四百餘一一記載以見其有功於桑梓又嘉慶四年前令陳公禀免驛站皆大有便於民故詳錄之

一職官寔授者載之有功德者併為之傳此外攝篆者不入繁無可考也

一選舉科甲外恩拔優副歲皆以貢士書例貢不由廩

增附以及國學皆不書前志所載國學均係考職之員故仍之

一人物未分年代除照前志開載外其餘因舉報有遲速先後之不同不能停筆以待然凡屬前朝者文內已為聲說

一儒林必學養純粹抱負宏深方云無忝然存心立品迥異恒流說禮敦詩有裨後進亦一時之望也倘論者當分別觀之

一忠義孝友懿行也凡有舉報必為表揚以見風俗之美

一善善欲長故於忠義孝友之外別立善行凡醇謹樸誠好善樂施之士概從節取俾後之人勿以善小而不為於世道或亦有裨也

一貞節未奉旌表例不應列入然既巳節勵冰霜豈聽其腐同草木故備録之以彰壼範

一藝文首制誥尊王也外此惟有關於本邑者始存之

一祥異惟志建縣後兵事則嘉慶二年教匪竄境頗遭荼毒詳記之以見義烈之士草野間大有其人也

一程鄉隸於灄源杏花村隸於泰仙是二程夫子方山子應入僑寓而前志不登又何必隱傳見明史前志謂不知何許人或別有所據歟未敢強為同異也

一閭範據所舉報具有切結者列入其餘不敢冒濫

一簿書有暇即手一編罔狥情面之私不假賓朋之手凡九閱月幸告成學短識陋滋多謬誤既竭吾才矣閱者諒之

一舊版存貯非地故寸木無存今交經管儒學田紳士藏尊經閣中庶可垂久

黄安縣志目録

脩志姓氏

鑒定

分廵漢黄德道前署湖北承宣布政使司布政使　覺羅善連

督修

黄州府知府　成善

總修

署黄州府知府　裘行恕

分修

黄安縣知縣戊寅己卯辛巳三科湖北鄉試同考官　林縉光

黄安縣儒學教諭　侯安國

黄安縣儒學以敎諭銜管訓導事　汪瀛

候選儒學訓導優貢　盧爌

校對

優生　耿秉鏞

優生　盧昺雲

優生　吳世楠

監生　吳盛桂

候選按察司經歷　余開縉

黄梅縣舉人　王綬林

江夏縣庠生　張衍豫

江蘇武進縣監生　瞿惇裕

江蘇上元縣候選從九　蔣聯

仝校

舉人　韓致中

舉人　王侯祜

孝廉方正　黄曰槐

署黄陂縣教諭　張葆淳

附貢　陳中銑

廪生　王鴻翥

廪生　鄒聯奎

優生　吳業熊

優生　吳咸

優生　余開先

監生　秦光鼎

監生　熊天栻

監生　程士洛

督刊

署中和司巡檢鄭熠

黄陂站司巡檢高鍇

黄安縣典史李中杰

圖考

縣境圖

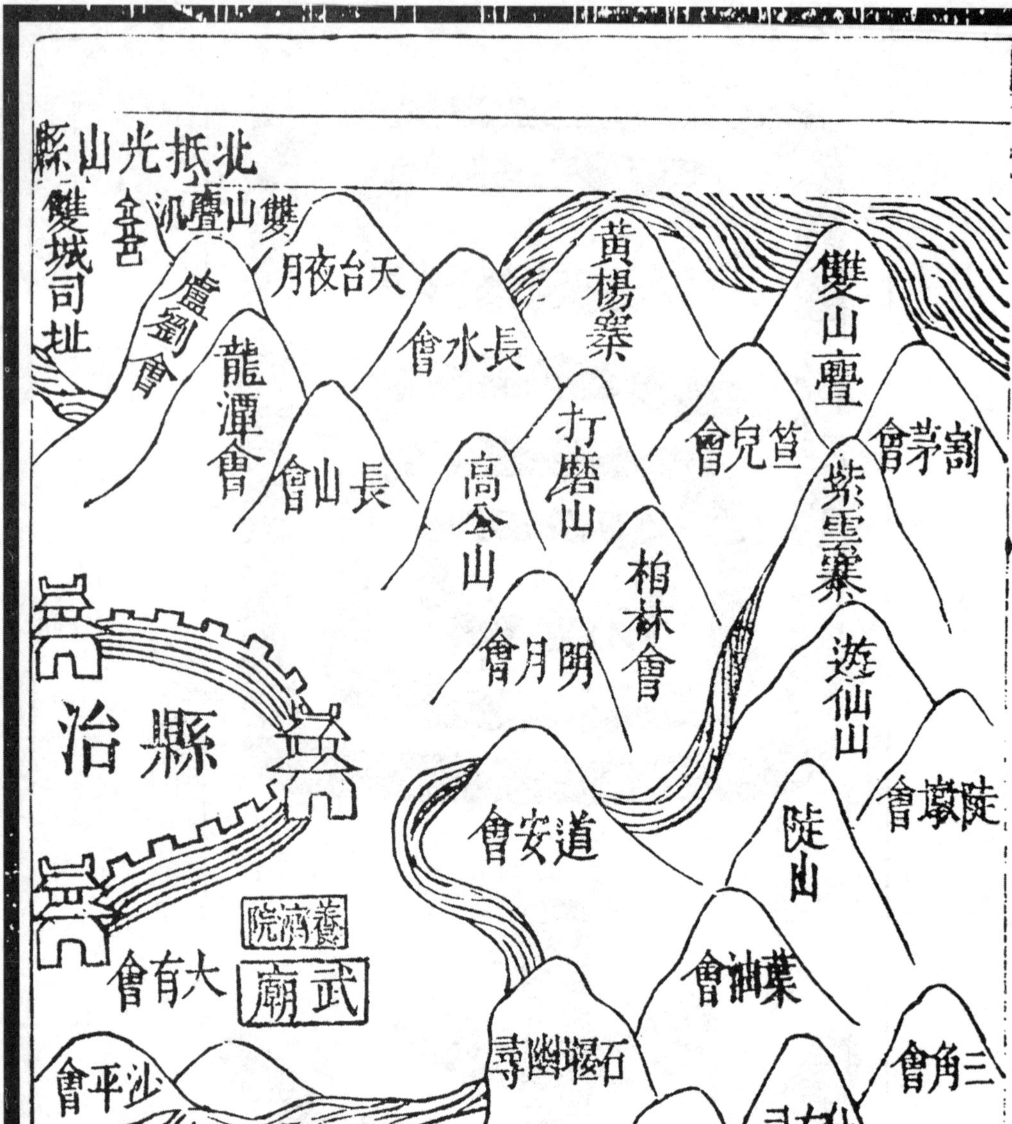

東抵麻城縣界四十里

界八十里
西抵黃陂縣界四十里
老山會
仙姑頂
黃陂站街
打雲尖
老君山
棗林會
陽台山
雙城會
上庄會
金牛山
盧店
長山會
酒醉山
龍王山
呂旺會
七里岡
陽台山
峰山
羊角會
石灰會
呂旺城
華河會
華家河
徙義會
小程山
河漢會
官闕雙泉
大程山
尹興會
東烟會
小程山
七角山
大程會
風水山
王得會
金山會
鸞岑秋霽
西岩會
道朋山
似馬重巒
星朝山
高橋會
三師會
雲台山
大金山
清涼會
岐鳳山
西行會
東行會
育兒會
盧家寨
大壁山
紫潭會
紫荊會
界八十里

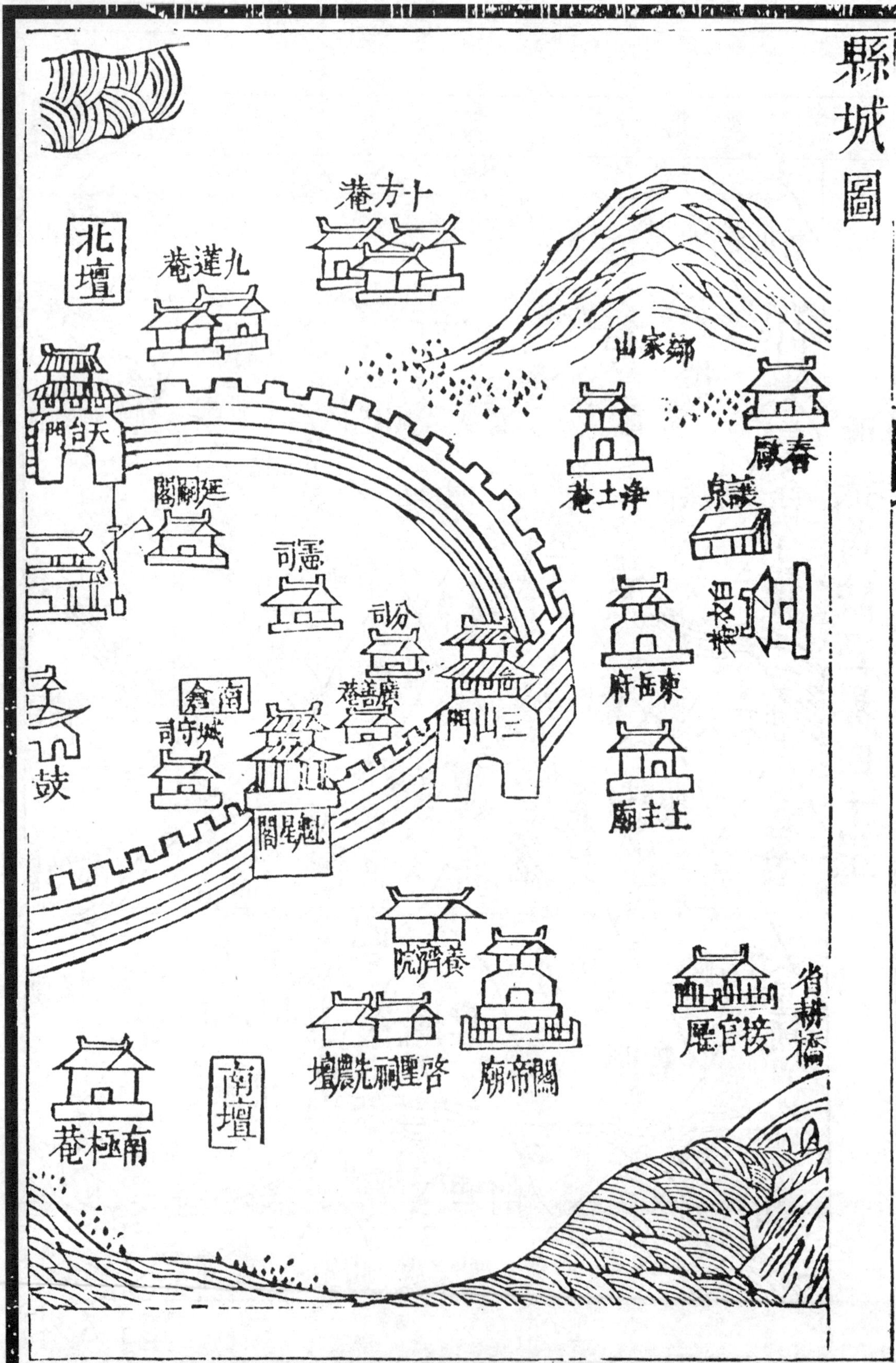
縣城圖
十方菴
九蓮菴
北壇
天台門
延嗣閣
分司
廣善菴
南倉
城守司
魁星閣
三山門
鼓
鄒家山
淨土菴
春廠
讓泉
白衣菴
東岳府
土主廟
養濟院
啟聖祠先農壇
關帝廟
接官廳
省耕橋
南極菴
南壇

黃安縣志　卷首

二

黃安縣志

卷首　縣城圖考

二

學宮圖

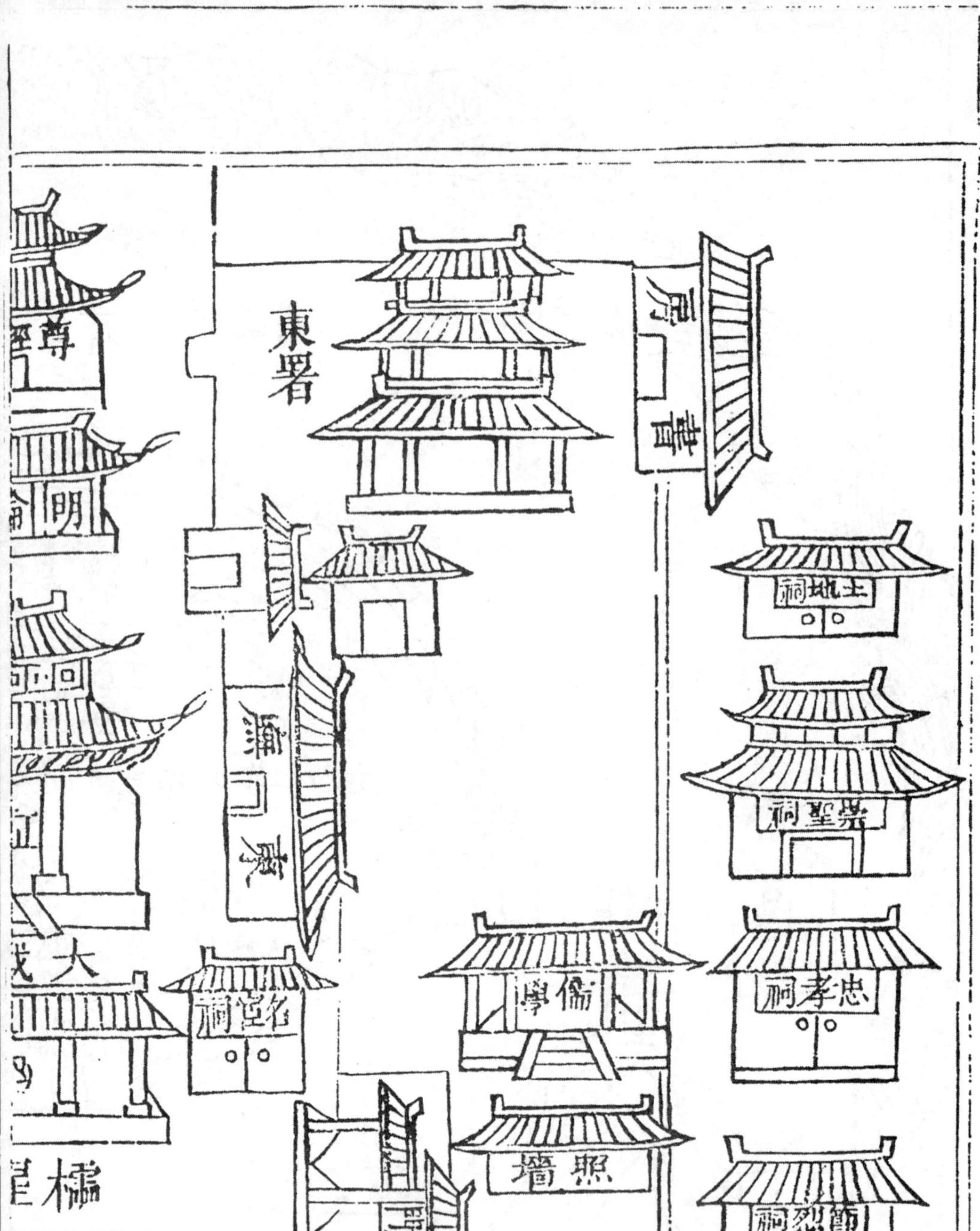

黃安縣志　卷首　學宮圖考

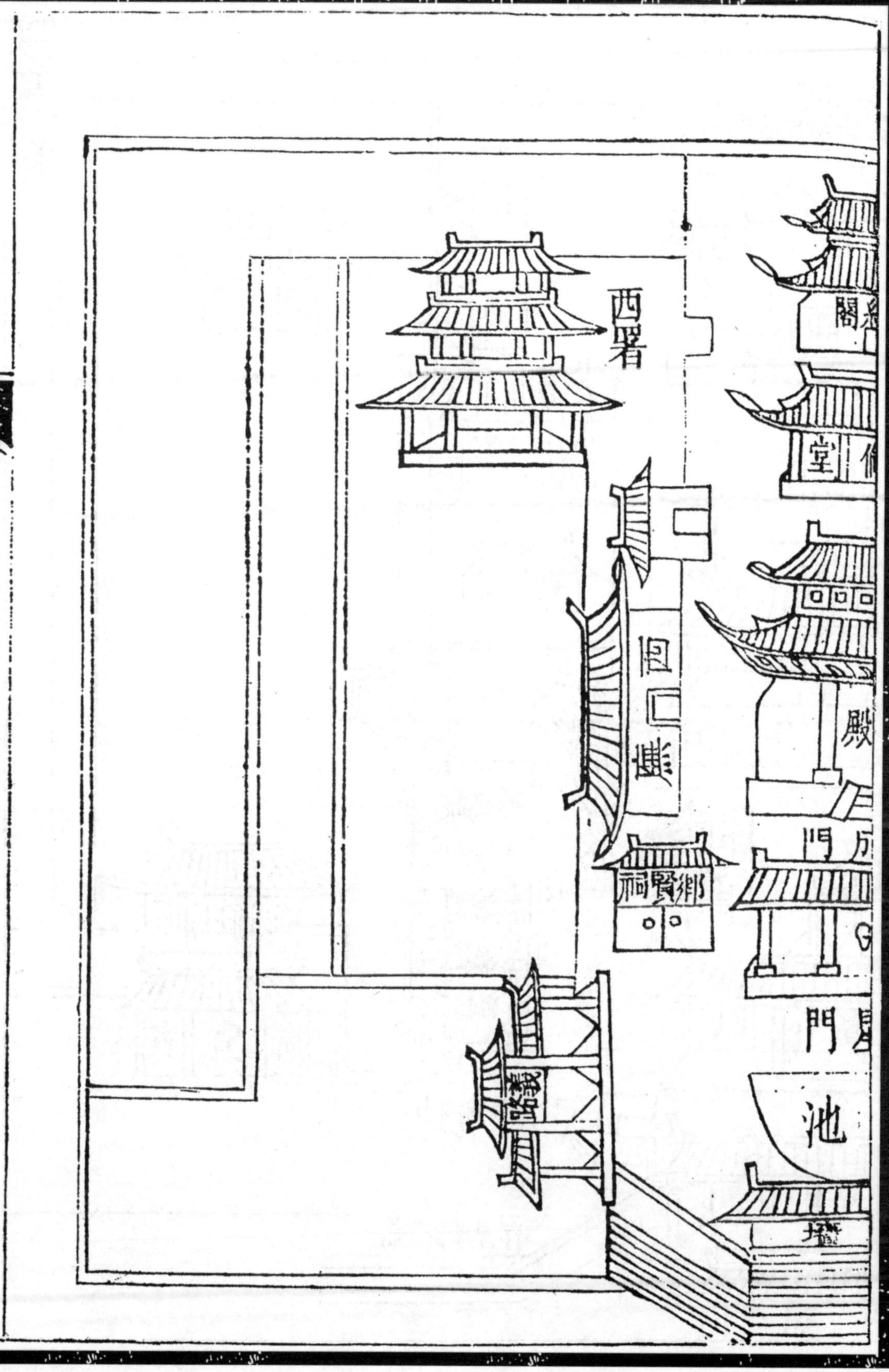

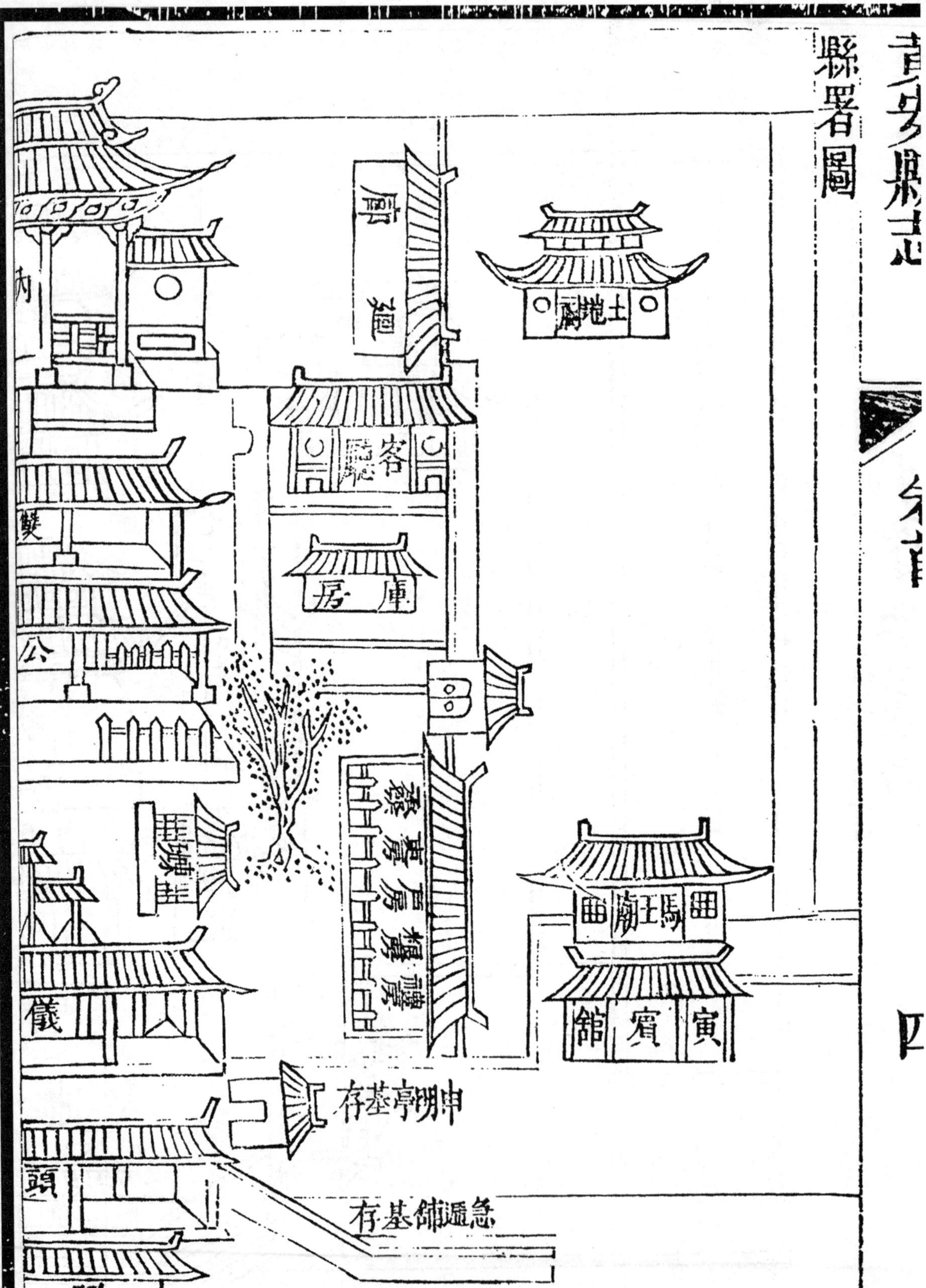

縣署圖

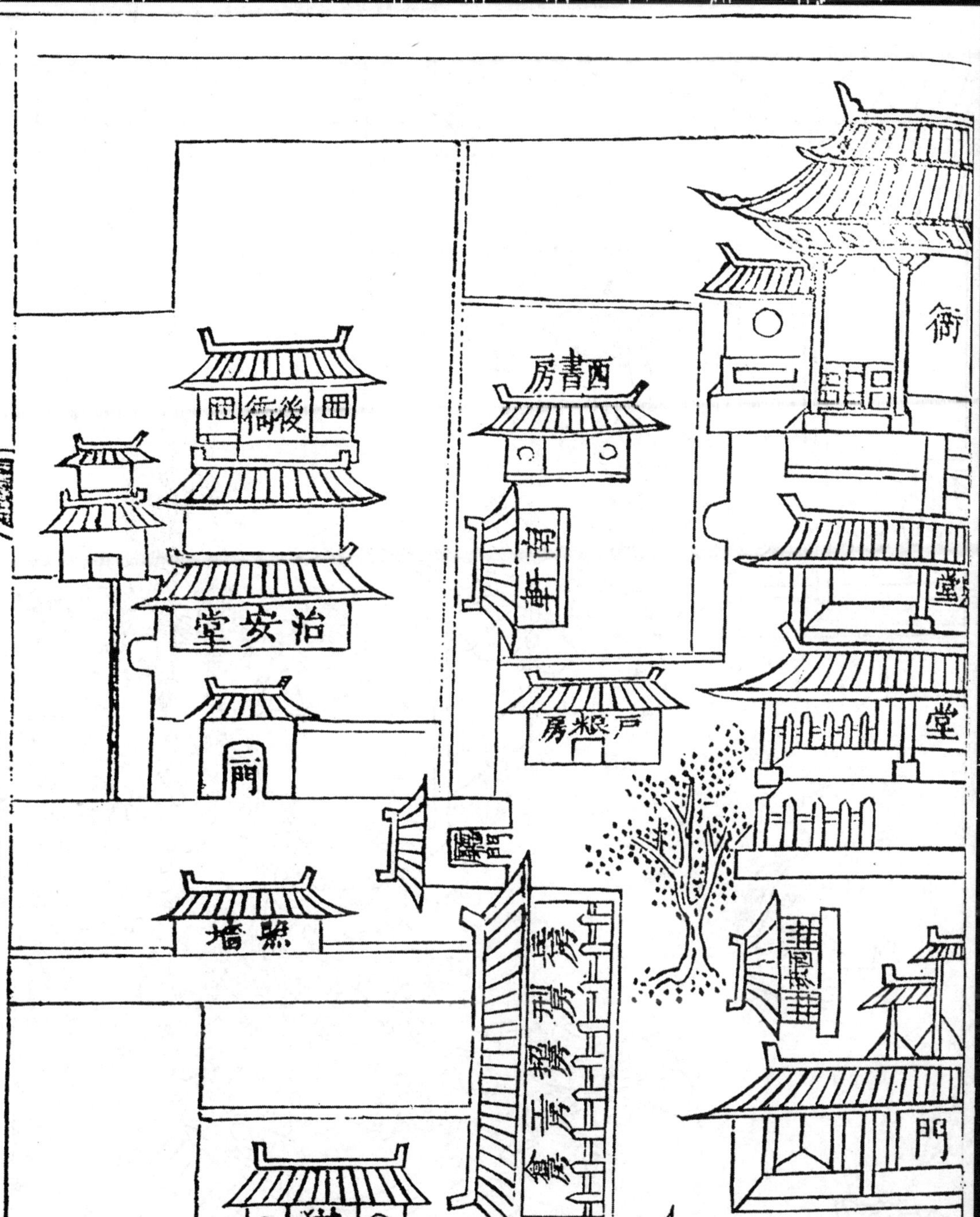
衙
西書房
後衙
治安堂
戶糧房
堂
堂
門
門
獄

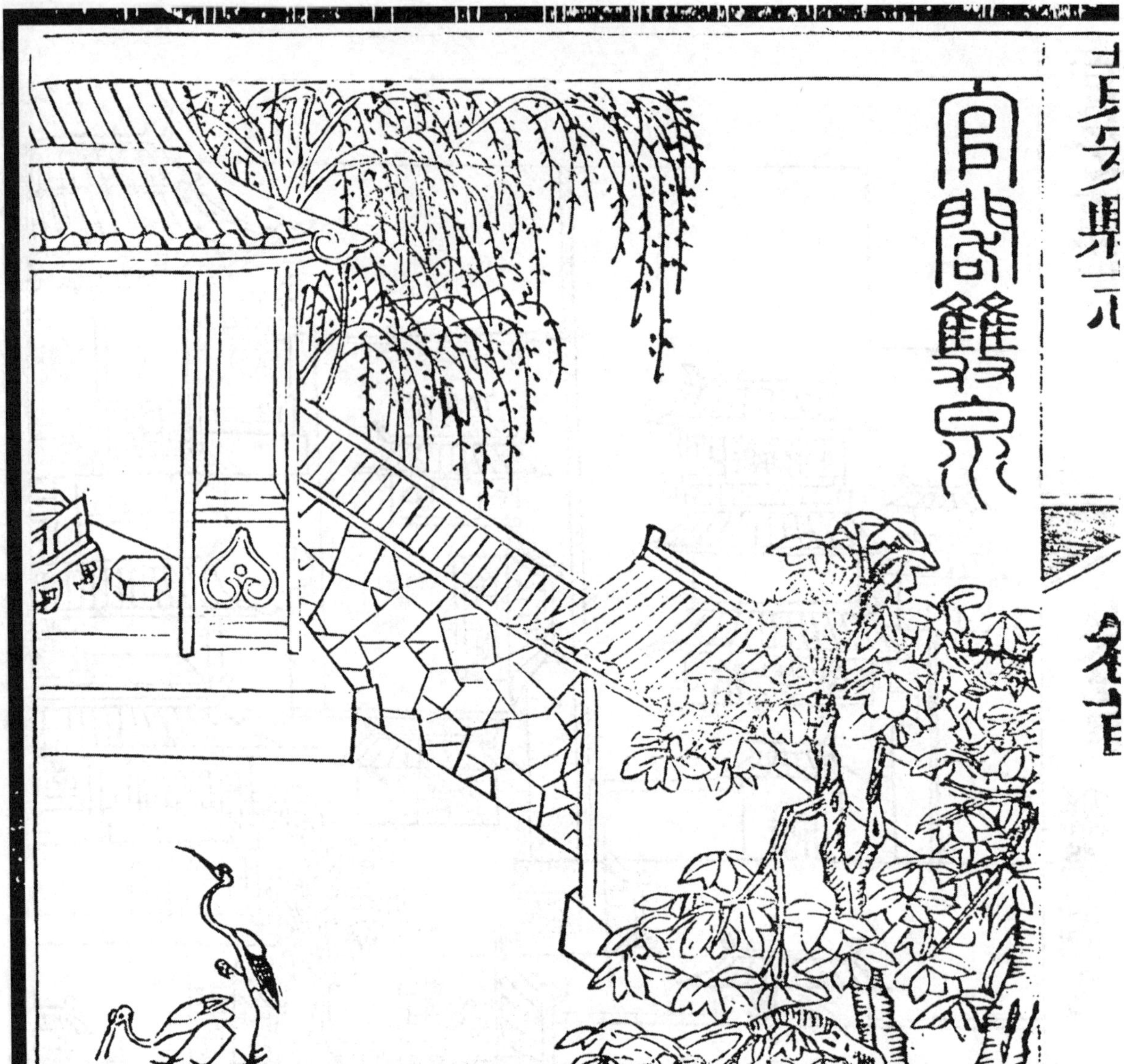
官閣雙泉

黃安縣志　卷首　八景圖考　六

雙泉紀瑞也曷為乎官
閣也前令劉公承啟闢
基建堂雙泉出焉因以
為名並圖之八景歷今
百三十年堂經屢葺泉

如故也甃石為小井二相距丈許約深數尺不竭不溢湛然澄清蓋斯堂着於水鑑於民鑑將取之左右逢其原矣

黃安縣志 卷首 七

[illegible][illegible]縣志　卷首　八景圖考　八

去城二十里有山曰五雲由永安橋西南二里許入山攀磴而上怪石嶙峋約半里許有平石如鏡鐫停雲留月四字折而東半里許石壁峭立鐫俯視塵寰四字至此已衆山皆小矣由此至頂有塔七級為學宫文峯百里内皆望見之

第六級供石魁星一座每天朗氣清遥
望長江如帶若微雨初霽雲繞山腰迷
茫莫定無異黄山雲海也墖後有石生
成如榻鐫五雲山三字周柳塘書由此北下
有石巖名虎洞再下而北山環抱如窩
曰仰天窩詳古蹟

問有橋

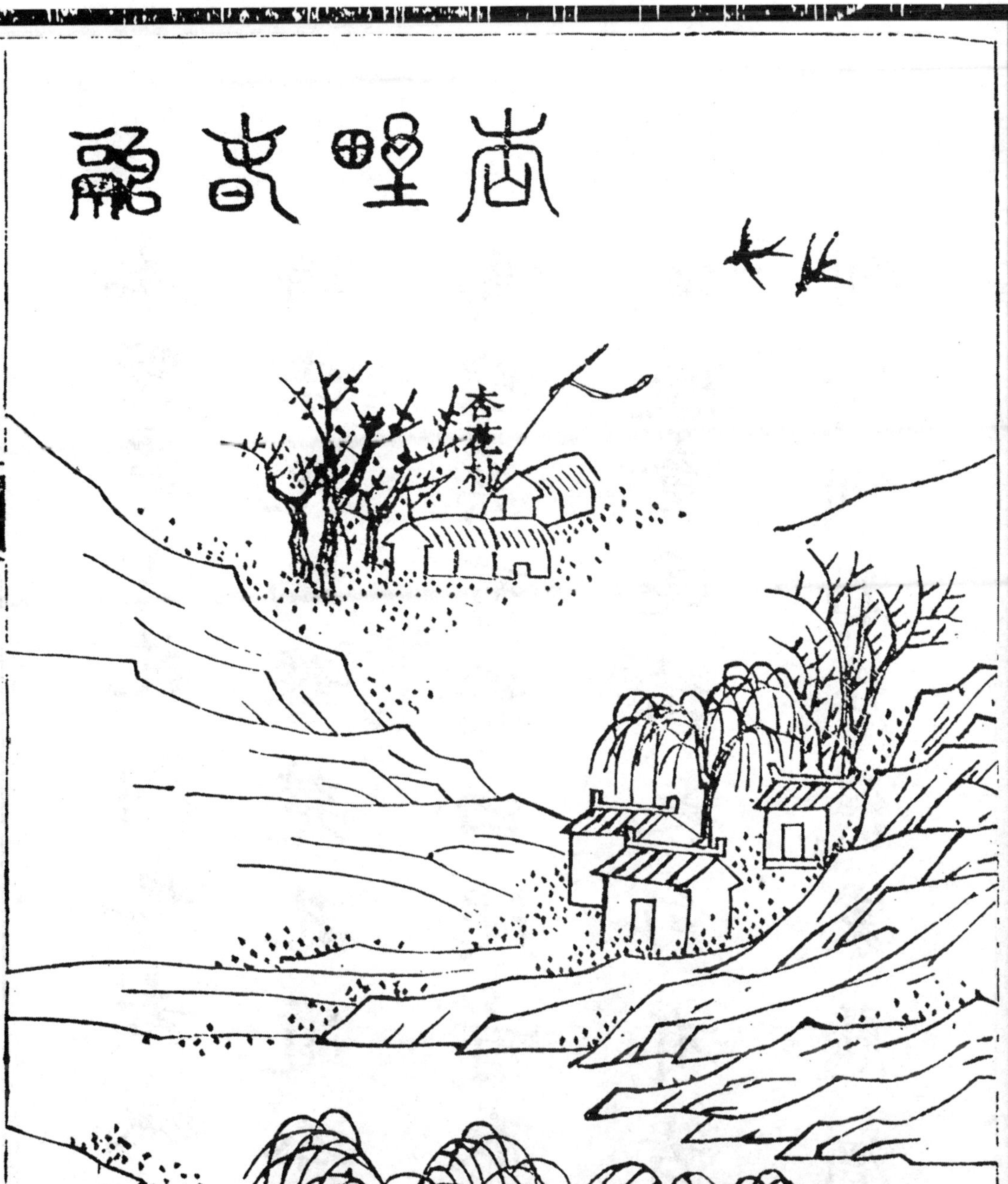
杏花村

杏墅者杏花村也去城東二里許宋元爲豫楚孔道今則無車馬喧矣有橋曰問有取借問酒家牧童遥指之句有古井味甘冽村側茆店幾家懸酒帘當旭

日初升夕陽西下烟雲萬狀不可擬議村前繡壤交錯東作方興時荷簑戴笠鋤雨犂雲亦一幅天然圖畫也餘詳古蹟

文昌舘

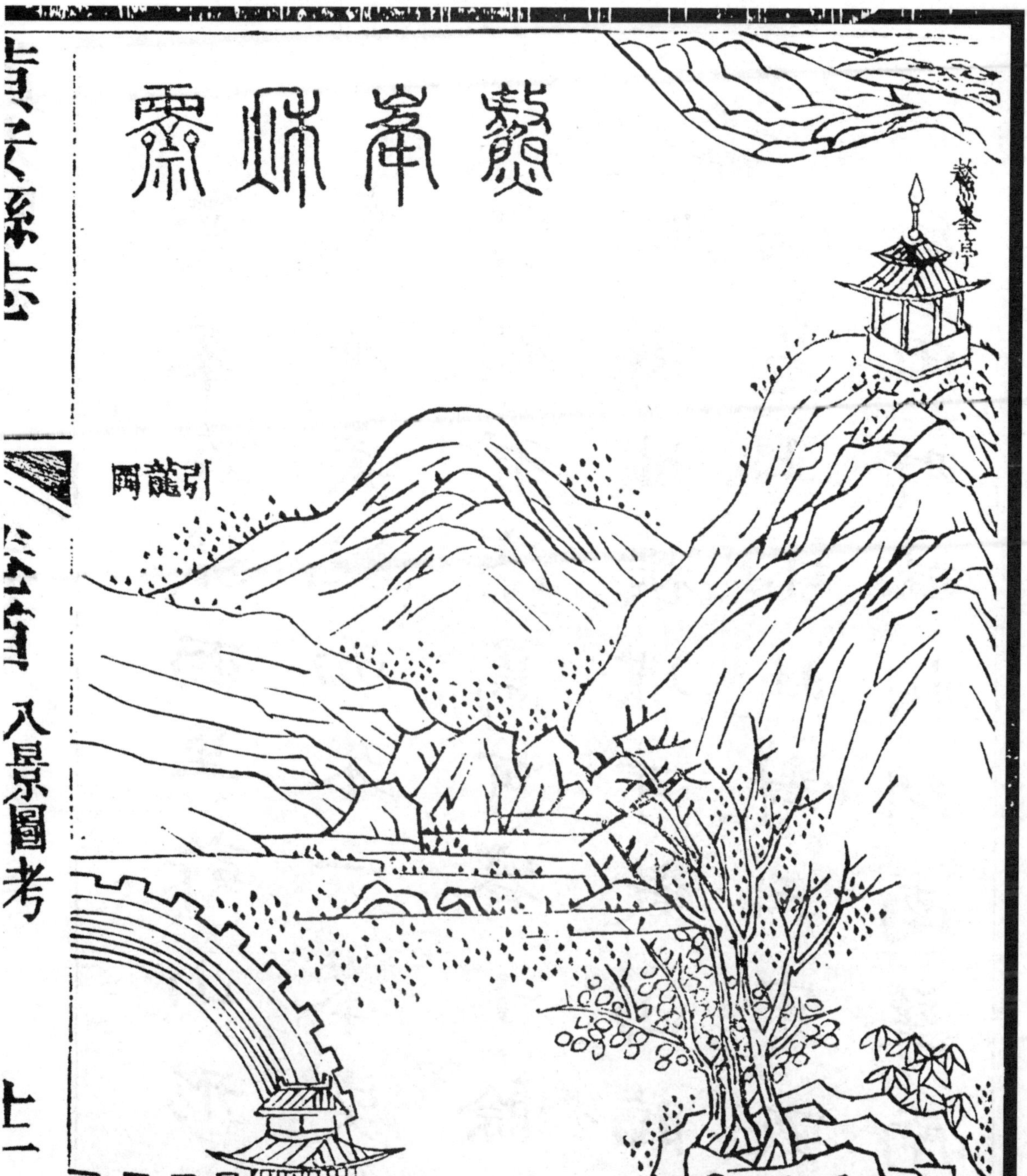
引龍岡
八景圖考
上二

鰲峯在城西里許山形由引
龍岡委蛇而來一峯突起如
鰲頭有亭焉可容十餘人東
瞰縣城樓堞可數西臨縣河
鷗凫上下北對王家畈菜圃
辰田町畦相間南望南河行

人絡繹競渡不絕城中諸水會流成小澗繞峯麓入河麓即仙湖書院過小板橋為文昌閣閣五楹欄護之漁歌牧笛水色山光皆供幽賞秋景尤佳邑人於此作題糕會焉

茂林修竹王逸少山陰之蘭亭

卷首　八景圖考　上四

石堰千工堰也在五雲山北去城二十里明爲耿氏别墅由洗手盆循溪曲折而入松竹交加木石環繞有石橋亘溪上兩山對峙就石刻爲聯曰曲水長堤石季倫河陽之梓澤茂林修竹王逸少山陰之蘭亭分卧於兩山之麓沿溪而東堰中石小者

如蓋如在大者如羊如豕如獅象虬龍百
態千形不可名狀水循石間流高者如瀑
平者如池其中林木幽邃時鳥和鳴令人
應接不暇約數里許有古柳夾路其蔭上
合如門過此為張家寺在竹林中再入則
歸元寺出岔口則養元寺皆勝景也

乳山寺
龍泉
普陀岩

黄安縣志　卷首　八景圖考　十六

乳山在老山會去城九十里循溪曲折入寺踞山腰佛殿東有泉前僧砌石為池不涸不溢澈底澄清遊魚歷歷可數蝦蟹作紫金色泉至寺門而伏門前有巖曰普陀高數丈狀奇詭蟠結

甚堅玲瓏多竅土人或斲而取之以栽花卉無不活泉自岩底涓涓流去岩數丈許崛起小石山泉伏其中又出其中流數丈許至一小坡泉至此不復現凡三明三暗云

青安縣志　卷首　八景圖考　七

天臺危峰巓岃與仙居黄楊相犄角元末爲避兵之所全活無算明初各歸土著空山無人徑僻且險樵夫牧豎亦罕至焉後耿恭簡屢遊其地一時焦弱侯周柳塘諸公互有題詠遂以名勝顯惟是天台之勝不僅夜月

夜月無山無之獨繫以天臺者以其高出雲表每當水鏡東昇寒蟾西没羣峰羅列晶瑩可數非月至天臺而獨明天臺因月而倍增其勝爾或曰天臺有留月岩無月常如有月故名天臺猶泥之乎言景也

別天
枕石棲雲

黃安縣志 卷首 八景圖考 二十

似馬諸滕圖詳之矣圖似馬
並圖雲臺何耶盖似馬踞雲
臺之麓無雲臺則似馬孤立
雖具騰驤之勢皮相者或失
之牝牡驪黃外也惟有雲臺

林木可以息車馬僧寮可以
憩遊屐且凭高而眺南極二
金東俯三角老君遊仙諸峯
奔赴目底於似馬賞其奇者
不又於雲臺得其峭也夫

黃安縣志卷之一

知黃安縣事嶺南林縉光纂輯

地理志

沿革

安邑創自前明嘉靖四十二年披榛啓宇度地居民經始之功亶偉哉沿流泝源釐然具在可考而知也志沿革

黃安分土本黃岡麻城黃陂之裔疆按禹貢地界荆豫之交周封建爲黃國秦罷侯置守爲南郡漢爲西陵屬

江夏郡晉仍西陵屬弋陽郡南北朝爲南安信安南司州屬齊安郡隋爲木蘭麻城黃陂屬永安郡唐爲黃岡亭州南司州屬淮南節度宋爲黃岡麻城黃陂屬淮西路元屬黃州路江北道隷河南行省至正中徐壽輝兵起里人鄒普勝馮瑄佐之會據雙城蓋宋元之季卽此爲邊徼兵衝焉明初洪武甲辰命陶安撫定戊申改路爲府三邑俱屬黃州沿而轄於湖廣布政使司此壤始爲中土第去各治遼遠聲教難曁鞫爲盗藪積逋滯訟官司苦之增建之議始起嘉靖壬寅里中監生秦鉞省祭李大夏伏闕上書言狀下所司勘議時都御史平湖陸公杰御史開州史公褒善咸主議利建而承委臨勘者多以難阻越丁未郡守祥符郭公鳳儀牒上兩台具呈建邑便狀而駁前所稱難者乃時主議者意異格之越壬寅本邑官保尚書耿恭簡公定向方登賢書患苦剝廬乃爲書上都御史慈谿馮公岳馮公主其議益力而時郡侯曁諸邑大夫莫有任之者卒閣不報嗣是盗益充斥民罹焚刦之慘至有舉家就屠無噍類者及庚申耿恭簡公方釋褐南宮爲殿中執法値無爲劉公崙

新簡楚撫面申前議故劉公甫入疆首以是檄麻城令廣安蘇君松趣蒐故牒上其事無何劉公罷去萬安張公雨代撫辛酉秋耿恭簡奉命廵西夏遇張撫軍於宜城道中爲悉前議時諸生王國任等率父老隨投牒上公檄下所司集議郡守天台應公明德貳守華亭袁公福徵議上咸稱便會査指上海唐公繼祿岳伯豐城徐公南金憲長易州劉公斯潔皆一時之良念切民瘼詢謀僉同其議始定壬戌十一月兩台疏上癸亥三月十三日戸部覆奏報可遂定爲今名割麻城之泰平仙居

二鄉二十里甲黃陂之灄源鄉八里甲黃岡之上中和鄉十二里甲屬焉先是里中父老之上書闕下也値吉永毛公伯温秉憲因太保莊襄劉公言乃得覆奏蒙允下議後此兩台疏上僉少師徐公階在政府從中調贊而切陳利弊不憚再三奏記於太保少師總憲諸公者則耿恭簡公之力爲多方公奉使西夏時獲便歸省爲之買胡燦王紹文等田地一頃二十五畝屬其仲弟定理即世所稱八先生者暨門弟王國佐劉廷諫等招民僦居以爲建邑張本八先生不憚手披荆棘招善賈者

畧具魚鹽以市稍有至者輙助之治廛且勞之遂漸成都會至今頌八先生之德不衰此邑之建置所由昉也

初乘曰創畫紀邑所繇置也草昧新造往迹靡沿無疆維休寔自今昉顧終今以來今爲往矣繄今靡述後何稽焉

按邑四距皆山向爲逋逃藪自建疆啓土而民始克安居爾後之官斯土者宜何如法守也

分野

周官保章氏掌天星以星土辨九州之地所封疆域皆有分星以觀妖祥是星土本相麗然漢班固取十二次配十二野先儒多有疑之晉書天文志出李淳風手或有譏其蔽於天而不知地之説豈非人道邇天道遠固有難知者乎謹撮其大畧著於篇志分野

左傳襄公二十八年裨竈言歲棄其次而旅於明年之次以害鳥帑鳥尾曰帑楚爲鶉尾可知也史記云翼軫荆州星經曰翼二十二星九十九度軫四星十七度蔡邕月令則起翼二度至軫六度爲荆州邢昺皇甫謐謂自張十八度至軫十一度爲鶉尾之次於辰在巳雖考

論互異要皆以翼軫爲楚之分漢志謂荆襄皆古南郡地入翼十度沿漢陽逾武昌入黃州以至德安安陸其地爲江夏郡入翼十二度據此則黃安屬翼十二度矣

按初乘未詳分野前志始及之但備載太微紫微天市三垣以及北斗璇衡西畢五車星牛女井鬼張諸宿雖以明翼宿之所界而近於鋪張故畧而弗録

疆域

古者有分土無分民然申畫郊圻所以愼固封守安邑萬山迴遭溪河絡繞地屬犬牙先是有司承委分

里止計里析之不按疆址里甲官民胥稱不便後黃陂令熊公煒申白兩台隆慶三年黃州貳守王公可大黃岡令賈公應壁麻城令穆公煒黃陂令熊公煒奉委臨境勘議疆域始定計廣八十里袤一百六十里志疆域

一由老君山自北而西逾黃陂站仙居山乳山冲口老山官倉河蜂子山橋流河兩河口循芻壇廟柏林港巴林石周墩山馬吼山牛岡路口槐皮坳夏十一山紅麻山項家坳道明山以西迤南界於黃陂界內析灄源鄉

之里八屬黃安

一由馬鞍山紅蓋山上官山碎石嶺界牌逾紫潭河循道八山高家林香山寺黃岡嶺馬埠頭以南界於黃岡界內析中和鄉之里十二屬黃安

一由馬埠頭逾黃重九小河循霍家橋折而東由萬明岡至松溪河浒謝家店河循賀壽山向打石山古城山觀音崖土門山王龔山雙峯尖紫雲寨鷄兒崖石牌槐樹凸楊眞山石丈山廟峯山雙山門東以北界於麻城

由羚羊山道士山清風嶺黃石岩逾西界河至天台山北以西界於光山內析麻城太平仙居二鄉之里二十屬黃安

東抵麻城界四十里至麻城縣一百一十里

西抵漢陽府黃陂界四十里至黃陂縣一百二十里

南抵黃岡界八十里至黃岡縣二百四十里

北抵河南光山界八十里至光山縣二百二十里

西北抵河南羅山界九十里至羅山縣二百七十里

初乘曰疆埸犄分提封有界俾之守令有分土矣惟祖宗畫野離疆犬牙交錯豈直守禦哉凡此域中一

夫不獲責有攸歸

按當時有謂東應自松溪河南下直割岐亭以西西應由蜂子河直割兩河口以東如是方爲完域初有是議後爲當事者所格二方猶然混錯云姑併識之以俟

山川

山川清淑之氣類多鍾毓之奇邑介處山谷間昔患萑苻今稱文物秀靈之所發豈有旣哉志山川

山

杏村山　距縣二里許下有美泉
三角山　距縣三十里三峰品峙如筆架北峰下一石
洞深邃天欲風則轟轟有聲土人名曰風洞
桐子山　距縣二里昔有桐陰甚濃故名
豹子山　相傳曾出豹故名
土門山
大楓山　距縣四十里
王龔山　距縣三十里
雙峯尖　二峯並起勢若插天

張家山
長竹山　距縣四十里曾産修竹
大塘山　距縣二十五里山下有塘曲而長
尾斗山　距縣四十里取象於星故名
錦屏山　在大塘山南春夏之交山花燦爛如錦
長龜山
鵠兒岩　距縣四十里
輔弼嶺　山幽静人跡罕至相傳讀書其上者多騫舉
鄢家山　距縣二十里

高龔山　距縣六十里
光祿山　距縣七十里
姚洪山　距縣七十里
以上諸山俱縣東
打磨山　距縣三十五里
紫雲寨山　距縣四十里崇巒萬仞上多雲霧其色若
紫
楊眞山　距縣六十里
道士山　距縣七十里

酒醉山　距縣五十里山勢攲斜狀如醉
賀壽山
觀音岩　洞壑幽深一塵不染
古城山
向打石山
遊仙山　距縣三十里孤標秀異相傳有黃鶴乘空而
下至今仙跡尙存
晤仙山
大坳口山

小約口山
以上諸山俱縣東北
似馬山　距縣八里亦名四馬山上有塊石狀馬故名
明邑人吳心學結廬講業其下督學太和胡公査題
曰洞龍書屋爲八景之一
寨基山　距縣七十里外險內平昔人曾築寨避亂於
此故名
百歷山　距縣七十里
浮雲岩　巖懸於山若雲浮於天然

風水山　距縣四十里勢雖不甚陡峻實爲一方來龍
鐵　山　距縣二十里山産黑石色如鐵故名
虎踏山　距縣三十里相傳神人騎虎於此今虎跡尚
存
尖　山　距縣三十五里四圍平坦此峯獨峻且銳
龍王山　距縣七十里秀峯高聳上湧清泉勢蜿蜒若
遊龍狀故名
岐鳳山　距縣五十里山出靈鳥
星朝山　衆山羅列若羣星之拱

響　山　有聲鏗然隨叩隨應人或以爲戲
大程山
小程山　因兩程夫子得名詳古蹟志程鄉故址
以上諸山俱縣西南
王母山　距縣二十五里昔僧心如剏奉母寺於此山
中人稱方外孝子以王名從俗姓也
七個山　距縣十二里七山並峙
陽和山
夾　山　距縣十六里在七個山之首

羊角山
周登山
馬吼山
横北山
夏十一山
道明山
小老山
以上諸山俱縣西
鄒　山　距縣里許本邑來龍

楓　山　多産楓樹

點兵山　距縣二十五里相傳鄒普勝點兵於此

燈籠山　距縣三十里

姚公山　距縣三十里

大佛山　距縣五十五里有丈六金身像故名

雞公山　距縣六十里以形似名

雞子山　距縣三十里山多圓石形如雞子

峩　山　以山形嵯峩名

黄石巖

清風嶺　雖值盛夏嶺上清風徐來耳得之而成聲者

不獨江上然也

石丈山　有大石高丈餘立巔左故名

廟峯山

羚羊山　距縣七十里

雙山壟　距縣七十里兩山夾峙若蛾眉雁盪潼闗劍

嶺

天鵞山　懸崖峭壁路止一線若鵞頸然

平頭嶺

黄楊寨　距縣七十里楚豫兩省分界地週環如壁多

産黄楊上平衍有寨宋元之季士人避兵其中活者

億萬計事䃭天台石壁

清香寨山　距縣六十里山産蘭故名

青　山　草木葱欝遠望如黛

東高山

西高山

暮雲山　烟霞縹緲至晚更佳

白石山　有石皎潔光潤可愛

天台山　距縣八十里在楚豫之交其巔四週峭壁百

餘仞惟一石磴可躡而升上約廣數畆勢若接天有

了心闗坐忘臺留月岩賔陽壁撫松岩披雲峯作霖

池卧龍洞探奇窟告天爐諸勝境爲八景之一詳圖

考

老君山　距縣六十里脈接天台奇峯聳翠

木城寨山　距縣六十五里抵河南界

以上諸山俱縣北

金牛山　距縣五十里

陽台山　距縣四十里其脈亦自天台來邑有三臺天台以奇勝雲台以峭勝陽台以幽勝

蜂子山

灰　山　距縣三十五里山無寸土布列皆石遠望山色如堊

聚英峯　俗名打鷹尖耿恭簡公爲易今名即此亦足以見前賢維持風俗之意矣其下有菱荀塘寺

仙居山　距縣六十里亦接天台脈岩岫盤曲雖盛夏凉風逼人

老　山　距縣八十里與羅山接壤高出衆山之上爲本邑祖山

乳　山　距縣九十里山上有寺寺内東有泉三伏三現寺外有岩曰普陀岩玲瓏剔透爲八景之一詳圖考

七寶山

佛塔山　昔有佛墖今廢

以上諸山俱縣西北

金井山　距縣里許山勢盤紆松竹叢翠下有井清洌不減惠泉佳味

向　山　距縣十里縣治正向山峯略低前邑令劉公承啓造墖其上名曰向山層墖舊志爲八景之一墖今廢

雲台山　距縣十里峯巒秀拔岩石峻嶒山巔有臺雲時覆之土人每以驗晴晦

五雲山　距縣二十里明周太守思久易今名錦峯繡嶺蒼翠如畫盖學宫文筆峯也爲八景之一由巔而北即爲天窩勝境

玉屏山　平頂巉巖下有潭水皎潔如鏡

月　山　距縣二十五里山上有寨以月名肖形也

香爐山　在五雲山前

凈瓶山　距縣二十里皆以其形名

嶂　山　羣峯屹立如屏

上獨山

下獨山　二山聳峙列岫皆低

白馬山

龜　山

了頭山
王子山
大峯山　距縣五十里突起浮空出乎雲表上有寨可容萬人時捍巨寇爲東南屏障
隨馬山
烟墩山　古烽燧處
仙女岩　相傳麻姑修鍊處
棊盤山　相傳仙人弈棋處上有棊枰舊蹟
清泉寨石　東連尾斗山上有清泉元季孟維忠爲重

慶守建寨其上遂以孟清泉名
横山　距縣四十五里横亘里許故名
歸元山　四圍峭壁帷内平坦中有泉水時出不竭人以爲元氣所歸
小楓山　在桃店東南
蓮花山　距縣五十里亦取其形似
大金山　距縣五十里
小金山　距縣五十五里二山形體皆似金星故以金名宗形家言也

大壁山　在小金山南上有石方正如璧其色瑩潤
孟嘗山　距縣六十里詳古蹟志
道人山　相傳有人修道於此
卓望山　距縣六十里頂極高一望百里在目舊志載明太祖一段核與寄園寄所寄所載地名懸殊故不録
五頭山　距縣六十里五山叢聚高下相等與卓望山對峙束扼溪流
磨盤山

鷹爪山
牧驢山
磨石　俱距縣五十五里
虎山　距縣六十五里山臨河岸勢類猛虎
錫杖山　距縣七十五里
高峯山　距縣八十五里山勢峭拔與黃岡黃陂相繡錯
碎石嶺　距縣八十里山產石可作磨
興龍山　距縣七十里

彈弓山　距縣八十里
聯登山　俗名野火墩
祈雨山　距縣七十里歲旱士人每禱雨於此
香　山　時産奇花異果人多不識其名
馬鞍山　距縣五十五里形似馬鞍
鐵爐山　距縣八十里
寶印山　距縣九十里與謝家寨對峙爲安邑水口印
星故以寶印名
鞾　山　形類女鞾俗名老堡海

七尖山
仙人山
上官山　距縣七十里北聯木蘭南接洪界
洪界山　距縣八十里羣峯並峙外陡峻而内寬平明
季人多避亂於此
以上諸山皆縣南

水

界　河　距縣七十里邑無大河因山成也其名曰界
限南北也故首志之

雙山壟河
响水堰河
周八家河　俱距縣七十里
墩上河　距縣六十五里
湖田口河　距縣六十里
程方河　距縣五十五里湖田河之水注之
牌樓河　距縣四十五里
貢吳家河　由界河至七里坪西受天台山腰磨沖方
陂沖上莊畈諸溪之水南下

袁英河　距縣四十里一出雙山壟東合廟峯石尖打
磨山之水西合暮雲黃石巖諸溪之水
華家河　距縣四十里
三河口　由袁英河至雙城與貢吳河合流稍下土門
西溪之水經長興店入於河
柳林河　距縣三十五里
白馬嘶河　距縣三十里
姚家河　距縣十五里
皂角樹河　距縣十里

祁家河　距縣三里

北門河　距縣二里

以上諸河皆縣北

紫潭河　源出麻城縣白沙關至境內曰界河東受藤花港臨湖港又西受行祠橋港至太平橋港之水由感化縣贊埠滙張大湖洼之江稍可運筏夏秋雨水漲溢間可運百斛之舟若不可以恒里戸之輸將所以維艱也

陡埠河　距縣八里由金塲河至龍灣其支東北出峨

山冲又東合土門冲王龔山三角山五雲山諸溪之水

沙　河　距縣二十里在陡埠河下五里

中和官渡河　西受童家港楊惠橋二溪之水東受蓮花港銀錠橋港五里橋港三溪之水西受楊二港徐家港之水

八里灣河　距縣七十里官渡河下受曾家港水

王祥家河　距縣八里

胡家河　距縣三里

南門河　距縣一里

冬青河　源出馬鞍山洪界山過行祠橋太平橋交紫潭入於河

以上諸河皆縣南

松溪河　源出紫雲山鹿皮冲南達宋家埠

葉紙河　在松溪河南

謝家店河　松溪與葉紙合流而下

板門冲河　由謝家店河南至孟家坊松溪河亦來合流達岐亭柳子港新洲史壩洼之江

以上諸河皆縣東南

東流河　距縣四十里由三河口南下三十里至縣西

金塲河　由東流河西合陽臺佛塔浮雲三溪之水

灄　河　源出縣西老君山下與黃陂灄水合流入江

雙河口　距縣三十里由灄河一出金局關一出黃陂站合流南下

橋流河　由雙河西出乳山

官倉河　由雙河西出老山

西　河　由橋流官倉兩河合流而下

兩河口　由西河下與雙河合流盖灄河之上遊也由
黄陂團潭河注之江
峰子河
西門河　距縣一里繞城西
以上諸河皆縣西
仙女潭
鷹嘴潭　在蓮花港
天井潭　在楊二港
清風潭　在八里灣

龍　潭　距縣二十里歲旱祈雨每於此取水
紫　潭　舊志爲八景之一
玉屏潭　在龍灣北
文　潭　在龍灣西
周　潭　在龍灣西
以上縣南之潭
葫蘆潭
李子潭
牛石潭

以上縣北之潭
金龜潭
仙女潭　在雙河口
石灰潭
烏峰潭
以上縣西之潭
藤花港　源出龍潭口
臨湖港
行祠港

太平橋港
楊惪橋港
童家港
蓮花港　源出桃花五雲山
銀錠橋港
五里橋港
楊二港　源出高橋河
徐家港　源出大小二金山
曾家港

苦竹港　源出西張圍
周孝子港　源出大峰山獅子口孝子名曰昂
余家港
以上縣南之港
鄒家港　距縣十里許元主事鄒遷拔墓並祠在焉
縣北之港
响水港
榆木港
縣西北之港

柏林港
縣西之港
玉川磯　八里灣下磯上刻有硬浪二字
裴家塘　在北關外大可數十畝所灌溉田甚多府志載入水利但安邑水利塘堰外凡近河之田夏旱時皆可桔槔灌溉亦水利也
官閣雙泉　爲八景之一詳圖考
匆幕井
後西街井

縣東街井
縣北街井
分司街井
南正街井
南門外井
東門外井
西門口井
西門外土井
西正街井

城隍廟井
呂祖井
節婦坊井
四眼井　耆民張維玉倡首募修人蒙其利
金井山井
杏花村井
净土庵井
龍井冲井
三公井　詳古蹟志

天台山井

五雲山井

仙居山井

桃花井

老山井

涼水井

馬家井

天窩井

按境内諸山自縣之西北老山始由此而綿亘蜿蜒所在而是天台陽台五雲仙馬其較著也川則松溪

經於左灄河絡於右而經營域中者爲紫潭河餘則因地異名耳

古蹟

蘭亭記曰後之視今猶今之視昔故考古者每不勝風徽人往之感焉顧必其人足傳而後其蹟不泯不然雪泥鴻爪轉瞬雲煙又安能使百世後動人慨慕哉志古蹟

邾城　黃安一名邾城按府志載邾城有二一爲邾縣故城在今府治西北十里楚宣王遷邾君居此故名水經云江水逕邾縣故城是也一爲邾縣漢置在今府治西北二十里吳芮爲衡山王都此水經云江水過邾縣南是也劉宋改南安縣隋改黃岡爲黃州治唐中和初遷州治於江濱而邾縣爲舊州故唐蕭德言括地志云邾城在黃州東南百二十里立乎舊州以指故邾也一統志云邾城在府城西北一百二十里立乎明代之黃州以指邾縣也録之以備考

杏花村　邑東二里許有泉甚芳冽諺云桃花店上沽

好酒杏花村裏産賢人賢人不知何指或曰來識或曰爲陳季常也乃去此二十五里又爲桃花洞龍坵居士故里而府志載杏花村在岐亭有杏林杏泉陳季常隱居處旁爲蘸步橋子瞻與季常遊宴其上云蓋賢人之處世爭慕則爭傳之不虛耳録之以備考

義倉址　邑東七里地名新安秦氏彬置龍麟洲先生記見藝文

樂壽堂址　邑東十五里地名九官店亦秦氏彬置龍麟洲先生記

明教堂址　邑南二十里天窩山之麓未詳誰氏作堂名明教義可思也

桃花鎮　邑南三十里宋元時此爲孔道上有燧臺每舍相望有堠宋　年建鎮東有桃花洞龍坵居士故里居士名慥即方山子陳季常也蘇子瞻曾三至其地云

三公井　邑南六十里吳公應澍鑿以濟行旅者人德之祀其子孫爲三公因名

施粥坡　亦吳公應澍作爲糜於道以給行旅者凡四

十餘年因名

金局關　邑西北四十里前代此地方十里內皆産金立榷金局後金乏無所得金户逃亡周公鶴陽奏罷之局罷而名存蓋無其實而冒焉者也或曰今名罷金場云

黄陂站　邑西北九十里宋元時達京郵傳也自桃花至漢津自漢津至此各三舍許有遺碑記各站户姓名

聖人湖　邑北三十里原中可三十餘畝滙水不涸未詳名所自始

雙城堖　邑北三十里元季徐壽輝倡亂僞相鄒普勝馮瑄佐之據此北打鼓嶺南繫馬冲皆因名堖即所建也

程鄉學址　在邑西灄源鄉鄉故隸於陂爲程鄉里二程夫子實産焉按二程祖開府公諱遹初令陂多惠政常行部至北鄉鄉人德之爲之賦甘棠隨贈開府儀同三司加冢宰司空卒於陂子大中公諱珦不能還寓居於陂生子二長諱顥次諱頤未幾録用功臣

嗣後汪珦爲陂尉後封大中大夫遷官移家去陂人爲立雙鳳亭以祠之雙鳳者謂二程也由是程鄉北鄙悉志學乃即開府公昔所至地立小學里中子弟以時肄業其內邑先達周侍御隆之曰邑之始建尙有程鄉小學程鄉蓋二程所鍾育處也自邑庠興而小學廢其址殆不可考云安之灄源割自陂邑而二程夫子之餘澤猶存其泰仙析壞亭州龍坵故里在焉東坡曾三過之蓋淑氣萃是矣後起者被其遺風穆然想見其人宜乎理學盛而人文蔚也有以哉

天臺石刻　邑北九十里臺上石壁勒文字剝蝕難辨嘉靖耿公恭簡同别駕汪廷美遊焉爰掃苔滌壁辨其十之六七文曰勘會端平初襄漢西淮爲兵擾亂丁酉歲浮光失守民無所歸彼時奮發忠赤欲立寨安衆而難得地利獨此山鼎峙形勢險峻四面如壁止通一人往來石竅泉湧冬夏不絶傳聞古人守之以無虞遂集衆在上創寨缺備器械大勢連月攻打莫敢近傍由是光信殘破之民擁壘來依屯聚十萬衆衆能全活戊戌丞相史嵩之都督荆湖孟珙制置

差官旌賞請總衆防拓江西授命加職連歲捍守獲捷淳佑三年義陽李太守知黄州府麻城民口復業檢校本職先守兹寨有功遂檄再往經理九村捍禦五關自入寨究心措置收拾草莽間逃難者於江南廼載種分布耕養每年韃缺犯境勦殺敗退前後擒大頭目囘囘漢子無數缺都制楊將軍芮御帶鄭太社提舉黄州守備申明首賞缺壁推委令提督白石黑石三角山木欄洞獅子崖王缺峯德勝長輿齊安十寨一民無遺況所都部將士皆是隨乘光信安豐之民數載久擾晢欲掃除以缺閂道聚戰輿缺開龍井造聖殿缺凡與同盟願立勞效曲求妄薦國缺亦可爲今日缺則一時之盛事也可不勒石以紀其名使後人缺不缺世哉皇宋淳佑戊申五月旦日缺黄州缺元義民總黄陂縣缺提督光黄諸山寨缺山駐劄缺胡大興刻石司帳前統制

又了心關石壁刻文曰照對韃缺兵自壬辰紹定侵犯京湖入淮西殺戮生民擄牛馬至乙未丙申荆襄失守連年侵入淮西有彼近光州光山縣第三都永

吉保操正將部木部民修開小臺山石門以防拓老小牲畜韃缺兵數攻不利退劒而去時歲次丁酉嘉熙元年八月終記缺正總轄官潘校尉

天臺勝蹟　山形類臺巧若天造嶺峻而險洞廣而深洞前羅怪石花木韻之春夏之交爛如錦綠溪入夾岸林尤美石尤瑰奇泉涓涓流不息有寺名赤城由赤城而上爲臺臺故峭立高數十仞廣可數畝鳥道躋焉有門三曰離垢曰息緣曰達天耿恭簡題周柳塘書離垢門左曰坐忘臺耿叔臺書臺右曰卧龍洞柳塘題曰作霖池

（叔臺書）士人每歲旱挹水祈之輒應曰採奇窩臺西南曰告天爐（俱柳塘書）又兩山綿亘宋嘉熙間東北避兵來奔無由入鑿石爲門曰了心關（叔臺題書）關右巖曰留月壁曰賓陽（俱柳塘書）外此有撫松巖披雲峰（俱柳塘書）覽勝者綜爲十景競相題咏

似馬勝槩　邑南八里峰巒聳秀右臨絶壁里人吴少虞疏石鑿磴道攀蘿而上凡數折有兩石屹立相距僅尺許中一罅若人操斧斤劈而分之者側身聚踵乃得入度數丈許亭午方見日色仰覘惟蔚藍一縷

耳李卓吾題曰一線天下有萬仞泉上則怪石嶙峋偃仰萬態又有虎巖巖有洞席地容四五人坐洞門一石如虎蹲踞狀故名緑巖上數武草徑叢茸石峭立斗削壁上鐫天馬行空（周柳塘書）又鐫駕雲鞭霆（耿恭簡書）又鐫石吼枕石棲雲等字下則洞龍書屋少虞講書處也（見書院志）

石林樵洞　邑東南二十里里中秦真樵及其侶十七人從耿恭簡著書講學處石壁鐫樵洞二大字秣陵焦弱侯書十七人者耿定士子義劉廷諫國忠王國佐才卿秦思君忠卿耿定嘵子明吴顧學學孔張四維懋新秦德修文道胡楚材達夫劉錀來卿秦思逼睿卿趙任伯衡耿定章子顯耿定吉子修耿汝霖蘇卿熊鉅克濟也眞樵則名儀鳳字應泰耿叔臺先生有十八子小傳並序

石林山房　距城二十里耿公子健讀書講學處有里門十八子小傳序其略曰鐸振萬古魯國之儒偏多景附三千砥行之士匪少魯論家語記載弟子答問僅僅幾手指數其他言論行事不少概見何以稱焉

惟兹黄安夫子（指恭簡公兄師也）篤生凡我同聲千里響應土壤細流亦助高深濱水近山尤知海嶽魯有君子咸取於斯吾非斯人徒其誰與其自致青雲足垂竹帛者不具論巖穴之士有質無文習俗之常貴耳賤目及今不載後此何徵爰取里門十八子述其言論行事各爲小傳識大識小道莫不存誰毁誰譽吾非無試

子綦別業　在南城外取莊周南郭子綦之意明進士盧公欽父書院也其相與從遊者光祿吴公季舒士

仲孝廉劉公永濟之楨進士吳公西灋之珍文學姚子德升應魏姚子又次觀劉子克濟之亮江子龥昌淑清公子刺史盧爾惇別駕盧爾恒孝廉盧爾慥明經盧爾悌盧爾懌公姪司訓盧之慄文學盧爾恂皆其選也公所著三不朽先進遺風敷藻華風幹濟英風詹詹言遊鄴草諸詩文皆成於此未一公所著蘿曲邨稿舉業秘書體格文犀字學摘謬重修安邑志童子集盧子新詩塞上吟南遊草捉刀篇歸途百韻諸詩文亦皆訂於此後燬於寇基尚存

天窩書院　卽天窩山房距城十五里在五雲山之巔耿公恭簡仲子子庸講學處也當時海內宗工如比部郎盱眙羅汝芳泰和胡直安福鄒善皆至其地而一時朝夕相從講習不倦者則彭公東我台焦公弱侯竑黃公守拙彥士耿公子健定力吳公敬菴國寀盧公心齋廷薦周公柳塘思久盧公欽父堯臣耿公季通應衢有何心隱者不知何許人與其徒呂四峰亦以問學來安從恭簡遊師弟嘗相抱痛哭於山中人莫知其所謂溫陵李贄僑寓於窩所著焚書藏書續藏書半脫稿於其間後邑人鍾公青巖琇讀書於此成進士去

桃花書院　王氏所建後有宋時古塢

尋芳小酌　州刺史賢良方正盧公爾惇與艾千子王子雲陳卧子羅文止諸名宿論詩文處千子爲惇撰有詩文序行於世

鰲山書院　距城西二里許山峙如鰲其地背臨通衢襟帶大河上三楹顏爲知縣張公國柱書院前三楹顏爲知府王公輔書院邑進士何通孝廉秦至吳宏

初太學鍾應遜盧續王巒盧綬盧拱文學耿宗坤耿興行盧紘慈盧紞慈盧繩慈耿湏鍾應追盧糺慈等讀書處相國佘公佺廬國柱侍御周公偉臣士皇太史張公石虹希良司訓周公我席國購鑄有詩序跋置壁間以咏歎二公作人之美與遺愛之在人心者置産十畝以豢僧爲供具後毀於水前令張公琮重建仙湖書院近復毀

洞龍書院　距城十二里在似馬山之麓處士吳公少虞心學講學於此進士吳公曲蘿化讀書發解處溫

陵李贄在天窩所著諸書亦半成於此今圮

釣臺書屋　耿公仲臺子庸講學處海內諸儒所稱八先生者是也距城七里許有石如盤踞溪上公以布衣自老慕嚴子陵之爲人因以名其齋四方之士多歸之羅念菴陸五台何心隱呂四峰李卓吾諸前輩與先生遊寓於此

雲臺書院　前令劉公承啓課士於此今圮課士引詳藝文志

盤松樹　邑東五里樹大數圍高不盈咫虬鱗蒼甲團

團如蓋陰被可畝餘清籟自鳴休者忘倦蓋數百年物也

墖岡　邑東十里岡高二三丈許有墖欹仄虧垝碩頹若斂翼而斜戢者俗傳一夕風雨岡並墖飛至其地故名

高士軒　元末隱士吳榮一自陂之白龍山徙此時羣雄割據以徵辟名流相傾尚束帛具書使者接踵公門公辭不赴明太祖召之亦不出勅學士陶安贈號曰高士顏其廬曰高士軒今廢遺址有巨礎十二歷三百餘年不敢動

吳汶店　吳汶者何儀部曲蘿公之高祖也家饒好施歲饑作粥以贍流亡遠方來者苦露宿因搆茅屋數椽處之遂成店故名之以其人

仙女岩　邑南十里相傳麻姑修道於此後仙去

鷹爪石　邑南四十里在鷹爪山上相傳有神鷹集此至今石上爪痕宛然

磨石山跡　邑南五十里山上大石側出丈餘石上有磨刀痕旁多蹲踞坐跨跡

小桃源洞　邑南六十里稍西在小金山北有數石洞窴深窴窅石壁上鐫有小桃源三字不知始自何代

牧驢石　在牧驢山石突出高丈餘周圍數丈上又有小石方如座四面各六七尺相傳果老牧驢處

孟嘗故里　在孟嘗山相傳孟嘗君曾居此又云宿此故至今稱焉

仙居巖　在乳山上相傳抱朴子煉丹處

果老石　邑西四十里在龍王山側高聳可丈餘上侈下削斗峭摩天石巔能容七八人相傳仙人張果曾

與客奕此石畔隱隱有仙掌痕痕倍常掌彷彿見字
跡皆漫滅不可考
博士岩　邑西北七十里
由夷洞　邑西北七十里去博士岩不數武麻城梅之
昃題其外曰由夷洞口
鄒家山埯　邑北里許有僧尅期自焚焚時白氣如練
旋空三五丈繞西而散骨藏埯中
羅漢洞　相傳曾有羅漢修行於此
止止洞　城北六十里在牛耳冲昔有僧號止止隱於

洞中二虎守其門謁者至從山下遥呼僧驅虎去乃
前僧既示寂士人因名其洞曰止止
洗手盆　距縣八里相傳曾有仙人洗手於此今其盆
現存
官閣雙泉　前令劉公承啓掘基建堂雙泉出焉甃石
爲小井在公案左右因以顏其堂一時士大夫歌咏
之春夏時常有水亦當日甘棠也
向山層埯　去縣十里爲縣治案山前令劉公承啓建
埯今已圮基尚存舊志屬八景之一今易之

松嶺樵歌　縣西南七里舊有古松一株百餘年物也
行人多憩其下今已作童山矣舊志列八景今易之
釣磯漁艇　舊有釣臺書屋今盡廢磯猶存惟水清泌
白而已舊志屬八景之一今易之
桃鳴長鐘　即桃花大寺今寺敗而鐘存僧不復撞矣
舊志屬八景之一今易之
紫潭烟雨　縣河之南曰紫潭舊志屬八景之一今易
之
河橋斷碣　碣凡六面其一面刻捐修河橋一所以逼

行者其一面刻元捋領王也先不花題餘四面字不
可辨現存王氏祖祠
古城廢址　西郊二里許不詳何代所建址猶有存者
地名古城
思古洞　在南郊山上不詳誰鑿命名之意可思也
淨土菴井　在寺側田中甃石爲小池日可得水數十
石汲者以到井先後爲序甘洌甲一邑不減蘭溪第
三泉也

附墳墓

英烈將軍墓　舊志在金塲河側將軍李姓朝代未詳今按徙義會李氏譜載將軍牧林公謚英烈係唐宰相李絳之裔宋宰相李沆李若水李綱李宗勉皆其祖也世居秦公爲元翰林侍講李伯玉之孫順帝時敕授將軍任湖北黃州府麻城縣監督金厰子孫廕襲金厰廵檢明萬歷時邑人御史周家棟奏免金課遂注籍焉公墓在縣西張李庄夫人熊氏謝氏周氏受誥命塟長塘萬家皆諭賜祭塟云

鐵霖墓　在泌河下　珍珠太子墓　在蔡祠嶺

元樞密副使趙元亮墓　塟縣東北打磨山詳府志

元閫南招撫使吳公温墓　公原名基字中和墓在開國天官里牌坊東入堪輿書人子須知名七星貫頂

吳西山先生墓　先生名應澍西山乃御賜字尚書朝陽公之父墓在五里橋東事詳本傳

明吏部尚書吳公琳墓　墓在八里灣之東地名楓樹岡其樹大數圍康熙二十年間忽槁枯歷十年無由蘖至康熙三十年朝東頓秀一枝茂盛葱翠人皆驚以爲異事詳本傳

銅頭將軍阮貴卿之墓　將軍明洪武時人墓在行祠橋洪福寺前詳本傳

明戶部尚書贈太子少保謚恭簡耿公定向墓　墓在袁英河諭賜祭塟事詳本傳

明耿公叔臺墓　墓在李祥畈諭賜祭塟

盧氏祖塋　在玉川磯上三里許入堪輿書人子須知名猛虎跳澗

吳氏祖塋　在似馬山南堪輿書有鑿玉斧者盛稱之

明戶部侍郎贈工部尚書周公思敬墓　在秦仙鄉鶴

兒巖諭賜祭塟詳本傳

誥贈永年縣知縣盧爾悌墓　墓在中和鄉行祠橋南一里許土名勝道畈載府志

誥贈翰林院侍講張鵬翊墓　在中和鄉大壁山載府志

旌表祝烈女墓　在縣北清水塘程氏祖塋見府志

初乘曰古蹟匪以侈勝志感也世代遞遷理亂靡常滄海桑田古今喟嘆以有盡觀無盡所恃以不朽者可思矣

按舊志所載古蹟四十三鄰城及官閣雙泉以下皆

增入而以墳墓附之夫古人往矣見其蹟如見古人焉況前賢馬鬣之封乎華桓無來歸之鶴瀧岡鮮表墓之碑其足深人景仰者又何如耶

物産

有天地即有萬物其生生不已者自古迄今未之易也初乘自田壤外所載品類甚繁前志以爲核其實未必盡然或者値三邑方割之始欲稍爲潤飾寓鼓舞激勸於不言之表當年締造苦心非沿襲因循者所能揣合其萬一云兹復仍其舊而存之畧爲損益

其閒而已志物産

穀之類　稻（收有遲早色有紅白其名甚多總粘糯秔三種）　麥（大曰牟小曰來）　蕎麥　芝蔴　蕎秫　黍　粱　稷　粟　蘆粟　黃豆（其種五）　菉豆（其種四）　黑豆（其種二）　稆　豌豆　赤豆　蠶豆　扁豆　刀豆　豇豆

枲之類　木棉　麻　蔴麻（俗作捆麻）　葛　苧

蔬之類　白菜　芥菜　芹菜　萵苣　茼蒿　菠菜　蘿蔔　胡蘆蔔　莧菜　馬齒莧　葫蘆　瓠子　蔓菁　蒜　葱　芫荽　韭　松　薤　芋　茄　木耳　茶　茭　筍　薯（有紅白二種）　百花菜　祭菜（俗作地菜）　荆芥　蕨（根可爲粉救荒）　椒　美人薑　苦麻　天茄　莙蓬　剪刀菜　鋸兒草　鷺兒腸　王瓜菜　筆管菜　棠子菜　珍珠菜

果之類　栗　柿　桃　櫻桃　山櫻桃　羊桃　棗　杏　李　核桃　蓮蓬　藕　無花果　菱　芡實　石榴　山葡萄　梅　梨　沙果　平果　銀杏　榛　荸薺　茨菰　山查　橘　枇杷　丁香柿　癩葡萄　毛栗

瓜之類　西瓜　南瓜　冬瓜　絲瓜　王瓜　苦瓜　菜瓜　甜瓜　木瓜

木之類　松　栢　檜　椿　槐　栗　柘　榔　桑　梓　杞　桐　楊　棗　樟　桂　棠梨　榔　棠棣　黃楊　檀　苦楝　烏桕　冬青　蠟樹　皂角　楓　杉　榆　漆　黃荆　櫟　三春柳　石楠　構（皮作紙）　鳳尾杉　泡桐　瓔珞松

竹之類　三月竹　五月竹　斑竹　紫竹　慈孝竹（俗作叢竹）　苦竹　水竹　湘妃竹　鳳尾竹　簝竹（竹小葉大）

石竹
花之類　牡丹　芍藥　辛夷　玉蘭　玉簪　蜀葵
黃葵　桂　萱　蓮　並頭蓮　菊品類甚繁名甚多
茨梅　十姊妹　薏　槿　薔薇　臘梅　地棠
酴醿　海棠　千葉梅　千葉榴華而不實色特濃艷　千葉
杏　絳桃　緋桃　碧桃　紅梅　綠萼梅　罌粟
剪紅羅　山茶　夜合　金盞　金錢　鷄冠
老少年　迎春柳　木香　木樨　杜鵑俗作映山紅
羊躑躅　紫薇　紫荊　石蘭　瑞香　天竺　玫

瑰　薝蔔俗作梔子　金鳳　秋海棠　龍鬚草紅黃二種
火焰草　芙蓉　凌霄　山蘭　月季　水仙　丁
香　百合　款冬　一丈紅　虞美人　鳳仙花
草之類　芭蕉　菖蒲　薜蘿　荇一名鳧藻　蓼　馬蓼
蘆荻　苔　萍　靈芝　雞頭　荆棘　藜藿
燈草　馬蘭　蘋蘩　薰蕕　虎耳草　鳳尾草
鴨掌草　馬鞭草　狗尾草　酸漿草　鼠尾草
艾
藥之類　紅花　芫花　金銀花　金紅花　益母草

旱蓮草　谷精草　龍膽草　夏枯草　茜草
木賊草　土牛膝　土枸杞　土防風　蒼耳子
槐角子　香附子　覆盆子　車前子　伍倍子
牛蒡子　兔絲子　萆蔴子　金櫻子　地骨皮
桑白皮　地榆皮　白蘚皮　天花粉　五加皮
土茯苓　紫地丁　天門冬　瓜蔞仁　白芨　青
竹香　石菖蒲　麥門冬　沙參　元參　苦參
百部　萵藍　大藍又名水藍　丹參　紫蘇　蒼朮
桔梗　小藍又名蓼藍　馬勃　薄荷　荆芥　白茯苓

扁蓄　牽牛　山楂　百合　苜蓿　包皮根
黃精　瞿麥　石葦　舌干　葛花根　商陸　大
黃根　半夏　貫仲　草烏　白芷　草黃連　破
銅錢　南星　赤芍　軟硬　柴胡　茵陳　細辛
槐花　香薷　山當歸　山木通　白蘞　金精
石　山藥　大薊　淫羊藿　王不留行　金毛狗
脊　旋覆花　小薊　蒲公英　劉寄奴　楓乳
山厚朴　薏苡仁　蒲黃　松香　山杜仲　蓮蕋
山黃藥　羊躑躅　山茨菇　桃仁　草决明　天

丁俗作皂角針　青箱子　栢子仁　杏仁　白頭翁

大戟　冬葵子　地膚子　排風藤　僵龜板　自

然銅　山天麻　半邊蓮　獨活　芎藭　青藤

赤蓼　蒔蘿　吳茱萸　何首烏

禽之類　鷄　鵝　鴨　鴿　鳩　燕胡燕斑襟聲小越燕紅襟聲大

白者非常不數見　布穀　子規　雉　黃鸝　啄木　鶴

鶉　鵲　雀　鷹　鷂即鷂　白項烏　烏鴉　地鷄

似雉　鴈　梟　鷺　鴛鴦　鸛　鷺鷥　鸜鵒俗作八哥

百舌　翡翠　揺公鳥　鶯　苦雀　紅鵝　鷗

青鶴　鷗鷺　謎魚子　水鴉鵲　頭鷄　叫天

黃豆眼　鳶　銅嘴雀　鴟梟　鶂　鶺鴒　鸂

鷲　畫眉　羊雀　鵂鶹　鶬鴰　鶻鳴

孝尾　竹鷄　鸕鶿　蒿雀　麥啄

獸之類　牛　馬　羊　羝羊　水牛　驢　騾　豕

犬　猫　鼠　松鼠　狐　兎　狸　虎　豹　狼

鹿　麞　麂　麝　豺　猴　獾　獺　蝟　黃鼠

狼　野豨　野猫　果子狸

鱗之類　龍　蛟　鯉　鰱　鯽　鮎　鱖蘇子云巨口細鱗狀

似松江之鱸　金鯉　草魚　烏魚　鰟鱎　沙口　黃

鮎　赤眼　鰻鱺俗作白鱔鰍　蝦　火燒鯿　黃鴨丁

石貶頭一名杉木片　鰌　魛　什沙溝　屎鋼魮

田骨嫩　黃爽　鯮　鰄　鯿　鰡

介之類　龜　鱉　黿　蚌　蟛蜞　螺　蜆子

倮之類　蜜蜂　蜂　蝴蝶其種甚多　蜻蜓種亦不一　燈蛾

螢　蚊　蠅　螳螂　蚱蜢　蝙蝠　黃奶蠆

蜘蛛　蠨　蠶　螟蛉　烏稍　蛇其種大小不一　虺

酸虫　蜈蚣　蝘蜓　蝸牛　蟻　蟋蟀　蟄　蛤

蟻　蜉蝣　地虱蔞　蛇蚤　蟣蝨　蚤　蛙即蝦蟆

蝌蚪　螻蟈　蚯蚓　蜣螂　蟾蜍　蠹魚　蛩

蟭虎　壁虎　螞蝗　蟬　蜩　蚩　牛蟆　蠓

蛆

按山林未啓以前複嶺重岡皆瘠壤也今則無不毛之土矣第生齒日盛物價益昂食貨所需十倍於昔即地不愛寶未可云取無禁而用不竭耳

風俗

俗始於一時之好尚大抵相習以成風安民涵濡德

化二百餘年士服詩書農勤耒耜駸駸乎稱樂土矣然習俗波靡漸失之奢華薄從忠在握挽回之權者

志風俗

聲音中和類黃岡泰仙類麻城灄源類黃陂

土語呼父曰爺亦曰爹呼母曰大亦曰二呼祖曰爹爹祖母曰奶奶作平聲呼外祖曰家公外祖母曰家婆呼小兒曰伢亦曰乜謂如何曰如的謂無曰毛得其有音無字者難悉數也

元旦拜天地祖先尊長出方迎喜神戚友交賀各鄉則

預以糯米擣爛爲粑厚七八分徑尺許方圓不一伴以菓餅往來贈答客至主人先以雞肉之類滿堆椀面爲敬復煮酒設饌謂之拜年酒

初三日祭門焚楮謂之燒門神紙

立春前一日迎春扮故事打插秧鼓唱插秧歌復有春官服紅袍一隸持杖旁侍沿門誦吉詞隸應曰是謂之說春

十三十四十五夜比屋張燈放煙火復有燭龍大小十數條鑼鼓前導俗以此壓災驅疫次有採茶燈擇童男十二爲女妝各攜燈一具謂之茶娘自正月至十二月月各一曲以採茶二字起興竹枝體也城鄉婦女於十五日相率聯遊謂之蕩元宵亦謂之走百病羣兒鼓吹巡城遊戲謂之打得勝鼓沿山徹逐謂之趕毛狗兔女兒則迎紫姑仙以卜謂之七姑娘

二月二日衙門作案公會初三日士人作文昌會

社日祀先農作社會釀錢聚飲極歡分社胙有古同井親睦遺意秋社亦如之

三月三日攜柑挈榼登山臨水作祓除之會

清明沿門插柳枝上墳墓標紙錢有祭田者派席飲福以公費

四月八日諸寺浴佛兒童放紙鳶

五月朔儀仗鼓吹迎神奉之

五日簪艾泛蒲取蟾酥採藥物以諸品件角黍相饋懸天師像及符飲雄黃酒併酒四壁塗雄黃於小兒眉心耳輪佩以五色綵線香囊古所謂續命縷也鼓樂迎神行市上旗幟陳列外有馬故事擇小兒爲之又有擡故事以鐵幹爲樞紐上下二八下則幼童上或襁褓製頫

巧

十八日曰大端陽以木雕五色龍首尾夭矯如船形中以絹畫神將像盛鼓樂雜彩色紙標遍巡於市神各一船船至香楮爆竹餞之謂之送船出南城郭外焚之奪得龍頭者以爲宜男佳兆

六月六日曝衣晒書

食新用卯日以新米雜陳米中爲飯奉神薦祖先筵親友舉家食肉與年飯同中和較早泰仙次之灄源北則以中元

七月七日婦女夜設瓜菓相與穿鍼乞巧

十五日寺觀作盂蘭會士庶俱追薦祖先焚箱籠放施食

八月中秋以諸品伴月餅相饋婦女結伴聯遊如元宵謂之踏月

九月九日釀重陽酒採菊佩茱萸挈榼登高門茗賦詩爲樂

霜降祭墓有祖費者飲福如清明

冬至士大夫投刺相賀諸族祭其宗祠畫梅花八十一朶粘於壁按日塗之謂之九九銷寒圖

十二月八日以六穀米雜諸菓作粥謂之臘八粥或以相饋

二十四日懸燈綵送竈迓祖先謂之小年是日至除夕以禮物相饋謂之送年節

三十日換桃符貼春聯祀家神宗祖一門團集謂之吃年飯是夜接竈拜尊長謂之辭年相宴飲謂之團年秉燭不寐謂之守歲兒童換新衣以淨沙匀鋪室內外鑼鼓相嬉爆竹之聲通宵不歇

每月初五十四二十三日謂之月忌俗避之朔望敬神講約

冠禮古者二十而冠筮日筮賓至嚴也今廢矣然童子必二十而後始命以字列於成人其亦告朔之餼乎

昏禮親迎壻至女家三投刺然後出迎讓門讓階及席登筵揖女家內室垂簾行奠雁禮代以鵞行交拜禮禮畢別主人升輿是日服用進一等有力之家即平民亦四轎鳴金放砲鼓樂前導忘其濫也及至設香案誦吉詞謂之迴車馬迎新人入拜烝去蓋飲交杯酒內眷

以諸菓抛帳內謂之撒帳次日行堂見禮拜天地祖先尊長出奩物分送家人

喪禮三日出訃四日成服寢苫啜粥朝夕哭踊禮也俗則盎棺即招巫醮事謂之明路逢七亦招巫謂之報七或不得已而乘凶出殯又或廣延僧道破獄招亡以求冥福此猶不失爲孝乃有溺於堪輿停柩累年待謀吉壤果有佳城留待沈彬乎悖禮甚矣

祭禮以神道尊之則祭於廟以人道親之則祭於寢今之祠堂即古之祖廟羣萃而祭則於祠堂此外焚楮薦

歆皆於其宅祭於寢之義也

賓禮以誠不以僞韓侯出祖不棄筍蒲式人留賢亦惟雞黍聞邑中宴會肴必海錯器必品梚一日之澤動費多金不惟其盛難繼抑思窮簷中容有朝未舉火者乎士君子當以昔賢眞率會爲法勿流而忘返也

前志謂黠民以健訟爲能非是無所用其智故歷舉指屍圖賴胥承宗祧諸條以爲俗寔使然不知黠民無地無之不惟鄭有鄧析也一人能斷而天下無冤民一人能明而民自不冤勿第諉之風氣矣

近有不可訓者二曰呀戲曰影戲子弟不列於梨園節奏不諧乎絃管呀戲演於晝其詞淫其態媚觀之易迷影戲演於夜其詞俚其音土聽之易曉價廉費省便於集事故一村乍停一村復起男女輻輳樂此不疲荒職業而壞人心莫此爲甚昔河西之謳始於王豹齊右之歌倡自緜駒今田夫牧豎競習其曲矣此風不熄俗且日偷有世道之責者揭其獘而大聲疾呼庶欲覺之晨鐘也夫

按隋志云黃俗尙淳質多儉約蘇文忠云山水清遠

土風厚善其民寡求而不爭士靜而文樸而不陋尊德樂道異於他邦今則不盡然矣生齒日繁好尙亦異舊乘所云一時有一時之風一邑有一邑之風也故據所覩聞瑣屑言之

黃安縣志卷之二

知黃安縣事嶺南林縉光纂輯

建置志

城池

城以盛民也傳美城沂雅稱管謝非以險不可踰乎安城雖小二百年來圉資以固閒有傾圮守土者旋踵新之殆所恃爲金湯者歟志城池

明嘉靖四十二年成城作四門郡貳守袁福徵督其役周五百九十九丈有奇高一丈八尺厚五尺隆慶

二年雨城半圮郡貳守王可大重葺之裁卑四尺萬歷二年知縣應存初增埤高五尺萬歷二十四年知縣李文芳縮南城而內之工竣勒石榜以禁曰新舊城工勞費甚鉅自今還垣內外距三丈許毋許縱入畜踐穢毋盜取一坏土犯者有常刑更紀其名責以修葺邏卒以下能覺捕者追所犯值賞之永遵此禁崇正八年寇警知縣趙利珍浚城濠建敵樓設重門於四城崇正十一年知縣李元玉改遷南門稍東數武建延秀樓於其上

國朝順治十六年知縣蕭恒重建西城樓康熙二十二年知縣張國柱因城傾圮興工修葺勒石南城之西康熙三十六年丁丑城塌樓壞知縣劉承啟重修題門額東曰三山西曰廻瀾南曰載陽北曰天臺培城寬五尺水關一道城濠四週越康熙壬辰知縣張琮雍正間知縣吳象寬劉文燧賈多男乾隆二十年知縣彭瑞澂皆相繼捐修嘉慶元年襄樊教匪跳梁城內紳耆捐修各門培築完固嘉慶五年知縣孫文驊建東北二門樓西南門樓加補葺東南城垣增高一

尺嘉慶十八年知縣劉以賓將東南北三處城身培寬數尺

按安邑藩籬江漢所謂北門之管也雖古者哲夫爲城衆志爲城然天險設於無形地險成於有象必隱以金椎蒙以石壁巋乎峭巘斷岸之不可攀而後守衛有其備若清風至而城郭不修入其國者有以觀政矣

公署

公署所以治事庇其身卽以庇民焉敢謂視如傳舍

乎古者朝而聽政晝而訪問夕以修令夜以安身固
非徒以燕閒自適也志公署
縣署在城北明嘉靖四十四年建後燬
國朝順治元年署篆梁夔十重修大堂三楹堂左爲寶
藏庫三楹右爲貯册庫三楹後爲燕堂三楹燕堂
東西書房各三楹又後爲内署三楹大堂前爲過
庭三楹左右廊爲科房各七楹中道東西爲差房
各一楹又前爲戒石亭爲儀門三楹儀門前左爲
土地祠爲迎賓舘爲馬王廟爲申明亭右爲監獄

爲旌善亭前爲大門三楹俱知縣劉承啟修大門
外百武爲譙樓知縣張國柱重建劉承啟重修樓
四面舊額南曰開萬世太平胡直題北曰寄百里民
命孫光祖題東曰慈孝里周思敬書西曰仁讓里王國任書内署
後知縣賈多男建堂五楹乾隆戊午知縣段紹晟
重修二堂以後各隨時修建未能悉載
教諭訓導署詳學校志
主簿署在縣署左裁
典史署在縣署右

憲司三重在治東康熙乙巳知縣蕭恒重建後一重
置常平倉前二重爲把總署
分司在治東廢
黄陂站巡檢司署在縣北九十里舊爲雙城司在縣
東北四十里乾隆二十七年奉文改駐黄陂站
中和巡檢司署在縣東南六十里
陰陽學在縣署大門外左
醫學在本宅
僧會司在本寺

道會司無署
教場演武廳在南門外
接官廳在城東三里康熙三十六年僧海靜募修今
廢
保赤堂在縣前稍西嘉慶七年知縣孫文驊建
養濟院即孤貧院明萬歷三年建計七間嘉慶二十
二年知縣林縉光修
漏澤園明知縣應存初置後隨時增添　寶藏庵西
山一叚又庵西一所　引龍岡山一叚又一所

南極庵前牛皮地一所　本魚山一所又木魚山
南山一所　十方庵東一所　東林寺側一所
王林岡一所　大凹一所　金井山一所　大梁
寺岔一所　五方岡一所
按嘉靖癸亥始建邑乙丑建署草昧新造經畫艮
難作始者之苦心千載下猶堪想見矣
附坊里村鎮店舖管汛關津橋梁
坊
昭代名世坊　爲吳琳詹同鄒來學耿定向耿定力

五人建今圮
督學京畿坊　在縣南街上爲御史周家棟建
天寵三錫坊　在縣南街下爲封君耿大振耿金建
世沐天恩坊　在縣憲司街爲節婦王惠妻黄氏建
都御史第　在縣後西街爲耿定向建
學易精廬　在學宫右尚書府前周柳塘題今圮
恩榮坊　在縣治前爲封君耿金建今廢
恩封坊　在泮池角街爲封君周孔建今廢
諭墍坊　在袁英河爲耿定向建

義民坊　在八里灣河東牌樓凹正統六年奉勅爲
邱文建文本姓盧
百歲坊　爲百三歲老人楊奉琦建
開國天官里坊　在中和司爲吳琳建
節婦坊　在桃花店南爲王惠妻黄氏建
節婦坊　在墳山衆爲耿大賓妻彭氏建
節孝坊　在八里灣望河墩爲盧堯臣妻匡氏建
節孝坊　在儒學巷爲庠生程翥妻郭氏建
節孝坊　在南門内爲王鰲妻張氏建

節孝坊　在南門内爲盧漳妻王氏建
節孝坊　在孝友名家里爲盧濂妻鍾氏建
烈女坊　在節孝祠前爲程國泰聘妻祝女建今圮
節孝坊　在吳家崗側爲吳翔鳳妻陳氏建
節孝坊　在明月會宋家邊爲趙映高妻盧氏建
節孝坊　在栗林店爲江彭年妻孟氏建
節孝坊　在縣署後爲庠生吳泓妻馮氏建
節孝坊　在南街巷口爲王惠妻黄氏建
節孝坊　在尹家河南爲尹啟明妻朱氏建

節孝坊　在打鼓嶺爲徐鍾玉妻秦氏建

貞孝坊　在打鼓嶺爲徐鍾儒聘妻王氏建

節孝坊　在北三里店爲秦輝蕚妻戴氏建

貞孝坊　在呂王城南爲黄泰妻吳氏建

烈婦坊　在姜牌店爲吳遂妻陳氏建

節孝坊　爲吳之璜妻杜氏建

節孝坊　爲羅銓妻李氏建

節孝坊　在棗林會鄧家橋爲陶宗尉妻彭氏建

節孝坊　爲張棠妻蕭氏建

節孝坊　爲吳暐妻程氏建

節孝坊　爲彭萊妻程氏建

節孝坊　爲王顯盛妻江氏建

節孝坊　爲彭承芳妻鄭氏建

節孝坊　爲程乃武妻金氏建

貞女坊　爲張炳龍聘妻彭氏建

貞女坊　爲張棣女建

節孝坊　爲劉文元妻秦氏建

里

泰仙鄉亦曰泰仙里里二十一會中和鄉亦曰中和里里十七會灄源鄉亦曰灄源里里十二會

大有會　明月會

長山會　割毛會

塔兒會　沙瓶會

道安會　長水會

係龍會　徙義會

龍潭會　松溪會

陡墩會　柏林會

河漢會　雙城會

盧劉會　東烟會

葉油會　上庄會

付左會　三角會

以上隸泰仙里

高橋會　東嶽會

清涼會　土墩會

王德會　卓旺會

東行會　中和司會

西行會　方廟會
水岩會　蔡甫會
紫潭會　金山會
三師會　育兒會
張店會
以上隸中和里
呂旺會　黃陂站會
華河會　老山會
石灰會　西砦會

羊角會　棗林會
西林會　尹興會
大成會
以上隸滈源里

村

杏花村　金家田
蔡家灣　周隆河
秦明灣　馬家灣
鷲花嘴　杜家灣

秦世賢灣　霍家冲
王春灣　郭家崗
盧家山　龍灣
陳家大屋　雨蕉居
盧家灣　祁家畈
周家岔　嘴上灣
雞子山盧家　曲家畈
羅家河　分水嶺
戴世英灣　山半有泉涓滴不絕夏凉冬温村人鑿石爲池三上以者中以炊下以浣

陳家河　楊二港
白石嘴　祝家岔
汪家河　王祥畈
方家畈　劉家田
藏家林　周十二灣
易家岔　柳林張家
蕭舉人畈　師家河
陳家堂灣　西樓家

羅家坡　陡山徐家
李忠恕灣　馬賢砦
沙河灣　汪家坪
墩王家　蔡地灣
董家屋基　龍潭畈
許家邊　梅村坊
栗林嘴　蔣家巷
李家堂灣　大田雷家
熊家田　繫馬冲

碬岸李家　洗手盆灣
鄒墩　弔橋方家
劉家砦　汪家冲村
碬岸耿家　包家岔
王家邊　大路余家
羅家畈　曾隆畈
貢呉灣　金埸畈
姜呉家灣　烏石坡
沈家林　易家凹

姚家河　紅花冲
宋瑁畈　謝家店
許家畈　周家冲
況家畈　譚家畈
趙西灣　霍家冲
白石嘴　七家灣
七里崗　上莊畈
秦家冲　陳維海灣
李態灣　喻家樓

古墳林　龔家冲
許家邊　張家畈
甘家冲　詹家畈
周舉人畈　盧子冲
彭畈　秦家冲
王庚八灣　鄧昌畈
嚴家畈　尹家灣

以上泰仙鄉

萬樺園　曲蘿呉公所創也距城八里許有林泉之

勝記詳藝文 鍾石頭灣
𡒄曲村 三箇曹門
土墩頭 驛丞砦
桂家畈 周家岔
閔家畈 毛張五灣
六家畈 界牌
崔家邊 江家箭樓
馬埠頭 板倉吳家
程家灣 五里橋畈

監生灣 李家崗
棗林灣 曾家畈
傅橋程家 舊灣
石門路 瓦益牆
八里灣 陡山吳家
施粥坡 戴家沖
牌樓岔 大金山
九個天井 小金山
一步三縣崗 王家畈

車埠村 王朝灣
葉家畈 林家大沖
涂家橋 許家畈
龍綱畈 吳仁畈
張家長沖 吳家沖
楊家田 夏家田
蕭家林 袁家畈
汪家橋 梅家田
千葉樓 盧家寨

殷家田 下屋
袁家上灣 徐家灣
清華隴 盧祖沖
獅子口 黃家凹
栢樹塘 劉家邊
大屋沖 墳山凹
四屋沖 周家沖
漢甫灣 油榨河
操家田 呂家凹

詹墻盧家　陡巖
何家灣　壽毋橋
李家田　馬家崗
大院墻　盧贊甫灣
石頭嘴　戴家河
柯家田　天心畈
大屋畈　樓下
麻城界　周家冲
以上中和鄉

姜牌　西黃祖灣
新集　大屋灣
韭菜園　九龍冲
上徐家　土門冲
中徐家　吳家崗
祁畈　下徐家
姚馬寺　朱家畈
碾子張家　樓下灣
蔡胡家　井邊灣

舒楊家　砦上灣
范家田　新田
鄒家集　孟家冲
七里冲　施家畈
王家冲　師古墩
棗林畈　余家冲
熊家河　辛家冲
周家嘴　張家冲
華家灣　大院

墳山凹　季家灣
黃家樓　三李家
李家樓　金家大灣
以上灄源鄉

鎮店

桃花鎮　東距城三十里
尹家河鎮　東距城四十五里
七里坪鎮　距城四十里北接光羅南達江漢糧食囤積之所雖一綫山溪不通舟楫然自春徂冬竹

簰絡繹後厄於水井市蕭條坪舊戶徐武城方自
愷潘大智沈大華王光斗等締造招徠克復其舊

華家河鎮　北距城四十五里

呂王城鎮　北距城六十里

黄陂站鎮　北距城九十里

中和司鎮　南距城六十里

八里灣鎮　南距城七十里

九官店　距縣十里達麻城宋元郵傳

謝家店

以上縣東之店

南三里店　距縣三里

五里墩店　距縣五里

陡坡河店　距縣八里

楊二河店　距縣七里

吴家店　距縣五十里

董店　距縣五十里

馬埠頭　距縣六十里

以上縣東南之店

十里鋪店　距縣十二里

明教堂店　距縣十五里

沙河店　距縣二十里

周家坳店　距縣二十里

桃花店　距縣三十里

汪家店　距縣四十里

柿林舖店　距縣四十里

桂家畈店　距縣四十里

栗林店　距縣四十五里

五里橋店　距縣五十里

馬家井店　距縣八十里

以上縣南之店

崔家店　距縣十里

吴汝店　距縣二十里

涼亭店　距縣二十五里

大義店　距縣三十里

楊二港店　距縣三十里

詹店　距縣三十里達黄陂

槐樹店　距縣四十里
張家店　距縣六十里達黃陂
施婆店　距縣七十里
何家新集　距縣八十里
艾家店　距縣八十里
以上縣西南之店
打鼓嶺店　距縣二十里達光山
古風嶺店　距縣三十里
喻家樓店　距縣五十里

以上縣東北之店
北三里店
長興店　距縣十里
阮家店　距縣十里
黎家店　距縣二十里達光山
雙城司店　距縣三十五里達光山
姑嫂二樹店　距縣三十里
白馬嘶河店　距縣三十里
碗米巖店　距縣六十里

棗林店　距縣六十里
以上縣北之店
凉水井店　距縣十五里
石嘴舖店　距縣三十里
賀家崗店　距縣二十五里
王家店　距縣四十里
鄢老店　距縣五十里
漢津站店　距縣五十里宋元郵傳今廢
盧店卽盧家崗距縣六十五里達羅山

雙山亹店　距縣九十里
以上縣西北之店

舖遞

額設舖司一十三名每舖相距十里至黃陂縣交界
劉家舖黃岡縣交界三山舖出境
縣前舖　距十里舖十里
十里舖　距周家坳舖十里
周家坳舖　距桃花舖十里
桃花舖　距栗林舖十里

栗林舖　距柿林舖十里
柿林舖　距中和司舖十里
中和司舖　距八里灣舖十里
八里灣舖　距馬頭舖十里
太平舖　距高林舖十里
高林舖　距黄陂交界劉家舖十里黄岡交界三山
舖十里
營汛防城兵貳拾壹名
旱汛　雙山壹　黄陂站各防兵伍名

關津
金局關　在縣西北四十里亦曰金山關
大城關　在縣北九十里羅山界元世祖巳未入此
今廢
紫雲寨　在東北四十里
大峰山寨　在縣南五十里爲東南屏障
清泉寨　在縣南五十里清泉山元季孟維忠建
吴家寨　在縣西三十里明季邑庠吴載瑞建
鮑家寨　在縣西南三十里

木城寨　在縣北六十里抵河南
老君山寨　在縣北六十里上有田有寺有水其水
三流三伏名響水潭傳有古劒一莖韭菜一塊有
意尋之則不見
臺山寨　在縣北七十里
黄楊寨　在縣北七十里楚豫交界地週環如壁上
平衍宋元之季土人於此立寨避兵全活萬計事
鐫天臺石壁
問有橋　距縣一里明天啟甲子邑人耿汝念建在

杏花村口相傳王元之清明日過其地有借問酒
家何處有牧童遥指杏花村之句故名
省耕橋　距縣一里
安樂橋　東關外
龍頭橋　距縣四十里
東山橋　耿良木同姪開福募建
以上縣東之橋
白石橋　在魁星樓下
壽萱橋　距縣十里生員盧復先建

利涉橋　距縣十里
永安橋　距縣十五里嘉慶二十二年耿秉瑛劉金
萬王文榜秦煥章陳志信江行健王鳳穏等募建
三多橋　距縣二十里
二里河橋　距縣三十里余朝富等募建
萬緣橋　距縣三十里在楊二港舉人鍾玗建
迎春橋　距縣四十里在苦竹港
銀錠橋　距縣五十里達省城元邑應澍建
孝子橋　距縣五十里孝子為周日昂

四余橋　距縣五十里
五里橋　距縣六十里在周孝子港口元邑應澍建
曲尺橋　距縣六十里
壽毋橋　距縣七十里萬歷間盧氏重建
廣嗣橋　距縣七十五里由岐亭達黄陂孝感路生
員盧兆豐募周怡盛重建
廣福橋　距縣　十里監生盧夢蓮盧中曉等募建
龍口硆橋　距縣七十五里盧紹唐盧士廉建
太平橋　距縣八十里元邑應澍建

以上縣南之橋
古堰橋　距縣十五里副榜王華平貢生王華炳建
新橋　距縣十五里王鳳雅王華珠王廷勇等倡建
觀音橋　距縣二十里王瑞美王孔達募建
老實橋　距縣三十里
富家橋　距縣五十里
霍家橋　距縣六十里
滙源橋　距縣七十里進士盧堯臣建
冬青橋　距縣七十里舉人盧爾愷募建

萬壽橋　在尹家河北乾隆五十三年邑人孟道沅
孟道昇孟正篁尹際隆等倡建
以上縣東南之橋
小藍橋　距縣七十里耿汝念建
遇仙橋　距縣十五里
通濟橋　距縣二十里縣丞王國佐建
揚德橋　距縣三十里達黄陂邑人吳公紹鄭君昭建
王德會河橋
行祠橋　距縣八十里僧繼朗募建

涂家橋　生員涂國翰等重建

以上縣西南之橋

黄石橋　距縣五里

皂角樹橋　距縣十里

姚家河橋　距縣十二里

新橋　距縣四十里界林寺僧省三重建

楊李家橋　距縣五十里

陳家橋　距縣六十里處士陳士林募建

七里坪橋　在坪南北頭

高橋　距縣二十里貢生吳之琬建舉人吳中理等募修監生吳宇泰等重修石欄

周博士橋　距縣二十里

三定橋　距縣二十五里廪生熊楚熊等募修

烏峰橋　距縣三十五里

以上縣西之橋

大石橋　距縣四十里達河南光山羅山二縣

高柳橋　距縣六十里

保嗣橋

萬福橋　邑人戴之延募修

從心橋

如意橋　俱邑人戴之燾募修

以上縣西北之橋

南門河官渡　在城南一里

東流渡　在縣北

中和官渡　在縣南

黄安縣志卷之三

知黄安縣事嶺南林縉光纂輯

學校志

學校

古者建國君民教學爲先學校之設釋奠祭菜恒於斯講學明倫恒於斯制莫重焉典莫隆焉安學在縣治西南自前明迄今規模始燦然大備俾邑人士以時習禮其間其相與觀感而奮興者當何如耶志學校

學宫前明嘉靖癸亥都御史谷中虚御史徐大壯督學吴文華檄同知表福徵知縣林葵建隆慶二年知縣李講增建隆慶五年知縣常正紀建尊經閣崇禎年間知縣趙利珍建啓聖祠

國朝康熙初年知縣蕭恒重修戟門康熙六年知縣張一躍重修正殿兩廡及龕座神主俎豆之屬皆備康熙三十六年知縣劉承啓重修正殿路臺兩廡戟門櫺星門石門照牆並建二横牆濬頻池雜時勷其事者教諭宋希若訓導周國驥鳩厥工者典史盧元吉

庠生耿宗坤約講王公祥蕭我先丁一倩馬純伯也比來增修學田以爲歲修之費附詳於後

學宫全式

大成殿四阿重屋翌楹達鄉正中一龕祀

至聖先師孔子位南向旁二龕祀

復聖顔子　東首西向

宗聖曾子　西首東向

述聖子思子　東次西向

亞聖孟子　西次東向是爲四配又二龕祀

先賢閔子損　冉子雍　端木子賜　仲子由　卜子商　有子若

在東序西面北上

先賢冉子耕　宰子予　冉子求　言子偃　顓孫子師　朱子熹

在西序東面北上是爲十二哲按十哲從祀自唐開元始舊志仍之時有子尚在西廡朱子尚稱先儒今康熙五十一年升朱子爲先賢乾隆三年升有子於東哲附朱子於西哲而十二哲之位始定

殿前東西兩廡各七楹東廡前三龕從祀

先賢蘧瑗伯玉　澹臺滅明子羽　原憲子思　南宮适子容

商瞿子木　漆雕開子若　司馬耕伯牛　梁鱣叔魚　冉孺
子魯　伯虔子楷　冉季子產　漆雕徒父子期　漆雕哆子
斂　公西赤子華　任不齊子選　公良孺子幼　公肩定子
中　鄡單子家　罕父黑子索　榮旂子期　左人郢子行　鄭
國子徒家語作薛邦　原亢子籍　廉潔子庸　叔仲會子期　公西
輿如子上　邽巽子斂家語作邦選　陳亢子禽　琴張一日琴牢字子開
步叔乘子車　秦非子之　顏噲子聲　顏何子冉　縣亶子
象　樂正克　萬章　周敦頤茂叔　程顥伯淳　邵
雍堯夫　皆西面北上西廡前三龕從祀

先賢林放　宓不齊子賤　公冶長子之　公皙哀季次
高柴子羔　樊須子遲　商澤子秀　巫馬施子期　顏辛子
柳　曹䘏子循　公孫龍子石　秦商子丕　顏高子家　穰駟
赤子徒　石作蜀子明　公夏首子乘　后處子里一作石處　奚容
蒧子偕　顏祖子襄　句井疆子界　秦祖子南　縣成子橫
公祖句兹子之　燕伋子思　樂欬子聲　狄黑子皙　孔忠
子蔑孔子兄孟皮之子　公西蒧子尚　顏之僕子叔　施之常子
恒　申棖子周史記作申黨　左邱明楚倚相後　秦冉字開家語不載　牧皮
公都子　公孫丑　張載子厚　程頤正叔　皆

東面北上又東廡二龕從祀
先儒公羊高子夏門人　伏勝子賤漢鄒平人　董仲舒漢廣川人　后蒼近君漢東
海人　杜子春東漢師人　諸葛亮孔明漢瑯琊人　王通仲淹隋龍門人　范仲
淹希文宋吳縣人　歐陽修永叔宋廬陵人　楊時中立宋將樂人　羅從彥仲素宋南
劍人　李侗愿中宋建浦人　呂祖謙伯恭宋婺州人　蔡沈仲默宋建陽人　陳淳安卿
宋龍溪人　魏了翁華父宋邛州人　王栢會之宋金華人　趙復仁甫元德安人　許謙
益之元金華人　吳澄初清元崇仁人　胡居仁叔心明餘干人　王守仁伯安明餘姚人
羅欽順允升明泰和人　皆西面北上又西廡二龕從祀
先儒穀梁赤字元始魯人　高堂生漢兖人　孔安國字子國至聖十一世

孫漢魯人　毛萇字長公漢越人　鄭康成漢高密人　范甯晉順陽人　韓愈退之唐南
陽人　胡瑗翼之宋如皋人　司馬光君實宋夏縣人　尹焞彥明宋洛陽人　胡安國
康侯宋崇安人　張栻敬夫宋綿竹人　陸九淵子靜宋金谿人　黃幹直卿宋閩縣人　眞
德秀景元宋浦城人　何基子恭宋金華人　陳澔雲杜元都昌人　金履祥吉甫元蘭
溪人　許衡仲平元河內人　薛瑄德溫明河津人　陳獻章公甫明新會人　蔡清介夫
明晉江人　陸隴其稼書國朝平湖人　皆東面北上按顏何秦冉舊
志從刪今雍正二年復祀縣亶牧皮公孫丑樂正
克萬章公都子皆雍正二年增祀鄭康成范甯舊
志改祀雍正二年復諸葛亮雍正二年增祀范仲

淹自康熙五十四年巳增祀矣尹焞黃幹魏了翁
陳淳何基王柏趙復許謙陳澔金履祥蔡清羅欽
順陸隴其皆雍正二年增祀吳澄乾隆二年增祀
左邱明周子張子二程子邵子舊志皆列先儒今
稱先賢奉乾隆十八年　部頒定式也道光二年
又奉　部頒增祀劉宗周列西廡蔡清之後
路臺甃以石臺上下古柏枝葉茂美嘗有靈禽集焉
大成門高五雉容大扃七个舊志稱戟門今遵
大清通禮稱大成門

櫺星門石門三楹舊志靈星天田星也龍左角爲天
田星主穀王者以教養爲職故曰靈星俗作櫺云
又舊志載有石坊一座爲吳琳詹同郄來學耿定
向耿定力五人坊今圮
泮池在櫺星門前廣可二畝甃以磚塡以石池植蓮
不常花是年花多則科名亦盛
照牆一座爲外屏左右附二橫牆與泮牆屬防參越
也
黌牆周數十丈高數仞東爲禮門西爲義路禮門上
一門與學門通
崇聖祠在正殿左首舊志稱啓聖雍正元年改今稱中
奉
孔子先代舊志惟　啓聖公一位雍正元年追封
孔子五代王爵正中一龕祀
肇聖王木金父其東祀
裕聖王祈父其西祀
詒聖王防叔又其東祀
昌聖王伯夏又其西祀

啓聖王叔梁紇南向旁二龕祀
先賢顏氏無繇東首西向
先賢曾氏點西首東向
先賢孔氏鯉東次西向
先賢孟孫氏激公宜西次東向亦爲四配祠兩廡二龕
祀
先儒周氏輔成　程氏珦字伯温　蔡氏元定字季通
在東廡西面北上
先儒張氏廸　朱氏松字喬年在西廡東面北上是

亦從祀之義也

明倫堂在殿後五楹廣可九筵東勒卧碑庭前雙梧蔚起蕭疎可愛

尊經閣在明倫堂後奉頒經史典籍皆於此珍藏焉

教諭署在明倫堂東内宅三楹外堂三楹旁隸一小齋闢爲庭嘉木森植

訓導署在明倫堂西内宅三楹外堂三楹庭宇軒敞

學門三楹在禮門左内外皆堊飾

定稱

孔子封號唐開元時追謚爲文宣王宋真宗加封至聖文宣王元武帝加封大成至聖文宣王明嘉靖八年稱至聖先師後仍加稱文宣

國朝順治十四年稱至聖先師孔子是爲定稱

贊文

康熙二十五年

御製孔子贊並序

葢自三才建而天地不居其功一中傳而聖人代宣其藴有行道之聖得位以綏猷有明道之聖立言以垂憲此正學所以常明人心所以不泯也粤稽往緒仰遡前徽堯舜禹湯文武達而在上兼君師之寄行道之聖人也孔子不得位窮而在下秉刪述之權明道之聖人也行道者勳業炳於一朝明道者教思周於百世堯舜文武之後不有孔子則學術紛淆仁義湮塞斯道之失傳也久矣後之人而欲探二帝三王之心法以爲治國平天下之準其奚所取衷焉然則孔子之爲萬古一人也

審矣朕巡省東國謁祀闕里景企滋深敬摛筆而爲之贊曰

清濁有氣剛柔有質聖人參之人極以立行著習察舍道莫由惟皇建極惟后綏猷作君作師垂統萬古曰惟堯舜禹湯文武五百餘歲至聖挺生聲金振玉集厥大成序詩刪書定禮正樂既窮象繫亦嚴筆削上紹往緒下示來型道不終晦秩然大經百家紛紜殊途異趨日月無踰羹牆可晤孔子之道惟中與庸此心此理千聖所同孔子之德仁義中正秉彝之好根本天性庶幾夙

夜昜哉令圖溯源洙泗景躅唐虞載歷庭除式觀禮器
摛毫仰贊心焉遐企百世而上以聖為歸百世而下以
聖為師非師夫子惟師於道統天御世惟道為寶泰山
巖巖東海洋洋牆高萬仞夫子之堂孰窺其藩孰窺其
徑道不遠人克念作聖

康熙二十八年

御製四配贊

顔子贊

聖道早聞天資獨粹約禮博文不遷不貳一善服膺萬
德來萃能化而齊其樂一致禮樂四代治法兼備用行

舍藏王佐之器

曾子贊

洙泗之傳魯以得之一貫曰唯聖學在兹明德新民止
善為期格致誠正均平以推至德要道百行所基纂承
統緒修明訓辭

子思子贊

於穆天命道之大原靜養動察庸德庸言以育萬物以
贊乾坤九經三重大法是存篤恭慎獨成德之門卷之
藏密擴之無垠

孟子贊

哲人既萎楊墨昌熾子輿闢之曰仁曰義性善獨闡知
言養氣道稱堯舜學屏功利煌煌七篇並垂六藝孔學
攸傳禹功作配

御書匾額

康熙二十二年頒

御書萬世師表匾額

雍正三年頒

御書生民未有匾額

乾隆元年頒

御書與天地參匾額

嘉慶四年頒

御書聖集大成匾額

道光元年頒

御書聖協時中匾額

釋奠儀注

齋戒

歲春秋仲月上丁行釋奠禮承祭官分獻官暨陪祀
官均致齋二日
具祝版
祭前一日具祝版恭書供殿內祝案
省牲
設香案於宰牲亭眡割牲官公服詣香案前上香遂
視宰宰人割牲以豆取毛血瘞於坎　按省牲在祭
前二日如眡牲之儀特視牲告牷而已此眡割牲在
將事之夕即瘞毛血事今通謂之省牲

陳設
先師位前帛一爵三牛一羊一豕一登一鉶二簠二簋二
籩十豆十鑪一鐙二尊一
四配位前每位帛一爵三羊一豕一鉶二簠二簋二籩
八豆八鑪一鐙二尊東西各一
十二哲位前每位帛一爵三鉶一簠一簋一籩四豆四
東西各羊一豕一鑪一鐙二尊一凡牲陳於俎凡帛
實於篚凡尊實酒疏布冪勺具設福胙於尊旁加爵
一

兩廡二位同案每位爵一實酒每案簠一簋一籩四
豆四
先賢案前羊二豕二鑪一鐙二　先儒案前羊一豕
一鑪一鐙二尊具帛具虛爵六俎篚冪勺具
崇聖祠正位前每位帛一爵三羊一豕一鉶二簠二簋
二籩八豆八鑪一鐙二尊一　配位前每位帛一爵
三簠一簋一籩四豆四東西羊豕各一鑪一鐙二尊
一　祠廡每位爵一實酒餘簠簋籩豆羊豕鑪鐙如
配位之儀帛具尊具俎篚冪勺皆具

設洗於階東設樂舞於殿外兩階金編鐘在東玉編
磬在西皆十有六應鼓一柷一敔一麾一琴六瑟四
簫六篴六篪四排簫二塤二笙六搏拊二旌二羽籥
三十有六以上陳設畢周省齍盛及籩豆登鉶之實
謂之省齍
辨位
承祭官拜位在階下讀祝受福胙拜位在殿中門檻
內分獻官拜位在甬道左右陪祀官在廟庭左右均
北面司祝一人立祝案西東面樂工歌工文舞六佾

於階上樂懸東西序立司帛司爵司尊各案立

崇聖祠祭儀禮節與大成殿同惟無歌舞

屆期四鼓贊引承祭官入祠垣左門詣階下盥手贊

就位引承祭官就位立贊迎

神引承祭官升東階入殿門左詣

肇聖王位前跪上香三上香畢俯伏興次詣左右正位前

跪上香儀同次詣配位前跪上香儀同次詣從位前

跪上香儀同贊復位引降階復位贊跪叩興引行三

跪九叩禮贊奠帛爵行初獻禮引承祭官升階詣中

案前跪司帛跪奉篚承祭官受篚拱舉以授司帛奠

於案司爵跪奉爵承祭官受爵拱舉以授司爵奠於

墊中俯伏興以次詣左右正位前跪奠帛獻爵儀同

贊就讀祝位引承祭官至殿中拜位跪讀祝畢行三

叩禮次詣配位前跪奠帛獻爵如儀次詣從位前跪

奠帛獻爵如儀贊復位引降階復位亞獻各獻爵於

左終獻各獻爵於右均如初儀贊徹饌各徹饌畢贊

送

神引行三跪九叩禮興贊送燎奉祝帛香饌至燎所贊眡

燎畢贊禮成仍由祠垣左門出

先師殿祭儀

雞初鳴各官豫集於大成門外致齋所均朝服昧爽

贊引承祭官自大成左側門入兩序分獻官兩廡分

獻官隨入至階東盥手詣拜位前陪祀官咸詣拜位

前序立贊就位引承祭官分獻官就位立贊迎

神樂奏昭平之章無舞凡歌辭俱詳於後司麾舉麾工鼓柷樂作

引承祭官升東階入殿左門詣

先師香案前跪上香三上香畢俯伏興以次詣

四配位前跪上香儀同贊復位引承祭官降階復位初

迎

神時贊引東西序分獻官各一人升東西階入殿左右門

詣

十二哲位前跪上香畢俯伏興復位引兩廡分獻官東

西各二人分詣

先賢

先儒位前跪上香畢俯伏興均復位贊跪叩興引承祭

官分獻官暨陪祀官均行三跪九叩禮司麾偃麾工

戛敔樂止凡樂以舉麾鼓柷作以偃麾戛敔止後同贊奠帛爵行初獻禮樂奏宣平之章司旌舉節舞羽籥之舞凡舞以節領之導引進退後同樂作贊引承祭官升階詣
先師位前跪司帛跪奉篚承祭官受篚拱舉以授司帛奠於案司爵跪奉爵承祭官受爵拱舉以授司爵奠於墊中俯伏興贊就讀祝位引承祭官至殿中拜位跪分獻官暨陪祀官皆跪贊讀祝司祝跪讀祝訖贊叩興引承祭官分獻官暨陪祀官均行三叩禮興引承祭官詣

四配位前奠帛獻爵俯伏興贊復位引承祭官降階復位次引兩序分獻官升東西階入殿左右門詣
十二哲位前跪奠帛獻爵俯伏興復位次引兩廡分獻官分詣
先賢
先儒位前跪奠帛獻爵俯伏興均復位樂止贊行亞獻禮樂奏秩平之章舞同初獻樂作引承祭官升階詣
先師暨四配位前奠爵於左如初復位兩序兩廡隨分獻畢均復位樂止贊行終獻禮樂奏敘平之章舞同亞獻樂

作引承祭官升階奠爵於右如亞獻儀復位兩序兩廡隨分獻畢均復位樂止贊飲福受胙引承祭官升階至殿中拜位跪贊飲福爵一人自右遞福酒承祭官受爵拱舉授左執事次受胙如飲福之儀三叩興贊復位引降階復位贊謝胙承祭官分獻官暨陪祀官均行三跪九叩禮興樂止贊徹饌奏懿平之章無舞樂作徹畢樂止贊送
神奏德平之章無舞樂作承祭官分獻官暨陪祀官均行三跪九叩禮興樂止贊送燎樂作奉祝帛香饌至燎所贊瘞燎引承祭官瘞燎畢仍由左側門出樂止各官皆退

祝文

崇聖祠祝文曰維某年月日某官某致祭於
肇聖王
裕聖王
詒聖王
昌聖王
啓聖王曰惟

王奕葉鍾祥光開聖緒盛德之後積久彌昌凡聲教所覃
敷率循源而溯本宜肅明禋之典用申守土之忱茲
屆仲春秋聿修祀事配以
先賢顏氏
先賢曾氏
先賢孔氏
先賢孟孫氏尙
饗

先師殿祝文曰維某年月日某官某等致祭於
至聖先師孔子曰惟
先師德隆千聖道冠百王揭日月以常行自生民所未有
屬
文教昌明之會正禮和樂節之時辟雍鐘鼓咸格薦於
馨香泮水膠庠益致嚴於籩豆茲當仲春秋祗率彝章
肅展微忱聿將祀典以
復聖顏子
宗聖曾子
述聖子思子

亞聖孟子配尙
饗
樂章
迎神樂奏昭平之章辭曰大哉孔子先覺先知與天
地參萬世之師祥徵麟紱韻答金絲日月既揭乾坤
清夷無舞
初獻樂奏宣平之章辭曰予懷明德玉振金聲生民
未有展也大成俎豆千古春秋上丁清酒既載其香
始升舞羽籥之舞

亞獻樂奏秩平之章辭曰式禮莫愆升堂載獻響協
鼖鏞誠孚罍獻肅肅雍雍譽髦斯彥禮陶樂淑相觀
而善舞同初獻
三獻樂奏敘平之章辭曰自古在昔先民有作皮弁
祭菜於論思樂惟天牖民惟聖時若彝倫攸敘至今
木鐸舞均如初
徹饌樂奏懿平之章辭曰先師有言祭則受福四海
黌宮疇敢不肅禮成告徹毋疏毋瀆樂所自生中原
有菽無舞

送神樂奏德平之章辭曰凫嶧峩峩洙泗洋洋景行
行止流澤無疆聿昭祀事祀事孔明化我烝民育我
膠庠無舞
一八月二十七日恭遇
先師誕辰均致齋一日禁止屠宰禮部則例

先師位

陳設圖

帛
爵 爵 爵
和羹 太羹 和羹
白餅 榛 形鹽 黍 稷 韭菹 芹菹 脾析
黑餅 菱 藁魚 稻 粱 醓醢 兔醢 豚拍
芡 棗 菁菹 筍菹
鹿脯 栗 鹿醢 魚醢
羊 牛 豕
燭 香 燭
鐙 鑪 鐙

大成殿

四配位

每位一案

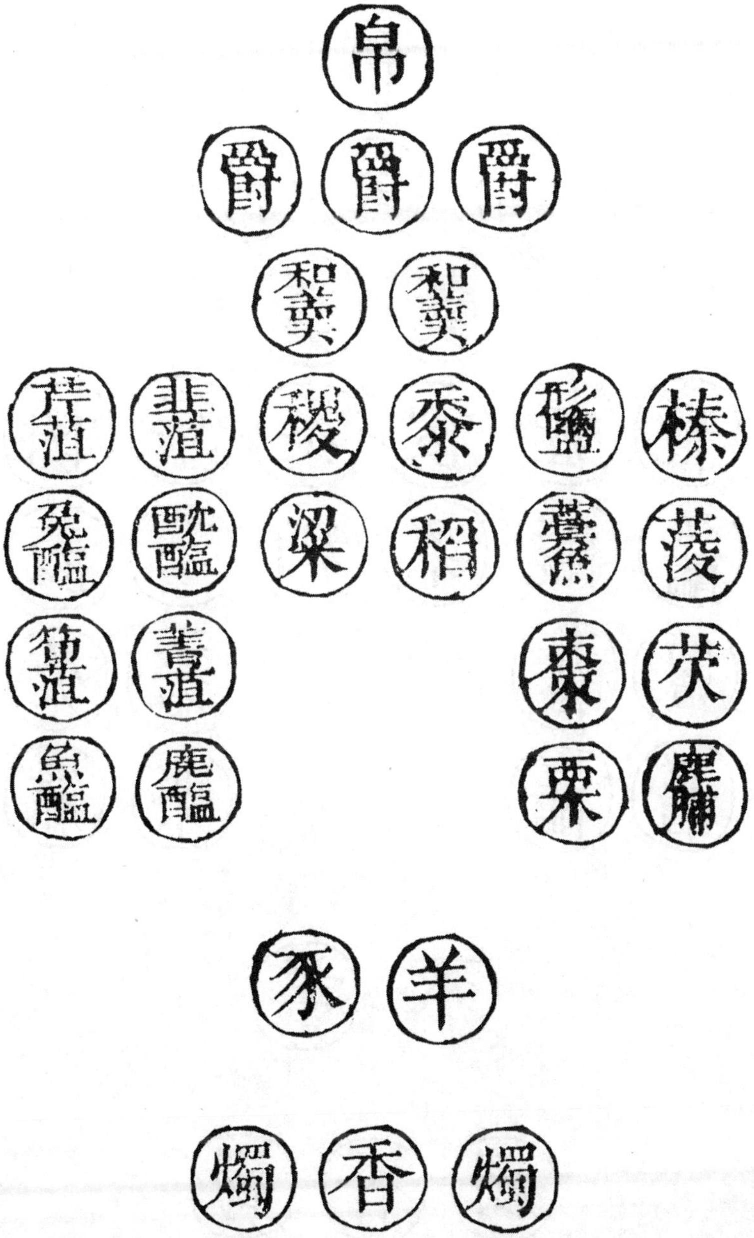

十二哲兩廡陳設有每位每案之不同今未便繪圖

照通禮陳設位次推之可也

崇聖位

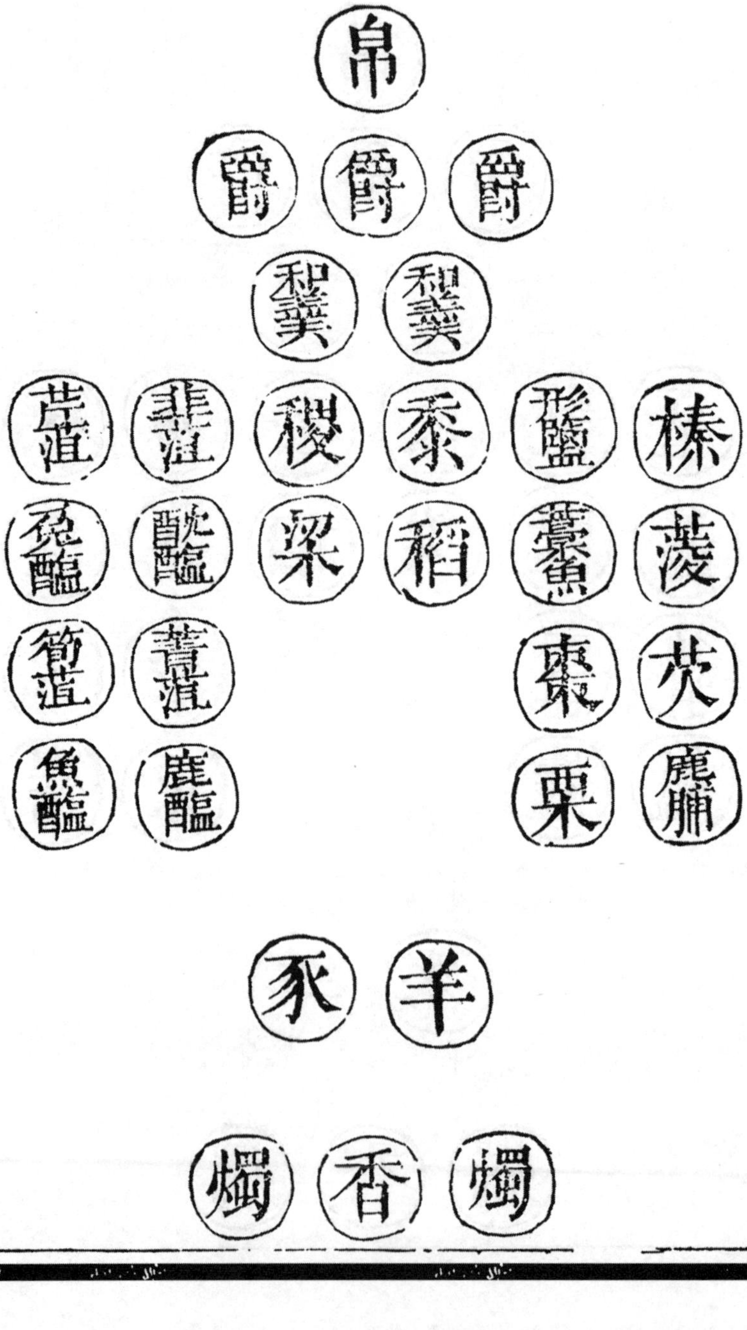

奏樂位次圖

樂記曰歌者在上匏竹在下貴人聲也鄉飲酒義升歌三終亦貴人聲之謂古人歌詩未嘗不彈琴瑟故書曰搏拊琴瑟以詠琴瑟亦從歌工在上

麾　　　　　　　　　　麾

工歌琴瑟　工歌琴瑟　工歌琴　　　　工歌琴瑟　工歌琴瑟　工歌琴

搏拊　　上　　搏拊

柷　　　　敔

下

簫簫簫鳳簫笛笛笛　　　　笛笛笛鳳簫簫簫簫

篪篪笙笙塤　　　　塤笙笙篪篪

編鐘十六枚　　　　編磬十六枚

應鼓佾　　　　臺陛　　　　鼓鼓佾

舞舞舞舞舞舞舞
舞舞舞舞舞舞舞
舞舞舞舞舞舞舞

舞舞舞舞舞舞舞
舞舞舞舞舞舞舞
舞舞舞舞舞舞舞

卧碑

順治九年奉

欽定條約八欵須刻學宫卧碑

朝廷建立學校選取生員免其丁糧厚其廪餼設學院學道學官以教之各衙門官以禮相待全要養成賢才以供

朝廷之用諸生皆當上報

國恩下立人品所有條約開列於後

一生員之家父母賢智者子當受教父母愚魯或有

非爲者子旣讀書明理當再三懇告使父毋不陷於危亡

一生員立志當學爲忠臣清官書史所載忠清事蹟務須互相講究凡利國愛民之事更宜留心

一生員居心忠厚正直讀書方有實用出仕必作良吏若心術邪刻讀書必無成就爲官必取禍患行害人之事者往往自殺其身常當思省

一生員不可干求官長交結勢要希圖進身若果心善德全上天知之必加以福

一生員當愛身忍性凡有司衙門不可輕入即有切已之事止許家人代告不許干與他人詞訟他人亦不許牽連生員作證

一爲學當尊敬先生若講說皆須誠心聽受如有未明從容再問毋妄行辨難爲師者亦當盡心教訓毋致怠惰

一軍民一切利病不許生員上書陳言如有一言建白以違制論黜革治罪

一生員不許糾黨多人立盟結社把持官府武斷鄉

曲所作文字不許妄行刊刻違者聽提調官治罪

學額

歲試文生十五名 武生十五名

科試文生十五名

覃恩加廣七名

撥入府學無定額

廪膳生員二十名

歲貢生二年一名每逢

覃恩加廣一名

鄉飲酒禮

禮在近日或不常行不知賓主介僎有天地陰陽之象焉尊長養老實爲政教之本見於儀禮者爲經見於戴記者爲傳今

大清通禮載在嘉禮於學宮行之

京師則以順天府尹爲主人直省府州縣則以守牧令爲主人其儀節内外無殊式遵本之儀禮參之戴記有一定不可易者在也志鄉飲酒禮

歲孟春望日孟冬朔日於明倫堂行禮以正官爲主人以鄉之年高六十以上有德行者一人爲賓其次一人爲介又其次爲衆賓以教官一人爲司正以弟子員習禮者一人讀律令二人贊禮二人引禮二人司爵僚佐皆與

先一日司正率執事詣講堂肄儀布席列坐次如古制屆日質明宰牲具饌設尊實酒觶爵在尊北奉律令陳於中案既具主人及司正僚屬咸朝服入乃速賓介賓介盛服至庠立於庠門之外主人出迎賓三揖至階三讓以賓升再拜即席次延介一讓升介升

拜如賓禮次揖衆賓賓長三人答揖皆就位賓席西北南向主席東南西向介西南僎東北衆賓西席僚屬東席

贊揚觶引司正詣堂中北面揖賓介以下皆答揖司爵酌酒於觶授司正司正揚觶而語曰恭惟

朝廷率由舊章敦崇禮教舉行鄉飲非爲飲食凡我長幼各相勸勉爲臣盡忠爲子盡孝長幼有序兄友弟恭内睦宗族外和鄉里無或廢墜以忝所生語畢贊飲酒司正立飲畢以觶授執事反於案揖賓介以下皆答揖司正復位司正位在主人之東北面與賓長三人之位對

贊讀律令引讀律令者就中案前北面立賓介主人以下咸起立旅揖如司正揚觶禮乃讀律令曰律令凡鄉飲酒序長幼論賢良高年有德者居上其次序齒列坐有過犯者不得干與違者罪以違制失儀則揚觶者以禮責之讀畢復位賓主以下皆坐

贊舉饌案執事者奉饌案於賓席次介次衆賓主人以下徧舉訖贊獻賓主人起離席詣賓席送爵稍退賓避席主人再拜賓答拜次獻介如獻賓之禮次獻衆賓之長者三人每獻一人主人揖賓長答揖皆復

位執事者徧獻衆賓訖贊賓酢主人賓離席介及衆
賓咸離席從詣主人席前拜送爵主人答拜如前儀
復位皆坐
酒三行工升歌周詩鹿鳴之章卒歌笙奏
御製補南陔詩辭曰我逝南陔言陟其岵昔我行役瞻望
有父欲養無由風木何補我逝南陔言陟其屺今我
行役瞻望有母母也倚廬歸則盈止南陔有筍籜實
勹之孱孱孩提孰噢咻之愼爾溫清潔爾旨肴今爾
不養日月其慆間歌周詩魚麗之章笙奏

御製補由庚詩辭曰王庚便便東西朔南六符調燮八風
侑宣王庚容容朔南西東維敬與勤百王道同王庚
廓廓東西南朔先憂而憂後樂而樂王庚恢恢南朔
東西皇極孰建惟德之依乃合樂歌周詩關雎之章
每歌一章必飲酒請僎以樂賓也卒歌工告備出執事者行酒主賓
以下飲無算爵
贊徹饌衆起離席主人再拜賓介以下皆再拜贊
送賓主人送賓於庠門外主賓東西相向三揖乃
退

按戴記僎坐東北以輔主人僎讀爲遵是此鄉
之人仕至大夫來助主人樂賓主人所榮而遵
法者也其人不定有有亦不定來來亦常在後
故儀禮曰賓若有遵者則既一人舉觶乃入一
人舉觶是旅酬之始將作樂時事也前此主人
速賓及介而衆賓自從之主人拜賓及介而衆
賓自入主人獻賓獻介獻衆賓儀節甚詳皆無
一言及僎者以僎不在衆賓之數故不干主人
正禮也學政全書載乾隆十八年議准訪紳士

之年高德劭者一人爲賓次爲介次爲衆賓皆
由州縣詳報舉行其本地有仕至顯官偶居鄉
里願來觀禮者依古禮坐於東北無則闕之不
立一僎二僎三僎之名不入舉報之內據此則
鄉飲之禮有僎爲全無僎亦無害於禮也
鄉飲酒爲五禮之一其賓必擇人能令觀者興
起且雍容揖讓生人敬謹之心節奏和平靖人
囂淩之氣一日之澤裨於風化者匪淺鮮矣奉
行者當勿視爲具文耳

鄉飲酒禮圖

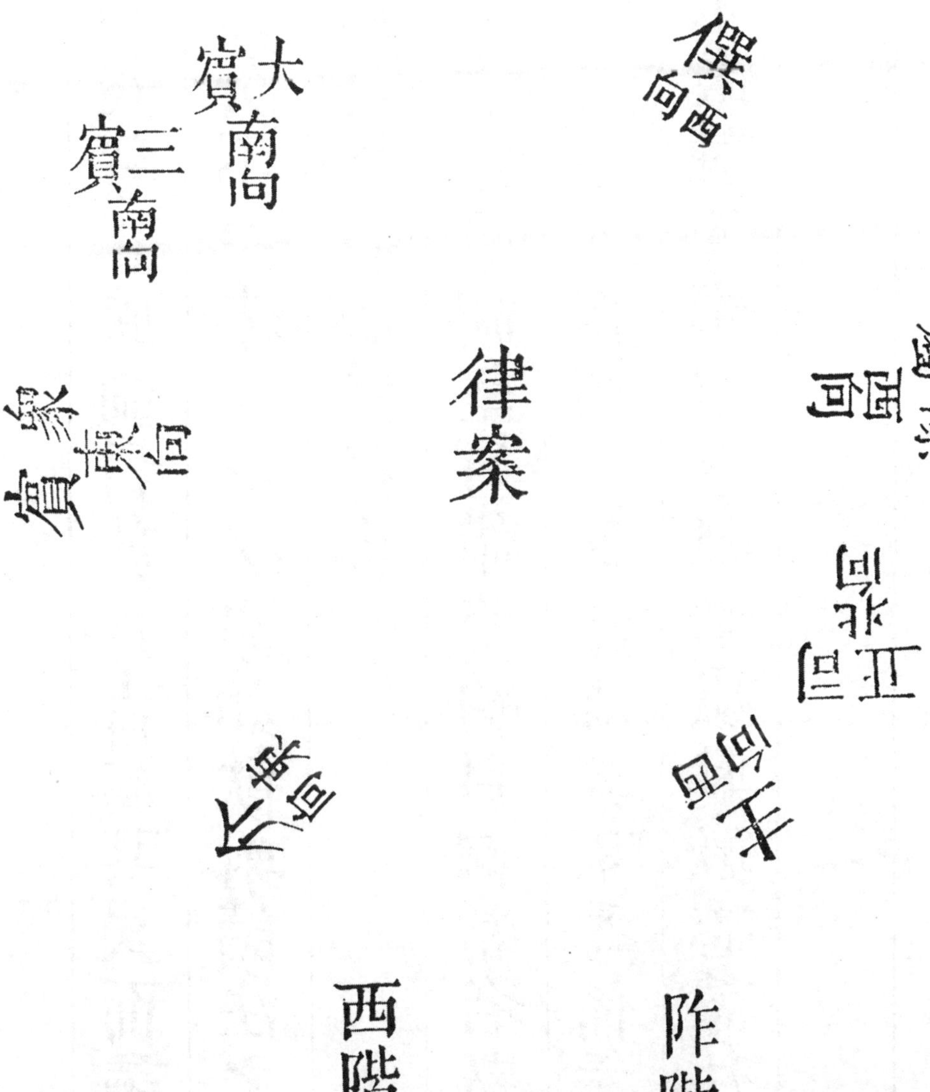

讀法

周禮州長黨正族師皆於月吉屬其民而讀法澹臺氏非公不至朱子注公事如飲射讀法之類是讀法固爲宰者之急務也

本朝功令于每月朔望宣講條約自綱常名教以至耕桑作息本末精粗公私鉅細無不悉備忝司邑宰敢不敬謹遵奉以求無負厥職歟志讀法

洪惟

聖祖仁皇帝仁育萬物義正萬民

特頒上諭十六條曉諭八旗及直省兵民人等曰

敦孝弟以重人倫
篤宗族以昭雍睦
和鄉黨以息爭訟
重農桑以足衣食
尚節儉以惜民財
隆學校以端士習
黜異端以崇正學
講法律以儆愚頑

明禮讓以厚風俗
務本業以定民志
訓子弟以禁非爲
息誣告以全善良
戒匿逃以免株連
完錢糧以省催科
聯保甲以弭盜賊
解仇忿以重身命大哉

聖言萬世莫能易也雍正二年

世宗憲皇帝復尋繹其義推衍其文共得萬言名曰

聖諭廣訓意取顯明語從直樸使羣黎百姓曉然于

聖祖正德厚生之至意不敢視爲條教號令之虛文共相勉爲謹身節用之庶人盡除夫浮薄囂凌之陋習旁徵遠引往復周詳化民成俗之務莫切於此功令凡守土臣僚每月朔望會集軍民人等宣講其直省各學政歲科考取進童生於覆試之日令敬謹默寫嘉慶二十年禮部通行直省各學政嗣後歲科兩試並貢監生錄科考遺並一體敬謹默寫

聖諭廣訓一二百字不能默寫者按文義遞降等級及斥置不錄諄諭之嚴又如此夫士爲四民之首而令則親民之吏也生監身列膠庠自宜勤加肄習若鄉曲小民未嘗學問非面命耳提安能領悟乎地方官誠能實心奉行每月朔望會衆宣讀並多設約講於各鄉村鎮就近敷陳以是爲程勿久而怠將田夫野老與聞孔壁之書僻壤窮鄉日警遒人之鐸父誡其子兄誡其弟互相砥礪勉爲善良於

熙朝一道同風之治或有裨益也夫

名宦祠三楹附大成左側門外歲春秋釋奠禮畢分
祭陳設與兩廡先儒同三叩詣香案前上香獻帛
爵讀祝文又三叩
祝文
維年月日某官致祭於
明承德郎袁公福徵
明文林郎應公存初
明佐仕郎周公天造
皇清提督湖廣通省學政按察司副使前禮科給事中

蔣公永修
皇清總督湖廣等處地方兼理糧餉太子太保兵部尚
書兼都察院右副都御史李公蔭祖
皇清巡撫湖廣等處提督軍務兵部左侍郎都察院右
副都御史石公琳
皇清總督湖廣等處軍務兼理糧餉兵部右侍郎都察
院右副都御史李公輝祖
吳公典
丁公士孔

郭公世隆 三公銜同上
皇清總督江南江西兵部尚書太子太保謚清端原任
黃州府知府于公成龍
皇清湖北布政使司任公風厚
皇清湖廣分守武昌道布政司參議劉公珩
皇清巡撫湖廣等處提督軍務歷任四川浙閩總督兵
部尚書加正一品劉公兆麒
皇清賜進士第中憲大夫知黃州府事加三品李公彥
瑁

皇清湖北布政使司張公聖猷
皇清中憲大夫知湖北黃州府事舒公士貴
皇清大冢宰前任黃州糧捕府宋公犖
皇清光祿大夫太子少保總督湖廣等處軍務兼理糧
餉謚清端楊公宗仁之神曰惟
公職司民牧名著循良政治士庶澤遺甘棠今屆仲
春秋 謹以牲帛醴齏粢盛庶品式陳明薦尚 饗
鄉賢祠三楹附大成右側門外歲春秋釋奠禮畢分
祭陳設儀注與名宦同

祝文

維年月日某官致祭於

元徵君西山吳公應澍

明翰林學士兼吏部尚書詹公同

明吏部尚書吳公琳

明副都御史鄒公來學

明誥封御史耿公金

明林縣知縣方公民懷

明勑封奉政大夫四川按察使司僉事陶公采

明孝廉彭公台

明戶部尚書贈太子少保謚恭簡耿公定向

明兵部侍郎贈戶部尚書耿公定力

明禮部主客司主事吳公化

明御史督學京畿周公家棟

明處士盧公廷篪

明處士耿公定理

明進士永平府寧前衛推官盧公堯臣

明四川保寧府巴州知州擢陞監軍副使盧公爾惇

明文學吳公國宇

明誥封徵仕郎進中書科舍人秦公如容

明廬江縣知縣吳公光龍

皇清修職郎晉階一級吳公國寧

皇清勑贈文林郎起居注官翰林院編修張公自程

皇清勑封浙江寧紹台道按察使司副使耿公應衡

皇清勑贈文林郎隆昌縣知縣吳公之璜

皇清北直永年縣知縣盧公爾悌

皇清文學張公鵬翔之神曰惟

公等學貫天人才逼政治德可表儀型堪矜式今屆

仲春秋謹以牲帛醴齍粢盛庶品式陳明薦尚　饗

忠孝祠三楹附

崇聖祠垣外歲春秋釋奠禮畢分祭儀節與鄉賢同

祝文

維年月日某官致祭於

忠義孝弟之靈曰惟

靈稟賦貞純躬行篤實忠誠奮發貫金石而不渝義

聞宣昭表鄉閭而共式祗事懋彝倫之大性摯栽培

克恭念天顯之親情殷棣蕚模楷咸推夫懿德
綸音特闡其幽光祠宇維隆歲時式祀用陳尊簋來格凡
筵尚　饗

節孝祠三楹在學宮外與忠孝祠垣相屬歲春秋釋
奠禮畢分祭儀節與忠孝祠同

祝文

維年月日某官致祭於
節孝之靈曰惟
靈純心皎潔令德柔嘉矢志完貞全閨中之亮節竭

誠致敬彰閫內之芳型茹冰蘖而彌堅清操自勵奉
盤匜而匪懈篤孝傳徽
絲綸特沛乎殊恩祠宇昭垂於令典祗循歲祀式薦尊醪
尚　饗

土地祠向附學門右今改附
崇聖祠垣後亦曰福神祠

專祠在學宮外明知縣李公文芳請建特祀恭簡耿
公

祝文

維年月日某官致祭於
明戶部尚書贈太子少保謚恭簡耿公之神曰維
公性資端亮學識閎深立朝而式著風裁歸里而倡
明道學剖三壤以建邑實賴贊襄招百藝以前民復
資經畫既以金湯奠桑梓宜以祠宇報勳庸茲當仲春秋恭陳明薦尚　饗

德惠祠三楹在學宮外邑紳耿恭簡公爲前令應公
存初建名宦也

附修學田

康熙四十九年撥入僧梵池等田一十八石坐落梅
莊金井山靜養寺三處內有觀音庵一重亦坐落金
井山康熙四十九年邑紳張希良盧拱等呈請藩司
撥入學宮將每年租銀除完糧外餘爲修葺之費且
定花名爲修學田選紳士輪管而官稽其出納焉見省志並府志

續置田

乾隆二十三年置坐落胡家塆田壹石　三十一年
置坐落胡家河田貳斗伍升　三十五年置坐落靜

土庵田陸斗貳升　三十七年置坐落大同庵田壹石壹斗伍升　乾隆二十五年至嘉慶七年共置坐落李家塆田貳石捌斗貳升　又坐落汪家田田肆斗　嘉慶二十五年買畢姓淨土庵田壹石叁斗

按各宦鄉賢各祠舊志載在諸祀今併入學校以歸畫一

書院

書院爲人文會聚之藪闔邑生童皆得以就學焉非廣置齋舍則不能容非多備田租則不能給非純

儒宿學則不能爲之師安邑素多文人以理學名者相繼迭起在深岩邃谷中皆必有講學處豈于城市大觀之所獨可無書院乎因卽義學舊制擴爲書院每月集生童官課捐給獎賞以廣義學所未逮云

萃英書院在縣治西北卽義學也歲延名師主講置有田租以爲脩膳但租稞徵薄豐歉所收不一其肄業生童尙無膏火惟每月官課捐廉以爲優獎之資焉

義學建置

乾隆間知縣段公紹扆戴公峒彭公瑞瀓相次建講堂五楹又一重五楹爲生徒肄業之所乾隆二十四年知縣林公光祿於講堂右添建二重每重五楹乾隆三十四年知縣李公世蘐重新增建前一重五楹頭門一重照墻一座並買民間旁屋五間以爲齋舍未經修造

義學束脩

石灰會龍王山租穀貳拾叁石外田貳畝付龍王山寺僧　東林會

存德庵租穀捌石肆斗外田壹畝付存德庵僧　東烟會天馬寺山南租穀拾叁石伍斗　王德會李家塆租穀捌石　塔兒會兩河口租穀伍石低寺租穀壹石伍斗　華河會新橋伍石　高橋會黄荆凹地租錢壹千文　又袁姓地稞錢六百文　蔡祠會夏姓獻田壹斗毎年壹石　外上庄會泉口寺田貳石租穀爲義學歲修有碑

洞龍書院　吳公心學講學處詳古蹟

天窩書院　耿恭簡公講學處詳藝文

天臺書院　耿恭簡公致仕後講學處詳藝文
子蓁别業　盧公欽爻講學處詳古蹟
釣臺書屋　耿公子庸講學處詳古蹟
桃花書院　沙河王氏建詳古蹟
雲臺書院　知縣劉公承啓會課處詳古蹟
仙湖書院　知縣張公琮建在鰲峯亭下地扼城内
水口屢爲河水所壞舊有田歲收租穀叁拾貳石
經管紳士存積以爲重修之費内撥龍神祠春秋
祭費肆千叁百文餘詳古蹟

社學　在崇聖祠東基存
江汝社學　耿公汝愚建有序詳藝文
程鄉社學　詳古蹟

附歲科考文童府院試卷價
嘉慶二十三年三月邑人余開先在郡具呈樂輸漕
平紋銀壹千兩存府各典壹分貳厘起息作黄安文
童歲科兩考府院試卷價案據
按邑自耿公恭簡倡明理學嗣後各賢輩出代有
其人迄今士服詩書俗敦禮讓間有嚚凌詬誶之
習而一二老成人亦必爲之勸導而排解至於匹
夫匹婦以節義著者尤指不勝屈亦可知
聖朝教化之隆入人深而感人者切矣

黃安縣志卷之四

知黃安縣事嶺南林縉光纂輯

祀典志

祀典

祀爲國之大事我
朝禮明樂備儀制周詳祀有日月昭其時也祀有方位昭其地也祀有陳設昭其品也煌煌鉅典君子於是乎觀禮焉志祀典

社稷壇　在演武場西南歲以春秋仲月上戊日致祭前期主祭官陪祭官暨各執事均致齋三日祭之前夕眡割牲官公服詣香案前上香三叩禮畢遂割牲以豆取毛血瘞於坎祭日雞初鳴執事設案於壇正中北向陳鉶二簠二簋二籩四豆四案前設俎陳羊一豕一又前設香案一陳祝文香盤鑪鐙左設案陳篚一實帛二尊一爵六設福胙於尊爵之次設洗於階東漏未盡主祭官及陪祭官畢集入壇序位贊獻行禮儀節與
文廟釋奠同

祝辭

維某年月日某官某致祭於
社稷之神曰惟
神奠安九土粒食萬邦分五色以表封圻育三農而蕃稼穡恭承守土肅展明禋時屆仲春秋敬修祀典庶丸丸松柏鞏磐石於無疆翼翼黍苗佐神倉於不匱尚
饗

神祇壇　在南門外祀
雲雨風雷境内
山川
城隍之神歲以春秋仲月上戊日致祭屆期設案於壇正中南向
雲雨風雷神位居中境内
山川神位左
城隍神位右案陳鉶一簠二簋二籩豆各四案前設俎陳羊一豕一又前設香案一陳祝文香盤鑪鐙西設案陳帛七尊一爵二十有一福酒俎肉陳於

尊俎之次餘皆如

社稷壇儀

祝辭

維某年月日某官某致祭於

雲雨風雷

山川

城隍之神曰惟

神贊襄天澤福佑蒼黎佐靈化以流形生成永賴乘

氣機而鼓盪溫肅攸宜磅礴高深長保安貞之吉

憑依鞏固實資捍禦之功幸民俗之殷盈仰

神明之庇護恭修歲祀正值良辰謹潔豆籩祇陳牲

幣尚

饗

先農壇 在城東門外壇前耤田肆畝玖分歲以春仲

亥日致祭均如祭

社稷之禮祭畢耕耤

祝辭

維某年月日某官某致祭於

先農之神曰惟

神肇興稼穡立我烝民頌思文之德克配彼天念率育

之功常陳時夏茲當東作咸服先疇

洪惟

九五之尊歲舉

三推之典恭膺守土敢忘勞民謹奉彝章聿修祀事惟

願五風十雨嘉祥恒沐

神庥庶幾九穗雙岐上瑞頻書大有尚

饗

常雩 在演武場下歲孟夏後雩祭陳設儀注同前若

間不雨及潦諏宜祀之辰具祝文（隨時撰擬）備牲牢籩

豆香帛尊爵鑪鐙率屬素服虔禱爲民請命旣應

而報朝服行禮亦如之

祝辭

維某年月日某官某致祭於

社稷

先農

山川之神曰恭膺

詔命撫育羣黎仰體
彤廷保赤之誠勤農勸稼俯惟蔀屋資生之本力穡
服田令甲爰頒肅舉祈年之典惟寅將事用申守
土之忱黍稷惟馨尚冀明昭之受賜來牟率育庶
俾豐裕於蓋藏尚
饗
文廟　歲春秋仲月上丁行釋奠禮詳學校
關帝廟在城東門外明末何副將建乾隆五十二年
前縣朱公梓新拜殿門樓各三楹嘉慶十三年前

縣李公榛暨邑人重加髹堊歲春秋仲月致祭禮
儀如
文廟五月十三日致祭陳牛一羊一豕一果實五盤鑪
鐙具不設籩豆餘陳設及行禮儀節同
祝文
維某年月日某官某致祭於
忠義神武靈佑仁勇關聖大帝曰惟
帝浩氣凌霄丹心貫日扶正統而彰信義威震九州
完大節以篤忠貞名高三國
神明如在徧祀宇於寰區靈應丕昭薦馨香於歷代
屢徵異蹟顯佑羣生恭值仲春秋嘉辰遵行祀典筵
陳籩豆几奠牲醪尚
饗
廟右爲
崇聖祠祠殿內正中
光昭公左
裕昌公右
成忠公俱南嚮每位前各設一案陳帛一羊一豕一

鉶二簠簋各二籩豆各八尊一爵三鑪一鐙二行
二跪六叩禮五月十三日每案羊一豕一果實五
盤不設籩豆餘儀節同
祝辭
維某年月日某官某致祭於
關帝之
曾祖光昭公
祖裕昌公
父成忠公曰惟

公世澤貽庥靈源積慶德能昌後篤生神武之英善
則歸親宜享尊崇之報列上公之封爵
錫命優隆合三世之肇禋典章明備恭逢仲春秋諏吉祇
事薦馨尙
饗
文昌閣先在西南郊外諸水滙流之處康熙十五年
前縣徐秉仁移建於鰲峯對面樓五楹上塑
帝君像是後邑人屢加修葺乾隆五十三年爲河水
所淹復矗於蟻嘉慶十三年前縣李榛同闔邑紳

士重修嘉慶六年奉
旨列入祀典並追祀
文昌先代歲春秋二祭禮儀陳設與
武廟同
祝辭
維某年月日某官某致祭於
文昌帝君之神曰惟
神蹟著西垣樞環北極六匡麗曜協昌運之光華累
代垂靈爲人文之主宰扶正久昭夫感召薦馨宜

致其尊崇茲届仲春秋用昭祀事尙其歆格鑒此精
虔尙
饗
先代祝文
維某年月日某官某致祭於
文昌帝君
先代之神曰祭引先河之義禮崇反本之思矧夫世
德彌光延賞斯及祥鍾累代炳列宿之精靈化被
千秋緯人文之主宰是尊後殿用答前庥茲値仲

春秋肅將時祀用申告潔
神其格歆尙
饗
龍神祠在北關外舊寶藏庵邑人於庵前修祠三楹
塑龍神像歲春秋二祭爵三祝版一帛一羊一豕
一行三跪九叩禮
祝辭
維某年月日某官某致於
龍王之神曰惟

神德洋溢海澤潤蒼生永襄水土之平經流順軌廣
濟泉源之用膏雨及時績奏安瀾占大川之利涉
功資育物欣庶類之蕃昌仰藉
神庥宜隆報享謹遵祀典式協良辰敬布几筵肅陳
牲幣尙
饗
呂祖祠舊在城東久圮今奉祀於東城樓歲春秋二
祭無祝版爵三祭品二十四行三跪九叩禮
城隍祠在城西南隅中爲堂後爲寢明萬歷元年建

國朝康熙四年知縣蕭公恒重新之康熙三十六年
前縣劉公承啓再加修葺嘉慶年間邑人復爲修
建規模宏敞左痘神廟右財神廟庭木森植翠影
交加有井甚甘冽
火王廟在城西乾隆間闔邑紳耆建道光元年重新
之金剛寺田地租作僧燈膳鉄山穀十三石存公
爲修葺之費
土主廟在東關外歲春秋二仲移祭爵三祝版一帛
一羊一豕一行二跪六叩禮

厲壇　在城北郊歲三月寒食節七月望日十月朔
日致祭前期守土官公服詣
城隍位前以祭厲告上香跪三叩興退至日所司陳
羊三豕三米飯三石尊酒楮帛於祭所設燎鑪於
壇南黎明禮生奉請
城隍神位入壇設於正中香案一鑪鐙具守土官公
服詣
神位前三上香叩興復三叩興退執事者焚楮帛守
土官詣燎鑪前祭酒三爵退禮生仍奉

城隍神位還
神祇壇退
禜　於城西門每歲孟夏雩祭畢致祭爵三祝版一
帛一羊一豕一行一跪三叩禮
祝辭
維某年月日某官某致祭於
城門之神曰
詔命臨民職司守土惟兆人之永賴並藉
神功冀四序之常調羣蒙福庇必使雨暘應候並占

物阜而民安庶其寒燠咸宜共慶時和而歲稔仰
靈樞之默運聿集嘉祥襄元化以流行俾無災害
尚
饗
福德祠　在縣署東馬王廟後祭以春秋二仲上戊
日用羊一豕一行一跪三叩禮
日月食救護
至日設香案於露臺上向日月所臨方位設金鼓
於儀門內初虧陰陽生以報衆官祇跪行禮長官

擊鼓三衆金鼓齊鳴救護食甚報行禮如之復圓
報行禮亦如之畢乃退
立春前一日迎春於東郊至期祭
芒神祝辭曰
惟
神職司春令德應蒼龍生意誕敷品彙萌達某等忝
牧是邑具禮迎新戴仰
神功育我黎庶尚
饗

歲端陽霜降祭
旗纛神於教場設酒奠行一跪三叩禮
祝辭
惟
神忠義正直威武奮揚六師仰指顧之雄八表煥羽
儀之彩光華映日爽氣凝霜集英勇於白旄擁貔
貅於赤幟天地風雲之陣皆賴指揮朱元龍虎之
圖咸司號令戰必勝攻必取疆域以之奠安內無
虞外無患山河由此鞏固誠三軍之司命寔萬世

之長城某等欽承
簡命保障斯疆大事在戎不廢談兵樽俎農隙講武以
時振旅郊原茲臨端午霜降之辰宜修祭奠之典惟願
功高壁立長敎四境民安
德重塵揚永使三鄉盜息尚
饗
按治民事神有司之職安雖彈丸邑而壇壝在望
祠宇巍然神之所依民之所庇也敢曰跛倚以臨
歟

附各祠廟

魁星樓　在城東乾隆五十三年知縣朱梓建學宫文峯也樓四面懸額東曰三山鼎峙南曰五雲縹緲西曰鰲峯獨占北曰天台鵠立邑人吳天植捐田一石作歲修之費屬管理學田紳士經管

馬王廟　在縣署東嘉慶二十五年重建

呂祖祠　在城東邑紳耿公建今廢

東嶽廟　在城東門外明時建道光元年重新邑人程秉儒捐燈田二石二斗

三官殿　在城東南順治年建今廢

天后宫　在城東南即福建會館

萬壽宫　在城南即江西會館

玉皇閣　在城東南舊丙午庵

南極庵　知縣張國柱建西壁有公像

延嗣閣　舊名如意庵香火頗盛

報恩寺　康熙年建

廣善庵　舊三義廟

廣慈庵　舊己巳庵

大士閣　今廢

以上附城

東嶽廟　徒義會

新　廟

文昌宫　在七里坪街南建於乾隆五十五年前殿一重徐位台一家捐修中正殿一重彭定源同鄭體乾胡繼宗張國相首領募修後殿一重生員劉峯王賓之江文灼首領募修廟前公立雙槐書院近坪士人置祀田爲文會焉

東嶽府　双城司

東嶽廟　盧劉會

靈官殿　七個山

八角廟　一山挺峙溪水環之

石　廟　在桃花鎮口

以上太仙鄉

淨瓶山寺　山形如瓶旁有秦氏書院閣祀文昌生員周希壇等募建後紳士周文郁郭雲超秦德樹等募修

關帝廟

觀音寺

祖師殿

真君廟

沙楊廟　廟中奉東嶽最靈舊志

王姥寺　寺在山砦中明末賊環攻砦幾陷寺中所
奉關帝顯應賊始驚散去舊志

東嶽廟　明隆慶年建香火甚盛

行祠廟　即洪福寺明永樂間里人王子斌捐建規
模宏敞廟東西有橋二因名曰行祠橋

以上中和鄉

東嶽廟　華家河鎮

大　廟　歲春秋辦香禱謝者甚盛

老君山新廟　嘉慶三年里人築砦其上詳老君砦

東嶽廟　黄陂站

以上灄源鄉

黄安縣志卷之五

知黄安縣事嶺南林縉光纂輯

賦役志

戶口

國家深仁厚澤子惠元元戶口日蕃幾於人滿乃丁隨
糧轉賦不加增蚩蚩者氓際
昇平之盛樂化日之舒洵所謂千載一時歟志戶口

戶伍千捌百肆拾壹戶

口柒萬玖千陸拾捌口

丁原額陸千貳百貳拾肆丁

太仙鄉貳千貳百玖拾柒丁每年除優免外科則不等每丁並加增等項派
銀叁錢柒厘肆毫陸絲肆忽柒微伍塵捌渺　該徵銀柒百陸兩貳錢肆
分陸厘伍毫叁絲貳忽肆微肆塵貳纖伍渺

中和鄉壹千陸百伍拾貳丁每年除優免外科則不等每丁並加增等項派
銀叁錢肆分陸厘柒毫壹絲伍忽陸塵捌纖柒渺　該徵銀伍百柒拾貳兩
柒錢柒分叁厘貳毫玖絲叁忽肆微陸塵

灄源鄉貳千貳百柒拾伍丁每年除優免外科則不等每丁並加增等項派
銀壹錢玖分柒厘壹毫捌絲玖忽玖塵捌纖陸渺　該徵銀肆百肆拾捌兩

陸錢伍厘壹毫玖絲玖忽玖塵柒纖伍渺額徵丁銀壹千柒百貳拾柒兩陸錢貳分伍厘貳絲伍忽康熙四年豁免運夫人丁陸拾丁寔陸千壹百陸拾肆丁寔徵丁銀壹千柒百玖兩壹錢柒分柒厘壹毫叁絲玖忽玖微伍塵貳纖康熙貳拾伍年至伍拾年逐次編審增人丁十丁共陸千壹百柒拾肆丁共徵銀壹千柒百壹拾貳兩貳錢貳分柒厘肆毫捌絲柒忽柒微肆塵伍纖壹渺又稟同不在額徵丁銀以內之優免丁銀捌拾玖兩玖

分柒厘陸絲於雍正六年於丁隨糧派等事案內

前督邁　前撫馬　會同

題准自雍正七年爲始丁隨糧派歸入闔省糧銀均攤帶徵（每糧銀壹兩派徵丁銀壹錢貳分玖厘陸毫肆絲玖忽柒微貳塵叁纖壹渺叁漠捌茫陸沙肆灰陸漂柒銖肆溟玖爐以該縣寔徵糧銀扣算）共該徵銀貳千陸拾伍兩玖錢陸厘玖毫貳絲貳忽捌微肆塵肆纖伍渺陸漠壹茫玖沙內除欽奉

上諭豁免重丁銀貳百陸拾肆兩伍錢捌分貳厘叁毫柒絲伍忽玖塵玖纖肆渺陸漠壹茫玖沙外寔徵丁銀壹千捌百壹兩叁錢貳分肆厘伍毫肆絲柒忽柒微肆塵伍纖壹渺乾隆四年

題准部覆允將各州縣應徵原額丁銀各就各本地情形各歸各項攤徵將該縣民賦（每糧銀壹兩攤徵丁銀壹錢壹分捌厘貳毫肆絲陸忽陸微叁塵肆纖肆漠貳茫柒灰壹漂叁銖柒溟陸爐柒漢）其自康熙伍拾伍年至乾隆叁拾壹年屢次編審增益生人丁壹千捌拾肆丁欽奉

恩詔永不加賦（伍年編審人丁一次於乾隆叁拾柒年柒月內奉　上諭伍年編審不過沿襲虛文無裨寔政嗣後編審之例永行停止）

按戶口稅以人則富強易於狡脫貧弱或致逃亡任以地則田多者米多米多者丁多有一定之規無編審之擾盡美盡善以俟百世又何惑焉

田賦

科田制賦凡邑皆然黄安則有優於他邑者欵欠除無慮徭役之破家矣南糧折無憂搬運之糜費矣民生斯時宅爾宅田爾田長其子孫而已然猶有賦不早輸致煩徵比者殆利其利而不知也歟志田賦

原額田地塘共肆千捌百壹拾貳頃玖拾肆畝伍

分貳厘內除撥歸更名田地塘貳百貳項伍拾捌畝伍厘於書後更名項下開載外實
田地塘肆千陸百壹拾項叁拾陸畝肆分柒厘內
原額田肆千貳百玖拾叁項貳拾壹畝陸分叁厘
陸毫內
太仙鄉上田叁百伍拾伍項柒拾叁畝玖分玖厘陸
毫每畝科秋糧民米叁升肆勺捌抄肆撮壹圭肆粒肆粟該米壹千捌拾肆
石肆斗肆升貳合捌勺叁抄捌撮每石並加增等項派銀壹兩貳
錢貳分伍厘柒毫陸絲伍忽叁塵貳纖壹渺貳漠該銀壹千叁百貳拾玖
兩貳錢柒分貳厘壹毫壹絲壹微伍塵捌纖每畝科全

官米叁升柒合伍勺貳抄肆圭柒粒捌粟該米壹千叁百叁拾肆石柒
斗伍升叁合叁勺肆抄柒撮秋糧內派每畝科夾官米壹合捌勺壹撮
柒粒伍粟該米陸拾肆石柒升壹合肆勺伍抄入秋糧內帶派
每畝科夏稅小麥陸抄捌撮叁粒壹粟該麥貳石肆斗貳升壹勺叁
抄伍撮陸圭每畝科夏稅絲貳分貳毫柒絲壹忽柒微貳塵叁纖伍渺該絲肆
拾伍觔壹兩壹錢伍分陸厘貳毫壹絲壹忽入秋糧內
帶派每畝科糸絲柒毫肆絲伍忽柒微捌塵貳渺該絲壹觔壹拾兩伍錢
叁分肆毫陸絲陸忽入秋糧內帶派
中田陸百柒拾貳項伍拾捌畝柒厘捌毫每畝科秋糧民

米貳升叁勺該米壹千叁百陸拾伍石叁斗叁升捌合
玖勺捌抄每石照前則例該銀壹千陸百柒拾叁兩伍錢
捌分肆厘柒毫柒絲捌忽玖微每畝科全官米貳升陸合該米
壹千柒百肆拾捌石柒斗壹升入秋糧內帶派每畝科夾官米壹合
貳勺該米捌拾石柒斗玖合柒勺入秋糧帶派每畝科小麥肆抄該
小麥貳石陸斗玖升叁勺貳抄叁撮入秋糧內帶派每畝科夏
稅絲壹分肆厘該絲伍拾捌觔壹拾叁兩陸錢壹分叁厘
壹毫秋糧內帶派每畝科桑絲陸毫該絲貳觔捌兩叁錢伍分肆
厘捌毫肆絲柒忽秋糧內帶派

下田陸百肆拾伍項柒畝叁分玖厘每畝科秋糧民米壹升伍
合貳勺該米玖百捌拾石伍斗壹升貳合叁勺叁抄
每石照前則例該銀壹千貳百壹兩捌錢柒分柒厘柒毫
貳絲柒忽捌微肆塵捌纖陸渺每畝科全官米壹升玖合壹勺該
米壹千貳百叁拾貳石玖升壹合壹勺肆抄玖撮
入秋糧內帶派每畝科夾官米玖勺該米伍拾捌石伍升陸合陸勺
伍抄秋糧內帶派每畝科夏稅小麥叁抄叁撮該麥貳石壹斗貳升捌
合柒勺肆抄肆撮入秋糧內帶派每畝科夏稅絲壹分叁毫該絲肆拾
壹觔捌兩肆錢貳分陸厘壹毫壹絲壹忽秋糧內帶派每

畝科桑絲伍毫該絲貳觔貳錢伍分叁厘柒毫入秋糧內帶派
山鄉田肆拾貳頃貳拾玖畝柒分叁厘每畝科秋糧民米壹
升貳勺該米肆拾叁石壹斗肆升叁合貳勺肆抄陸
撮每石照前則例該銀伍拾貳兩捌錢捌分叁厘肆毫捌
絲貳忽柒微陸塵叁纖叁渺每畝科全官米壹升貳合捌勺該米
伍拾肆石壹斗肆升伍勺肆抄肆撮秋糧內帶派每畝科夾官
米陸勺該米貳石伍斗叁升柒合捌勺叁抄捌撮秋糧
內帶派每畝科小麥貳抄該麥捌升肆合陸勺秋糧內帶派每畝科夏稅絲柒
厘該絲壹觔壹拾叁兩陸錢捌厘壹毫貳絲秋糧內帶

派每畝科桑絲叁毫柒微肆纖該絲壹兩貳錢柒分壹厘玖毫貳
絲入秋糧內帶派
中和鄉上田肆百叁拾玖頃壹拾壹畝叁分捌厘貳
毫每畝科秋糧米肆升陸合柒勺叁抄柒圭伍粒該米貳千伍拾貳石壹
升壹合捌勺貳抄捌撮每石並加增等項共派銀捌錢肆分捌厘陸毫肆絲
伍忽叁微叁塵伍纖肆渺貳莫該銀壹千柒百肆拾壹兩肆錢叁
分貳毫陸絲陸忽陸塵柒分每畝科全官米捌勺叁抄壹撮伍圭該
米叁拾陸石伍斗壹升肆合壹勺壹抄叁圭入秋糧內
帶派每畝科夾官米壹勺玖抄陸撮捌圭壹粒貳粟該米捌拾叁石貳斗玖

升壹合陸勺叁抄捌撮捌圭秋糧內帶派每畝科小麥陸勺壹抄伍撮
壹圭伍粒伍粟該麥貳拾柒石壹升貳合壹勺肆抄玖撮
叁圭秋糧內帶派每畝科夏稅絲貳分捌厘捌絲肆忽柒微貳塵貳纖貳渺該絲柒
拾柒觔壹兩貳錢貳分捌厘玖毫陸絲捌忽入秋糧內
帶派每畝科桑絲陸毫貳絲柒忽伍微捌塵肆纖叁渺該絲壹觔壹拾壹兩
伍錢伍分捌厘玖絲柒忽秋糧內帶派
中田伍百伍拾貳頃玖拾伍畝捌分壹厘肆毫每畝
科秋糧民米叁升壹合貳勺該米壹千柒百貳拾伍石貳斗貳
升玖合肆勺每石照前則例該銀壹千肆百陸拾肆兩壹

錢柒厘柒毫玖絲叁微貳塵伍纖每畝科全官米伍勺伍抄該
米叁拾石肆斗壹升貳合陸勺玖抄柒撮柒圭入秋
糧內帶派每畝科夾官米壹合貳勺陸抄該米陸拾玖石陸斗柒升貳
合柒勺叁抄秋糧內帶派每畝科小麥叁勺玖抄伍粟該小麥貳拾貳
石伍斗陸升伍合叁勺陸抄柒撮伍圭每畝科夏稅絲壹分
捌厘捌毫該絲陸拾肆觔壹拾伍兩伍錢陸分壹厘叁
毫秋糧內帶派每畝科桑絲肆毫貳絲該絲壹觔柒兩貳錢貳分肆
厘貳毫肆絲貳忽入秋糧內帶派
下田伍百伍頃玖拾玖畝貳分柒厘貳毫每畝科秋糧民

米貳升叁合肆勺該米壹千壹百捌拾肆石貳升叁合每石照前則例該銀壹千肆兩捌錢壹分伍厘伍毫玖絲柒忽叁塵陸纖肆渺每畝科全官米肆勺玖撮玖圭玖粒該米貳拾石柒斗肆升伍合叁勺秋糧內帶派每畝科夾官米玖勺肆抄該米肆拾柒石伍斗陸升叁合叁勺壹抄陸撮秋糧內帶派每畝科小麥貳勺叁抄該麥壹拾壹石陸斗叁升柒合捌勺叁抄貳撮伍圭秋糧內帶派每畝科夏稅絲壹分肆厘壹毫該絲肆拾肆觔玖兩肆錢肆分玖厘叁毫秋糧內帶派每畝科桑絲叁毫該絲壹拾伍兩壹錢柒分玖厘捌毫捌絲貳忽入秋糧內帶派

山鄉田壹拾玖頃柒拾貳畝陸分壹厘伍毫每畝科秋糧民米壹升伍合陸勺該米叁拾石柒斗柒升貳合捌勺每石照前則例該銀貳拾陸兩壹錢壹分伍厘貳毫肆絲肆忽伍微柒塵四渺每畝科全官米貳勺柒抄該米伍斗叁升貳合陸勺陸撮秋糧內派每畝科夾官米陸勺叁抄該米壹石貳斗肆升壹合柒勺伍抄秋糧內帶派每畝科夏稅小麥壹勺柒抄肆撮玖圭叁粒該麥叁斗肆升伍合柒抄每畝科夏稅絲玖厘肆毫該絲壹觔貳兩伍錢肆分貳厘陸毫每畝科桑絲貳毫該絲叁錢玖分肆厘伍毫貳絲叁忽俱入秋糧內帶派

灄源鄉上田貳百貳拾叁頃貳拾肆畝叁分肆厘每畝科秋糧民米肆升叁合肆勺陸抄叁撮叁圭捌粒陸粟該米玖百柒拾石貳斗玖升壹合肆勺貳抄肆撮除撥歸更名田肆拾玖頃肆拾畝捌分米貳百壹拾肆石柒斗肆升肆合於書後更各項下開載外實田壹百柒拾叁頃捌拾叁畝伍分肆厘實民米柒百伍拾伍石伍斗肆升柒合肆勺貳抄肆撮每石並加增等項派銀捌錢捌分柒厘陸毫伍絲柒忽叁纖柒渺陸漠該銀陸百柒拾兩陸錢陸分陸厘玖毫陸絲貳忽伍微捌塵柒纖每畝科全官米壹合貳勺柒抄伍撮陸圭柒粒玖粟該米貳拾捌石肆斗柒升捌合柒勺捌撮肆

圭入秋糧內帶派每畝科夾官米玖抄伍撮肆圭壹粒陸粟該米貳石壹斗叁升壹勺壹抄壹撮入秋糧內帶派每畝科小麥壹勺伍抄陸撮柒圭柒粒陸粟該麥叁石肆斗玖升玖合玖勺叁抄壹撮陸圭柒粒每畝科夏稅絲貳分柒厘陸毫伍絲捌忽伍微陸塵叁纖叁渺該絲叁拾捌觔玖兩肆錢伍分玖厘壹毫柒絲肆忽每畝科桑絲陸毫壹忽肆微肆塵肆渺該絲壹拾叁兩肆錢貳分陸厘柒毫陸絲壹忽俱入秋糧內帶派

中田肆百玖頃玖拾柒畝伍分捌厘貳毫每畝科秋糧民米貳升玖合該米壹千壹百捌拾捌石玖斗叁升除撥歸更

名田伍拾柒頃貳拾捌畝玖分柒厘捌毫米壹百
陸拾陸石壹斗肆升於書後更名項下開載外
實田叁百伍拾貳頃陸拾捌畝捌分肆毫實民米
壹千貳拾貳石柒斗玖升每石照前則例該銀玖百柒兩
捌錢捌分陸厘柒毫壹絲叁忽伍塵捌纖每畝科全官米
捌勺伍抄該米叁拾肆石捌斗肆升柒合玖勺肆抄伍
撮入秋糧內帶派每畝科夾官米陸抄該米貳石肆斗伍升玖合捌
勺伍抄伍撮秋糧內帶派每畝科小麥玖抄壹撮該麥叁石柒斗叁
升柒勺捌抄每畝科夏稅絲壹分伍厘陸毫該絲叁拾玖觔壹拾
伍兩伍錢陸分玖毫肆絲捌忽每畝科桑絲叁毫叁絲該絲
壹拾叁兩伍錢貳分玖厘貳毫貳忽俱入秋糧內帶派
下田叁百玖拾頃柒拾叁畝伍分壹厘柒毫每畝科秋
糧民米貳升壹合玖勺柒抄壹撮捌圭伍粒該米捌百伍拾捌石伍斗
壹升柒合肆勺除撥歸更名田肆拾玖頃柒拾柒畝貳分叁厘米壹百壹拾柒石柒
斗肆升伍合於書後更各項下開載外實田叁百肆拾頃玖拾陸畝
貳分捌厘柒毫實民米柒百肆拾石柒斗柒升貳
合肆勺每石照前則例共派銀陸百伍拾柒兩伍錢伍分
壹厘捌毫玖忽柒微捌塵壹纖貳渺每畝科全官米陸勺叁抄
該米貳拾肆石陸斗壹升陸合叁勺壹抄壹撮秋糧

內帶派每畝科夾官米伍抄該米壹石玖斗伍升叁合陸勺柒
抄陸撮秋糧內帶派每畝科小麥柒抄該麥貳石柒斗叁升伍合
壹勺伍抄每畝科夏稅絲壹分壹厘柒毫該絲貳拾捌觔玖兩壹
錢陸分壹毫伍絲每畝科桑絲貳毫伍絲該絲玖兩柒錢陸
分捌厘叁毫捌絲秋糧內帶派
山鄉田叁拾伍頃柒拾柒畝玖分貳厘每畝稅秋糧民米壹
升肆合伍勺該米伍拾壹石捌斗柒升玖合捌勺肆抄
除撥歸更名田玖頃壹拾貳畝壹分貳毫米壹拾叁石叁斗貳升肆合於書後更名項下開載外
實田貳拾陸頃陸拾伍畝捌分壹厘捌毫實民米
叁拾捌石伍斗伍升伍合捌勺肆抄每石照前則例該銀
叁拾肆兩貳錢貳分肆厘叁毫捌絲壹忽玖微陸
塵玖纖每畝科全官米肆勺貳抄該米壹石伍斗貳合柒勺叁
抄秋糧內帶派每畝科夾官米叁抄貳撮該米壹斗壹升肆合肆勺
玖抄叁撮伍圭秋糧內帶派每畝科小麥肆抄伍撮該麥壹斗陸升
壹合陸撮肆圭每畝科夏稅絲柒厘捌毫該絲壹觔壹拾壹兩
玖錢柒厘柒毫柒絲陸忽每畝科桑絲壹毫陸絲玖忽壹微陸塵叁纖
該絲陸錢伍厘貳毫肆絲陸忽肆微入秋糧內帶派
原額地貳百陸拾肆頃叁拾叁畝肆分伍厘肆毫

太仙鄉地壹百貳拾柒頃叁拾叁畝叁分柒厘每畝科秋糧民米壹升貳勺該米壹百貳拾玖石捌斗捌升叁勺柒抄肆撮每石照前則例該銀壹百伍拾玖兩貳錢貳厘捌毫壹絲壹忽伍微陸塵壹纖每畝科全官米壹升貳合捌勺該米壹百陸拾貳石玖斗捌升柒合壹勺叁抄陸撮每畝科夾官米陸勺該米柒石陸斗肆升貳抄貳撮每畝科小麥貳抄該麥貳斗伍升肆合陸勺陸抄柒撮肆圭每畝科夏稅絲柒厘貳毫壹絲肆忽壹微叁塵肆纖貳渺該絲伍觔壹拾壹兩捌錢陸分貳毫伍絲叁忽每畝科桑絲叁毫該絲叁兩捌錢貳分壹絲壹忽俱入秋糧內帶派

中和鄉地伍拾柒頃壹拾捌畝捌分陸厘每畝科秋糧民米壹升伍合陸勺該米捌拾玖石貳斗壹升肆合貳勺貳抄每石照前則例該銀柒拾伍兩柒錢壹分壹厘貳毫陸絲貳忽叁微陸塵伍纖捌渺每畝科全官米貳勺柒抄該米壹石伍斗肆升肆合壹勺每畝科夾官米陸勺叁抄該米叁石陸斗貳合捌勺捌抄貳撮秋糧帶派每畝科小麥壹勺玖抄該麥壹石捌升陸合伍勺捌抄每畝科夏稅絲壹分玖絲玖忽肆微肆塵該絲叁觔玖兩柒錢伍分柒厘貳毫捌絲肆忽每畝科桑絲貳毫

該絲壹兩壹錢肆分叁厘柒毫柒絲貳忽入秋糧內帶派

灄源鄉地柒拾玖頃捌拾壹畝貳分貳厘肆毫每畝科秋糧民米壹升肆合伍勺該米壹百壹拾伍石柒斗貳升柒合柒勺肆抄捌撮除撥歸更各地壹拾貳頃肆拾玖畝貳分捌厘米壹拾捌石壹斗壹升肆合肆勺壹抄貳撮於書後更名項下開載外實地陸拾柒頃叁拾壹畝玖分肆厘肆毫實民米玖拾柒石陸斗壹升叁合叁勺叁抄陸撮每石照前則例該銀捌拾陸兩陸錢肆分柒厘壹毫叁絲肆忽陸微肆塵伍纖肆渺每畝科全官米肆勺貳抄該米叁石叁斗伍升貳合壹勺壹抄肆撮捌圭秋糧內帶派每畝科夾官米叁抄貳勺該米貳斗伍升伍合肆勺秋糧內帶派每畝科小麥肆抄伍撮該麥叁斗伍升玖合壹勺伍抄伍撮壹圭每畝科夏稅絲捌厘叁毫捌微貳塵叁纖貳渺該絲肆觔貳兩貳錢伍分柒毫叁絲每畝科桑絲壹毫陸絲該絲壹兩貳錢柒分陸厘玖毫玖絲五忽捌微俱入秋糧內派

原額塘貳百伍拾伍頃叁拾玖畝肆分叁厘內

太仙鄉塘壹百貳頃陸拾壹畝肆分玖厘每畝科秋糧米壹升伍合叁勺柒圭該米壹百伍拾柒石柒合玖勺柒抄每石照前則例該銀壹百玖拾貳兩肆錢伍分肆厘捌毫柒絲

柒忽玖微玖塵叁纖叁渺每畝科全官米壹升玖合壹勺該米壹百玖拾伍石玖斗玖升肆合肆勺陸抄秋糧內派徵每畝科夾官米玖勺該米玖石貳斗叁升伍合叁勺肆抄秋糧內派徵每畝科小麥叁抄叁撮該麥叁斗叁升捌合陸勺叁抄每畝科夏稅絲壹分叁毫叁絲捌渺該絲陸觔壹拾兩壹厘貳毫每畝科桑絲肆毫肆絲該絲肆兩伍錢壹分伍厘伍絲陸忽俱入秋糧內派

中和鄉塘壹百貳拾捌頃貳拾捌畝貳分捌厘每畝科秋糧民米貳升叁合肆勺該米叁百石壹斗捌升壹合柒勺伍抄貳撮每石照前則例該銀貳百伍拾肆兩柒錢肆分柒厘捌毫伍絲叁忽捌微玖塵陸纖每畝科全官米叁勺叁抄貳撮伍圭玖粒貳粟該米肆石貳斗陸升陸合伍勺玖抄伍撮秋糧內派每畝科夾官米玖勺叁抄玖撮玖圭玖粒貳粟該米壹拾貳石伍升捌合肆勺捌抄叁撮貳圭秋糧內派每畝科小麥貳勺叁抄該麥貳石玖斗伍升伍勺每畝科夏稅絲壹分肆厘壹毫該絲壹拾壹觔肆兩捌錢柒分捌厘柒毫肆絲捌忽每畝科桑絲叁毫該絲叁兩捌錢肆分捌厘肆毫捌絲肆忽俱入秋糧內派

灄源鄉塘貳拾肆頃肆拾玖畝陸分陸厘每畝科秋糧民米貳升壹合捌勺該米伍拾叁石肆斗貳合伍勺捌抄捌撮

全撥歸更名於書後更名項下開載每畝科全官米陸勺叁抄該米壹石伍斗肆升叁合貳勺捌抄伍撮捌圭入秋糧內帶派每畝科夾官米肆抄肆撮捌圭壹粒陸粟該米壹斗壹升柒合壹勺叁抄肆撮秋糧內派徵每畝科小麥陸抄捌撮該麥壹斗陸升陸合伍勺柒抄陸撮捌圭捌粒每畝科夏稅絲壹分壹厘柒毫該絲壹觔壹拾貳兩陸錢陸分壹厘貳絲貳忽每畝科桑絲貳毫伍絲該絲陸錢壹分貳厘肆毫伍絲入秋糧內派徵

以上共科秋糧官民米壹萬柒千柒百肆拾肆石貳斗伍升叁合叁勺肆抄柒撮伍圭內全官米止納京庫壹項免派差徭夾官米折半與民米一體編差科全官米肆千玖百壹拾柒石叁升叁合壹勺肆抄夾官米肆百肆拾陸石柒斗壹升貳合肆勺陸抄玖撮伍圭民米壹萬貳千叁百捌拾石伍斗柒合柒勺叁抄捌撮額載秋糧壹萬柒千柒百肆拾肆石貳斗伍升叁合叁勺肆抄柒撮伍圭內除夾全官米伍千叁百陸拾叁石柒斗肆升伍合陸勺玖撮伍圭又除撥歸更名米伍百捌拾叁石肆斗柒升於書後更名項下開載外實在民米壹萬壹千柒百玖拾柒石叁升柒合

柒勺叁抄捌撮内太仙鄉有免米伍百壹拾玖石每石派銀玖錢玖分壹厘貳毫伍
絲捌忽叁微柒塵柒纖陸渺陸漠柒茫無免米叁
千貳百肆拾壹石叁斗貳升伍合柒勺叁抄捌撮
每石派銀壹兩肆錢貳分陸厘貳毫伍絲捌忽叁
微柒塵柒纖陸渺陸漠柒茫中和鄉有免米叁百
捌拾叁石每石派銀伍錢叁分叁厘壹絲叁忽壹
微壹纖伍渺玖漠伍茫無免米肆千玖百玖拾捌
石肆斗叁升叁合每石派銀玖錢壹分壹厘壹絲
叁忽壹微壹纖伍渺玖漠伍茫灄源鄉有免米壹
百伍拾肆石每石派銀陸錢陸分貳厘壹毫肆絲
捌忽柒微捌塵玖纖柒渺壹漠伍茫無免米貳千
伍百壹石貳斗柒升玖合每石派銀玖錢肆分貳
厘壹毫肆絲柒忽玖微肆塵叁纖柒渺壹漠伍茫
夏稅麥實徵麥捌拾叁石壹斗陸升玖合玖勺夏
稅絲肆百柒拾柒觔叁兩柒分捌厘伍毫桑絲壹

拾叁觔壹拾壹兩叁錢捌分叁項秋糧内帶派 額徵並加
增共銀壹萬壹千伍百伍拾伍兩叁錢捌分捌毫
伍忽伍微貳塵伍纖肆渺内有舊書原載班匠銀貳拾貳兩貳錢係乾隆
貳拾叁年奉 文於 奏銷册内刪除
班匠名色統歸地丁條編彙數造報
加增玖厘正損餉太仙鄉每秋糧壹石派餉銀叁錢肆厘玖毫伍絲陸忽捌微叁
纖肆渺叁漠中和鄉每秋糧壹石派餉銀壹錢玖
分陸厘叁毫壹絲壹忽貳微玖塵壹纖陸漠壹茫
灄源鄉每秋糧壹石派餉銀貳錢壹分肆厘貳
毫叁絲柒忽陸微叁塵捌纖捌渺叁漠柒茫
該銀貳千柒百柒拾貳兩叁分叁厘陸毫捌絲叁
微貳塵貳纖貳渺

以上人丁田地塘並玖厘餉及優免等項共銀壹
萬陸千壹百肆拾柒兩壹錢捌分陸厘玖毫壹絲
捌忽陸微肆塵柒渺内除豁免運夫丁銀壹拾捌
兩肆錢肆分柒厘捌毫捌絲伍忽肆塵捌纖又除
優免丁銀捌拾玖兩玖分柒厘陸絲查優免丁銀已於書後另
欵作収以符圖縣額實總數 實徵銀壹萬陸千叁拾玖兩陸錢
肆分壹厘玖毫柒絲叁忽伍微玖塵貳纖柒渺

一起運

一戶禮工光各部寺地丁條餉及撥歸均祭餘剩共銀

壹萬貳千壹百陸拾兩貳錢貳分玖厘玖毫陸絲
陸忽壹微肆塵柒渺内除奉撥
關帝廟三祭及支給奉復廩糧共銀玖拾玖兩捌厘陸
毫陸絲陸忽入撥存項下開造外又加入抵補衛
逘動支民賦改歸正項銀叁百叁拾柒兩肆錢柒
分叁厘捌毫伍絲肆忽
該額銀壹萬貳千叁百玖拾捌兩陸錢玖分伍厘
壹毫伍絲肆忽壹微肆塵柒渺内除豁免運夫丁
銀壹拾兩叁錢柒分伍厘伍絲叁微肆塵肆纖玖

渺伍漠捌茫
實徵銀壹萬貳千叁百捌拾捌兩叁錢貳分肆厘
陸毫叁忽柒微玖塵伍纖柒渺肆漠貳茫
一存留
撥運供支官俸役食祭祀廩糧等項原額共銀叁千
貳百陸拾壹兩叁錢肆分玖厘叁毫貳絲肆忽内
係
按察司　心紅紙張銀壹百貳拾兩康熙柒年全裁康熙貳拾陸年
奉文彚入起運項下造報訖　修宅銀肆拾捌兩順治拾貳年全裁

快手壹拾貳名共銀捌拾陸兩肆錢順治拾肆年裁銀壹拾肆
兩肆錢存銀柒拾貳兩
同知　俸薪銀玖拾兩伍錢伍分陸厘順治拾肆年裁銀壹拾兩
伍錢伍分陸厘存銀捌拾兩心紅紙張銀貳拾兩康熙拾柒年全
裁康熙貳拾陸年奉文彚入起運項下造報　修宅家伙銀壹拾兩順治
拾貳年全裁　棹圍傘扇銀壹拾兩順治拾肆年全裁　皂隸
壹拾貳名共銀捌拾陸兩肆錢順治玖年裁銀壹拾肆兩肆錢存
銀柒拾貳兩
推官　俸薪銀陸拾叁兩肆錢玖分順治拾肆年裁銀壹拾捌兩肆

錢玖分康熙陸年全裁銀肆拾伍兩
後湖河泊所　皂隸貳名共銀壹拾肆兩肆錢順治玖年
裁銀貳兩肆錢存銀壹拾貳兩久缺另款解司充餉
知縣　俸薪銀陸拾叁兩肆錢玖分順治拾肆年裁銀壹拾捌兩肆
錢玖分存銀肆拾伍兩　心紅紙張油燭銀叁拾兩
順治拾肆年裁銀拾兩康熙拾柒年裁銀貳拾兩康熙貳拾陸年奉文彚八起運項下造報
修宅家伙銀貳拾兩順治玖年全裁　迎送上司傘扇銀
壹拾兩順治拾肆年全裁　吏書壹拾貳名共銀壹百貳
拾玖兩陸錢順治玖年裁銀伍拾柒兩陸錢康熙元年全裁銀柒拾貳兩　門

子貳名共銀壹拾肆兩肆錢順治玖年裁銀貳兩肆錢存銀壹
拾貳兩皂隸壹拾陸名共銀壹百壹拾伍兩貳錢
順治九年裁銀壹拾玖兩貳錢存銀玖拾陸兩雍正陸年奉文撥給作作及學習
件作工食銀壹拾捌兩餘銀柒拾捌兩仍給皂隸　馬快捌名工食並草
料銀壹百肆拾肆兩肆錢順治玖年裁工食銀玖兩陸錢順治拾陸年裁草料銀捌
拾陸兩肆錢康熙貳拾陸年奉文彚八起運造報存工食銀肆拾捌兩乾隆
拾陸年內奉文將馬快名色改爲捕役卽食本班工食　步快卽民壯伍拾
各共銀叁百陸拾兩順治玖年裁銀陸拾兩　存銀叁百兩係民
壯伍拾名支領雍正拾壹年奉裁叁拾名工食銀壹百捌拾兩乾隆柒年奉裁貳名工食銀壹拾貳

兩解司以作加增各屬存留民壯修理器械之用　存壹拾捌名工食銀壹
百捌兩查此存留民壯於乾隆元年內奉　文每名每年加增修理器械銀壹兩共加增銀
壹拾捌兩係在司庫各屬完解裁汰民壯工食款內支給不在該縣額徵之內乾隆肆拾貳年裁減
壹半以爲修理單裝塘坊銀玖兩實給民壯銀玖兩　燈籠夫肆名共銀貳
拾捌兩捌錢順治玖年裁銀肆兩捌錢存銀貳拾肆兩雍正伍年全裁
另款解司充餉　看監禁卒捌名共銀伍拾柒兩陸錢順治
玖年裁銀玖兩陸錢存銀肆拾捌兩修理倉監銀貳拾兩康熙
拾柒年裁康熙貳拾陸年奉　文稟八起運項下造報　轎傘扇夫柒名共銀
伍拾兩肆錢順治玖年裁銀捌兩肆錢存銀肆拾貳兩　庫書

壹名銀壹拾貳兩順治九年裁銀陸兩康熙元年裁銀陸兩倉書壹名
銀壹拾貳兩順治玖年裁銀陸兩康熙元年裁銀陸兩　庫子肆名共
銀貳拾捌兩捌錢順治玖年裁銀肆兩捌錢存銀貳拾肆兩
斗級肆名共銀貳拾捌兩捌錢順治玖年裁銀肆兩捌錢存銀
貳拾肆兩
典史　俸銀叁拾壹兩伍錢貳分　書辦壹名工食
銀柒兩貳錢順治玖年裁銀壹兩貳錢康熙元年裁銀陸兩　門子壹名
工食銀柒兩貳錢順治玖年裁銀壹兩貳錢存銀陸兩　皂隸
肆名共銀貳拾捌兩捌錢順治玖年裁銀肆兩捌錢存銀貳拾

肆兩　馬夫壹名工食銀柒兩貳錢順治玖年裁銀壹兩貳錢
存銀陸兩
中和司黃陂站巡檢貳員乾隆貳拾柒年奉　文將雙城巡檢移駐本縣黃陂站　俸銀
共陸拾叁兩肆分　書手貳名共銀壹拾肆兩肆
錢順治玖年裁銀貳兩肆錢康熙元年裁銀壹拾貳兩　皂隸肆名共銀貳
拾捌兩捌錢順治玖年裁銀肆兩捌錢存銀貳拾肆兩
教官貳員俸銀陸拾叁兩肆分康熙肆年裁銀叁拾壹兩伍錢貳分存
銀叁拾壹兩伍錢貳分查訓導已奉復設此項俸銀二官各半分支
門子伍名共銀叁拾陸兩康熙肆年裁銀壹拾肆兩肆錢存銀貳

拾壹兩陸錢　書手壹名工食銀柒兩貳錢康熙元年
全裁　喂馬草料銀貳拾肆兩康熙肆年裁銀壹拾貳兩康熙拾柒年裁
銀壹拾貳兩康熙貳拾陸年奉　文稟八起運項下造報　膳夫貳名共銀肆
拾兩原生支領順治拾肆年裁銀貳拾陸兩陸錢陸分陸厘陸毫柒絲存銀壹拾
叁兩叁錢叁分叁厘叁毫叁絲　齋夫陸名共銀
柒拾貳兩康熙肆年裁銀叁拾陸兩存銀叁拾陸兩查訓導已奉復設此
項銀兩貳官各半分支
一撥運
時憲書銀壹拾壹兩伍錢伍分貳厘叁毫玖絲玖

忽原編偏橋倉改抵辰溪縣憲書銀貳兩伍錢叁
分玖厘伍毫貳項共銀壹拾肆兩玖分壹厘捌毫
玖絲玖忽　觧費銀壹錢貳分陸厘叁毫柒絲
科舉銀貳拾玖兩玖錢柒分壹毫柒絲伍忽原編
偏橋倉改抵辰溪縣科舉銀玖兩玖錢陸分貳項
共銀叁拾玖兩玖錢叁分壹毫柒絲伍忽康熙拾柒年裁
銀壹拾玖兩玖錢陸分伍厘捌絲柒忽伍微康熙貳拾陸年奉　文彙入起運項下造報存銀
壹拾玖兩玖錢陸分伍厘捌絲柒忽伍微　解費
銀叁錢伍分玖厘肆毫康熙拾柒年裁銀壹錢柒分玖厘柒毫康熙貳拾陸

年奉　文彙入起運項下造報存銀壹錢柒分玖厘柒毫
按察司表夫銀壹拾兩貳錢順治拾肆年裁銀伍兩壹錢存銀
伍兩壹錢乾隆拾捌年奉　文停止另欵解司充餉　脚馬觧費銀壹
錢玖分陸厘

一均徭

各巡司弓兵徭編肆拾叁名每名伍兩捌分叁厘叁毫共銀貳
百壹拾捌兩伍錢捌分貳厘永充壹拾捌名每名衣鞋伍錢肆分玖厘
共銀玖兩捌錢捌分貳厘順治拾肆年裁銀壹百壹拾肆兩貳錢叁分貳
厘存銀壹百壹拾肆兩貳錢叁分貳厘　各舖司

兵徭編壹拾叁名每名工食帶閏銀叁兩陸錢陸分共銀肆拾柒
兩伍錢捌分同吹手撥給共銀柒拾陸兩捌錢陸分每名支銀伍兩玖錢壹分貳厘叁
毫縣前舖書貳名舖兵壹名拾里岡家坳桃花栗林柿林中和捌里塆馬頭太平高林拾舖各舖兵
拾名中和東流二渡各渡夫壹名工食共銀肆兩陸
分陸厘陸毫各渡修船銀共貳兩貳年壹修每年該銀壹兩貳
項共銀伍兩陸分陸厘陸毫順治拾肆年裁銀貳兩伍錢叁分叁厘叁
毫康熙拾柒年裁修船銀伍錢康熙貳
拾陸年奉　文彙入起運項下造報存銀貳兩
叁分叁厘叁毫

一祭祀雜支

龍亭儀仗修理銀貳兩康熙拾柒年裁康熙貳拾陸年奉　文彙入起運項下造報
文廟貳祭共銀肆拾兩　各官鄉賢貳祭銀柒兩　香
燭米折銀壹兩貳錢陸分乾隆柒年均祭案內減銀貳錢壹分存銀
壹兩伍分
崇聖祠貳祭共銀柒兩
山川社稷貳壇各貳祭共銀貳拾貳兩乾隆柒年均祭案內減銀貳兩
存銀貳拾兩　邑厲壇叁祭共銀壹拾貳兩乾隆柒年
均祭案內減銀壹兩存銀壹拾壹兩　邑厲壇米叁石每石折銀
叁錢伍分該銀壹兩伍分乾隆柒年均祭案內增銀壹錢柒分實銀壹兩

貳錢貳分　以上各項祭祀均祭案內按欵增減
計餘銀叁兩肆分已照實徵之數歸入起運項下
充餉　鄉飲貳次共銀壹拾兩順治拾肆年裁銀伍兩存銀
伍兩
門神桃符春牛芒神花鞭酒席開印封印牲醴香
燭共銀肆兩順治拾肆年全裁孤貧貳拾捌名口每名口歲
給布花銀叁錢共銀捌兩肆錢　孤貧貳拾捌名口各原
支本縣倉米叁石陸斗每石折銀伍錢共銀伍拾兩肆錢
貳項共銀伍拾捌兩捌錢乾隆叁年奉文小建扣除遇閏加增并每

名每年增給銀肆錢貳分於司庫地丁銀內撥給　迎送上司吹手捌名
共銀伍拾捌兩伍錢陸分內撥給鋪兵銀貳拾玖兩貳錢捌分實給吹手
銀貳拾玖兩貳錢捌分　廩生貳拾名共銀壹百肆拾肆兩
廩生支領順治拾肆年裁銀玖拾陸兩康熙貳年裁銀肆拾捌兩　本府學倉米
折銀伍拾柒兩柒錢捌厘內找給府學廩生糧銀
肆拾伍兩柒錢捌分捌厘康熙貳年全裁　供應銀捌拾兩
順治拾肆年全裁　備用實存銀捌拾柒兩肆錢康熙拾柒年全
裁康熙貳拾陸年奉文彙入起運項下造報
歲科考銀肆拾兩順治拾肆年裁銀貳拾兩康熙拾柒年裁銀貳拾兩康熙貳拾

陸年奉文彙入起運項下造報
歲貢盤纏銀壹拾伍兩康熙貳拾柒年奉裁　歲貢生員正
陪脚力作興銀陸兩乾隆貳年奉文將此項銀兩按年觧交司庫合計出貢
各數均派支給陸年報銷一次　科舉生員以貳拾名爲率每名盤纏
銀貳兩花紅酒席銀壹兩共銀陸拾兩叁年壹次每年該銀貳拾兩
康熙拾柒年全裁康熙貳拾陸年奉文彙入起運項下造報　科塲對讀謄録
銀壹拾陸兩伍錢叁年壹次每年該銀伍兩伍錢康熙拾柒
年裁銀貳兩柒錢伍分康熙貳拾陸年奉文彙入起運項下造報存銀貳兩柒錢
伍分　新舊會試舉人盤纏銀以陸名爲率共銀

壹百肆拾肆兩叁年壹次每年該銀肆拾捌兩雍正玖年奉
文將此項銀按年觧交司庫遇會試之年合計通省會試舉人各數均派給領　本府應
朝盤纏銀肆兩柒錢順治拾肆年裁銀叁兩壹錢叁分叁厘叁毫叁絲
存銀壹兩伍錢陸分陸厘陸毫柒絲康熙拾柒年全裁康熙貳
拾陸年奉文彙入起運項下造報　本縣應　朝盤纏銀貳拾柒
兩順治拾肆年裁銀壹拾捌兩存銀玖兩康熙拾柒年全裁康熙貳拾陸年奉文
彙入起運項下造報　部寺觧費銀伍拾壹兩陸錢貳分陸
厘貳毫捌絲　各欵共合原額銀叁千貳百陸拾
壹兩叁錢肆分玖厘叁毫貳絲肆忽內除順治玖

年起至康熙貳拾柒年裁歸起運䝉報銀壹千伍百捌拾兩柒錢玖分柒毫伍絲柒忽伍微外存留實額銀壹千陸百捌拾兩伍錢伍分捌厘伍毫陸絲陸忽伍微又添設廩糧銀陸拾叁兩貳錢陸分貳厘陸毫陸絲陸忽康熙貳拾肆年奉　文復設支給府縣兩學廩生係起運項下撥給

關帝廟叁祭銀叁拾伍兩柒錢肆分陸厘雍正柒年奉　文添設係起運項下撥給以上原額並新設廩糧

關帝廟叁祭共銀壹千柒百柒拾玖兩伍錢陸分柒厘

貳毫叁絲貳忽伍微內除均派祭祀餘剩歸入起運充餉銀叁兩肆分外　貳共實額銀壹千柒百柒拾陸兩伍錢貳分柒厘貳毫叁絲貳忽伍微適合每年　奏銷冊載該縣俸工等項額支之數內除故丁銀肆兩貳錢伍厘貳毫肆絲玖忽柒微陸塵玖纖柒渺肆漠貳茫查民壯各役工食孤貧糧布內豁免運夫丁銀已動支司庫地丁補足祭祀內豁免運夫丁銀已動支司庫公項銀兩補足均不在該縣徵銀之內實徵銀壹千柒百柒拾貳兩叁錢貳分壹厘玖毫捌絲貳忽柒微叁塵貳渺伍漠捌茫又加入敬獻藩

羌等事案內奉　部行令將起運地丁撥歸存留項下補給縣學膳夫鈌故丁銀叁分叁厘肆毫貳絲肆忽叁微肆塵柒纖柒渺柒漠捌茫貳共實徵銀壹千柒百柒拾貳兩叁錢伍分伍厘肆毫柒忽柒塵捌纖叁漠陸茫內有鈌河泊皂隸工食銀壹拾壹兩玖錢陸分玖厘玖毫壹絲捌忽柒塵玖纖肆渺捌漠裁燈丁工食銀貳拾叁兩玖錢叁分玖厘捌毫叁絲陸忽壹微伍塵捌纖玖渺陸漠表夫銀伍兩捌分柒厘貳毫壹絲伍忽壹微捌塵叁纖柒渺柒漠玖茫俱另欵解司充餉

添撥各項　教官加品俸銀肆拾捌兩肆錢捌分乾隆

元年奉　文教職加以品級給以全俸其加增銀兩係司庫地丁銀內支給貳官各半分支

先農壇祭祀銀伍兩乾隆伍年奉　文將籍田存穀變價動用如有不敷仍如司庫存公銀內湊給復於乾隆拾叁年奉　文於耗羨酌定章程案內每年赴司請領銀貳兩捌錢貳分伍厘其不敷銀貳兩壹錢柒分伍厘在於耤田收獲舊存穀石變價湊辦如無舊存穀石該縣自行捐湊備辦祭品乾隆貳拾肆年奉　文禁用捐墊字樣又經資准　部覆將收存穀石儘數易備如有不敷按數找給不必以貳兩捌錢貳分伍厘之數爲定

常雩禮祭祀銀伍兩乾隆柒年奉　文設立係司庫存公銀內動支以上各項銀兩均不在該縣存留額支之內

驛站　蘄州遞運所紅船貳隻水夫各拾名工食帶

閏修船共銀壹百柒拾兩貳錢　李坪驛站船水夫拾名工食帶閏共銀陸拾壹兩　陽邏驛馬加零銀壹百柒拾壹兩捌錢壹分柒厘　李坪驛馬新加零銀壹百貳拾捌兩壹錢　編協襄陽府屬鄖城驛馬價帶閏零銀叁拾捌兩壹錢貳分伍厘解費銀壹錢玖分陸毫（此欵計八存留開銷）　李坪驛支應銀貳百壹拾兩　陽邏驛館夫叁名銀貳拾壹兩玖錢陸分

走遞夫馬　排夫肆拾名除抵經制陸名外實存叁拾肆名（每名帶閏銀柒兩叁錢貳分）共銀貳百肆拾捌兩捌錢捌分　原額腳馬壹拾柒匹（每匹帶閏草料該銀貳拾貳兩叁錢叁分叁厘叁毫叁絲）共銀叁百柒拾玖兩陸錢陸分陸厘陸毫

以上貳項各欵共銀壹千肆百貳拾玖兩柒錢肆分捌厘陸毫係本縣原編驛站夫馬之項按年徵銀均解道庫支解

兵部項下　秋糧折色起運　解江南濟水夫柒拾叁名（每名銀肆兩玖分伍厘）共銀貳百玖拾捌兩玖錢叁分伍厘京掮銀貳兩陸錢玖分肆毫壹絲伍忽　連

前原編額徵驛站共銀壹千柒百叁拾壹兩叁錢柒分肆厘壹絲伍忽除豁免故夫丁銀叁兩陸錢玖分玖厘肆毫玖忽伍微又除仍照協濟徒參轉折等事案內抵補衝途動支民賦解司充餉銀叁百叁拾柒兩肆錢柒分叁厘捌毫伍絲肆忽外實徵銀壹千叁百玖拾兩貳錢柒毫伍絲壹忽伍微內編設紅船水手工食銀壹百柒拾兩貳錢裁貳銀壹千貳百貳拾兩柒毫伍絲壹忽伍微係另欵解交道庫支用並移司充餉

一隨漕

運糧官行月貳糧米共柒百柒拾貳石叁斗伍升捌合柒勺陸抄（每石折銀肆錢）該銀叁百捌兩玖錢肆分叁厘伍毫肆忽（解水次交納）

江西運糧官月米叁百壹拾伍石叁斗（每石折銀肆錢）該銀壹百貳拾陸兩壹錢貳分（解糧儲道發江夏縣轉給）

淺船銀肆拾兩捌分捌厘

原派偏橋砦改抵辰溪縣坐派淺船銀壹拾叁兩叁錢叁分伍厘（貳項解費每兩玖厘）該銀肆錢捌分捌毫（柒忽）

以上原額隨漕共銀肆百捌拾捌兩玖錢陸分柒厘叁毫壹絲壹忽內除豁免運夫丁銀壹錢柒分貳厘陸毫柒絲伍忽肆微叁塵叁纖叁渺　實徵銀肆百捌拾捌兩柒錢玖分肆厘陸毫叁絲伍忽伍微陸塵陸纖柒渺

觧南本色正米太仙鄉每秋糧壹石派正米叁斗叁升捌合玖勺柒抄陸撮柒圭伍粒中和鄉每秋糧壹石派正米貳斗陸升叁合陸抄肆撮壹圭叁粒壹粟灄源鄉每秋糧壹石派正米貳斗貳升柒合陸勺伍抄貳圭柒粒柒粟　該正米叁千貳百玖拾肆石捌斗每石耗米貳斗伍升該耗米捌百貳拾叁石柒斗

貳共正耗米肆千壹百壹拾捌石伍斗另正米壹石派里緜

船驢脚米壹斗伍升

額徵驢脚米肆百玖拾肆石貳斗貳升每石折銀壹兩以貳錢給觧役該銀玖拾捌兩捌錢肆分肆厘叁文裁觧餘捌錢充餉該銀叁百玖拾伍兩叁錢柒分陸厘貳共該銀肆百玖拾肆兩貳錢貳分

麂皮另派京損每秋糧壹石派銀伍絲陸忽叁微叁纖貳渺陸漠玖茫　該銀陸錢陸分肆厘貳毫

優免充餉銀伍百兩肆錢貳分伍毫陸絲內有優免丁銀

捌拾玖兩玖分柒厘陸絲

一更名欵項

原額田地塘貳百貳項伍拾捌畝伍厘內

上則田肆拾玖項肆拾畝捌分每畝科秋糧米肆升叁合肆勺陸抄叁撮叁圭捌粒陸粟該米貳百壹拾肆石柒斗肆升肆合

中則田伍拾柒項貳拾捌畝玖分柒厘捌毫每畝科秋糧米貳升玖合該米壹百陸拾陸石壹斗肆升

下則田肆拾玖項柒拾柒畝貳分叁厘每畝科秋糧米貳升叁合陸勺伍抄陸勺柒圭叁粒叁粟該米壹百壹拾柒石柒斗肆升

伍合

山鄉田玖項壹拾貳畝壹分貳毫每畝科秋糧米壹升肆合伍勺

該米壹拾叁石叁斗貳升肆合

一則地壹拾貳項肆拾玖畝貳分捌厘每畝科秋糧米壹升肆合伍勺該米壹拾捌石壹斗壹升肆合肆勺壹抄貳撮

一則塘貳拾肆項肆拾玖畝陸分陸厘每畝科秋糧米貳升壹合捌勺該米伍拾叁石肆斗貳合伍勺捌抄捌撮

共科米伍百捌拾叁石肆斗柒升每石派銀玖錢玖分貳厘壹毫玖絲肆忽伍微貳塵肆纖肆渺玖漠

額徵銀伍百柒拾捌兩玖錢壹分伍厘柒毫叁絲
玖忽貳微
加增玖厘餉每米壹石派餉銀貳錢玖厘柒絲叁忽玖微肆塵壹纖伍渺肆漠該
銀壹百貳拾壹兩玖錢捌分捌厘叁毫柒絲貳忽
陸微柒塵
一雜稅
牙帖稅銀叁拾叁兩陸錢該縣原經報 部牙稅銀壹拾玖兩伍分乾隆貳拾伍年奉 部咨分別繁盛偏僻量增稅銀壹拾肆兩伍錢伍分
當舖每座每年納銀伍兩每年開歇不一稅銀原無定額

黄安縣志 賦役卷五 田賦 三三

田房稅正額銀壹拾兩捌錢柒分盈餘銀兩儘徵儘解原無定額
牛驢稅銀儘徵儘解原無定額
額銷鹽引肆千捌百叁拾引每引改子鹽肆拾壹包陸分玖厘陸毫乾隆叁拾年奉 旨蒲草繳産加鹽拾觔又乾隆拾陸年奉 旨恩加鹽拾觔共配鹽叁百陸拾肆觔改子鹽肆拾肆包壹分貳厘壹毫每引納稅貳分商人交納解司撥用每年行銷原無一定
以上俱遵照奉頒本縣賦役全書開載
文昌春秋祭祀銀貳拾叁兩捌錢叁分嘉慶玖年奉文增設祭祀銀在奏銷款內支發
按安邑丁歸地畝糧八條編惟正之供輕於什

歲時伏臘夜犬無驚其詩所咏樂郊者歟
南折節畧
安邑南米正耗肆千壹百壹拾捌石伍斗緣僻在
萬山中不通舟楫每至秋收轉運驢馱擔負不堪
其苦康熙叁拾陸年以前士民屢以改徵折色請
以事格不果行安民坐是大困康熙叁拾柒年原
任大冶縣陞陝西道試監察御史李公先復疏請
南糧本色解運爲艱仰乞
勅部將黄梅麻城黄安通山大冶五縣南糧改徵折色

黄安縣志 賦役卷五 田賦 三三

以便兵民奉
旨該部議奏欽此是年十月本縣紳衿耆民盧拱吳宏
礽吳世極耿宗坤王巒盧綰吳暉鍾應遴何逼盧
紞慈張棣張欒耿興朗盧洽鍾應迨盧潰何迥張
希賢盧綬鍾應邁鍾應遂盧績吳宏秷吳宏禩秦
珙芳丁時簡耿興待秦全盧統慈耿興行彭鴻詞
鍾呈書盧紘慈張希元彭宏業耿興律耿興衛曹
有庚吳義鳳曹有甲江廷獻江大用張條張炳虎
韓際世張棨韓撰張釆吳羽鳳吳世楨吳世模袁

若姚宋王鼎盧緄慈秦生盧紹盧紇慈盧級張晶
盧瀠盧雲鳳盧雲鵠盧雲鶴盧洛盧潼盧清盧湛
鍾裕信盧藻盧洙鍾天錫盧漢盧滉盧浩盧裕訓
盧漼盧濤鍾裕詒盧建中張會禧盧淮詩黃第盧
瀆盧涓黃範盧之樞盧葛秦天相盧淋蕭龍光彭
之芳何溥秦天佑孟之春程鵔邦江楚發耿昭霈
韓銓彭蘭江楚乘盧國梧盧銳盧國佐盧國賢彭
嗣籛葉之俊盧棟彭啟籛王時中盧溥盧撫盧滺
王時愈彭如錦吳瀛鳳吳德鳳鍾裕闇胡振基吳

遵路王顯羣王顯超王時敏王明教耿與億耿與
翮耿與儼耿昭冕耿昭冊耿昭昂耿昭普耿昭斗
耿昭曉耿昭會耿昭鼎王明體蕭曰鏊蕭曰鑾彭
之夔周承諟周承杲周士仁周重稽趙汝采熊朝
杲王洪時王聖時張志昆熊士鼎李國璧彭之華
劉待甘行勉秦維屏王有才盧綜王顯萃單化龍
劉同寅劉紹堯王道行韓黃韓步月韓步琦耿昭
晃耿昭純耿昭旦劉綬耿三傑楊其英李元涵隗
其森張琇宋之堯阮崑會德懋單琳劉紹唐王風

隆江南才蕭龍見蕭維城馬前圖張瑜張希漢阮
振世戴範友吳舞鳳戴世俊戴曙秦世成甘液後
張黃張楚秦王政秦洙盛汪紹遠張瀚吳遵聖李
倫江宗江文待江干陶必逵石清石瀛李如玿張
源逢阮興笏王顯賦王文瑞王文祥張國琮張仁
王國讓王增爵秦世英王源王國楨吳泓石泮何
萬禩楊選趙本厚黎中選金顏近金顏咫耿與遠
秦錫寻秦錫乘吳人鳳吳世奇秦國鉦黎元斐王
勲奇王化淳耿與申何爲舜何萬楨劉士駟劉士

魁劉紫溪張琴張志昂吳炯張國珩黃士禮宋錫
爵李溥李如斗劉希文胡連玉王時德袁宗宏王
洛陳英陳開禧李萬春徐利見王公祥丁一倩馬
雲伯馬醇伯熊公尹蕭我先馮貞生馮都李厥尚
王燕謨馬元岸熊俊若彭淑雅李文先葉維從胡
聿皇盧聖先馮鼎昇盧天祥王二林盧受寻王洛
伊盧周生馮子成李燕及盧海濤盧吉生盧則敬
胡羽千王若采倪利賓皮文昌程仞九周仲英曹
淑玉劉直夫程漢貞李帝簡盧仲次盧若聖邱以

遠方士良張茂林胡子昇徐容次王率章胡瑞林
王萬言秦萬鎰陳象乾帥廼弼帥九有汪文健丁
梅望丁子由吳德先夏惟成胡子萬雷思三藍四
宜蕭元實盧象吉陳國棟高萬清吳佑仁王如公
祁乾一楊天縱王公九王子信秦輝之李大來李
恒士程未遠會恒仲秦楚臣黃五美徐在締王仲
先秦盛占洪震寰耿三省熊從先王公彩阮子元
秦愛懷高惟斗王武烈傅豪若李行淑余惟能程
文先程吉之程爾附彭君華胡締賴馬位次葉兼

三盧天章洪水文阮步五王幼章王允德陳崑崙
盧洪尊盧永哲陳連璧劉三濤張伯智汪昇子周
仲言王定華熊年璞劉淑德張文友熊漢臣黃漢
章李一灼吳宗維吳懷乾吳懷漢鄭以常劉才吳
禹治吳孟能秦正玉王楚玉王東侯王亞三王濟
先楊乾若周兼三阮遂元陳可立喻應璜劉泗岳
張廷贍方學榮鄢應魁董公允鄒以重王魁先熊
廷榮王世卿程彩文閔之源李柱占趙重蘭王先
猷程易生余周士李世盛羅文碧吳宏遠武正三

程之茂楊明倫鍾茂廷方涉程之碧會乾一阮琮
吳君銓張附三廖士仁吳宏任彭陳鐸吳必林方
學李王雋公韓忠張元若戴豐黃大志耿忠信程
士道周文瑞胡之璧吳江吳之筵楊渭皇李公瑞
彭更生彭方平秦見茲秦公元王舒占阮廷簡周
棟胡鐘楊宏澤葉又思余應都余永厚王命公張師虞胡正一周永仁石溥萬年傅等
亦以南糧改折實便萬民籲准酌定實價轉申覆
題成例事一件呈縣經前令劉公承啓據情申　府
轉詳憲　督憲李公輝祖疏

題部議以便於民而不便於兵亦不果行康熙三十
八年九月盧拱等復赴　督憲衙門以山邑崎
嶇遠離水次南米本色運納維艱籲垂一線之恩
拯活萬民之命事竊照楚省南糧一項湖北八府
各屬惟黃安黃梅麻城大冶通山等伍縣崇山叢
疊舟楫不通自前代以至
聖朝間有徵觧本色必動數萬之衆肩挑背負千磨萬
苦始得抵於水次而黃安又爲黃岡麻城黃陂叅
縣極遠極鄙切角初闢之地僻在萬山重岡複嶺

鳥道崎嶇擔登更苦且離漢鎮陽邏灄口通船處
所貳叁百里不等額定南米肆千壹百壹拾捌石
伍斗雖全書載徵本色非藉肩背之力不能運送
屆計每人挑負不過肆斗伍斗之多每日行程不
過伍拾陸拾里之遠往來數日之久方可交卸旋
事其中投宿飯食之費已不可支而更有戶糧不
滿數升托人代納恐罹包攬與受之愆自已親賫
復有費輸正供之苦兼之老幼孤寡殘廢者流不
能行走趑趄跋涉飲泣道途民生日蹙竟有逋欠

黃安縣志　賦役卷五　田賦　三八

至壹貳年而尚未清結上費官府催督之心下竭
小民拮据之力蓋有鄭監門之不能繪其苦狀者
仰蒙　前院匜任丁　俯念民艱特行曠典俾照
大冶通山等事例每年照時估值卅等呈懇詳請
折價解交　糧道代向產米地方購買給兵數年
以來兵鮮缺食民不傷財官免處分
朝無逋賦上下相安久享太平無事之福乃原任大冶
縣今行取御史李　因恐每年詳折案牘滋繁候
允開徵為期迅迫

題請永折入於條編本為
朝廷開萬世便民之事不意格於　部議反行飭徵本
色小民未邀其利先受其害跼蹐彷徨莫之所措
恭逢督部院
特簡制楚無微不燭無痛不關洞庭南北億萬衆待以
撫綏活命況凡有利之當興害之當去現奉　檄
行諮詢正千載難逢之會一時幸際之秋伏乞俯
據卅等輿情轉請入告
恩照　臺臣原疏永改便民倘因

黃安縣志　賦役卷五　田賦　三九

諭旨久頒難違
成命下情未能上達伏查　坒院丁　所行准折之南
糧實屬奉
旨額徵本色如謂年豐歲歉不齊價值低昂不一更酌
以數歲之收成定一至中之折價照舊徵解省此
挑運活我萬民造南山北海之恩波貽腰紫衣金
於萬代為此上呈蒙　督憲郭公琇特疏奏請
為特請
皇仁飭行改折以便兵民事欽惟我

皇上軫念元元常念一夫不得其所深仁厚澤露被無
遺前者巡視河工
恩膏頻頒猶復惓惓以吏治民生爲念伏讀
上諭內開凡有可以爲民興利除害者作何勘實陳奏
況臣膺
寵命總理全楚灼見地方事宜歷來不便於民者敢不
爲
皇上陳之伏查湖北南糧一項所以協濟本省駐防官
兵其他州縣本年徵收本色支放兵糧殊爲甚便

獨有黃州府屬之黃安麻城黃梅叁縣與夫武昌
府屬之通山大冶貳縣共米貳萬柒千貳百貳拾
貳石捌斗倒應觧赴荆鄖等汛以支兵糧原無額
設解費而各屬僻處萬山之中相去荆鄖地方有
千餘里者有壹千陸柒百者道路崎嶇舟楫不通
肩挑背負勢所不能將以驢馱運交則必需貳萬
柒千餘頭口其僱覔之價及百姓往返食用等費
約計值米陸萬石有餘是運壹萬石之數而需貳
萬石之糜費其費何自而來上官必責之有司捐

觧而有司果有如許之捐賠乎彼不得不責之百
姓曰爾等米石爾等應觧而百姓力有何能共欲
釋一時之苦累勢必哀懇縣官折價差往彼地購
買支放殊不知一折價間而百弊叢生矣其中胥
役苛索者有之包辦之侵漁者有之或有不肖官
吏因而浮取肥槖者亦有之是折價較之米價猶
然貳叁倍不止民力幾何豈堪如此之剥索如此
之重困乎康熙叁拾柒年臺臣李先復會以五縣
南糧等事題請改折部覆行令該督撫確查具

題而地方各官慮以折銀給兵自購恐致米價騰貴
各兵或致賠補每歲須隨時估價責成糧道等語
是以部駁不允謂每歲以時價具報恐不肖官員
具報浮多亦未可定駁之誠是也竊計荆鄖正當水
米聚會之鄉五縣之米不過貳萬柒千零其價何
致騰貴且查歷來荆鄖米價銀陸柒錢不等即遇
歉收至捌錢之外足矣酌豊歉之中每石折銀柒
錢不爲不均且豊年多而歉歲少以有餘補不足
酌定價值既便於民何常有累於兵是當仍依臺

臣條奏每石折銀柒錢改入地丁册內彙徵分觧
若恐南糧數目久或無稽仍於全書項下註明某
年改折兵餉若干　奏銷查對亦甚易也卽此不
肖官吏亦不得於其中滋行獘竇矣是一轉移間
而小民無輓輸之勞免觧運之費杜侵漁之累其
感沐
皇恩匪淺矣臣自蒞任以來各屬之申訴與士民之環
訴不已者皆謂觧運米糧大有不便於民也臣謹
會同湖廣撫臣年　仰沐

皇上愛養斯民之至意因地察情據實陳請伏候
上裁以便造册報部並祈
睿鑒施行是年十一月十三日奉
旨這事情着照該督等所請行欽此嗣是本邑南糧原
額肆千壹百壹拾捌石伍斗每石折銀柒錢共折
銀貳千捌百捌拾貳兩玖錢伍分永觧入地丁册
內彙徵完觧實萬世無窮之利也
按南糧之獲折也屢次申詳者劉令特疏題
允者郭憲前已泐諸貞珉矣第當　督院李　初

奏格於部議時非邑紳盧拱等不畏難不惜費拳
拳桑梓再三瀆請終壅於
上聞耳然則此四百餘人者安民當世世感之可使
其姓名泯沒而弗彰哉
附本邑鄉官耿公應衡均役條議於後自散里來
此法不行然亦前人救獘良規故附著之
塈任分巡寧紹二府兼台州兵備道浙江按察司
副使湖廣黃州黃安縣鄉官耿應衡呈爲奉
國恩追先訓矢公剔獘仰懇

憲批俯准實行永甦窮困事竊
國祚者首救窮黎而救窮黎者惟均賦役黃安彈丸
新縣原係先恭簡因巨寇梗化
題請創建者割麻城爲泰仙鄉割黃岡爲中和鄉割
黃陂爲灄源鄉合成一邑所以土田之規則各異
錢糧之起科各異影射者得以舍重趨輕且里甲
之丁糧無額推收之程限無額豪猾者得以賣富
差貧遂至中產代上產應役下產代中產應役等
而下之窮民祇有一命今且莫必其命其害有不

忍言者計惟均丁米禁推收以救目前之極病以開萬世之常平應衡在先人庇廕下三鄉俱有薄産均米殊非自便踸困實以固圉鄉貧既諒其克巳之心慈令尤切於恤民之隱特富豪衙蠹欲遂其私必阻其成夙仰祖臺之仁明民懷吏畏專仗祖臺之威德利與弊除爲此具呈併鄉鄰公議另具書冊齎上伏候憲裁批行須至呈者

一均各里甲糧

夫既合縣各里甲之民以當一萬二千三百八十

餘石民米之差十年一轉則每年該有一千二百三十餘石之米應役矣以一千二百三十餘石之米照三鄉原額規則均泒之則泰仙鄉每甲該有二十二石一斗有零中和鄉每甲該有四十四石八斗四升有零滿源鄉每甲該有四十石四斗有零此均平之正數也今則不然上無定額下任私情多者至一甲百數十餘石次者亦不數十石少者不過數石耳以數石之米與數十百石之米對股當差凡夫馬官錢及一切不經之費但照甲欠

而不照丁米小戶之家有正米一石費至七八十兩者大戶則不過一石費數金耳相去倍蓰千萬斯時房科受賄者力爲主持官府秪循舊例積保照本宣科貧民四不抝六無處伸寃惟有忍氣吞聲傾家蕩産而已又不足則惟有㓙竄爲盜而已今一切均之定爲永例則其利有五奸猾不得乘機飛詭一也大戶不得通同房科放富差貧二也差役輕重苦樂均沾不致偏枯向隅三也厯經一定逐年倣例而行凡遇徵收不必總書發數使得

任意懸吊四也成案現存即一欠可以知十欠即一里可以知百里官府至便稽查凡有弊即覺五也夫不均之害如彼既均之利若此則奈何不破格均平爲一勞永逸之計哉昔人有言井田之制既廢其次莫如限田今限田之法既不可行則惟有均平各里各甲之丁糧而已此均平之法豈非井田限田之遺意也哉

一禁穿鄉過米

別縣丁米一則起科賦無輕重參差凡民間輸納

應役在彼者無異乎在此故可通同無弊惟黃安不然蓋以三鄉之田地起科不同三鄉之錢糧輕重不同三鄉之優免多寡不同民間置業有一戶而兼二鄉者必須照二鄉定數有一戶而兼三鄉者必須照三鄉定數門路既多查覈恒苦故吏胥乘機受賄任意那移以多作少化重爲輕即有仁明綜覈之官加意勘磨而簿書繁雜勢難遍稽彼又指東畫西一傳衆咻終不覺爲彼所搪塞積年深遠如中膏肓丁米之虧原額貧人之受大害皆

由此耳惟一切禁斷各鄉仍還各鄉務足原日丁米老額無得增損各勺如泰仙鄉民而置中和鄉灄源鄉田者則就中和鄉灄源鄉立戶當差其中和鄉灄源鄉民置田泰仙鄉者亦然不許仍前混淆欺上瞞下則一鄉有一鄉之丁米一鄉有一鄉之規則毫無夾雜凡比較時即一石可以槩數十百石即一丁可以槩數十百丁不須推算而開卷了然矣彼作奸懸吊者又何所容其弊乎如曰一人之丁糧必須歸之一鄉當差設有外縣置田者亦可收外縣之丁民以歸本縣乎即此可例推矣

一辨明官米之有無

明朝初年有麻城縣民秦克家者得罪詔沒其田產入官其全入官者號曰全官其半入官者號曰夾官入官之後荒廢十餘年然後募人開墾其納糧也照民間租稞之例故泒米獨重但米雖重而折色甚輕正統以前每米一石止納紅邊布三丈而已以後改折每石止納京庫銀二錢伍分而已別無差泒此載在節次全書可覆覈也及至萬歷

八九年丈量後一槩均作民田起科別無官田矣所以猶存其名者以簿籍尚存不敢擅廢此米原屬泰仙鄉一鄉而中和鄉灄源鄉不過百分之一耳中和鄉灄源鄉亦欲存其名以杜延及之患故全官夾官之虛名猶在也其實不過民米中之一京庫折銀倉口耳天下豈有無田之虛米乎後人不知其故妄謂民米外別有官米則民田外胡不別有官田耶是何異一人之身有名有字而不知者遂指爲兩人乎且此項已經天啟年間均泒遼

飭泰仙泰養元申辦甚明嘗前布政使司查准題
奏奉
旨通利除弊矣有案有卷無可疑慮猶恐後人不知特爲揭明以曉來者

一禁逐年私自推收

凡錢糧之弊莫大於推收使三鄉同一則規而推收零碎其弊且不勝言況三鄉之丁米派攤輕重各自不同尤易躲閃者乎故有泰仙鄉米推入中和鄉瀟源鄉派攤者就輕避重也有此鄉此戶已

作除數而彼戶彼鄉不作收數者漸爲隱匿也有此戶此鄉除數雖多而彼戶彼鄉收數作少者漸爲撒派也有常時丁米尚多一臨大差而丁米驟然減少者重賄飛詭也有本戶實無優免者而妄扯別免假爲寄米當差者欲脫大差也更有應優免之人已死應優免之名已除而優免仍存者種種情弊任意欺瞞小民何堪重困而免糧在何處侵肥能無罪問乎又況年年推收官無禁限尤煩瑣莫可窮詰者乎故今黃安之米撤不對總廒原額之數聞有二十餘石總二小書互爲容隱莫肯清查惟有節年額外多派花戶以足實徵之數而已失今不查世遠人亡則終無可奈何矣今惟各里各甲均平之後嚴禁推收凡民間置買田地必俟十年大造方准收割而官爲平正焉其餘則雖豪家大族一切禁斷違者究罪如律彼爲里書者縱能神輸鬼運亦安所投其隙乎大抵總小書互相容隱小書不攻總書派攤之弊總書不攻小書飛詭之弊今欲除弊救民則不得不均里甲欲均

里甲則不得不嚴禁推收欲禁推收則不得不責備里書一責備里書而通縣之弊孔思過半矣民將頌清靜而戴寍謐誰復肯爲盜哉廵撫湖廣都察院副都御史遲批衙蠹富豪專害小民本院痛恨久矣玆查閱欵冊備悉情弊實獲我心且公而無私可以行之無斁者若不及早嚴絕弊孔而仍任衙蠹作奸富豪躲閃則安邑凋疲之子姓寍有再甦之日乎仰黃安縣查照各欵加意舉行倘有豪蠹從中阻撓該縣不時馳報以憑究處速具遵

行報查總督部院羅批仰分守道轉行黄州府專
差到縣取册

附禀免驛站

邑在萬山中不當孔道嘉慶四年豫省黄流漫口
奉文將所有犯鞘改由黄安以達光州旋連日觧
到要犯數十名夫難猝辦署令陳增慶特行通禀
謂由黄陂夏家寺至光山界二百餘里其七里坪
以北野曠店稀不便尖宿且溪河十有七道雨集
水漲與渡無舟設有疎虞關係匪淺再三瀆請始

獲中免邑人泐碑以誌其事在城隍廟西壁

按安邑自丁入地畝而累去其半自漕入條編而
累去其半至里甲散南糧折驛站免而累全去矣
今之耕田鑿井作息自如者皆
熙朝所嘔咻而衽席之者也亦何幸而生于今之世耶

附軍屯　軍屯隸於黄州衛其軍與田之在安邑
者不容膜視也故并志之

屯田

坐落蔡家祠會拾分
坐落紫潭會拾壹分
坐落西行會拾捌分
坐落東行會拾叁分
坐落育兒會拾叁分
坐落金山會壹分
坐落水岩會貳分
坐落張店會肆分

以上柒拾貳分共屯田叁百捌拾石玖斗柒升柒
合伍勺其應完錢糧係黄州衛徵收

軍丁

坐落蔡祠會伍分
坐落長山會貳分
坐落龍潭會叁分
坐落係龍會壹分
坐落西行會壹分
坐落東行會壹分
坐落徙義會壹分
坐落紫潭會壹分

以上拾伍分其丁口皆係黃州衛經管

積貯

積貯者天下之大命制惟常平社倉二者常平昉於漢耿壽昌穀賤不傷農穀貴不傷民社倉昉於宋朱子夏則出借之民秋則加息以償其法良其利溥視乎奉行者何如耳志積貯

常平倉原貯穀壹萬石

一南倉在縣東南隅原臬司行署年久傾頹康熙三十年知縣張國柱建倉今倉前爲營房

一西倉在縣前右側康熙二十九年知縣張國柱建

嘉慶五年知縣孫文驊新建倉一重並立倉神廟

各會社穀通共原貯貳萬陸千伍拾陸石肆斗柒升叁合壹勺設立正副社長經管每年春借秋還照例收息

棗林會社穀嘉慶二年被教匪闌入焚掠叁百貳拾貳石玖斗壹升陸合

呂旺會社穀被教匪焚掠叁百柒拾壹石柒斗叁升壹合玖勺

羊角會社穀被教匪焚掠捌百壹拾石柒斗伍升伍勺

老山會社穀被教匪搶掠肆百壹拾貳石

石灰會社穀被教匪搶掠叁拾陸石壹斗伍升

龍潭會社穀被教匪搶掠伍拾玖石叁斗陸升伍合

上庄會社穀被教匪搶掠壹百肆拾肆石伍斗貳升壹合

雙城會社穀被教匪搶掠叁拾貳石肆斗

以上各會共穀貳千壹百捌拾玖石捌斗叁升捌

合玖勺叠經詳勘核銷

實在

金山會社穀肆百叁拾捌石捌斗柒升肆合

蔡祠會社穀貳百柒石肆斗貳升肆勺

紫潭會社穀壹百柒拾玖石陸斗玖升貳合伍勺

中和司會社穀貳百肆拾陸石伍斗貳升玖合壹勺

土墩會社穀伍百玖拾叁石陸斗貳升玖合玖勺

卓旺會社穀陸百陸拾伍石捌斗陸升貳合捌勺

東岳會社穀叁百伍拾肆石壹斗肆升陸合陸勺

清凉會社穀柒百捌拾貳石陸升肆合壹勺
方廟社穀貳百叁拾玖石陸斗柒升肆合肆勺
西行會社穀伍百貳拾玖石壹斗貳勺貳抄
育兒會社穀叁百叁拾肆石玖斗陸升肆合叁勺
大城會社穀貳百柒拾伍石玖斗陸升叁合柒勺
盧劉會社穀肆百玖拾叁石伍斗叁升玖合玖勺肆
抄
華河會社穀柒百玖拾柒石陸斗捌升柒合陸勺捌
抄

三角會社穀叁百陸拾貳石壹斗捌升柒合貳勺
傅左會社穀壹千陸拾玖石玖斗柒升叁合肆勺
東煙會社穀壹千肆拾石捌斗玖升捌合肆勺伍抄
西林會社穀叁百玖拾叁石肆斗貳升伍合伍勺
尹典會社穀叁百陸拾捌石肆斗肆升叁合捌勺
水岩會社穀叁百玖拾叁石捌斗伍升貳合
徙義會社穀壹千貳拾肆石肆斗柒升陸合玖勺
沙瓶會社穀柒百陸拾肆石肆斗貳升玖合叁勺肆
抄

東行會社穀肆百肆拾伍石壹斗陸升叁合叁勺捌
抄
陡墩會社穀叁百伍拾伍石伍斗貳升陸合陸勺
長山會社穀肆百叁拾捌石壹斗玖合貳勺肆抄
係龍會社穀肆百貳拾捌石玖斗捌升壹合陸勺
剳茅會穀壹百捌拾玖石柒升貳合壹勺
黃陂站社穀叁百伍拾肆石肆斗肆升柒合壹勺
上庄會社穀壹百柒拾貳石陸斗肆升柒合伍勺
龍潭會社穀叁百捌拾柒石叁斗貳升五合柒勺

雙城會社穀貳百柒拾伍石陸斗柒升肆合陸勺
棗林會社穀壹百貳拾玖石柒斗叁升壹合肆勺貳
抄
吕旺會社穀貳百伍拾玖石叁斗貳升肆合
羊角會社穀玖拾肆石貳斗肆升柒合陸勺
石灰會社穀肆百肆拾石玖斗玖升柒合叁勺玖抄
老山會社穀壹百肆石捌斗叁升肆合柒勺肆抄
明月會社穀叁百伍拾陸石肆斗玖升壹合肆勺
王德會社穀伍百肆拾石柒斗叁升伍合捌勺

葉油會社穀捌百壹拾壹石貳斗貳升壹合貳勺陸
抄
張店會社穀貳百伍拾叁石柒斗捌升伍合玖勺
長水會社穀伍百柒拾柒石伍斗捌升陸合貳勺
道安會社穀陸百壹拾柒石貳斗壹升壹合伍勺
高磧會社穀壹千肆百叁拾捌石柒斗叁升叁合壹
勺
松溪會社穀叁百柒拾叁石陸斗伍升貳合捌勺
塔兒會社穀叁百捌拾陸石肆斗貳升捌合貳勺

西砦會社穀玖百肆拾貳石伍斗陸升肆合貳勺捌
抄
河漢會社穀陸百柒拾柒石伍升壹勺肆抄
柏林會社穀貳百伍拾陸石捌斗玖升捌合貳勺
三師會社穀肆百叁拾捌石貳斗柒升肆合
大百會社穀伍百陸拾叁石捌升貳合貳勺
以上各會社穀通共貳萬叁千捌百陸拾陸石陸
斗叁升肆合貳勺
按常平貯於官歷任相仍皆如其數社倉貯於民

社長不得其人卽窮簷莫沾其惠或壅以肥巳任
意刁難或藉口逃亡捏名注册存留旣無定額結
報亦屬虛文淸其弊而杜其奸是所賴於司牧者

蠲賑

蠲與賑皆以卹民蠲者省稅歛以寬之賑者發倉廪
以濟之蠲得免於胥役之追呼賑實關乎赤子之性
命故
聖天子浩蕩之恩良有司憂勤之日也興利者先去其弊
敢曰事不常有無容加之意哉志蠲賑

順治元年大兵經過地方免正糧壹年歸順地方
免叁分之一　十年蠲免九年旱災拾分之貳
十一年豁免順治六七兩年地畝人丁本折錢糧
拖欠在民者　十四年旱發積穀以賑知府于成
龍勸民輸賑全活甚衆　十七年蠲免順治十二
年至十五年民欠錢糧
康熙元年蠲免順治十五年以前未徵錢糧　三年
蠲免二年水災十分之叁　四年蠲免順治十八
年以前各項舊欠錢糧十年大旱免本年錢糧十

分之叁　十三年十八年旱災俱奉文照分數蠲
免　二十五年旱災蠲免錢糧之半　二十八年
蠲免餘項錢糧　二十九年旱災蠲免錢糧之半
　四十四年蠲免四十五年地丁銀米舊欠未完
者並停輸納　四十五年豁免四十三年以前未
完銀米　五十年蠲免五十一年地畝人丁銀並
歷年舊欠俱着免徵
雍正四年發帑銀採買穀石於省倉及府州縣應貯
之處加謹收貯　八年蠲免湖北九年分錢糧肆

拾萬兩以上府志
乾隆十年蠲免湖北十三年分應徵錢糧除漕糧項
外其地銀米一槩免徵　三十一年蠲免漕糧
三十四年蠲免次年地丁錢糧拾分之貳　三十
五年蠲免地丁錢糧　四十二年蠲免地丁錢糧
　五十年全灾蠲免本年及舊欠錢糧發帑金以
賑　五十九年蠲免六十年漕糧
嘉慶元年蠲緩地丁錢糧　二年蠲緩應徵錢糧
撫卹黄安宜都二縣回籍戶口賑濟穀折錢共壹

萬叁千玖百伍拾玖兩伍錢伍分又給修房屋銀
共叁千陸百柒拾伍兩陸錢
　三年前奉
恩詔普免案內作爲三次於是年蠲免　七年蠲緩緩
帶節年錢漕等項　八年地丁錢糧全行蠲免以上省志
附前縣軼事
乾隆三十九年歉收知縣錢炷典史吕法海同經管
修學田紳士沿門勸捐於次春煑粥以賑四十四

年春知縣李之駿蠲米捌百石四城門分設四廠
煑粥以賑交紳耆經理東廠太學生秦與治舉人
張鳳騰附貢生石中瑜西廠太學生盧國樺舉人
吳瑄庠生吳光韓耆民程秉衡黄朝聖北廠歲貢
生耿秉鈞庠生吳文林王玉青處士吳兆揆南廠
拔貢生張炳翰太學生王華甲廪膳生蕭文燮
嘉慶七年旱知縣孫文驊勸有力紳耆各於本會設
廠煑粥散米以賑貧民無去其鄉者
按舊志於賑卹一條自漢迄明考据詳備但安

邑建於明季故茲所紀載自
國朝始

黃安縣志卷之六

知黃安縣事嶺南林縉光纂輯

職官志

職官

設官分職所以爲民親民之官莫如縣令催科撫字責綦重焉至若師儒以董教化佐貳以贊宣猷守弁以資捍禦莫不各有專司勤厥職斯無曠厥官耳志職官

明始建邑設知縣一員主簿教諭訓導典史各一巡

檢二一駐雙城一駐中和後主簿缺裁
國朝訓導裁而復設雙城巡檢改黃陂站城守置把總

知縣

明朝

林葵　雲南大理府舉人嘉靖四十三年甲子任爲政方嚴有體新造之初庶事草創闢荆剪莽以新縣治成法可守士民德之陞慶陽府判

李講　貴州清平舉人嘉靖四十五年丙寅任清標坦易綜覈精敏吏胥多憚之政務寬平常曰愚

民非猾吏比偶犯小過教戒之足矣嘗建學宫力爲剏畫終無宦情爲當道所抑去之日民謳思之

常正紀　四川富順舉人隆慶四年庚午任

應存初　浙江仙居舉人萬歷元年癸酉由羅山尹改任黄安初至念民疾苦首剏條鞭法省諸一切經費風裁肅然右家豪族不敢以贄通岩壑清修之士毎折節焉尤好崇奬節義貧者優以粟帛或置田贍之諸生中敝衣决履者輒斥俸以資膏火城故堞甚卑公爲增高六尺飭學宫前繼卜漏澤

地葺壇壝公署咸以時役民在任三年擢南京大理寺晋秩刑部主事耿恭簡建德惠祠以祀之邑人士懐其德於其卒也公請入祀名宦所剏條鞭法原勒石今碑亡

孫振芳　廣西宣化舉人萬歷四年丙子任

章如鈺　浙江會稽進士萬歷八年庚辰任

黎來玉　廣東順德舉人萬歷九年辛巳任恂雅莊飭以文學濟吏治潔已愛民政平訟理時建縣甫二紀方田均賦功在邑人庶幾無愧良牧矣後改調平樂士民挽留不得常歌慕之不置云

余　相　浙江會稽舉人萬歷十一年癸未任置五經性理通鑑於尊經閣

劉冠南　江西廬陵舉人萬歷十六年戊子任涖事明敏才情揮霍時歲祲道殣相望公巡行原野勸捐借貸以賑存活甚衆毎出入貧兒依之如慈母繞膝也後仕至貴州憲副

秦　煒　廣西容縣歲貢萬歷十八年庚寅任值歳大祲民多死徙公百計賑䘏窮鄉僻壤必躬履焉

所救活甚衆流亡復集邑患萑苻公廉得盗徒輒籍其名犯必殪之民以安堵去之日送者相接百餘里且贈以聯曰可憐赤子離慈母但願皇天啓後人至天啓中子時懋成進士任黄州太守

李含錦　雲南舉人萬歷二十四年壬辰任

李文芳　四川綿州進士萬歷二十三年乙未任彊毅嚴明民不敢犯而清賦籍飭夫馬尤傳頌不衰邑人士立祠東郊以祀之今廢

王家泰　廣東瓊山舉人萬歷二十七年己亥任

胡尚質　南直歙縣選貢萬歷三十二年甲辰任
錢宏穀　江西靖安選貢萬歷三十八年庚戌任
李克榮　北直玉田恩貢萬歷三十九年辛亥任
向應賢　四川通江進士萬歷四十一年癸丑任有才猷遇糾紛立斷蠲不急之征省無名之費惠政多端及其去也邑人爲之立碑並建合祠於東關與李公文芳同祀
宣大猷　雲南蒙化進士萬歷四十三年乙卯任
王世臣　江西高安舉人萬歷四十四年丙辰任

丁惟謹　雲南楚雄舉人天啟元年辛酉任
林鳳翀　福建莆田舉人天啟二年壬戌任
陳汝情　北直保安歲貢天啟六年丙寅任
蔣洪先　廣西全州舉人天啟七年丁卯任
王嘉善　山東濰縣舉人崇正三年庚午任
趙利珍　山東滕縣舉人崇正七年甲戌任精明敏决有器識時流寇充斥督兵拒賊親冒矢石屢獲奇功賊不敢近郊相戒曰光山一籠雞羅山一推灰莫向黃安走不破麻城誓不歸公拊循有術士民樂附性戇直不阿權貴卒觧任去公論惜之
李元玉　貴州新貴貢士崇正十年丁丑任
梁夢卜　廣東三水人崇正乙亥詔直省用五藝取士獲捷癸未除襄陽別駕襄爲闖踞來攝安篆安亦新破公勤撫字殘黎復聚爾時軍興旁午以書諭山砦父老無不流涕急轉輸旋加監紀銜京師失守邑北草寇蠭起索公犒師公曰不往速之來殘凡邑能抗封豕乎單騎往竟莫敢加害明末官兵毒倍於賊肆屠掠啖邑人尸公聞三日哭不食

雖當倥傯之時猶校童試拔太史張石虹爲第一置王紫茹第二皆一時名宿先是邑治燬於寇公葺之榜曰德風今巋然覩民者遺澤也後與屬吏忤被訐去尋卒於漢上吳氏家子渾淵自粵崎嶇兵隙中扶其櫬以歸

國朝

任有剛　山東平原舉人順治三年丙戌任詩字書稱三絕
蕭世賛　北直大興進士順治七年庚寅任政尚嚴

明務崇大體時有奸民張玨中向有惠廖國楨等煽惑奴僕結黨叛主揮戈於市廹脅官長印約退身公召紳士耆民盧爾皚吳晉王獻臣等合呈詳辦定大辟十八名渠魁先斃於獄冠履復正尤留心積弊申詳平政均米便民事未竣適以計典罷兩袖清風宦橐蕭然士民投櫃贈送以去攀轅擁阻不得前耆經旬載道

楊之琳 陝西西安舉人順治十年癸巳任清廉坦易明恕精嚴吏怵其威不敢舞文弄法而政尚寬平愛民如子又未嘗不懷若慈父母也繼蕭令之

後里中多有阻撓平政者公力持其議毅然舉行邑人士至今戴之惜未久以內艱解任去

詹人訓 浙江常山貢士順治十一年甲午任清操如冰士民樂之如春風冬日惟嚴督胥吏不少借建紫潭文會自爲帖括文教聿興後中蜚言免官公論惜之

汪景勳 北直河間舉人順治十四年丁酉任暴卒

蕭恒 陝西三原進士順治十五年戊戌任歷官七載政尚嚴明發奸摘伏人凜凜莫敢欺壬寅西山之役軍需旁午衆皆倉皇驚懼公委曲調劑咄嗟立辦卒以不擾陶鑄人材課藝手自校閱所賞識者捐貲剞劂爲士林模楷修建憲司城隍祠禁止越訴終公之任無敢一牒上聞民賴以安後擢邛州刺史

張一躍 北直樂亭貢士康熙四年乙巳任政尚寬平嚴以馭下胥吏憚之時學宫久頹公捐貲五百餘金兼募勸紳士輸助每公退之暇親督工匠修理凡殿廡祠宇宫牆泮池秩然改觀落成之日士

民立碑稱頌後陞貴州黃平知州

李同亨 江南宜興進士康熙九年庚戌任

徐秉仁 遼東舉人康熙十二年癸丑任時吳逆叛疆場多故凡芻茭餱糧皆取辦於公不以煩民邑北有羣小竊發公率義勇往平之歲大祲發粟賑饑存活無算留心民瘼而不爲簿書所縛暇則與紳士尊酒論文或徜徉於山巔水涯間儼名士風流莫識其爲邑宰也官五載丁內艱行有日矣以

疾卒官槖蕭然旅櫬莫歸邑人斂金助之泣送境
上至今思念不忘云
白良琯　遼東人筆帖式康熙十七年戊午任
王雲明　河南西華舉人康熙二十一年壬戌任操
守端方崇獎正學不畏強禦不諂事上官甫下車
凡無名經費悉行裁革邑有李某者奸民也廉得
其實囊以三木榜繫之獄稱神君焉雅不好浮屠
禁釋氏不得與市民相雜還青衿子弟中有文行
兼優者輒殊禮遇之若進士何通廩膳盧紀慈輩

皆其一時所取士也後以直戇忤當路任五閱月
而去人咸惜之
張國柱　遼東監生康熙二十二年癸亥任政尚寬
平征輸不事敲扑凡所興作悉捐俸爲之歲戊辰
裁兵夏逢龍倡亂劣生李宗瑚奸民黄公九等素
以公事銜公勾連汛兵詐傳僞檄襲城民盡逃散
公佯爲懷印請救與衆俱奔屯於打鼓墩収合義
勇入城擒勦尸積如阜餘黨悉安事聞上憲咸嘉
公功復任九載士民戴之終始不渝後陞寧羌州

剌史
劉承啟　直隸故城貢士康熙三十五年丙子任弭
盜鋤強愛民息訟修學宫課士子詳請南折纂修
邑乘諸所爲善政未可以一二數也
何錫祿　廣寧監生康熙四十年辛巳任
陳扆範　冀州拔貢康熙四十九年庚寅任
張　琮　雲南仙湖例貢康熙五十三年甲午任性
瀟洒以儒術飾吏治作射圃於鰲峰亭今存遺蹟
吴象寬　山東海豐進士雍正三年甲辰任化民善

俗惠政多端每朔望率士民宣揚
聖諭務委曲開導使家喻戸曉捐修學宫置祭器於人才
多所造就甫下車適荒歉即親歷各村勸賑遠者
計口授米近者設廠煑粥存活以萬計邑界光羅
盜賊出没嚴捕務清保甲諸游手好閒者籍其名
隨時懲辦人服其神性明決事無鉅細立予剖分
奸蠧無所施其技善催科絶請託鋤奸慝禁刁唆
凡城垣義學社倉無不留意修葺後調任咸寧邑
數百人赴憲請留不得於其去也百里之内咸泣

送之
劉文燧　山陽進士雍正四年乙巳任
賈多男　直隸舉人雍正六年丁未任
鍾　彝　平湖舉人雍正九年庚戌任
馮爲楷　江蘇丹徒例貢雍正十一年壬子任
李行修　山東歷城舉人雍正十一年壬子任
段紹辰　直隸唐山縣舉人雍正十三年甲寅任
蘇鼎鄰　如皋舉人乾隆六年辛酉任
林春澤　廣東東莞縣舉人乾隆七年壬戌任

李晉岳　福建閩縣舉人乾隆十二年丁卯任
彭瑞澂　四川丹稜舉人乾隆十三年戊辰任留心民瘼暇則携小奚乘騾私就田間野老問民疾苦故多善政卸篆後僑寓公館各村民以薪米餽送者相屬於道至今人猶頌之
戴　炯　湖南湘潭縣舉人乾隆十五年庚午任
彭　鐸　江西奉新縣廩貢乾隆十九年甲戌任
林光祿　福建汀州府武平縣監生乾隆二十三年戊寅任

王粤麟　廣東嘉應州興寧縣舉人乾隆二十八年癸未任
李世瑞　廣西桂林府臨桂縣舉人乾隆三十年乙酉任
張尚賓　湖南長沙府長沙縣舉人乾隆三十七年壬辰任
陳文豫　貴州鎮遠府施秉縣舉人乾隆四十年乙未任
胡金門　浙江杭州仁和監生乾隆四十三年戊戌任

陳　玉　浙江紹興府山陰縣吏員乾隆四十七年壬寅任
朱　梓　安徽寧國府涇縣舉人乾隆五十二年丁未任性好學手不釋卷著有雙泉堂賦於士類多所培植魁星樓其手建也
王承銓　河南汝寧府汝陽縣舉人乾隆五十四年已酉任
韓　海　四川長壽縣舉人嘉慶元年丙辰任

仇必達　四川成都府崇慶州舉人嘉慶二年丁巳任

孫文驊　四川綿州廩貢嘉慶五年庚申任性明敏詞訟不煩言而决剔獘鋤奸民懷吏畏而襟懷洒落暇則臨水登山與邑人士相唱和著有啟明樓記諸所行善政極多今口碑猶載道也

李　榛　河南歸德府寧陵縣舉人嘉慶九年甲子任

劉以寔　河南懷慶府河内縣舉人嘉慶十八年癸

酉任

立　豫　滿州鑲黃旗舉人嘉慶二十年乙亥任

林縉光　廣東南海縣舉人嘉慶二十一年丙子任

教諭

明朝

周天衢　江安歲貢嘉靖四十四年乙丑任

文承詰　全州舉人隆慶二年戊辰任

劉　寵　長淮衛歲貢隆慶四年庚午任

曹　轄　天長歲貢萬歷元年癸酉任性磊落具八倫冰鑑以文章課諸生邑中先達多所造焉尤仗義好施士之貧者咸德之

王元弼　南昌舉人萬歷五年丁丑任

劉允祚　湖南衡陽舉人萬歷十一年癸未任首敦行誼奬掖多方每進諸生商確文藝談經論道竟日不倦尤斤斤自好脯脩束贄之具概置勿論惟以名教爲已任焉

趙時中　潁州歲貢萬歷十六年戊子任

何　綮　大興舉人萬歷二十年壬辰任

熊　輪　城步歲貢萬歷二十三年乙未任

田文齡　恭城歲貢萬歷二十七年己亥任

高可陞　雅州歲貢

李應南　湖南衡陽歲貢
董大雅　永嘉歲貢
吕時煥　江夏舉人
費朝宗　鉛山歲貢
武廷邦　河南祥符歲貢
黎汝謨　河南羅山舉人萬歷四十七年己未任剛方正直以師道自任羅界於安且爲師儒久得悉吏胥弊竇後署邑篆發奸擿伏取夙所稔巨蠹數人置之法其未殲者屏之鐫名於榜示不復用邑中號神君尸祝之陞知縣去稱師道尊嚴者必曰黎師云

黄圖昇　蒲圻舉人天啟元年辛酉任
胡　試　江夏歲貢崇禎五年壬申任
黄元春　新建舉人崇禎八年乙亥任有才思工古文詩詞雅馴不飾日與生徒論古今成敗求隱僻事以自娛丁丙艱歸著有青莢先生文集行世
張道謨　敘浦歲貢
方懋修　漢川舉人
吳守中　漢陽歲貢

國朝

林　瑾　大冶舉人順治九年壬辰任
鄒璧明　隨州歲貢康熙四年乙巳任
盧如參　應城舉人康熙五年丙午任性端方讜直熟精傳註司鐸九載手搠齋舍監修學官考課生徒居然以斯道爲已任而木訥謹愿不合時宜以疾卒於官蕭條四壁棺外無餘士論惜之賻助以歸

劉士臣　沔陽舉人康熙十四年乙卯任陞蒲臺知縣
王顯奇　沔陽舉人康熙十九年庚申任厚重端凝規行矩步酷嗜周易兼通大衍之數占驗獨精家素豐不取足於饒脯好施與散千金以周寒儒後秩滿當遷有齮齕者奪其乘馬以去當事追還之絶不與計較旋擢昌黎令改平越府首縣地僻民瘠先重農桑教以樹蓄越三年乞老致仕歸
龔　璋　蒲圻舉人康熙二十九年庚午任心氣和

平取與廉潔士多敬愛之博極群書工詩文著有文集十數卷行世尤善臨池邑人造請無虛日客至對奕子聲丁丁然雅量高致風塵不能及也宦七載卒於任貧無以殮士爭殯之至今猶有餘思焉

宋希若　蒲圻舉人康熙三十五年丙子任律已端方課士嚴謹劉令纂修邑志與有力焉

舒其超　通山舉人康熙四十二年癸未任

吳繩琦　孝感舉人康熙五十一年壬辰任

龔世綱　應城舉人康熙五十六年丁酉任

蕭　昱　漢川舉人雍正四年乙巳任

陳嚴重　江陵舉人雍正九年庚戌任

張之珩　江陵進士雍正十三年甲寅任

賀萬年　江陵舉人乾隆十年乙丑任

李　适　沔陽舉人乾隆十一年丙寅任

周道尊　天門舉人乾隆十八年癸酉任

丁　崇　江夏舉人乾隆二十六年辛巳任

程廷楫　漢川舉人乾隆三十八年癸巳任

江鍾奇　潛江舉人乾隆四十七年壬寅任

陳家騏　江陵廪貢乾隆五十一年丙午任

劉雲鶴　應山舉人乾隆五十六年辛亥任

左　俊　雲夢廪貢嘉慶四年己未任

戴際雲　漢陽舉人嘉慶十四年己巳任

彭光泰　安陸舉人嘉慶二十三年戊寅任

侯安國　興國州舉人嘉慶二十五年庚辰任

訓導

明朝

饒有仁　青城歲貢嘉靖四十四年乙丑任

袁伯偉　豐城歲貢隆慶四年庚午任

高　樹　高陵歲貢隆慶四年庚午任

項生奇　龍泉歲貢萬歷二年甲戌任

馬　錦　成都舉人萬歷五年丁丑任

趙應麟　長沙歲貢萬歷十年壬午任

王　鑰　湘陰歲貢萬歷十六年戊子任

阮艮謨　邵陽歲貢萬歷十八年庚寅任
王建極　歸州歲貢
鄢艮仕　鄰水歲貢
彭　洵　永州歲貢
郭紹孔　澧州歲貢
熊　兆　漢陽歲貢
徐自新　嘉魚歲貢
舒應鵠　敘浦歲貢天啟七年丁卯任
潘應源　光山歲貢崇禎五年壬申任

傅應元　安陸歲貢崇禎六年癸酉任

國朝

駱中駿　蒲圻歲貢
王大猷　鄖西歲貢
范起鳳　鄖縣歲貢　缺裁
彭　焱　孝感歲貢康熙十七年戊午復缺任工詩草善屬文爲海內知名士教授生徒多所造就貧士尤載其德歲戊午與署論劉士臣送試臨皋舟覆門役皆淹沒二公挽舟中木隨波飄泊得不死已未卒於官止存圖書數卷士購以歸士臣以秩滿陞蒲臺知縣去
周國購　江夏歲貢康熙二十四年乙丑任品學兼優克稱表贊襄邑侯劉捐修學宫纂修邑志
龔啟正　監利歲貢康熙三十七年戊寅任
劉啟先　通城歲貢康熙四十五年丙戌任
周卜年　當陽歲貢雍正三年甲辰任
張　珩　江夏歲貢雍正十一年壬子任
吳緒榮　漢陽廩貢雍正十三年甲寅任

鄭時中　潛江歲貢乾隆五年庚申任
劉應祖　潛江優貢乾隆十年乙丑任
劉　珖　建始歲貢乾隆二十年乙亥任
鄒　鍵　漢川舉人乾隆三十二年丁亥任
胡超銓　江夏廩貢乾隆四十三年戊戌任
周學乾　東湖廩貢乾隆四十五年庚子任
劉光鈞　棗陽廩貢乾隆五十一年丙午任
蕭尊德　天門舉人乾隆五十四年己酉任
傅登道　鍾祥歲貢嘉慶六年辛酉任

汪　瀛　沔陽拔貢嘉慶二十年乙亥任

主簿

明朝

梁雲鴻　四川吏員隆慶四年庚午任

仇　勉　南直監生隆慶六年壬申任

劉　深　四川監生萬歷四年丙子任

張　諷　四川監生萬歷六年戊寅任

盧希賢　廣西平南恩貢

沈可珩　南直華亭監生萬歷十三年乙酉任

應　槿　浙江鄞縣吏員萬歷十五年丁亥任

王宏嗣　北直薊州監生萬歷十七年己丑任

柯之孚　南直貴池監生萬歷十九年辛卯任

劉光前　河南新鄭監生萬歷二十二年甲午任

鄭　宦　四川廣安吏員萬歷二十五年丁酉任

梁汝奇　四川興文選貢萬歷二十九年辛丑任

李雲鵬　南直亳州監生萬歷三十二年甲辰任

李拱揚　南直溧水監生萬歷三十五年丁未任

陸　逼　福建南安吏員萬歷三十八年庚戌任

柯成林　浙江嘉善吏員萬歷四十三年乙卯任

王三聘　浙江孝豐監生萬歷四十七年己未任

陳恩隆　浙江義烏吏員天啟二年壬戌任

崔士翰　南直太平監生天啟四年甲子任

楊士清　廣東東莞吏員天啟六年丙寅任

張文芳　山東阿縣吏員崇禎二年己巳任

楊枝茂　江南碭山吏員崇禎四年辛未任

馬一元　崇禎五年壬申任

宋之彦

陳明煜　崇禎七年甲戌任

吳　宏　崇禎九年丙子任

曹良柱　江南太平拔貢崇禎十四年辛巳任　缺

裁

雙城巡檢司巡檢

明朝失考

國朝

毛宏鼎　浙江山陰吏員順治六年己丑任
夏國政　浙江山陰吏員順治十七年庚子任
李永潤　山東臨青州吏員康熙八年己酉任
陸進朝　康熙十六年丁巳任
于萬錫　山東德平人康熙二十一年壬戌任
張　機　浙江仁和人康熙二十二年癸亥任
胡　岱　江南含山縣吏員康熙二十五年丙寅任
楊可棟　陝西三原縣監生康熙五十三年甲午任
湯國瑛　浙江餘姚縣吏員雍正五年丙午任

高　愍　江南貴池縣吏員雍正七年戊申任
蕭重器　順天大興吏員雍正十三年甲寅任
崔天樞　順天宛平縣人乾隆元年丙辰任
宋登仕　江西萬載縣吏員乾隆三年戊午任
袁　銓　江南上元縣供事乾隆七年壬戌任
朱履亨　浙江海鹽縣供事乾隆九年甲子任
喬立中　直隸陝州閿鄉縣吏員乾隆十二年丁卯
任
蘇智明　安徽池州府石埭縣吏員乾隆二十二年

丁丑任
黄陂站巡檢司巡檢乾隆二十七年改
張邦樑　湖南沅州府芷江縣監生乾隆二十八年
癸未任
杜體元　江蘇常州府武進縣人乾隆三十八年癸
巳任
章應龍　江西饒州府餘干縣監生乾隆四十二年
丁酉任
蔡安國　浙江蕭山縣供事乾隆四十七年壬寅任

柳　瑄　四川成都縣監生乾隆四十八年癸卯任
周履福　河南祥符縣吏員乾隆五十四年己酉任
陳德榮　順天大興縣吏員嘉慶四年己未任
彭求敏　江西南昌府奉新縣監生嘉慶九年甲子
任
梁正興　湖南澧州石門縣監生嘉慶十三年戊辰
任老成練達在任十年靜鎮不擾民咸安之年老
罷去民祖餞者載道至今猶歌思不置
胡光國　貴州貴陽府貴筑縣人嘉慶二十四年己

卯任

中和巡檢司巡檢

明朝

陳　署　貴州人天啟元年辛酉任

朱天旭　銅仁縣人天啟四年甲子任

李孟春　北直人崇禎二年巳巳任

郭尚學　江南宣城人崇禎十年丁丑任

朱應珍　江南寧國人崇禎十二年巳卯任

趙國賓　四川人崇禎十五年壬午任

國朝

皮純臣　江南人順治三年丙戌任

梁成德　福建人順治七年庚寅任

王有提　北直成安人順治十三年丙申任

徐應春　北直薊州人康熙元年壬寅任

朱瑞麟　北直籍紹興人康熙五年丙午任

金之彪　北直冀州籍紹興人康熙十五年丙辰任

張大綬　江南江寧人康熙十九年庚申任

劉建戩　山東汶上人康熙二十二年癸亥任

濮舉賢　直隸青縣吏員康熙二十九年庚午任

周　禮　陝西扶風縣吏員雍正二年癸卯任

余通漢　雲南平彝縣吏員雍正十二年癸丑任

鄭　鉽　浙江仁和供事乾隆元年丙辰任

李肱揚　廣東嘉應州吏員乾隆五年庚申任

張得仁　浙江會稽吏員乾隆七年壬戌任

王貽亭　浙江會稽吏員乾隆九年甲子任

伍又陶　浙江紹興府山陰縣儒士乾隆二十六年辛巳任

鄧　淇　江西建昌府南城縣監生乾隆三十四年巳丑任

李　綸　浙江紹興府山陰縣監生乾隆四十年乙未任

陸念祖　江蘇元和縣人乾隆四十五年庚子任嘉慶二十一年以年老罷去

姚青構　安徽安慶府桐城縣監生嘉慶二十二年丁丑任

典史

明朝

周天造　福建莆田吏員嘉靖四十三年甲子任時邑方新造城池不足以防盜賊公署不足以蔽風雨尉佐邑令襄其事鳩工經理集百姓比屋以居招商賈使通貨財漸成闤闠熙熙攘攘至今享其利不匱其春秋祀之也宜哉

劉　珂　隆慶二年戊辰任

張　耀　南直人隆慶六年壬申任

袁再恩　江西新建人萬歷三年乙亥任

陳世美　江西南昌人萬歷五年丁丑任

劉邦卿　山東人萬歷八年庚辰任

吳從龍　浙江人萬歷十年壬午任

傅大賢　江西南昌人萬歷十四年丙戌任

吳本成　萬歷十九年辛卯任

楊　渊　浙江歸安人萬歷二十一年癸巳任

應可欲　浙江鄞縣人萬歷二十五年丁酉任

陳善長　廣東四會人萬歷三十年壬寅任

張維翰　雲南鶴慶人萬歷三十一年癸卯任

徐聘卿　南直吳縣人萬歷三十三年乙巳任

許應龍　江西臨川人萬歷三十五年丁未任

范文明　四川內江人萬歷三十七年己酉任

朱光慶　浙江仙居人萬歷四十年壬子任

韓仲徵　南直高淳人萬歷四十四年丙辰任

王元楫　浙江東陽人萬歷四十七年己未任

謝應選　浙江會稽人天啟二年壬戌年任

蔣家棟　福建晉江人天啟五年乙丑任

吳光鉉　浙江餘姚人天啟七年丁卯任

陳允明　浙江鄞縣人崇禎元年戊辰任

王　鵠　浙江人崇禎五年壬申任

胡起謨　南直人崇禎八年乙亥任

張光縉　江南東流人崇禎十一年戊寅任

嚴興法　浙江人崇禎十三年庚辰任

陳天祉　浙江紹興人崇禎十六年癸未任

國朝

張起蛟　順天通州人順治十二年乙未任

李　震　浙江山陰人順治十六年己亥任

陳聖訓　浙江東陽人康熙二年癸卯任
陳銓　直隸彭州衛吏員康熙十五年丙辰任
盧元吉　順天通州吏員康熙三十一年壬申任
范經邦　順天宛平吏員康熙三十七年戊寅任
劉克紹　順天宛平吏員康熙四十四年乙酉任
陶宗發　浙江會稽吏員康熙四十五年丙戌任
江嗣軫　順天宛平吏員康熙四十八年己丑任
陳引循　順天三河吏員康熙五十六年丁酉任
徐世傑　順天大興吏員雍正八年己酉任

章文傑　順天宛平吏員雍正九年庚戌任
徐文彬　順天宛平吏員雍正十一年壬子任
潘秉誠　浙江山陰吏員乾隆九年甲子任
劉珂　順天永清縣監生乾隆二十年乙亥任
宋壖　浙江紹興府山陰縣監生乾隆二十三年戊寅任
李德和　山東青州府安邱縣人乾隆三十九年甲午任
呂法海　浙江紹興府山陰縣吏員乾隆四十三年戊戌任
劉培章　安徽寧國府旌德縣監生乾隆四十八年癸卯任
宋之薇　江蘇無錫縣供事乾隆五十年乙巳任
朱晉　浙江山陰縣供事乾隆五十三年戊申任
鄭以仁　浙江會稽縣供事嘉慶元年丙辰任在任十八年凡修城勸賑堵匪諸事多著勤勞才敏捷善于排解邑人德之有大化小小化無之稱焉
陳繼述　四川敘州府南溪縣監生嘉慶十九年甲

戌任
李中杰　山西汾州府介休儒士嘉慶二十一年丙子任

城守把總

楊宏烈
曾啟林
胡萬年
羅士龍
張廷賁

胡士鼇

黃之選

張萬升

郁鍾秀

胡德用

劉日灝

譚上選

白瑤　黃州人嘉慶十六年辛未任

趙楚棟　黃州人嘉慶二十二年丁丑任

李定愷　黃州人道光元年辛巳任

僧會司僧會

國朝

僧真泰順治二年受事稽察寺院不辭勞怨

僧方等順治七年受事

僧性廣順治十一年受事

僧圖蔭順治十六年受事斗室焚香持誦內典邑人士稱之

僧意聖康熙九年受事恪守戒律不染俗塵邑令贈以匾曰淄流翹楚

僧戒權康熙十八年受事

僧寂意康熙十九年受事性恬靜守清規

僧圓鼎康熙二十一年受事

僧逼真康熙二十二年受事遵法勤修緇流欽服

僧法雲康熙三十一年受事

僧隱暉康熙三十五年受事以上舊志

僧能獻龍潭寺住持乾隆四十年受事

僧清見龍潭寺住持乾隆五十六年受事

僧覺真龍潭寺住持

僧起陞龍潭寺住持

僧省三界林寺住持嘉慶五年受事好善樂施每歲歉必出其藏以濟附近居民之貧乏者山右有大石橋壹座爲南北通衢捐貲修建行人稱便其徒侶亦皆力勤而守約誠空門中之錚錚者矣

僧東杲（仁安）界林寺住持

僧德勝楓山寺住持（永續　永緒）坐棲賢方丈

僧法誠龍潭寺住持嘉慶十五年受事

僧法能龍潭寺住持嘉慶十六年出坐漢鎮棲賢寺

方丈

僧委修祁家堂住持

僧先永旺月真興庵住持

僧月華志賢青雲庵住持

僧宗禪永安寺住持

僧能見韓錫寺住持

僧真性真如庵住持

僧體乾界林寺首三徒也嘉慶二十四年受事與其

徒遐參採訪各寺入志頗著勤勞

僧續登植聖寺住持

道會司道會

國朝

秦道先順治二年受事

王顯耀康熙二年受事

蕭鳳翔康熙十一年受事

王思聖康熙十九年受事克勤厥職以上舊志

戴世芳康熙年受事

祁次端康熙年受事

李元禮雍正二年受事

程思夏乾隆五年受事

徐秉權乾隆二十年受事

蔡國定乾隆二十八年受事

蔡上達乾隆四十年受事

蔡興隆乾隆四十九年受事

程文達乾隆五十二年受事

程大鵬嘉慶十一年受事

陰陽學訓術

醫學訓科

以上失查

按舊志纂至康熙三十五年距今百有餘歲職官多遺漏失考茲僅就府志所載案冊可稽者登之

黄安縣志卷之七

知黄安縣事嶺南林縉光纂輯

選舉志

科名

士不先德行而專務科名非實學也顧取失其人則德行之中亦有僞品取得其人則科名之內不乏醇儒徒以此爲登進之階失　國家官人意矣志科名

進士

明朝

鄒來學字時敏宣德癸丑科累官副都御史

黄伯垓成化丙戌科累官苑馬寺少卿

方民悦嘉靖乙未科官廣東副使

董威嘉靖辛丑科中河南榜累官總督

趙教嘉靖癸丑科官四川僉事

耿定向字在倫號天臺嘉靖丙辰科經魁累官戶部尚書贈太子少保謚恭簡

周思敬字子禮號友山隆慶戊辰科官戶部侍郎贈工部尚書

耿定力字子健號叔臺隆慶辛未科官兵部侍郎贈戶部尚書

彭遵古字旦陽萬歷丙戌科會魁官尚寶司卿

周家棟字隆之號鶴陽萬歷己丑科會魁官御史督學京畿

吴化字敦之號曲蘿萬歷乙未科官禮部主客司主事

盧堯臣字贊勳號釣叟萬歷庚戌科官濟南府寧前衛推官

秦植字立之萬歷己未科官桐城縣知縣

秦如客字能之號五梅崇禎甲戌科官中書舍人

國朝

鍾琇字秀玉號青巖順治壬辰科官戶部江南司郎中丙午江西正主考陝西漢中府知府

吴之珍字貞吉號酉灝順治壬辰科官山東諸城縣知縣

盧經字叔向號蕙蒲順治戊戌科官四川重慶府推官

盧綖字昭度號荻浦康熙庚戌科官直隸永年江南如皋知縣

韓庚寅字子白號處山康熙癸丑科官河南宜陽直隸唐縣知縣行取兵部職方司主事

吴應庚字遠齡號龍瞻康熙己未科由四川隆昌縣知縣行取吏部主事陞考功司員外郎遷光祿寺典簿官正掌醢署正

張希良字師石號石虹康熙乙丑科二甲傳臚授編修庚午浙江正主考丙子順天副主考翰林院侍講浙江學政

宋如辰字震懷號魯齋康熙乙丑科官翰林院編修詹事府中允

何通字衢上號燕山康熙甲戌科

吴世模康熙癸巳科

盧建中字前川康熙辛丑科官新渠縣知縣陞吏部驗封司主事

彭之華康熙辛丑科官城武縣知縣

王華翠字松溪乾隆巳未科官德安府教授

張夢楊號蘇山乾隆乙丑科官襄陽府教授

吳　汧字涵甫號雉山乾隆壬申科官山東陵縣知縣

張錦珩字如亭嘉慶巳未科由吏部主事陞員外現任雲南道監察御史

張錫謙字乙舟嘉慶乙丑科翰林院庶吉士改主事現任戶部員外郎

秦光扆字洛臣嘉慶戊辰科直隸完縣知縣卓陞滄州知州

盧鴻逵字秋渚道光丙戌科廣西新寧州知州

舉人

明朝

鄒來學洪武庚子科見進士

鄢　忠永樂癸卯科官訓導

鄒　溦天順壬午科官石泉縣知縣

羅尚芳天順壬午科官司務

黃伯垓成化乙酉科見進士

秦　安成化甲午科官雒南縣知縣

秦尚賢成化丁酉科官綿州州判

盧廷春成化癸卯科官通判

周　琟成化丙午科

秦尚恭宏治乙卯科官大明府教諭

耿　光宏治辛酉科官衢州府教諭

方　鳳正德丁卯科官濟源知縣以子封

秦　鏜正德癸酉科官肥鄉縣知縣

彭鳳儀正德巳卯科

方民悅嘉靖戊子科見進士

黃　卷中北闈

盧大化嘉靖丁酉科官知州

方民懷嘉靖庚子科官林縣知縣

董　威嘉靖庚子科中河南榜見進士

陶　釆嘉靖癸卯科官四川僉事

彭　台嘉靖癸卯科

趙　教嘉靖巳酉科見進士

耿定向嘉靖壬子科見進士

耿定力嘉靖甲子科見進士
周思敬嘉靖甲子科見進士
建縣開科王心正萬歷已卯科官嘉興府通判
王三極萬歷已卯科官封邱縣知縣
盧堯臣萬歷壬午科見進士
耿汝志萬歷壬午科
彭遵古萬歷乙酉科見進士
吳化萬歷戊子科元見進士
秦懋萬歷戊子科

周家棟萬歷戊子科見進士
韓邦哲萬歷辛卯科壬辰會副授四川涪州知州陞山東東昌府同知
彭應會萬歷庚子科
秦文化萬歷癸卯科
秦楦萬歷丙午科見進士
王猷萬歷壬子科官四川盧山知縣行取御史
耿汝忞萬歷乙卯科
耿汝思萬歷戊午科中南直榜
韓邦光萬歷戊午科

胡贊華萬歷戊午科
劉之楨天啟辛酉科官陝西石阡縣知縣
秦如容天啟丁卯科見進士
盧希儲崇禎癸酉科殉難
江載清崇禎已卯科官江西分宜縣知縣

國朝

鍾琇順治辛卯科中北闈見進士
吳之珍順治辛卯科見進士
蕭渭順治辛卯科中北闈

程之澍順治甲午科官郴州學正
程一棐順治甲午科官國子監助教
韓王錫順治甲午科全楚元八黃陂學
盧經順治丁酉科見進士
盧綖順治丁酉科見進士
盧緯康熙癸卯科官浙江山陰縣知縣
盧爾愷康熙丙午科中北闈順治辛卯恩選
秦至康熙丙午科官江南婁縣知縣
張希良康熙已酉科見進士

韓庚寅康熙己酉科見進士
秦如芫康熙壬子科官鄖縣教諭桐柏知縣
盧　絳康熙壬子科官絳縣知縣陞都察院經廳
吳應庚康熙戊午科見進士
喻士鼎康熙辛酉科官荆門州學正
宋如辰康熙甲子科元見進士
何　逼康熙甲子科見進士
秦如鎬康熙甲子科入江夏學
王　復康熙丁卯科孝感人

秦珙芳康熙庚午科
彭宏詞康熙癸酉科
吳宏初康熙丙子科湖南邵陽縣訓導
黃　笏康熙己卯科
張炳彪康熙壬午科官學正
張　欒康熙乙酉科
張　絛康熙乙酉科
劉　待康熙戊子科
秦天洪
蕭文璁康熙戊子科

吳世模康熙辛卯科見進士
張　棣康熙辛卯科
彭之華康熙癸巳科見進士
鍾　灝康熙甲午科
程　均康熙丁酉科教諭
盧建中康熙丁酉科見進士
王時忠康熙丁酉科
耿昭需康熙丁酉科官武源縣知縣
江天池康熙庚子科教諭

韓步月雍正癸卯科
秦人藩雍正乙卯科湖南龍山縣知縣陞通判
張炳瑛雍正乙卯科
王華聱乾隆丙辰科見進士
劉士榮乾隆丙辰科
盧國彬乾隆戊午科揀選知縣
張夢楊乾隆辛酉科元見進士
盧萬年乾隆甲子科
吳　湃乾隆丁卯科元見進士

吳恢聲乾隆壬申科
吳中理乾隆丙子科官山西浮山縣知縣
韓　智乾隆丙子科入黃陂學
韓光斗乾隆丙子科入黃陂學
柯士俊乾隆庚辰科
王　淳乾隆戊子科
柯之柱乾隆戊子科竹谿教諭
耿秉鉞乾隆戊子科
盧國榆乾隆戊子科

吳大梡乾隆庚寅科應山訓導
江淳風乾隆辛卯科
蕭學均乾隆辛卯科官安陸府教諭
孟正笏乾隆甲午科官陝西寶雞華陰知縣遷員外 分發貴州知府
張鳳騰乾隆甲午科官黃陂教諭
吳　瑄乾隆甲午科揀選知縣
汪　楫乾隆甲午科
劉宗海乾隆庚子科
阮夢夔乾隆丙午科江陵訓導更名昌綸

吳　海乾隆己酉科元
朱家麟乾隆己酉科
張錦珩乾隆壬子科見進士
吳大梲乾隆壬子科
吳嗣泰乾隆壬子科
黃鳳韶乾隆甲寅科官澄邁縣知縣
雷嘉錫乾隆乙卯科
王暎台嘉慶戊午科
彭騰蛟嘉慶庚申科

彭　魁嘉慶庚申科廣西知縣改武昌縣訓導
盧　薰嘉慶辛酉科 恩賜
胡民惠嘉慶甲子科
張錫謙嘉慶甲子科見進士
王國謨嘉慶丁卯科
秦光扆嘉慶丁卯科見進士
韓大榆嘉慶戊辰科更名致中
王南杰嘉慶丙子科
吳鳴泰嘉慶己卯科

盧鴻遠嘉慶己卯科
王侯祜嘉慶己卯科
李映春道光辛巳科
江昌煥道光壬午科
孟汝崑道光乙酉科

貢生
明朝
秦　鉞江津縣丞　王國任鄧城縣丞
秦邦寧蒼梧教諭　王　儉經歷
秦尚友息縣縣丞　秦尚經福清知縣
秦尚充長興縣丞　吳純學推官
方　傑眉州州判　吳尚壽縣丞
程子鳳興國州學正　秦尚仁
盧大儒嘉靖丁酉副榜　汪廷美

趙文林鄧城縣丞　耿汝愚歲貢
韓宗德萬歷甲戌貢生　吳　謙麟遊知縣
盧廷寵廩貢　韓宗正萬歷庚寅貢生
秦思九壽州訓導　韓邦偉萬歷戊戌拔貢
王之讜平凉府通判　韓宗望鴻臚寺鳴贊生
方民昭　張　順澧州學正
毛舜孝　李正紀
韓廷敬天啟丙寅貢生　耿汝思見舉人
吳光龍廬江知縣　耿汝椙荆門州學正

王倜 長寧知縣　吳國宦 歲貢
胡應祥　吳欒 瀏陽訓導
李時芳　丁世美
韓勲 崇禎乙亥拔貢　程之渾 淮安知府
秦自輝 歲貢　陶彥
盧爾悌 恩貢　王國寧 彭縣知縣
鍾永泰　韓若勉 授武英殿中書舍人
劉廷玉　陶淳 濟寧州判
彭壽儁 德安教授　王之策 通江知縣

王三顧 拔貢　吳楚儒 拔貢
汪霑　周之禮 東安教諭
方一鯤 夔州府教授　黄逼 南漳教諭
吳立儒　趙應奎 漢陽訓導
姚一佑 和州學正　秦思顯 新寧教諭
方之奇 潼關教授　王宗正
程自重 辰州府教授　熊光楚 知縣
秦松 廩貢　耿應運 石首訓導遷鄖城縣未任
王偉　程繼善 安慶府推官

王之賞 江夏訓導　吳采 四川成都府叅軍
王之獻 官蒙縣丞　韓漢文 崇禎庚午拔貢
王之春　王率正 崇禎庚辰拔貢
吳光寅 范縣知縣　彭應選 拔貢
蕭引鳳　曾師孔 巴陵訓導
劉三台　王大鼎 歲貢
吳光乾 四川金堂訓導晉盧山知縣　周世雄
王大節 歲貢　周伯英
張所養 歲貢　周標

戴鐸 歲貢　王之京 歲貢

國朝

鍾琇 順治拔貢　盧之櫄 新寧訓導
耿宗壎 考授推官改任上虞知縣　周啟祚 訓導
蕭渭 見舉人　吳繼善 漢陽訓導
江文祥 順治庚子副榜　江惟清 訓導
周楨　秦中理 拔貢
趙應瓚 松滋訓導　盧維慈 順治戊子拔貢
程之龍 歲貢訓導　劉炎

彭纒祖 拔貢　盧爾體 拔貢見舉人
吳　棨 郎西司訓　耿起宗 安鄉訓導
程之渫 知縣未任　姚　觀
李映珍 授知縣改教諭　曾岳年 拔貢
葉　兹　曾鼎年
李光炳 攸縣訓導　程之驥 武岡州學正
蕭來鳳　韓張極 順治甲申貢生
張德一 順治庚子歲貢　韓張楠 授儀徵縣左陞泰州知州入黃陂學
黃漢臣　王先正 辛卯副榜

孟應瑄 拔貢　盧維玆 均州學正
周承玟　吳羽鳳 康熙乙卯恩貢
曹維翰　何　遜
彭鴻功　盧之驎 康熙歲貢
張敦仁　黃　瑄
吳宏初 見舉人　孫叔嗣
程懋根　鍾應遂 嘉魚訓導
吳之雍　盧　緒 康熙歲貢
楊震生　汪　霖

張經錫 城步訓導未任　胡明宣
陳志道　吳　倘
程應世 副榜　江　宗 歲貢訓導
盧之澄 增貢　孟之春 荊門州學正
張　鼎 康熙己酉副榜　張會禧 康熙丁丑拔貢
張永臯　葉　若
秦　全　張　瑜
韓際世　秦文勳 副榜
秦國鈐 廩貢　秦國鈺

盧　縉 康熙歲貢　秦世英 舊志入監生
黃任奎 康熙壬寅歲貢　韓　撰
劉　鋒 康熙壬寅歲貢　程　韻
蕭曰鏊　吳世奇 訓導
龔士任　黃天錫 副榜
劉紹唐　盧淮詩 雍正元年拔貢任竹谿縣儒學教諭致仕後充鄉飲大賓
何　溥
江濯之 副榜　葉有孚 副榜
彭之夔 副榜　曹有庚

陳　渤　李元涵
劉　時雍正辛亥歲貢　盧　瀆乾隆癸卯歲貢
閔德芳　吳青選雍正己酉拔貢 乾隆甲子副榜
阮治遠乾隆庚寅　恩貢　盧　濤大冶訓導
耿　恕歲貢　張炳蛟拔貢
劉　逵副榜　張炳鯤拔貢
汪　勉　吳樹熾
楊天卿崇陽訓導　黃維垣
張鴻軒　耿邵震副榜

彭　賓　吳世哲歲貢
韓之璋恩貢考授直隸州判　羅三捷乾隆庚戌　恩貢
胡子龍　恩貢　周達範　恩貢
吳萬選乾隆庚午歲貢　張炳翰乾隆癸酉拔貢
汪經國乾隆庚午　恩貢　吳超捷乾隆乙酉拔貢
張文治乾隆壬申　恩貢　吳兆灃乾隆乙酉歲貢
劉念高歲貢　吳　蕙乾隆辛卯副榜
張忠坦乾隆辛卯副榜房縣訓導　吳之琬乾隆甲午歲貢
吳斗文乾隆乙未歲貢　盧國掄乾隆庚子副榜興山教諭

秦光楚乾隆己酉拔貢　王華平乾隆壬子副榜
王時鏡乾隆丁丑歲貢　王增爵乾隆乙亥歲貢
盧國櫨乾隆丙戌　恩貢　王光嵩乾隆己卯歲貢
周士炳歲貢　吳玉潤歲貢
盧兆沖乾隆歲貢　王　灝歲貢
胡　海　王風璉乾隆戊子歲貢
鍾　渾　高植嗣
孟道沅歲貢　耿秉鈞歲貢
韓成表歲貢　吳大桂乾隆乙卯　恩貢

鄧文煜乾隆丁未歲貢　王風熾乾隆庚申　恩貢
劉楚望副榜　張錫講嘉慶辛酉拔貢甲子副榜
程光洛歲貢　張發東歲貢
李宗邁歲貢　彭夢蓮歲貢
黃夢椿歲貢　程天桂歲貢
吳大松嘉慶癸亥歲貢　盧　蕭乾隆己酉副榜
吳觀泰嘉慶戊辰　恩貢　盧　煐嘉慶戊辰歲貢
盧　爌嘉慶庚午優貢考選訓導　鍾　僖歲貢
盧耀舉嘉慶癸酉歲貢　張起唐嘉慶癸酉拔貢

彭國梡歲貢　張廉坦歲貢
張去非恩貢　孟春栁道光辛巳副榜
阮徵復恩貢　張葆淳廪貢
張錦序恩貢　吳大渠增貢
吳性誠廪貢任福建漳化知縣　吳若谷歲貢
秦大椿增貢　吳中宋歲貢
阮夔阜歲貢　江文選歲貢訓導
孟對時歲貢隨州訓導　鄒聯奎拔貢
陳中錂優附貢　陳玉麒廪貢候選訓導

陳斗銑附貢　孟大趾歲貢
吳東暹歲貢

國學

明朝

吳可學累官光祿寺署正　耿應衡廪監見薦辟
盧永阜考授鳳陽別駕　耿汝念指揮使
吳來學　吳槖考選知縣
盧永襏　耿應台上林苑丞
吳國寀江西星子縣主簿　耿應騊廪監
吳士仲南京光祿寺大官署署正降調後題補河南桐柏縣知縣　耿應衝附監
吳成龍

盧爾恬　吳願學
王道銓附監考授府同知　吳思廣附監考授評事

國朝

耿宗麟　耿培宗
彭喆附監考授州同　鍾應遴廪監考授州同
盧績附監考授縣丞　耿興待附監考授州同
盧綬附監考授縣丞　盧組附監考授縣丞
王鑾附監考授縣丞　盧洽附監考授州同
盧洛考授州同　劉同寅附監考授州判

張希賢附監考授州同　李國璧考授縣丞
鍾應造廩監　鍾裕訓附監
張　棣廩監　盧爾懌增監
王之乾附監　耿與勃考授縣丞
耿麒宗附監　鍾際泰
張　欒附監　張　棻考授州同
王以重附監考授縣丞　盧統慈增監考授州同
吳遵路廩監考授縣丞　盧　拱附監考授州同
耿與衛附監考授縣丞　彭念祖考授縣丞

吳八鳳附監　盧　紹
吳儀鳳考授州同　詹　星附監考授縣丞
耿昭晃附監考授縣丞　耿與仁
盧　爍　盧　澤
吳世極考授州同　周承泉附監
張　寬附監　盧　清
黃　第考授州同　江師沆
夏之烈考授縣丞　周國基附監
吳司燮　張志昇

吳威鳳考授州同　劉茂仁考授州同
劉紹堯　王顯超
盧　蒿　吳　鑾
王一相附監　石　溥
盧　涑　金淳仁
張　仁　劉希文
李如珝　蕭龍見考授縣丞
金　恩　劉光國
王顯羣　程懋本考授州同

阮與笏　石　涵
王經世　傅邦榮
楊其英考授州同　宋師濂
彭愈煜　吳世範
秦天申　秦國鈐廩監考授縣丞
吳遵聖　戴　曙
董　正　蔣元春
胡必祿　宋錫爵
張國珩　董承舒

黄餘韻　熊廷武

張源逢　王懋仁

彭　英　李如鄴

彭愈焜 候選縣丞　以上俱舊志

按選舉無志國學者帷前志有之然亦不過數十人大約皆由國學授職者也今仍之

武進士

國朝

秦文光 順治壬辰科

武舉人

明朝

羅大會 嘉靖戊子科　韓宗芳 萬歷庚子科

盧舜臣 萬歷乙卯科丙辰會副鄉飲大賓文學　胡　伯 天啟甲子科

秦在中 天啟丁卯科

黄　瑞 崇禎庚午科　黄　玠 崇禎癸酉科

盧伯魁 崇禎己卯科官四川夔州守備　秦文恢 崇禎己卯科官銅鼓衛守備

秦文調 崇禎壬午科　秦文光 崇禎壬午科見進士

夏舞羽 崇禎壬午科　胡　順 崇禎壬午科北直千總

趙光早 崇禎壬午科文學　彭泰齡 崇禎壬午科

徐萬憲 崇禎壬午科　胡　白 崇禎壬午科

張君禾 崇禎壬午科　趙完朴 崇禎壬午科

國朝

黄天錫 順治辛卯科官汝寧守備　彭岱齡 順治辛卯科龍泉衛守禦

趙應禎 順治甲午科　江之鯨 順治甲午科直隷真定守禦

劉茂基 順治甲午科戊戌會副江南都司僉書石城衛掌印守備誥封明威將軍致仕鄉飲大賓

楊國安 順治甲午科錢塘遊擊

趙　琦 順治丁酉科

王　鼎 順治丁酉科

蔡之莪 順治丁酉科

劉之英 順治丁酉科

吳之寬 順治丁酉科

梅　滋 順治庚子科江南盧州衛千總

汪之鯨 順治丁酉科

鍾　玕 康熙癸卯科

李如賓 順治庚子科江南鳳陽守備

鍾其鐸 康熙辛酉科

蕭演華 康熙癸卯科

雷鎮邦 康熙庚午科

甘液後 康熙庚午科

夏廷達 康熙庚午科

夏大魁 乾隆己亥恩科

按武舉在崇禎壬午凡十人順治甲午四人丁酉六人蓋其時流氛未靖人嫻武畧故才力之士奮跡鷹揚以文運日開中選者少今尤寥寥矣

仕宦

仕宦已於科名及之矣此何以志有科名而仕者有科名而不仕者有仕而非出於科名者爲專列之志仕宦

明朝

詹　同 明初召爲國子博士陞考功郎中起居注洪武元年以翰林待制遷直學士旋陞侍讀學士晉吏部尚書學士承旨兼修日歷總裁官加太子少保兼吏部尚書都御史謚文憲詳儒林

吳　琳 明初召爲國子博士遷浙江按察司僉事歷貳醮臺入爲起居注吳元年陞太常卿晉兵部尚書典試京闈洪武三年改吏部尚書詳儒林

阮貴卿 將軍詳忠義

詹　徽 監察御史歷僉都御史洪武十七年陞左都御史晉吏部尚書

詹　綬 太子洗馬洪武十八年陞尚寶丞

趙　洪 洪武年徵召知縣

戴世英 洪武年錦衣衛指揮使

詹希原 中書舍人

吳　琛 衢州府同知詳宦蹟

鄢　忠 訓導

戴思齊宣德間舉賢良方正官北直宛平知縣行取吏部

鄒來學戶部主事歷員外郎郎中改通政司右參議督儲永平山海正統己巳擢右僉都御史節制重務巡視畿甸諸關景泰癸酉陞副都御史兼制居庸倒馬白羊龍泉等關蘇松巡撫

吳紹會州衛經歷司經歷

鄒騏都給事中出補參議

鄒瀠石泉知縣

羅尚芳司務

黃伯垓苑馬寺少卿詳宦蹟

耿光河陰儀真江陰衛州教諭宏治甲子四川正德丁卯順天嘉靖壬午福建乙酉雲貴四科應聘同考官詳儒林

盧廷春通判

方鳳濟源知縣

秦安陝西雒南知縣

秦尚賢綿州州判

秦尚恭大名府教諭

秦尚宏北京後軍都督府經歷

秦尚周江西南昌縣丞

秦尚夔江西織染局大使

秦尚吉貴州程藩府目

秦尚交汝寧府息縣縣丞

秦鏜鉅鹿教諭行取道御史

秦鉞江津縣丞

王國任鄧城縣丞陞浙江淳縣知縣

秦邦寧蒼梧教諭

王儉經歷

秦尚經福建福寧縣丞署福清知縣

秦尚充湖州府長興縣丞

方民悅六安知州陞禮部員外郎歷本部郎中除廣東兵備副使詳宦蹟

盧大化知州

盧大儒浮光唐縣教諭陞鳳陽通判詳儒林

方民懷林縣知縣詳宦蹟

董威累官總督免差帖尚存

陶乘河南泌陽知縣陞四川威州知州遷敘馬瀘兵備僉事詳孝友

趙教四川僉事兵部職方司主事署員外郎

耿定向嘉靖間授行人擢御史出按甘肅尋改南中督學晉大理丞謫判橫州量移衡州推官薦歷中累官副都御史巡撫福建晉戶部尚書總督倉場贈太子少保謚恭簡詳儒林

周思敬水部郎歷任寧州兵備廣信副使湖州參政光祿寺卿遷南戶部侍郎贈工部尚書詳宦蹟

耿定力工部主事知成都府遷按察司副使督學閩中累遷南僉都御史督操江晉南兵部侍郎贈戶部尚書詳儒林

吳純學推官

方　傑眉州州判

吳尚壽縣丞

趙文林豐城縣丞

秦　常河間府長蘆鹽大使

秦　錫由省祭官遠安縣典史

程子鳳興國州學正

吳可學光祿寺署正

盧永阜考授鳳陽通判

吳國寧江西星子縣主簿陞吉水縣丞詳孝友

王大節經歷

王大鼎經歷

韓宗德眉州學正陞鳳陽府教授

周嘉謨吏部尚書詳藝文

王心正嘉興通判雲南應聘同考官詳儒林

王三極封邱知縣丙午順天同考官

周　隆副將軍詳宦蹟

周文二指揮使

周夢揚驃騎將軍

彭遵古尚寶司卿

王三錫兵馬司

王三鳳兵馬司

周家棟臨海知縣擢御史督學京畿巡鹽兩浙詳宦蹟

韓宗正常德府教授

韓邦哲四川涪州知州陞山東東昌府同知

吳　化鎮江推官累官禮部主客司主事詳宦蹟

王之策四川通江知縣

韓邦偉直隸宛平知縣

彭應選台州通判尋補揚州遷陝西靜寧知州詳忠義

盧堯臣益都知縣壬子山東應聘同考官後起濟南府寧前衛推官詳儒林

王　猷四川蘆山知縣行取御史

秦　植全椒桐城知縣行取吏科給事中詳宦蹟

吳士伸 南典膳署正東城兵馬司謫澂水簿攝中州晋秩新昌題補桐柏知縣詳宦蹟

程繼善 安慶府推官詳宦蹟

吳謙 麟遊知縣

秦思九 壽州訓導

王之謨 平凉府通判

韓宗望 鴻臚寺鳴贊

秦霖 懷來衛經歷

秦民由 北京倉大使

秦金輝 陜西守備

張順 黔陽訓導補澧州學正

劉之楨 石首教諭擢陜西石泉知縣詳宦蹟

韓廷敬 廣西賓州州判

秦如容 中書遷行人典試松江分校北闈詳儒林

江載清 江夏教諭擢分宜知縣詳宦蹟

耿汝念 指揮使

耿汝相 荆門州學正

王偶 河南羅山教諭陞四川長寧知縣詳宦蹟

曾師孔 巴陵訓導詳儒林

吳光龍 廬江知縣詳儒林

黄橘 考授廣西桂林府臨桂縣丞

黄逼 南漳教諭陞江西石城知縣

余欒 瀏陽訓導

程之渾 鎮江通判遷揚州府同知晋淮安知府詳儒林

王國寧 四川彭縣知縣詳忠義

韓若勉 武英殿中書舍人

彭壽儁 德安教授

陶淳 濟寧州判

方一鯤 夔州府教授

周之禮 東安教諭

姚一佑 和州學正

趙應奎 漢陽訓導

方之奇 潼關教授

秦思顯 新寧教諭

程自重 安陸教諭陞辰州府教授詳儒林

程文輝 任四川長寧縣主簿陞鞏昌府經歷詳宦績

王宗正 湖州教授

吳光乾 四川金堂訓導擢蘆山知縣詳儒林

熊光楚河南羅山訓導補湖鄉擢象山知縣詳儒林
吳　采松滋通山教諭擢四川成都府參軍詳儒林
王之賞武昌府訓導詳忠義
王之猷鳳陽縣丞陞知縣
吳光寅范縣知縣詳忠義
耿應台上林苑丞
盧爾惇崇禎末舉賢良方正官巴州知州擢成都監軍副使詳忠義
盧伯魁四川成都守備
秦文恢銅鼓衛守備

周世鎮太常典簿詳宦蹟
胡　順北直千總
耿應昌刑部主事降上林苑監丞遷戶部主事謫廣西布政司照磨陞雲南楚雄府通判詳忠義
耿應輿刑部郎中詳宦蹟
吳　燧鴻臚寺丞
吳楚儒洛陽知縣
戴尚第鴻臚寺序班
戴　揚常德府沅江縣訓導
吳國寶考授狄道縣丞

國朝

耿應衡舉賢良方正官遵化監軍晉山西布政右參議陞浙江寧紹台兵備道按察司副使詳宦蹟
韓張棟直隸阜城知縣
盧繩慈松陽知縣詳宦蹟
熊啟祥參將駐防福清詳忠義
黃天錫汝寧守備
彭岱齡龍泉衛守禦
鍾　琇袁州司理督糧通州江南司郎中丙午江西正主考陝西漢中知府詳宦蹟

吳之珍山東諸城知縣詳宦蹟
彭繩祖泉州通判攝泉永春晉江三縣陞惠州同知擢石阡知府補兗州知府兩攝道篆詳宦蹟
耿應運石首教諭陞豐城知縣
盧之憬光化新寧訓導詳儒林
程一棐富川訓導武昌教授國子監助教詳儒林
程之澍郴州學正甲子江西應聘同考官詳宦蹟
劉茂基燕山右江西掌印守備陞都司僉書詳宦蹟
楊國安錢塘遊擊
江之鯨直隸真定守禦

盧　經　興化推官補四川重慶府推官詳宦蹟
耿宗壎　考授推官任上虞知縣貴州婺川知縣
周啟祚　訓導
吳繼善　漢陽訓導
江惟清　竹谿訓導詳孝友
吳士達　考授衢州府參軍
趙應璜　宜章松滋訓導詳忠義
秦中理　澄城知縣詳孝友
程之龍　道州學正詳孝友
盧爾恒　題署安慶通判詳忠義
李映珍　授知縣改遷教諭詳隱逸
王先正　瀘溪縣丞
梅　滋　江南廬州衛千總
李如寬　江南鳳陽守備
盧　緯　浙江山陰知縣詳儒林
秦　至　江南婁縣知縣
盧　紘　直隸永年江南如皋知縣
秦如先　鄖縣教諭陞桐柏知縣

盧　絳　絳縣知縣陞都察院經歷詳儒林
韓庚寅　河南宜陽直隸唐縣知縣行取兵部職方司主事詳宦蹟
吳應庚　四川隆昌知縣行取吏部主事陞考功司員外郎光祿寺典簿官正掌醞署正詳儒林
喻士鼎　荆門州學正
張希良　庚午浙江正主考丙子順天副主考累官翰林院侍講浙江學政詳儒林
宋如辰　翰林院編修詹事府中允
彭宏詞　貴州平越府甕安知縣
吳宏初　湖南邵陽訓導詳儒林
吳　棨　鄖西訓導
程之渫　知縣詳善行
耿起宗　安鄉訓導詳宦蹟
曾岳年　元城知縣
李光炳　蒲圻攸縣教諭兼署攸縣知縣詳儒林
韓張楠　儀徵縣丞陞泰州知州
程之驥　武岡州學正
孟應瑄　東光知縣
盧維兹　均州學正兼充武當山提舉詳儒林
盧　緒　襄陽府訓導

鍾應遂　嘉魚訓導
曹維翰　教諭詳孝友
張經錫　城步訓導
孟之春　荆門州學正
張會禧　大冶教諭
吳　鑾　河南汝陽縣丞
張炳彪　安陸府沔陽州學正
張　條　衡山知縣改湘潭教諭
劉　待　湖南澧州學正

程　均　京山教諭
耿昭需　管理浙江長亭鹽場事務補武源知縣
吳世奇　咸寧訓導
江天池　教訓
盧建中　甘肅涼州府平番知縣歷吏部驗封司主事
彭之華　德安府教授城武知縣
吳光臨　山海關守備
盧淮詩　竹谿教諭
吳青選　當陽教諭

秦人藩　潛江襄陽教諭湖南長沙府教授歷龍山知縣擢通判
劉　達　松滋教諭
張炳崚　教諭
盧　濤　大冶訓導
王華羣　德安府教授
張炳鯤　景山左翼教習選陝西同州府郃陽知縣
盧國泰　福建同安縣丞
張夢揚　鄖陽府教授
湯天柳　崇陽訓導

耿昭震　直隸故城縣丞
蕭演華　都司僉書
陳　英　守備管江南淮安衛二幫領運千總
張　梲　襄陽訓導
吳　沂　山東陵縣知縣詳宦蹟
張炳翰　遠安教諭
吳中理　保康教諭歷山西浮山知縣
柯士俊　棗陽教諭
吳澍棫　石首訓導

吳兆澧房縣訓導
吳超楚枝江教諭
柯之桂竹谿教諭
吳大杭應山訓導截取知縣
蕭學均荆門州學正陞安陸府教授
張忠坦宜都房縣教諭
盧兆麟湖南寶慶府武岡州吏目
戴正揚檢發安徽柔軍歷署太平縣丞廣德州吏目
陳中鋑宏潭司杭村司大同司巡檢借補銅陵縣典史
分發廣東肇慶府德慶州悅城鄉司巡檢

戴廷璋由倉廠考職檢發南河補阜陵縣大套司巡檢署安東縣丞
盧兆冲黃陂訓導
孟正紡陝西石泉寶雞華陰知縣遷員外郎分發貴州歷任大定安順知府
張鳳騰黃陂教諭
吳斗文石首訓導
戴錫綸隨父館光山中河南庚子舉人官廣東合浦南海知縣陞嘉應知州署韶州知府
盧國楡興山教諭
胡子龍咸寧教諭
阮農夔江陵教諭

鄧文煜咸寧訓導
黃鳳韶廣東澄邁知縣
吳向仁江西縣丞
孟大鈺江西縣丞
張錦珩吏部考功司主事陞員外郎現任雲南道監察御史
吳金魁蘄州營把總嘉慶五年　恩錫雲騎尉
彭　魁廣西試用知縣改武昌教諭
吳永清嘉慶七年保授把總
吳性誠福建彰化知縣

張允坦陝西試用未入流
陳敏正福建試用從九品
戴之延分發福建按察司照磨署直隸龍岩州溪口州同
戴大成遵例投効河工授宿遷縣劉馬司巡檢
張錫謙翰林院庶吉士改主事現任戶部員外郎
秦光晟直隸完縣知縣卓陞滄州知州
張葆淳試用訓導
吳定元世襲督標守備歷署利川等城守
張錫詥兩淮試用鹽大使

按秩有尊卑而得邀一命即宜列之仕宦雖與科名所載不無重見叠出其必連類紀之者體如是也

封贈

聖朝孝治天下爲子孫者皆得以本身爵秩封贈父祖並旁及所尊其遵例急公者亦與有榮施猗歟休哉錫類之

恩卓越千古矣志封贈

明朝

詹　同　誥授吏部尚書謚文憲

吳　璘　誥授吏部尚書

鄒來學　誥授中憲大夫

方　鳳　以子民悅封奉直大夫

趙時相　嘉靖四十年以子教贈承德郎　汪氏安人

趙　教　嘉靖四十年授承德郎　李氏安人

耿　金　嘉靖四十二年以定向封文林郎萬歷元年加封承德郎七年加封中憲大夫十五年贈通議大夫　秦氏封孺人加封安人贈恭人加贈淑人文詳舊志

耿大振　萬歷十五年以孫定向贈通議大夫　李氏

耿定向　誥授戶部尚書萬歷二十四年贈太子少保謚恭簡　彭氏封恭人贈淑人

耿定力　誥授通議大夫萬歷三十五年贈戶部尚書　朱氏恭人

周　任　以子思敬贈承德郎

周思敬誥授通議大夫王氏淑人

彭遵古贈工部尚書誥授承德郎胡氏安人

周　孔以子家棟贈文林郎

周家棟誥授文林郎

盧廷篪以子堯臣贈文林郎晉贈奉直大夫

盧堯臣授文林郎晉奉直大夫

耿汝愚天啟六年以子應昌贈承德郎彭氏黃氏安人文詳舊志

耿應昌誥授承德郎韓氏劉氏安人

秦獻忠以子如容贈徵仕郎

秦如容誥授徵仕郎

戴元頴以子思齊贈文林郎

吳國寶勅授修職郎雷氏孺人

秦邦佐以子尚宏贈北京後軍都督府經歷戴氏孺人

韓　梅以子宗德封文林郎

韓宗正以子邦哲封奉直大夫

王　惠以孫三極封文林郎

王國孝以子三極封文林郎

國朝

鍾繼鳳以子琇贈中憲大夫

鍾　琇誥授中憲大夫

彭象賢順治十八年以子繩祖贈中憲大夫余氏恭人文詳舊志

彭繩祖誥授中憲大夫張氏吳氏恭人

耿應衡誥授中憲大夫

耿宗塤授文林郎

耿宗坤贈文林郎

韓邦舊以子張櫰封文林郎

吳士愷以孫應庚貤贈文林郎余氏孺人

盧爾悌康熙十四年以子綖贈文林郎復以子絳晉贈奉直大夫

李氏孺人晉贈宜人文詳舊志

盧　綖授文林郎彭氏孺人

張伯程康熙二十六年以子希良贈文林郎姚氏孺人文詳舊志

張希良授文林郎彭氏孺人

吳之璜康熙二十七年以子應庚贈文林郎晉贈奉直大夫

杜氏孺人晉封宜人文詳舊志

吳之珍授文林郎王氏孺人

盧爾恒康熙二十七年以嗣子緯贈文林郎復以孫建中晉贈奉直大夫

梅氏孺人　晉贈宜人文詳舊志
盧　絳　授文林郎晉奉直大夫江氏孺人晉宜人
盧　組以子建中　封文林郎　氏孺人
盧　緯　授文林郎梅氏孺人
盧建中　授文林郎晉奉直大夫　氏封孺人晉宜人
盧淮詩　授修職郎周氏毛氏孺人
韓名世以子庚寅　封文林郎晉贈承德郎熊氏孺人
韓庚寅　授文林郎
劉正極以子茂基　贈明威將軍

陳其新乾隆二年以子英　贈武德將軍周氏宜人
陳　英乾隆二年　封武德將軍王氏宜人
劉永治以子逵　封修職郎　氏孺人
吳宏初　授修職郎乾隆二十六年以孫汧貤贈文林郎耿氏　貤贈孺人
吳繼善　授修職佐郎王氏孺人
秦國紘以孫人藩　贈文林郎蕭氏孺人
秦學海以子人藩　封文林郎曹氏孺人
吳應庚　授奉直大夫韓氏臧氏宜人
秦人藩乾隆三十六年　授文林郎黃氏孺人

吳文鳳以子汧　贈文林郎鄭氏孺人
吳　璘以子世奇　貤贈修職郎晏氏　貤贈孺人
吳世奇　授修職佐郎王氏孺人
吳光第以子青選　貤贈修職郎韓氏　貤贈孺人
吳　緒以孫中理　貤贈文林郎李氏　貤贈孺人
吳　郁以子大杭　貤贈修職郎彭氏　貤贈孺人
吳兆澧　授修職佐郎韓氏孺人
吳　汧　授文林郎劉氏孺人
吳青選　授修職郎張氏孺人

吳文煒以子中理　贈文林郎以孫性誠貤贈奉直大夫耿氏贈孺人貤贈宜人
吳超楚　授修職郎宋氏孺人
吳元會以子斗文　貤贈修職郎韓氏　貤封孺人
吳斗文　授修職郎張氏孺人
吳大杭　授修職郎陳氏孺人
王明岱　貤贈文林郎秦氏孺人
王時思以子華犖　封文林郎
王華犖　授文林郎
耿興朗　贈文林郎

張釆 以子炳蛟 贈修職郎 黄氏孺人
張炳蛟 以孫錦珩 貤贈奉政大夫 晉贈中憲大夫 彭氏恭人
張智坦 以子錦珩 贈奉政大夫 晉贈中憲大夫 萬氏恭人
張禮坦 以堂姪錦珩 貤贈承德郎 鍾氏安人
張錦琪 以堂弟錦珩 貤贈奉政大夫 阮氏宜人
吳中理 授文林郎 以子性誠 贈奉直大夫 汪氏盧氏 封孺人 晉贈宜人
吳中珩 以姪性誠 貤贈文林郎 何氏孺人
吳性誠 授文林郎 孟氏孺人
秦學泗 以孫光扆 贈奉直大夫 程氏鄧氏宜人

秦大樟 以子光扆 封奉直大夫 石氏宜人
黄士權 以孫鳳詔 貤贈文林郎 董氏孺人
黄勝文 以子鳳詔 贈文林郎 華氏孺人
黄鳳詔 授文林郎 張氏孺人
張永志 以子鳳騰 贈修職郎 周氏孺人
余文蔚 以孫開緒 貤贈文林郎又以孫開運 晉贈儒林郎 曾氏孺人 晉安人
余秉剛 以子開緒 例封文林郎 黄氏孺人
余秉和 以子開運 例贈儒林郎 秦氏安人

張孝坦 以姪錫讜 貤封奉直大夫
張綬坦 以堂姪錦珩 貤封朝議大夫
按封贈之榮
國恩家慶兩被之矣然亦有身膺仕版而未逢
曠典者茲據舊志及所呈報列於篇亦足見斯邑簪纓
之盛矣

附薦辟

元朝

趙玉峰　進士官樞密使

吳　温　徵召官閩南招撫使

吳應澍　天歷徵召不起詳隱逸

明朝

詹　同　洪武徵召見儒林

吳　琳　洪武徵召見儒林

吳榮一　洪武徵召不起詳隱逸

趙　洪　洪武徵召見仕宦

耿汝思　崇禎徵召不起詳孝友

盧爾惇　崇禎薦舉詳忠義

陳堯章

國朝

耿應衡　順治薦舉見仕宦

黄曰槐　道光二年舉孝廉方正

附恩蔭

明朝

耿應昌　崇禎恩蔭見仕宦

周世鎮　崇禎恩蔭見仕宦

耿應輿　崇禎恩蔭見仕宦

戴維臣　恩賜儒官七品冠帶

國朝

吳金魁　嘉慶五年　恩錫雲騎尉見仕宦

吳定元　嘉慶十一年世襲雲騎尉見仕宦

黃安縣志卷之八

知黃安縣事嶺南林縉光纂輯

人物志

儒林

自太史公傳儒林以後史氏因之安邑由明迄今名賢蔚起雖造詣有淺深出處有顯晦要皆根本學問足以羽儀世教者也連類紀之如經天緯地曰文勤學好問亦謂之文焉爾志儒林

詹同字同文舊名書其先婺源人也生而頴異獨抱奇氣元學士虞集以其弟槃之子妻之至正中舉茂才異等授郴州路學正遇亂道梗因家黃州僞漢徵爲學士承旨兼御史高皇帝平陳召爲國子博士易今名陞考功郎中丙午爲起居注時命有司求遺書上謂公曰三皇五帝之書不盡傳於世故後世鮮知其行事漢武帝購求遺書六經始出唐虞三代之治始可得見武帝雄才大畧後世罕及表章六經開闡帝王之學大有功於後世吾每於宫中無事輙取孔氏之言觀之如節用愛人使民以時眞治國之良規孔

子誠爲萬世師也命考宗廟時享禮吳元年上謂公等曰國史貴直筆予平日言行是非善惡汝等皆當直書勿隱諱使後世觀之不失其實洪武元年四月命畫古孝行及起家戰伐歷試愁苦爲圖以垂世訓上謂同曰朕家本業農祖父皆長者世承忠厚積善餘慶以及於朕今圖此以貽子孫俾知王業艱難公對曰陛下昭德垂訓莫此爲切上曰富貴易驕艱難易忽久遠易忘後世子孫生長深宫惟見富貴易於奢侈不知祖宗積累之難故示之俾朝夕覽觀庶有所警也嘗正音樂進所訂釋奠樂章下太常用之是年以翰林待制遷直學士明年陞侍讀學士劉基疏請加禮大臣公因取戴記及賈誼疏以進且復開説愷切上深納之又嘗諭公曰古人爲文章或以明道德或以通當世之務典謨之言明白易知無深怪險僻之語至如孔明出師表亦何嘗雕刻爲文而誠意溢出使人誦之自然忠義感激近世文士不究道德之本不達當世之務詞雖艱深意實淺近即使過於司馬相如楊雄何裨實用自今翰林爲文但取通道

理明時務者無事浮藻四年陞吏部尚書有勅諭之六年爲學士承旨兼吏部尚書上御奉天門謂公曰論行事於目前不若鑒之於往古卿儒者試言古先帝王爲治之道公對曰帝王之治莫善於唐虞三代可以爲萬世法上曰三代而上治本於心三代而下治本於法由於心者道德仁義其用爲無窮由於法者權謀術數其用有時而窮然爲治者違乎道德仁義必入於權謀術數甚矣擇術不可不愼也是年命公與宋濂等修日歷爲總裁官七年五月書成自上

起兵臨濠至六年癸丑冬十二月凡征伐次第禮樂沿革刑政設施羣臣功過四夷朝貢之類莫不具載爲一百卷藏金匱副在秘書監公及宋濂又言日歷藏之天府人欲見之有不可得請如唐太宗貞觀政要分類更輯聖政爲書以傳天下後世上從之分四十類自敬天至制蠻夷凡五卷名皇明寶訓凡有聖政史官日紀録之隨類增入與劉基宋濂侍宴便殿公被酒還揮毫賦詩贈黄昶字大如拳會傳宣公餘醒未解上詣公曰卿醉未醒耶公對曰臣雖醉猶能

賦詩贈黄秀才秀才謂昶也上曰詩何在公曰在史館中命濂亟取之上笑曰朕卽和同詩卿當爲朕書之尋以老乞歸上賜之勅褒嘉之以翰林學士致仕未幾復起爲學士承旨公操行耿介終始清白所著有天衢吟嘯及海涓集子嶽歷官監察侍御史僉都御史洪武十七年陞左都御史上以嶽奉職公勤詔復其家二十年爲吏部尚書兼左都御史明年以公子太子洗馬紱爲尚寶丞二十五年加太子少保兼吏部尚書都御史公以才勝大誥稱嶽剛斷嫉惡不

容奸僞使吏髮蓬而垢容愁肌瘦不異羈囚以不得肆其貪故若是父子俱爲吏部尚書自公始後坐藍黨死嶽第三子世家於此從子希原爲中書舍人善大書兼歐虞韓柳體凡宮殿城門坊扁皆其所書

吴琳字朝陽中和里人西山先生子也公性資純篤力於問學通毛詩小戴記平陳之歲太祖徵用荆楚名儒用詹同薦召爲國子博士與同並教胄子公才藻不及同至商確經義亹亹不倦同自謂不及公遠甚上每聽政暇召公咨時事輙進嘉言嗣遷浙江按察

司僉事歷貳雝臺皆効職有才名入爲起居注吳元年命同魏觀求遺賢於四方陞太常卿進兵部尚書京闈鄉試上日琳經學優令與司業宋濂典試事洪武三年改吏部尚書賜誥褒美之時給事中侯庸署侍郎事公旣入吏部與詹同迭視事尋公以老乞致仕旣家居上嘗遣使察之使者潛至公旁舍見一農人坐小兀拔秧布田貌甚端使者問曰此有吳尚書者家何在其人尙在否農人歛手對曰琳是也使者還白狀上益重之弟琛字天錫歷官衢州府同知萬

歷十二年知縣余相申詳學道王圻批允崇祀鄉賢祠

耿光字謙甫號筆崖年十九始發憤爲舉子業治胡氏春秋茹苦刻厲成化辛卯舉人歷授河陰儀真江陰衢州四學博課諸生率如課其家子弟應聘分考所在得人宏治甲子於四川正德丁卯於順天嘉靖壬午於福建乙酉則主試雲貴也初四川之聘未至也有貴勢遣人以重賄丐録其子公焚其書麾使去曰天鑒在兹矣敢昧此良耶性篤孝每念養不逮親居嘗悲愴有詩曰父母人皆有如何我獨無茫茫天地裏自覺此身孤至今誦者感焉從弟大賓配彭氏寡居有志操公歲製衣珥貽之歲歉捐俸賑族嘗慕范文正公之爲人欲置義莊建義塾事雖未就志可模矣

彭台字公甫學者稱爲東莪先生大父諱文明業儒以胡氏春秋教授弟子父鳳儀中正德己卯鄉試早卒時公僅四歲識趣頴異不羣嘗侍諸薦紳燕坐聆其語或計較名利心輒鄙之語人曰讀聖賢書列冠裳

其言齷齪若是世何賴焉聞有善言懿行識之不忘稍長讀書務根極理要一日讀性理羣書忽大感奮慨然有必爲聖賢之志嘗爲帙籍記日履上題曰天鑒在兹甫踰冠舉嘉靖己酉鄉試益孜孜以明道善俗爲己任雖窶空晏如也有同年友寓書勸之干謁有句云不解如何是坐忘公答之云顏子坐忘當於簞瓢中求之其友慙而止壬子歲病饘粥不給歲當計偕例有道路費同年代取貽之公恚曰此爲計偕故吾旣病安敢濫此爲朝夕計卒還之病亟友人問

之至唏嘘流涕公曰古人舍生以取義吾命自天非舍也殀壽不貳君何悲焉卒年二十九貧不能斂同志友劉思右等醵金殯之生平學慕宋儒以誠敬爲宗不妄言笑清標雅度望而知爲有道士也隆慶年督學顏批允祟祀鄉賢祠

吳心學號少虞泰仙里人家世業農一意孔孟之學勅斷家事隱似馬山中鑿山開逕倚石爲壁引木爲巢於絶頂兩岩間面柱静坐者久之尋復訪學求友足跡幾遍海内收遺書數百卷以歸講會益力教人以

下學上達爲宗晩訂一集名洞龍集居山中凡二十年而卒初入山鋤石得記云似馬山中出洞龍學者稱爲洞龍先生督學胡公顔其門曰洞龍書屋

盧大儒世居中和河東學者稱爲東河先生少穎悟讀書日夕可盈寸稍長博極羣書是時士大夫多浸淫於良知家言公獨取周程張朱之書精究其理註五經辯凡西銘太極多所發明能補宋儒所未及嘗自言曰學聖賢者在身體力行何事沾沾口耳爲一時翕然宗之中明嘉靖丁酉副車授浮光唐縣兩學博望鳳陽郡倅未抵任而卒尤精胡氏春秋卒之前一夕猶取所著麟經集署其上曰三更睡五更起不如此不如死切囑兒曹習弗已後盧氏多有業是經而獲售者其垂教深矣

耿定向字在倫三歲時有公卿到門者問其祖曰更有上者否曰獨有聖賢耳曰兒當爲聖賢矣由是潛心理學登嘉靖丙辰進士授行人擢御史疏劾太宰吳鵬六事語侵嚴嵩嵩爲營救事竟寢出按甘肅尋改南中督學開崇正書院以明道彰教爲已任晉大理

丞與高拱忤摘判横州拱罷量移衡州推官萬歴中累官副都御史以内艱歸起復撫閩會詔下方田法公摹地圖揭之後屏山砠水涯之間咸若目覩又手條八法布之不數月報竣廣寇林道乾訌海上公用計討擒之丁外艱起復爲都御史晉戸部尙書總督倉塲九疏請罷予告歸家居七年講明理學一時從遊者有若臨桂令焦伯賢端江寧廣文華貞季明經殷德夫李瀚峯王以銜詹孟仁楊道南孝淳潘朝言左春坊殿撰焦澹園竑僉憲管登之志道少司寇吳

伯恒自新侍講鄒汝光德溥杭州太守方思善揚丁
惟寅新野令李士龍登進士李維明王德孺李湜之
學録陳桂林應芳學士殷撰沈君典懋學戸部司務
黃守拙奇士尚寶卿潘去華士藻及公弟八先生仲
臺少司馬叔臺凡二十五子公生平著有碩輔寶鑑
要覽四卷先進遺風二卷庸言二卷文集二十卷俱入
四庫全書詳通志藝文大學括義一卷小學衍義二卷載通志此佚
外有綸簡類編奏疏牘草數學商求閨訓禮纂妆要
篇譯異編儒宗傳大事譯觀象黃安初乘覩生紀俱載

家乘辛年七十三贈太子少保謚恭簡
耿定力字子健恭簡季弟也隆慶辛未進士授工部主
事出守成都遷按察司副使督學閩中首録蔡清陳
真晟後裔以示風向累遷南僉都御史督操江疏言
榷使罔利藪奸已復上疏極言中使之害累官南兵
部侍郎卒贈尚書生平學問以求仁爲宗真修實詣
超然自得仲兄定理隱居不仕兄弟相與講學不倦
學者稱八先生羅近溪贊曰儒者之高蹈聖世之逸
民理學宗工其八先生乎

王心正字定宇萬歷巳卯舉人自建縣以來舉於鄉者
自公始嘗應聘雲南得士六人多捷南宮人稱冰鑑
後歷官嘉興通判有清操
盧堯臣字贊勲號欽父幼聰敏通五經八歲能文十三
補弟子員食餼弱冠登賢書初上春官心動亟還家
父已病不起哀毀骨立撫愛幼弟萬歷庚戌成進士
授益都宰有龐好仁賄丐者目工人殺主而逼其室
鞫實以龐抵罪一時勢豪咸屏息壬子應山東同考
聘元魁皆出其門後致仕隱居與其徒講學以自老

辛年七十五著有三不朽集祟祀鄉賢
耿汝愚字克明號古愚恭簡公冢子也年十七入泮兩
登副車性嚴毅狷介不蹈時趨不屑詭遇以此屢躓
場屋遂絶意仕進閉戸著書有耿氏春秋自娯篇自
怡篇江汝社集四六草尺牘草魚蟲考鳥先傳而於
字學尤精著韻會類編恭簡殁家益困公歎曰出仕
不過上柱國居家不至十萬安可比諸人乎乃廢著
述修計然之策不二十年竟至十萬年七十卒
耿汝悫字克勵定力之子也少聰穎好學寓目不忘性

恬淡寡欲終日正襟危坐常以古人自期與人交温
語霽色至大義所在又凛若冰霜萬歷乙卯舉於鄉
再上公車不第歸與焦弱侯艾千子諸名家論文賦
詩遊於五雲天臺間家事槪置不問著有春秋懸度
一書

秦如容字介臣號五梅性至孝十三喪母隨父讀書年
二十八庠父爲娶室泣應曰兒伴父七年不忍吾父
暮年獨處及父卒承父志以館穀孝養祖母不以累
季父天啓丁卯舉於鄉署河南唐邑教諭崇禎甲戌

成進士官中書値大旱奉旨禁屠宰胥私饌以進公
愕然具疏言狀上卽令公按治中書衎楊之設所由
始也尋遷行人念安邑赴公車與需次京華者乏停
驂所倡首捐俸建置會館丁丑銜命典試松江過蘇
有寒士馬姓者以貧窶訴卽贈以五十金已卯分校
北闈得士十有八人所著有雪浪篇問有山坊諸集
庚辰卒贈徵仕郎父獻中以子貴贈如職子天寵天
麟扶櫬歸與周孺人合葬崇祀鄉賢

曾師孔中和里人性穎異善屬對客曰雪浴山露骨對
曰風過水生鱗客曰晝動魚龍動對曰棋行車馬行
滿座嘉歎讀書明大義恥襲章句父没庶弟甫十齡
撫育訓廸備極友愛以歲薦補巴陵司訓廉潔自矢
太守郭養甚器重之代巡宋公特疏題薦詎以年六
十卒於任子岳年以明經爲元城令有賢聲孫以貫
曾孫德懋皆象賢濟美文名炳蔚天道固久而益驗
云

張鵬翔字拱北中和人系出睢陽忠烈公公始祖文德
占籍黄岡後析置黄安父廷舉生二子長公次繼彰

公穎異讀書五行俱下事繼母孝繼彰没字其孤如
已出族戚輩失身他姓力贖以歸凡可以解人紛難
者毁家不惜癸未里中集黨千餘大肆焚刼公與仲
子百程糾堡殲其渠而脅從者多所存活後舉鄉飲
正賓與諸弟子講尙書於壁山爲文下筆數千言乞
者趾相錯公樂此不倦年八十卒崇祀鄉賢著有壁
山文集若干卷

韓勲字欽父崇禎乙亥拔貢不屑俗學獨肆力於五經
諸史兼精詩賦明末遭亂隱居教授生徒數百人或

勸之仕勳曰亂不學何以治又謂王通以禮樂屬弟
子無有受之者卒成開元遺憾作撥正諸書以寓王
道年八十餘臨終謂子孫曰我韓氏遷楚北十餘世
書香矣後必有興者當慎守吾集以往至曾孫庚寅
成進士以唐宰行取
張希聖字亞石邑庠生學品純正邑令蕭公延爲子師
因徧覽二十一史學益加博會安陸有異鳥聖曰明
紀載萬歷十六年此鳥見於秀水鄉人面鳥身頷下
有白髭長三尺其年大水舉坐歎其淹洽父歿哭之

失血事孀毋姚氏孝養備至季弟希天患病親調藥
餌試寓齊安拒一奔女其實行皆藉藉人口者而艱
於一第年五十卒有詩文遺稿藏于家子三棨檕條
黄漢臣字勸鼎邑庠生篤行好學行文以氣勝
國初土寇披猖寄書誘鼎鼎潔身遠遁嘗捐金還從弟産
教孤子使成名備棺以給宗族之貧者但久困諸生
中年六十由歲薦赴京應試有爲謀卽選者以父年
老辭歸閉戸著書有四書辨及毛詩章句藏於家
耿邁宗字遠倩幼具成人之度讀書不解輙自批其類

十五入泮有文名詩賦書法皆工後遭亂習孫吳之
法兼精卜筮
本朝定鼎復潛心理學寓意丹青雖瘦骨稜稜然神采煥
發讀書恒午夜不寐卒年六十有一著有焚餘草
韓名世字友生灄源里人也祖勳選拔明經積學篤行
父瑞璋生世踰月而歿毋吳氏苦節撫守四十三年
無別師盡乃祖之家學明季紛亂士多怠荒世獨閉
戸讀書不輟每慮兵燹頻仍爲壁藏石瘞數千萬卷
摘錄其要爲小本攜帶於身以自披閱

國初苦無書遠近借讀者戸外屨常滿有就業者更資以
膏火講說不倦毋亦喜世讀書時加勸勉但厄於功
名卒不遇毋没廬墓三年又著述經史詩文於廬中
者二年卒年六十四著有韓氏庭訓類解三十卷子
二長庚旦庠生次庚寅進士又次庚延早殤以子貴
贈文林郎
蘇光轍邑庠生字汝德孝廉耿九一之師也博學多聞
兼工書法幼試童子後期告考猝無卷以便面書其
文進學使者深賞之擢居頖宫吳敦之諸先輩結社

江汝而轍與焉孝廉耿克勵爲之傳曰吾兄九一夙稱神童骯髒自負不屑居人下顧北面事先生執弟子禮又屢爲名賢傾慕觀克勵之言轍之聲譽藉藉當世久矣性至孝嘗侍尊人食一語少忤父怒以碗撻其面轍長跪拭碗重進色加婉父爲霽顔析產推腴者與孤姪以慰親心有族子失身失產不憚艱險贖還之幾攖重禍不顧也洵乎品學兼優者矣

吳光龍字荀長十歲能文十八爲學使董思白所賞識入黌序明年食餼儀部公喜曰弓冶固有在也旋以

選拔赴京應試取第一文譽日隆與秦中翰五梅共捐貲買地建置會館及令盧江華陋規釋無辜有直指以逋贖鍰另勒代償詗得其實置不問僅八閲月忤上官意將掛冠而賊氛犯境矣後解組歸宦橐蕭然惟葺先人所遺萬槿園冀得休息詎軍旅連年公以一身弭激變杜株連懲叛僕保全實多性喜遊覽善詩古近體著有金斗吟西山詠支型山紀西湖紀諸集工書法尤長徑尺扁書凡商周彝鼎晋唐書畫官哥窯器賞鑒真贋不差累黍一時推爲風雅之宗

壽終七十有九生子二畢偉象賢繩武蒸蒸未艾焉

程之渾字内昭號雪門司理繼善長子性端謹善屬文工真草書法餼於庠屢試冠軍以己卯副車授鎮江別駕尋遷揚州郡司馬晋淮安太守居官平易近人多惠政時中原板蕩公喟然曰修道者必度其時今時事如此而猶徘徊顧戀所謂滑泥揚波同其流矣遂投簪去宦橐蕭然里居恂恂退讓言訥訥不出諸口不立崖岸不雌黄人物不見喜愠之色事父盡養志之孝課弟篤友于之誼奩田數百畝媵僕十數人

能高推讓風與羣從共之不私己有由是鄉里交譽以疾卒乏嗣惜哉

盧之懔字敬生號鈍翁幼穎悟善問難從諸父司理堯臣學九歲能屬文補弟子員食餼尤嗜古未弱冠即於經史子集翻閲數遍赴壬午秋闈闖賊陷邑城毋以罵賊死藺足哭奔歸避難山砦人爭攜財物公獨載縹緗以隨生平著作等身刊有四書偶聯春雪迴文行世又有玉梨緑鞦韆會福堂旗仙草婚玉馬墜諸傳奇皆擅騷壇之勝與先達結社赤壁艾千子譚

友夏呼爲小友以憾切終天不與賓興由明經授光化新寧學博俱多所奬拔歸休後年七十六猶著五倫攸敘録未竟而卒子綜績俱以能文名

程一棐字坦之號篤臣甫四齡隨父村塾不與諸童戲後補弟子員家貧寓鼓亭被寇焚掠公以濕絮蒙其母突火出乃得免性好學手不釋卷爲文日可三十篇順治甲午舉於鄉兩偕計吏不售就富川學博轉武昌教授値甲寅之變士多遠從學使者按籍除之公力爲請復至數百人旋陞太學助教未幾致仕歸

生平不爲矯飾畸行待人以誠忘人之怨布衣蔬食淡如也卒年七十有三

盧維茲字持庵美丰姿五歲通尚書八歲能文十三補弟子員弱冠食餼以明經司訓均州値兵燹後士多廢業爲整飭學規嚴月課上憲廉其才委充武當山提舉一切稅課外革除陋規奉修山志悉心搜羅成書十卷以母喪去官有弟八人中鄉會科各二合刊弟兄麟經稿邑令張公舉鄉飲大賓病不能行遣輿迎至人咸以爲榮年六十卒

盧緯字織圃號芸浦性穎敏九歲應童試輒冠軍十三補弟子員康熙癸卯舉於鄉事二親以孝聞官山陰令扶弱鋤強於疑獄多所平反猾吏不敢作奸豪強不敢肆虐首新陽明書院聚邑弟子讀書其中諸如鎮東閣望海亭三江閘禹陵南鎮皆次第維新値
聖駕南巡紹郡會稽乏宰一切差務一身肩之咄嗟立辦憲眷日隆郡屬餘姚諸暨饑民亂擬捕勦乃單騎往諭輸金粟賑之全活無算旋以病乞休歸卒年六十有四著有宜園集梅花吟草蟲吟麟經要義五經精義

四書解三場典要等書子七皆能世其業

秦珙芳字玉葳號杏村父景行死忠嫡胡生二女庶王生珙襁褓依胡胡珍愛若巳出珙亦承歡色笑無間然敬兩姊如伯兄無何母亦見背孤苦力學康熙庚午舉於鄉教授生徒多知名士卒年六十二子三人克繼父志

李光炳字篤之號西野泰仙里人也品優而學粹館西河之上一時從遊者百餘人每三五自置一屋屋瓦魚鱗相比若市教澤之廣稱極盛焉旋由明經司鐸

蒲圻尋擢攸縣教諭兼署攸縣事攸爲楚邊服有鄭衛風公爲治六閱月盡變其俗後卒於官士民德之賻以歸

彭象賢字公仁號敬亭性樸厚常恂恂自下工制藝詩詞文賦下筆立就教子致涌顯猶手不釋卷衣大布衣食脫粟飯策蹇驢從小奚徜徉山水間至周人之急忘人之怨則又盛德之不可及者子二長繩祖石阡府太守次念祖以國學授縣佐著有胝齋文集

姚覲弱冠遊泮旋食餼行誼純正性復任俠有友人貧

不能補廩贈以數十金不索償家日落蓬戶蕭然安貧樂道泊如也以歲薦入京中表盧某令永平邀至署信宿即行一無所取及寢疾惟以存心制行誠其子無一語及家事屬纊前一日猶講大學聖經一章精言奥義非訓詁所能及蓋有得於此中者歿年六十有五人咸惜之

王延字紫茹奉仙里人少孤七歲能屬文有神童之目長通經史博聞強記一時從遊者半邑中數奇不遇年五十始受知於郜學使拔首郡庠評其卷曰如此奇才而久困窮簷天耶人耶爲之三歎云因叩其生平所讀之書益加歎服書箑以贈之中有鐵網生珊瑚結根數百年敷榦數百年郁郁紛紛寶色照人之句可謂文章知巳矣而卒以偃蹇庠序終悲夫孫風隆邑庠生能世其家學

程自重字任甫好學不倦十九補弟子員由明經三歷廣文初任安陸其故人爲書屬託上官求右轉秘而不發以書還謝事載先進遺風旋攝縣事兩閱月簿書訟獄不之理掾請執法重曰同鄉無執法例某但

護印耳悉留以俟來者後致仕歸著有六經韻纂會同志畧江汝社稿

吳光乾字彦清襟懷灑落喜清談與何炯卿王子雲爲意氣友孫自一嘗北面事之乾曰此樸黄拖紫人也後自一成進士如其言任四川金堂學博學使器重之延入閱卷有富室子以財求巳而從糊名中得之富室賫金謝正色却之曰吾豈掩人以取利哉且毋以非義累吾也久之擢蘆山令不樂仕進棄官歸徜徉山水間日與名流相倡和其雅量高致風塵不能

及也

熊光楚字渭明性至孝好施與崇禎壬癸間旱蝗流亡相屬輟家食周之且瘞枯骨贖鬻女利濟所及指不勝屈以明經初授河南羅山縣博繼補湘鄉所至皆有教澤尋擢象山令未之任掛冠歸過洞庭風雨大作舟覆而没惜哉遺書有歷朝詩選八大家纂略三楚典故諸集幸其裔孫朝景等猶能世守之

汪文星字東井髫年入泮中副車者二舉鄉賓者再老猶好學不倦著有仙峰館詩集時安邑新造經營圖

度獎勸招徠星與有力焉子騰龍庠生究心理學有將才明末推爲西峯山寨長保障一方孫庭雩亦庠生家世青緗或亦勞在社稷之報歟

吳采字君素中和里人父共學赴秋闈寓黃鶴樓側感異夢歸而生采幼穎悟初入塾或命屬對曰日暮檢白花即應曰秋高折丹桂年十二入泮十七食餼學使葛屺瞻董思白皆賞識之長益博學強記廿一史中輿地爵秩過目不忘書法得眉山之奧數奇不遇以明經司訓崧滋晉遍山學博皆多所造就尋擢四川成都叅軍道梗不能赴遂掛冠歸搆廬數椽蒔花種竹周柳塘顏曰麗澤書屋著有五經通考卒年七十五

盧絳字若浦康熙壬子舉人署監利教諭修葺學宮遷孝感課士多所成就擢山西絳縣知縣常俸外不名一錢歷任十七年多惠政勸導切至訟獄衰息橫嶺關多虎患絳爲文告神刻期徙去陞都察院經歷以疾告歸卒政績詳絳縣志絳以經術爲吏治故所至有聲著有春秋闡微行世子五濱附貢居憂廬墓六

年以孝聞濤歲貢大冶訓導淮詩拔貢竹谿教諭鄉飲大賓瀆歲貢好學樂善涓太學生舉孝廉方正不就著有碧山詩草孫國彬國榆俱舉人國櫨歲貢國棆副榜國栻國楠國槤國楸俱有聲黌序曾孫纘優貢煐歲貢宗彥青萬烜德熤俱庠生元孫鴻遠舉人鴻舉璠禹雲縉雲俱庠生

張希良字石虹康熙已酉舉於鄉教諭江夏甲子與修通志乙丑成進士二甲傳臚改庶常授編修戊辰分校禮闈擬撰五嶽異名濟瀆源流京師形勢策問總

裁大學士王熙嘆曰張公可謂博物君子矣歷左右春坊贊善庚午典試浙江丙子典試順天纂修
三朝國史
大清一統志明史春秋講義類函稱
旨賜
御書白羽扇賦累官侍讀督學浙江致仕歸卒年八十二艮湛深古學所著有春秋大義宋史刪文章宿海格物內外編諸書其詩文為士林推重出門下者多所成就云

吳應庚字遠齡幼孤穎敏力學博極羣書成康熙巳未進士授隆昌知縣以廉能擢吏部主事晋員外郎公慎自矢坐累還光祿典簿陞署正謝病歸著有水鑑堂三楚文獻錄蜀史備遺及詩文等集

吳宏勷字慎旃諸城知縣之珍子以明經
廷試第一司訓邵陽新寶序黌膳士田於學政無不修舉康熙丙子登賢書解官歸益肆力經史邑令劉承啟修縣志多資其討論子羽鳳貢生文鳳諸生皆孝友績學孫洴乾隆丁卯解元壬申進士

吳兆澧字稼軒羽鳳仲子孝友剛方邃深理學戊戌歲歉輸粟倡先首修學田重新寶序掌教邑中書院六載上無干謁下無偏私以明經司鐸房陵嚴學規勤訓課在任九月卒諸生徒行送櫬出境作文不盡規仿前人而一準於理法著有四書講義梓行外有批春秋左傳一部選批前明四書文五集　國朝四書文五集輯錄先世清白遺編一部自製刻鵠山房四書文詩賦敘傳各一部待刊子大枇早逝大桂字玉坡乾隆乙卯　恩貢至性過人品學純粹歿終房縣

扶櫬歸里傍柩露宿連夜有馴虎依側咸以為孝感生平博覽羣書手不釋卷著有讀書記啖蔗集聞見錄姓氏全編古今文詩賦待刊子東曙庠生

韓際世字仕可號小山康熙丁亥歲貢選司訓以疾辭邑令何錫祿聘主萃英書院講席多所成就貢令多男贈以額曰風高洛社著有四書集解及文集待刊

韓漢文字左公生而穎敏經史百家無不研精咀華作文極古雅科歲試連冠軍者九艱於一第以明經終著有大小題全稿

韓書字酉仲髫齡卽能文督學合試黃郡時年未冠一
日而廹以七藝振筆疾書及午七作就當事奇其才
冠九屬軍後設館授徒每拈題會課俱頃刻成數藝
無不嘆服年濱七十仍讀書不輟稍有贏餘卽置墨
莊議者以爲有書癖云

韓謹字雅林幼刻成均赴南北闈屢薦未售於古書無
不睹記鄉里大事舉行輒造門訪儀制生平著作甚
富士林奉爲楷模

王風熾字克昌學者所稱槐亭先生也事親以孝聞一

弟早逝撫姪如子自嬰兒以迄成人無異視性豪邁
仗義輕財不瑣瑣作家計待人無城府値不平事正
色糾繩人服其公並畏其直學識淹博屢薦棘闈不
售以明經設教於百望書院從遊者數百人隨其材
質爲造就喜飲酒酒後耳熱與諸生縱談今古聲若
洪鐘聽者忘倦詩不驚人不作作亦不存出其門者
多知名士子俟砧嘉慶巳卯舉人

阮方昶號拙齋邑諸生少穎異不羣性倜儻多慷慨不
事家人生產爲詩古文詞援筆立就與同邑諸名士
爲文字交吟咏唱和無虛日子徵復　恩貢徵恒庠
生能世其家學

吳瑄字元恪號易巒幼穎異弱冠補弟子員食餼乾隆
甲午登賢書性至孝慟母青年苦節家無次丁一試
春官公車不再北家居侍奉外惟手執一編或撚鬚
吟咏而已邑中名宿若吳稼軒張西園耿平宇盧鏡
亭皆契重之居喪三年不出戸服闋猶時時作孺子
泣於書無所不讀兼精岐黃靑烏諸經貧苦問病者
恒買藥相贈經管學官創修奎樓凡邑中有裨文風

者無不殫心力嘗有偷兒入室爲臧獲所獲見其掩
面悲啼不復問其姓名贈以錢米縱之去其厚德類
如此卒年五十二著有醉月詩抄五行麈談待梓

吳世模字文次號柳溪家本世冑性恬淡不事華靡從
學胞兄歲貢吳世楨事之如嚴父居近邑治足跡不
及城市官吏希識其面言坊行表讀書之外無他及
爲文閎中肆外一瀉千里康熙辛卯舉於鄉癸巳捷
南宮　武英殿纂修事竣乞歸後選四川重慶守蒞
任未久而殁惜哉

熊楚熊字次沅賦性純粹博通經史弱冠遊泮旋食餼
著有五經精義一部教人先德行而後文藝終日危
坐無倦容遇横逆必自反尤多隱德善醫不受謝募
修三定橋行李便之壽七十七終子步洵奕孫梁起
俱庠生

進士王華犁傳詳藝文

副榜王華平傳詳藝文

吳海字芷田號蓬島生員吳文煥子也好讀書家雖貧
手未嘗釋卷受知於學使邊補弟子員乾隆己酉登

賢書第一邑令韓聘掌華英書院一時俊秀多出其
門所得資俸悉以奉母承顔順志得其歡心邑有公
事必以身先外此不履公庭著有四書精要講義五
經旁訓待梓子世楷庠生

歐士璜鄉賓一贊子也刻苦讀書補弟子員性孝友子
孫化之五世一堂教其弟士瑾士瑞子之煥之章之
烇姪之勳之煜之炬之焯孫文煒皆及門遊泮餘出
其門者多成名前令林贈詩云春風桃李一齊開冠
者多從泗水來暫向名區供宴賞佇看移到上林栽

孟禮乾題其齋曰梁木崇隆大有文章爲砥柱友朋
寥潤全遇兄弟作他山子之煥字公涵性聰敏學綜
羣書工隸楷肄業於江漢書院每課多列前茅文刻
江漢文蘊兩爭元不第初邑多雜稅煥獻時政賦邑
令歎賞獎遂除晩年授徒鄂山麓著有學庸析義鄂
山文集士瑾慷慨磊落議論風生人欽其品望故争
訟者必質焉窘廹者必告焉邑有公事必與焉時比
之王彦方云

歲貢王光嵩傳詳孝友

汪勉字希安歲貢生學問淵博能背誦正字通全部著
有春秋集解

孝廉江淳風字樸光庠生奕禖子也四歲而孤母盧氏
孝廉盧爾偕孫女通書史親教之及長就外傅善屬
文經術湛深學有根柢前令張倘寳延掌義塾其人
外貌木訥不修邊幅而胸羅萬卷浩瀚汪洋非淺學
所能窺也乾隆壬辰禮闈房薦未售歸尋以病卒

江宗字長文年十四補弟子員爲邑名士屢薦棘闈未
售張太史石虹督學浙江聘閲卷後以明經授江陵

司鐸未任而卒時稱其詩字文棋酒爲五絶云

吳際豐字會隆幼好學以五經入泮性至孝恒百里外負米讀書抉經傳奧至廢寢食輯有試策法程詳註梓行子文䧺庠生又有吳文耀者工真草得思白筆意早歲採芹嘗手録諸家講義以課生徒後就鹽艖西席十餘年書法益進識者以爲得江山之助云子獻章廩生

張晉坦字顯圃邑庠生巴東司鐸炳蛟子也品純學粹敦孝友篤宗誼重然諾好施予乾隆五十年歲大祲

罄其所有以濟族戚率里中俊秀建塾延師資以膏火多所成就當身爲封君家已漸落然豁達如故座客恒滿終年七十三生平懿行甚繁至今人誦德不衰焉子四錫玕嘉慶巳未會魁由吏部掌印員外遷山東道監察御史錫璜廩生錫琚候選縣佐錫瑀業儒孫葆淳廩貢生候補訓導

盧煥字鶴亭歲貢生少頴異祖明經濆伯舉人國彬父庠彥國梂咸以大器目之長益績學博極羣書爲文一宗先正試必優等晚謝名場隱居教授成就者甚衆姪鴻逵巳登賢書其餘食餼遊泮多出其門講學外不問家人生産性孝友與弟㶇及堂兄庠生宗彥異爨同居晨夕相依怡怡如也著有鶴亭文集待梓卒年六十有一

張忠坦字勿山郃陽令炳鯤子也由副榜歷任宜都房縣教諭以終養歸爲人偉丰儀敦品誼談經娓娓好學不倦立文會以奬後進多藉玉成乾隆戊戌乙巳嘉慶壬戌歲洊飢皆捐貲以賑嘉慶丁巳春豫匪竄境團練鄉勇一方恃以無恐生平排難解紛鄉黨欽

服卒年六十五子五錫講以選拔中副車候選教諭錫謙以廕常還農部廣西司員外錫訥兩淮鹽大使錫誠庠生錫鈴業儒

程之沌字利宜安慶司理繼善次子也弱冠卓犖不羣文章名世入泮後累試冠軍旋食廩餼康熙末年考授貢員父兄顯達雖籍寵資無紈袴習晚年授枝江教諭未任而卒子懋相邑庠

金陵號杏園居士英邁不羣肆力於古所學能見其大明末流氛猖熾流離十餘載

國朝定鼎盧舍邱墟乃築杏園書室延師課子皆成名於
舍北築壯貧亭晨夕焚香煮茗寄意花木日與騷人
逸士爲文字交遠則如雲門慣庵道人麻邑名流梅
之渙等近則太史張希良進士盧綖耿宗塤王先正
孝廉秦至習正吳士伸學博趙應瓚進士鍾琇王風
隆盧洽盧洛盧清諸名宿弄月吟風更迭唱和著有
唱酬詩集卒年七十三

明經耿定吉石林書院十八子之一也行誼具載全傳
子汝弼能讀父書遊膠庠孫應教孝友崇禮教列鄉

飲曾孫宗瓏克揚祖德倘所謂清白傳家者歟

吳文林字壘村生員之葉季子也家貧折節讀父書稍
壯補弟子員言笑不苟舉止端方屢試高等文名噹
世前縣林公光祿器重之延爲西席五薦棘闈未遇
日以教讀爲事嘗勉弟子曰讀聖賢書須向艱難求
學問莫從僥倖冀功名雖久困諸生處之泰然一時
遠近負笈就正者多所成就著有精英文選四書講
義待梓子春藻庠生有父風亦教育多才士林重焉

按舊志理學一門名寔未易副茲以儒林統之性
道文章初無二致後之君子希聖希賢取法乎上
而已

忠義

千古忠臣義士天性然也蹈白刃而不辭履危險而不避豈必盡關學問哉顧人秉天地之正氣以生陶淑乎詩書自益以勵其難貞之志所以生則爲威鳳祥麟死則如日星河嶽也若夫草茅愚賤值疆塲有事慕義急公不暇爲萬死一生之計實足以維綱常而風薄俗爲表彰之庶不致草木同腐已志忠義

孟以忠宋進士官統制與知棗陽軍宗政兄弟行忠襄公珙從父也宋嘉熙二年孟珙帥師救黄事載天台石刻忠以從軍防保白沙關境内賴以安全至今鄉里醮會猶祝孟防保以報賽之舊隸籍麻城太仙鄉明嘉靖建邑遂隸黄安族姓繁衍長子奕官四川重慶知府因亂歸築清泉寨以禦賊次子璉宋大同路推官亦因亂歸隱岱峯山之南三子班宋潭洲制置司叅議住岱峯之東河西地璉之子蘭玉爲元泉州州判班之子艮玉元苑平縣尹歸里後俱隨清泉寨堵禦爲一方保障焉

阮貴卿賦性英烈喜談孫吳明太祖起兵時從行間屢

獲戰功鄱陽之役慷慨衝陣曰丈夫居世百年死牀簀死疆場終一死耳奮臂疾呼揮刃血戰砲碎其首及陳友諒中流矢明師大捷太祖憫其忠詔鑄銅頭勅賜諭葬立碑題曰銅頭將軍阮貴卿之墓

張士琦字天奇邑庠生諳韜畧善騎射明末宋撫軍召商禦寇策毎出計奏功值獻賊犯鄂士民驚恐官軍畏怯無敢發一矢者琦獨奮勇登陴奈賊勢益横兵不用命城陷琦猶持弓矢巷戰殺數賊突圍出不知所終江夏載入流寓悞爲承琦非矣

吳士旨灄源里人素篤友愛事孀嫂撫諸孤姪尤敦儉樸重信義鄉里有爭訟者訓以和睦力爲排解足不履公庭歲凶出粟賑饑年七十舉鄉飲遭明末寇亂集勇堵禦卒其妻秦氏罵賊死

吳光寅字念阪高才磊落士也爲董思白葛屺瞻所賞識後屢躓棘闈時行保舉法何綱卿力薦之授茫縣令多善政會友銜之踰年被劾罷方候代而烽烟壓境竟以督戰罵賊死何綱卿之子旨祚爲文以哭之

盧希儒字又儒號蓮峯性孝友好讀書崇禎癸酉舉於

鄉時盜賊蜂起公奉其父邑庠生昌逃難山砦流寇掠而執之曰出金即活汝公罵曰恨不殺汝以報朝廷豈反向賊求活耶遂遇害父見子死罵賊如故亦死兄希聖弟希仝皆相繼罵賊死痛哉公之先世有伯温伯吉者兄弟同居凡歷四世幾至百人至尚友尚省尚修食用漸繁始稍稍析爨至於公猶有先世遺風豈非節義由孝友來歟

盧爾惇字以崇號劬夫堯臣子早負才名崇禎末由賢良方正授巴州牧時獻賊入川蹂躪公嚴守備與民

効死守公見賊中有渠魁偉狀護衛整肅知非凡賊引火器中之墮馬復甦果賊帥張獻忠也俘獲千餘賊窘退報捷成都楊閣部嗣昌以便宜擢成都監軍副使始得兵百戰抗賊殺戮無算無何兵盡矢窮糧絶城陷尚短兵巷戰身中百創自呼賢良方正盧爾惇死子二繩慈松陽宰純慈邑庠生公崇祀鄉賢

王國寧字萬咸由巳卯副榜入試北雍列第一授四川彭縣令兼攝石泉縣事值寇賊蜂起薄城下公率鄉勇躬冒矢石登陴固守極力捍禦久之器械盡賊益蝟集城陷身死聞者傷之

熊夢祥泰仙里人慷慨磊落好讀書不遺孫呉家言毋早逝事父渭明以孝聞無何賊陷會城北渡掠安祥倡義堵禦賊銜之蜂擁至三角山按姓索之甚急祥與妻張氏訣曰吾當爲國死汝盍行乎氏以死自誓俱爲賊執賊以祥勇略欲全而収之祥罵不絶口身被百創死張氏慟夫罵賊冀激其怒賊佯不聽縛氏足而馳道經秦氏古堰氏奮不顧身躍入水中馬逸不得墮賊乃拔刀斷其雙足推溺之堰水盡赤迄今

過其地猶想見其夫若婦先後視死如歸生氣猶凜凜焉

程之渡字葦如司理繼善季子也爲邑諸生少激昂多俠節父官安慶惟與兩幼弟讀書家中不異寒素適楚帥子左夢庚叛沿江而下將抵皖渡聞之亟往省父而父已掛冠月餘矣行李匱乏不能作歸計遂留皖未數日夢庚兵訌江上執渡渡曰汝父爲朝廷鎮帥不能出力報効乃自相殘殺乎罵不絶口遂被害

秦自輝字景行祖父實以貧設教移家就館卒於麻祖

毋王氏不爲豪宦奪志委曲攜孤襄骨還安葬孤啟意生五子皆砥行力學自輝其季也抱才負志與從子崇禎甲戌進士如容生同庚長同學壬午鄉試七月朔賊潛入境襲安城輝聞其家爲賊火亟奔歸與諸舊家約誓相與保聚築室三角山寨癸未賊破會城其將賀姓者長驅近寨時耿季通爲寨長詢於衆不能決輝獨厲聲倡衆分地以守斬木壘石以禦戒其家不得一人出以亂衆心無何賊入尙持木竿鬬爲賊執欲屈之輝罵不絕口遂遇害子珙芳甫八歲妻胡氏苦守之教育有成庚午舉於鄉

王祚昌字竿南號立之明末邑庠生振筆成文九赴棘闈不售時賊氛四起各立山寨以自固咸推昌爲寨長力捍強寇會圍久糧絕困不能守昌敵寨突圍率衆當先與賊血戰殉難不屈死

吳國宇字祁陽性機警年十二補弟子員楚學使者胡公廬山董公思白葛公屺瞻皆拔識之尤篤友于之誼昆弟相繼早沒事孀嫂如母撫孤姪如子提攜教誨玉之以底於成族里貧者周之弱者扶之婚嫁耕

讀之不能舉者資給之睚眦鼠雀之不能平者排解之終宇之世無登長吏之庭者嘗曰士人讀書窮理無濟當世務終學究耳會當搶攘之際乃團練鄉勇講忠孝大義隱然保障一方寇賊無敢侵犯邑大夫有疑難事恒咨謀畫人有訟咸就質成指其居爲祁陽畈後及其子士愷孫文學之龍之璋之炎皆殉於難公崇祀鄉賢

曾得孔邑庠生少孤事伯兄如父孝友仁厚內外無間喜任俠仗義輕財時流氛肆虐大江南北避亂入山者無不望曾門托足焉孔解衣推食久而不倦有妻子被擄掠者捐資贖之俾得團聚凡饑寒莫告死亡無歸者皆周給殯殮之以故家雖素封坐是大困迫老益砥廉隅勵名節里中不幸子弟聞其風多相勸勉卒之日知與不知皆歎息泣下也子奭年有聲庠序

秦文蘊邑庠生幼聰穎讀書過目不忘明季光黃間小醜竊發蘊率健兒隨軍門討賊有功獲上賞歲大祲出粟賑饑存活無算時與二三父老講明彝教以訓

戒其子暇則往來山谷間逍遥自適頗有先民遺風焉

趙應璜字皇卣早年食餼秉鐸宜章松滋慨然以斯道爲己任後致仕歸值荒亂糾集鄉勇於紫雲巖黑石巖譚王巖扼險捍禦保障一方卒年八十五子熊飛力學修行能繼父志

張百程字日闢璧山公仲子也年二十餘攖血疾父命其遊戲騎射丙子就試遇賊郢城公獨射其貊袍白馬賊兩矢夾脰斃之時婦女數百廹於賊不得渡公

復持滿捍禦悉賴以濟辛巳大饑野蔬自給別貯白粲以奉兩尊人母黄氏卒哀毁骨立旋受知稾旗高公補弟子員値兵寇交訌乃糾合義勇與各寨分勦入賊隊中斬王昭兒一人餘衆驚潰鄉民周某誤入太保會法當誅公獨言其愚蠢卒釋之岡邑有胡姓者誤買盜牛有司捕治將抵以法公辨釋之某廪員陷賊中公之伯子當食餼公曰皃若補是殺一人矣且年尙穉何亟爲其人後以歸誠得出貢公節義文章爲士大夫引重爭相延聘所貽遺悉以購書喜吟詠尤工隸楷著有樸園文集卒年五十七以子斋貢贈文林郎翰林院編修崇祀鄉賢

吳載瑜字石攻邑諸生爲人慷慨磊落沈勇有謀父殁遺幼子維楨盡心撫育以養以教亦入泮復舉所自置田畝分給之明末賊寇披猖道殣相望瑜建砦磨盤衆推執牛耳嚴守禦備器械勦除渠首及其黨數百人里中賴以安全迨

國朝定鼎土氛復熾前邑令任公諭爲團練俾仍守磨盤以握要害瑜孤忠自許力圖報効羣逆不敢窺伺疆

宇得以乂安邑令上其功軍門松公題敘將官之以年暮辭惟教子孫勤學皆克繼其緒

盧爾恒字以占號子常邑諸生性恬淡量汪洋明季闖賊掠安恒率衆登陴堅壁守禦城賴以全以功貢於鄉

國初遊白下受知於安慶中丞劉公思伯多其才題敘委署本郡倅凡疑難事悉爲剖決劉公快得人擬特疏實授以不樂仕進遂告歸築半畝園偕其弟及子姪輩講學其中案頭常置歷一本凡日之所爲夜必記

之以當功過格嘗自數曰人苦不知惡則善心無由而生予藉此以自省耳應鄉賓者三歿年七十有四子四縉庠生早卒綬組皆以青衿入太學以嗣子緯貴貤贈文林郎

陶鏜字聲玉邑諸生磊落魁梧多卓識居介申羅間羣小每倚險竊發鄉里推鏜主盟往往剷平之終鏜之世邑北資保障焉康熙癸亥庚寅兩舉鄉賓邑人韓成山其壻也未過時依鏜後成進士鏜有力焉有子生而嬰閣禍子媳彭氏以處子苦節三十年謂非盛

德之所感歟

熊啟祥字醒國素有胆力勇略過人談兵事如指掌順治初隨征閩南累功授叅將駐防福清時賊寇猖獗山海屢薄城下祥畫力守禦大小百餘戰其有功於福邑甚大乞假歸適有重兵過安嘖邑令缺迎送禮又城卒悍施大砲仝軍憤激兇悍無狀闔邑驚恐祥往說不片言而解士民乃得安堵無恙順治十二年閩亂鎮臣請復祥原職赴勦自慷慨任事所至披靡仙遊城池賴以修築流亡賴以安集功莫大焉年七十以壽終

江中清字公砥邑文學也而有武勲明末流氛猖獗歲且洊饑奉上團練保聚羣推清為大峰山四十七寨長辭弗獲事無大小咸取决焉及戊子巳丑土逆揭竿草澤響應清據守大峰一堡與衆力拒防禦凡八閱月阻遏其勢賊竟不敢窺東南事平邑令上其功督撫咨用固辭不出

胡伯少慷慨有大志喜任俠好騎射不事家人產天啟甲子中武闈再上秋官不第遂家居為人排難解紛

拯倒懸之危時賊氛肆虐公奮然曰吾儕既不能為國家戡亂獨不思所以保障鄉鄰耶爰度形勢城木柵以守險賊聞公名遺書招之不往乙亥秋賊衆突至距闘重圍必欲得公而後已衆不忍相負約為死戰公曰豈以吾一人故累衆人耶且拼吾一身而圍解死亦何恨語賊人曰我即出可解此圍賊許之遂單騎赴賊營圍解卒自刎

彭應選字克符號椿齡性穎敏兄應會中萬歷庚子鄉試卒於公車益折節下帷癸卯中副車旋膺選援授

台州别駕台倨處海濵甫至多方捍禦倭寇不敢犯尋丁艱起補揚州淪河築堤以備水灾遷静寧知州值闖賊擁衆十餘萬圍城公登陴擊柝親冒矢石如是者十閲月内糧既匱外援不至賊射書入城云獻刺史則圍解否則城必屠公告士民曰余死守孤城凡以為百姓耳與其城破而玉碎曷若吏死而城存耶衆皆哭甘効死守公姑應之凌晨朝服北面再拜畢獨縋城直入賊陣大呼曰我静寧知州也速殺我救一城之命賊壯而釋之竟解圍去公亦掛冠歸士

民扳轅卧轍不能留比旋里賙䘏族黨撫孤姪世振如巳生至曾孫士銓皆能世其家學

耿應昌字公府恭簡公冡孫也由恩蔭歴官刑部主事慨廠衛之弊上在刑言刑疏降上林苑監丞遷户部主事復以前疏降廣西布政司照磨值廣西猺叛全省震動公挺身撫之猺悦服饋送萬金公弗受事聞陞雲南楚雄府通判時崇禎十五年也流寇板蕩公解組家居居未寧賊襲城屠寨士人復自相殺奪公於是爲保境安民計團鄉爲四十八會寓兵於農而約束之賊至有備無患公之力也

本朝定鼎公遣衆居城山賊復發蟻集困城公百計捍禦城賴以保大兵駐勦公招撫陰活之凡數千百人賊平奉

旨以原官候用以年老不赴隱居和光同塵縱酒謝事壽八十無疾終此出處大端也若隱行則載家傳大約公魁梧嚴整人畏之渾樸仁厚人愛之大節不奪人敬之至於施德負怨則天性沉容雖妻子亦不知家傳亦未必能盡載也

王之賞號延甫泰仙里人元勳戚也先不花之後明初卜居沙河父三衡幼負才名累科不售以形家言於五雲最高處捐貲培聳自是邑文風日盛公率父祖教由歲薦授武昌府司訓勸課諸生振拔寒畯以母老乞歸值流氛不靖蹂躪光黄乃傾貲餉衆登城守禦後城潰躬被數創衆負之以出旋入保五雲山復推公執牛耳凡里中不率子弟輒畏彦方之知固不獨爲一鄉之保障已也卒年六十三子以寧以重孫明岱繼不愧家學焉

孟存誠字明善邑庠生諳韜畧父淮早歿賴節母余氏教育成人順治六年土賊王晋功等結黨謀叛衆至十餘萬誠與其族振凡威江底於岱峯山寨團練鄉勇悉力堵禦賊阻不得過晝夜環攻誠隨機應變料敵如神相持六閱月賊多傷死適撫憲遲軍門柯率大兵至圍始解誠胞弟存謨性至孝事孀母先意承志母衣方衣母食方食遭喪哀毁骨立祥禫後歲時祭奠若初喪然邑令蕭公恒旌其孝並追表其母之節統顏之曰節孝流芳

孟存心字振凡幼孤及長智識過人勇於從事順治初年與族存誠勦辦邑中糧務分里丈量而里甲聿清徵輸兩便值土賊王晋功寇起與存誠立寨堵禦鄉鄰賴以保固其子孫多列膠庠

韓杰字誠甫賓州倅廷敬公仲子也諳韜畧明末寇亂孤忠自許築寨於小程山集勇堵禦嘗以砲碎賊首賊相戒不敢犯鄉鄰賴以全活

國朝定鼎邑令任有剛上其功應邀題敘以疾辭蕭令世賁舉爲鄉賓其啟云三畏居心一經課子禔躬謙退

無慚熙載宗風處世端方不愧伯休家範固先朝之遺直而　盛世之逸民也贈以德重耆英額壽八十卒

李之瑋字韶聲幼以文章名年十五遊泮先居省會及流賊陷城盡棄其家貲投江殉難漂溺三十餘里漁人救之復甦咸以爲異及長以德行著康熙甲寅間吳逆猖獗小醜跳梁邑令徐委爲北方保障歲時登臺宣講

聖諭曉以大義由是奸雄輯志士民安居復值河南譚賊倡亂擾及邊境府縣飭令往撫於是不惜其身之存亡偕一二有德望者同入賊營指陳利害反覆勸諭賊竟回心向化上憲嘉之以功當賞瑋力辭不受晚年惟以讀書教子爲務邑令張舉爲鄉賓卒年七十有七子文最之最皆列膠庠

熊璋字祥男廩生性渾厚多智畧與鄰人同時築室鄰先佔其基之半不與較悉讓之遷居別墅明季寇亂率鄉人集山寨以自衛　國初流氛未靖邑令任稔其能檄令總護邑東十五寨督率義勇悉力捍禦鄉

民賴以安
周文衡文健胞兄弟也衡字旦生健字乾生俱列膠庠
當明祚既移流氛未靖順治丙戌六月寇賊猖獗衆
推衡爲主盟峙糧於峯山寨畢力捍禦賊久不退衡
乃命弟文健夜半潛出請救於官兵而救兵適敗會
圍久糧絶不能守衡率衆突圍與賊血戰殉難不屈
至於玉石俱焚枯骨同朽節概至今猶凜凜有生氣
焉時文健以潛出獲免得延一綫之傳生子六俱庠
生而應熊應麒尤爲邑令蕭公恒所器重文健既傷

其兄死於難不忍其抱痛忽諸以長子麟主衡祀焉
吳士愷字幼和鄉賢國宇子明末爲邑諸生時流賊方
熾從父團練鄉勇有捍禦功其後率老幼保於風水
山寨因水涸内潰賊執愷繼母韓庶母沈以刼降愷
仗義罵賊遂並遇害子之璋之奕皆不屈死時崇禎
十年閏四月十九日也祟祀忠孝祠鄉人私謚孝勇
子之璜庠生
戴華戴世英明洪武間狂賊跳梁難民逃居山谷華依
中和里之傳家寨英依太仙里之黄楊寨扼險禦寇

各保障一方賴翼安者十萬八千家
吳希顔字柳墩幼業儒智勇絶倫尤善舞槊值明末寇
亂屢獲勦盜盜懼不敢犯境有以金帛假道者却之
鄉里賴以保全
吳優字太明狀貌魁梧諳武略明季流氛猖獗優傾囊
聚義保衆楊柳墩賊守月餘不能下請相見挺身獨
出詞氣激昂賊壯之解圍去
江石字柱吾庠生其先由江右宦楚官閥四世籍中衰
曾祖濟以文學起家遂世其業石品學俱優兼嫻武

備明末流賊蹂躪村民塗炭石據大峯山爲砦保障
一方奈賊來無定遠禦爲難因捐貲苑家立砦衆便
耕鑿婦女免奔馳之苦焉時羣醜跳梁所在多有石
請於官以義勇平之保全甚衆舉鄉飲賓
吳金魁鄉賓之璜曾孫智勇多材由行伍出身積功陞
蘄州營把總益奮於職嘉慶五年川楚用兵隨營戰
歿　恩給雲騎尉世職子定元承襲以守備用歷署
利川等處城守
[illegible]懷建幼業儒年三十值嘉慶丁巳教匪入境於邑北

卡房堵禦奮勇身先爲賊所戕上憲賞給撫䘏銀兩
族吳永清㧞魁梧善謀畧嘉慶七年隨營禦匪有功
陞把總
秦如鼎字勳之邑庠生太仙里人也明末流賊肆虐人
情汹汹鼎請於官願捐貲糧集鄉勇在淨瓶山立寨
守禦由是賊莫敢近一方賴以無警衆德之因於山
右建秦氏書院以誌不忘
武生張載輔張雲龍張斌兄弟也嘉慶二年教匪踞河
南仙花鎮距黄陂站洪儀三十里人各惴惴載輔等

督集鄉勇據卡堵禦緝獲探馬二名送縣賊遂由土
脊嶺南竄站鎮賴以保固
金愈考職縣丞康熙十三年譚以從踞仙居頂作亂愈
傾貲督勇偕邑舉人盧爾慥李之瑋等勦撫之賊始
平村鄰得以無患
太學熊文炳與其弟席鼎炮兄弟也嘉慶丁巳春教匪
由豫仙花鎮入境犯東西二土脊嶺邑令仇公必達
諭其家諭令設卡堵禦遂偕堂弟之貝招聚丁壯數
千人分守相要賊不能進越四日天大雷雨圍潰東

嶺之貝死之賊乘間入村焚掠復收餘燼以相非連
獲二賊即從西遁不敢留是東南半壁得免蹂躪者
炳兄弟力也前縣陳公增慶詳請
旌䘏並顏其門曰義勇名宗
嘉慶二年二月間教匪入境所過焚掠監生熊之貝
以罵賊死劉琨及其叔劉崧姊大女姪女二女俱遇
害監生李烒率族文鼎文福元墻元佳元均及僕丁
有義力堵被戕烒幸免於難烒之子鑾序列成均嘉
會雲會俱邑庠吳道權字致中於羊角會橫坡衆不

屈死生員黄力忠黄力行黄開泰偕黄楨黄力學等
捐輸集勇堵禦力學與其工人姜世鳳死焉力行死
而復甦此外殉難者三百餘人已邀
䘏典黄力忠泰人僕於是年在老君山倡捐修寨監生
黄淮於呂王城堵禦七年饑皆設廠施粥此北鄉人
也東鄉有孟道昇孟燁祖孟正棵孟大趾孟對時孟
大縉孟隱揚孟朝相孟大熾尹際隆尹淵等在永佳
河鎮集鄉勇以備先聲奪人賊乃西遁太守翁來安
深慰勞之餘詳兵事

附殉亂名單

劉　琨生員　熊之炅監生　劉　岾　劉其玉　熊萬輝
吳志中　易奉倫　劉金名　熊朝文　熊輝楚
吳崇謙　熊孔朝　吳兆進　王以成　熊立舉
熊大研　張永順　易丙權　吳　岡　吳世隆
吳長雲　孫國棟　高崇元　熊于朝　熊太朝
熊正乾　王太榮　吳登雲　孫瑞岐　石萬玉
熊啟達　熊國言　萬啟揚　王啟榮　吳正直
熊雲朝　熊國允　熊東揚　孫玉采　王得榮

吳瑞珍　熊志其　熊志儒　熊文遠　吳正奎
孫艮甫　王步雲　熊化朋　熊貴堯　熊貴玉
吳志隆　吳會國　孫元善　熊貴賢　熊銀海
熊緒海　王大成　吳國名　吳國甫　熊宗連
熊宗萬　熊漢雲　陳明奎　吳懷元　錢萬秀
熊立朝　熊允林　熊萬仁　魏華國　周遺高
吳禹恆　聶有德　熊立有　況正興　李在明
陳金文　錢如賢　況朝進　況安國　況定國
李廷秀　周廷耀　吳銀玉　況允章　況方秀

況金科　吳子隆　陳大勝　錢萬海　況允青
余仲勝　金士得　吳希聖　吳士國　吳金國
余宗勝　李志洛　劉洪得　劉相文　甯根意
李廷華　余天相　陶天只　陶洪學　陳啟文
李朝高　王士洛　陶大發　李再禹　喻時文
劉崇禮　李朝相　周耀愷　王朝武　涂兆典
涂兆義　周光岐　鄒起林　吳金太　陶歲金
陶見中　周得友　周正啟　謝仲仁　鄢正名
李子六　劉九疇　劉志仁　冼有文　孫大元

戴文采　胡國龍　胡在國　伍中貴　周萬雲
周文昌　李化龍　伍見盈　段士達　段成得
何得名　謝耀文　謝夢瑞　錢朝獻　楊青瑞
李國太　鄢金林　蕭正太　吳成一　潘士賢
易朝貴　楊青名　吳炳交　周光雲　錢長青
閔錦文　盧季瑞　董　四　黃興占　何　五
謝名華　易奎萬　熊宗萬　況天相　謝夢黄
謝九州　左成龍　盧茂伯　盧志高　黃耀名
戴輝列　吳繼文　周萬明　周聲揚　周漢章

周宗朝 吳以珍 任朝儔 張世雄 周天笏
劉允名 吳允和 謝名甫 劉正朝 謝名得
張燦燿 何朝于 陶國相 左正有 戴紹勝
萬廷甫 黄八 王樂山 丁世元 周中勝
鄒必文 吳玉采 吳四六 陳逮 劉金傳
蔡朝選 謝得升 劉東只 熊奉宜 陳國太
方有得 熊方恒 左正太 戴貴華 李華
劉仲友 黄士吉 萬金舟 黄金仲 劉萬青
黄士珍 余宗文 戴萬春 吳必獻 吳兆舜

吳世賢 羅名揚 甯有成 徐國隆 左之昆
易向隆 馬再良 汪朝太 蕭利見 陳具選
黄茂升 周能甫 吳瑞祥 熊炳正 韓大雅
侯正順 吳自懷 邱正岡 錢伯舟 汪大海
王志達 高國友 易豐儀 萬先正 黄茂林
聶文昱 聶有愷 王啟富 周仲主 吳楚舒
吳之倫 陳雲貴 余紀岡 陳觀南 李尊路
孫恒遠 易奉林 陳仲友 陳東發 陳宇文
陳仲顯 黄洛從 吳兆唐 曾得方 曾仲貴

張起鳳 吳從得 吳之顯 張得周 錢應保
錢正名 張得保 易得坤 易對生 萬宗笏
李從龍 萬奉汝 李裕名 萬鳳宜 易豐來
易宗貴 沈位武 彭朝勝 劉成先 李豐敖
萬啟雲 李見都 蔡勝宗 沈金勝 李自化
張希列 彭元朝 萬子順 萬國珍 沈伯朋
李應龍 以上俱入祀忠孝祠
劉大女 劉二女 以上俱入祀節烈祠
嘉慶七年十二月奉

上諭陣亡兵丁鄉勇人數多者著以五十人合一牌位設龕致祭

按人臣以身殉國分也論世者考其軼事猶凴吊之況一介齊民執干戈以衛社稷者乎邑嘉慶二年教匪竄境義勇死者數百餘人使聞風遠遁誰能禁之乃扼險以圖委身不顧其家
卹典祀昭忠也宜哉

孝友

孝者天之經地之義人子所當盡非以為名也然舜以大稱武周以達稱閔不間於人言曾見善於養志固未可庸行忽之矣至於一門之內兄弟怡怡又孝之根心而生者安邑戶誦家絃淳風未泯凡宗族鄉黨所交推非宰所樂得而志之者歟志孝友

葉元安邑未建之先承命鎮守金廠河父年老齒盡齧元嚼食以奉之急公慕義化導頑梗車牛擔負以充國稅朝廷旌其忠孝

陶采號左山灄源里人父文明早逝公性至孝讀書山寺常以母縈念歸省無定期嘉靖癸卯以麟經舉於鄉授河南泌陽令尋陞四川威州刺史遷敘馬驢兵備僉事時公年五十從事行間聞畫角聲愴然泣下動歸養之志屢求兩臺疏上不遂值上表至京得允其請欣然就道歸置宅城中奉母以居日夕依依膝下若孺子然卒年七十二祟祀鄉賢

周日昂字民翹中和里之孝子也里人感其孝因其世居雙墩遂稱為雙墩先生然非椎魯未學者比少治麟經工詩古文兼精二王張旭真草筆法父病卒號慟盡哀廬墓六年無時不作孺子泣又念母梅氏春秋高屬妻黃氏奉養謂父母均屬天親而事死事生一身不能兼子媳且各分任皆愛敬罔間時有馴虎繞阡白鳩巢墓之異信乎至性所感足以格天地泣鬼神矣宏正間有司上其事賜詔旌表至今皆稱為周孝子云

王威幼失父母從父時瑩撫之比長娶婦張氏瑩病卧床十餘年凡坐起飲食櫛沐溲溺諸瑣事必躬親之

瑩病劇嗜好怒詈俱失常尤曲意將順瑩沒威夫婦哭泣盡哀祭葬盡禮無何嬸母亦病泄痢且危甚醫云得溲味辛甘尚可活威取嘗焉及卒威哀毀過度亦相繼殁張氏勵志苦守耿恭簡高學憲立合傳以明孝節可風云

趙任字伯衡少頴敏日誦數千言舉止有成人風父學博才雄中年弗遇家益落四壁蕭然鬱鬱不得志常遷怒獨好客任受田數畝菽藿不充每委曲以承父歡一日父病客咸往省父命治具須豐腆身私語任

曰而侍湯藥安得如而父言諸客固知而貪止以雞黍餽可矣父覲之大怒任長跪請罪竟日不起諸客解之不得舅復解之任奉杯泣下膝行而前曰兒不孝不能得大人歡大人甫聞奈何復傷之舅父其重扑任也以寬大人怒一時坐客爲之俱泣

李學梅字平橋家貧爲臬幕父分産厚於諸弟大父不平梅跪曰父愛弟即同我愛奚懟焉不幸母早卒父再娶亦相繼卒廬墓六年煢煢棲莽間暑雨一蓋嚴冬一藁蔵及物類有鹿爲伴鳩爲侶之異或他往深

夜必還一夜溪漲不得過望墓而號曰兒在此比達旦積雪數尺有老儒往覲之見雪中隱隱一髻亦復不僵死後明世宗崩諸司哭臨梅伏庭下哭獨哀郡守邑令皆贈以額加旌表唐伯虎高學憲耿恭簡皆爲之傳曾孫李仲友母病篤禱梅墓前割股以進母尋愈又有李友林者亦梅之曾孫也家病疫死傷過半母染疫幾不起友林亦割股以進母亦愈嗟乎學梅以孝著於前二孫以孝彰於後至性格天淵源有自其爲家門光也宜哉

盧溉字源長邑廩生事親以孝聞待兄長循循有禮性恬淡寡營重然諾恤孤寡嘗與族弟靜下帷攻苦後靜登賢書未幾卒妻方氏苦節尤加意賙恤之晚年讀書樂道日以教子弟爲事毋謂其子曰讀書縱不得利達獨不可淑心性乎古今聖賢皆從此做出汝曹毋自棄教三子俱成通儒年八十卒

盧廷篪字心齋少嗜學治胡氏春秋兼習尚書與兄廷簡廷籌同食餼試輒高等九入棘闈數奇不售性孝友執母喪貧無以葬昆季皆不得舉元配余氏望族

女也悉出其衣服簪珥以助喪事歲大饑氏乞糴於姑姒間夜將歸有童子見二豎子燃炬候於道旁詢狀曰衛盧太君也頃之氏果至咸傳以爲異嘗值歲除偷兒潛入其宅獲焉偷兒紿曰歲暮無以將母故來竊公几上肉耳即以其卒歲之物半給之後當歲薦例得司訓不就越明年子堯臣舉於鄉又明年卒崇祀鄉賢

耿汝思字九一仲臺季子恭簡公最愛之剔歷中外所至與俱十五補諸生旋捷南闈四上公車不第遂絶

意仕進益修明家學生平孝友醇摯而意致豪爽閭里有小忿爭輒就質公立爲排觧祟禎丁丑民部郎周君之茂以公名上達下詔徵之而公先巳赴玉樓矣

吳國寧字敬庵灄源里人好學篤行毋黄氏早逝事父及後母以孝聞父病日久侍湯藥甞糞度不起痛哭幾絶父没廬墓三年未嘗見齒有幼弟三皆繼出初父欲析産寧曰兒筆耕可自贍無需此盡推其所有以屬諸弟教之成立得列青衿學以主敬爲宗不屑

屑於章句尤善治家人生産歲或不登即出其蓄藏以賙貧乏者孝昌貧士鄒某以貧故鬻妻寧聞亟贖金數十贖還之爲德於鄉多類此後以貲即補星渚倅移吉水丞未幾歸數年而卒祟祀鄉賢

盧爾悌字以申號子孝中和里人早歲補弟子員博通子史尋入南太學會前明纂修玉牒告成恩例准貢時冢宰李公夢白聞公名欲破格用之公謝不往見性至孝父堯臣晩著書曰三不朽卷帙汗漫編摩甞夜分不寐公侍側父寢乃寢父病甞藥糞及卒廬墓

三年事毋姚孺人色養兼至壬午賊襲城公棄妻孥不顧獨負其母以逃巳卯賊復壓城邑人乏食乃悉其所有以佐守禦身冒矢石傷股不墜有全城功他如敦族睦鄰殯師葬友却盜贖歸難女多盛德事而未甞以告人生平律巳以約不置姬妾生九子俱一乳經綖成進士鋅與出繼男緯登賢書維茲纁緒纓皆食餼列明經卒後以子經貴贈永年知縣祟祀鄉賢

盧爾愷字未一號衡麓痛毋節孝之亡易字少慕生而

夙慧襁抱時能識父篋中字四齡就傅讀孟子至益避禹處輒笑曰看益如何轉來八歲能文父見背遵毋訓由選拔登丙午北闈賢書屢赴春官不第歸與修本邑志多所筆削闔邑奴僕叛公詣兩臺請平之豫匪嘯聚鄰境遣仲子諭撫之至其却還人故劍之謝千金活縞紵之友不恤巳産爲孤姪孫償負尤稱難及以毋苦節不憚跋涉陳情得請旌表及毋卒五年不釋衰哀毀罹疾瀕彌留猶大呼吾毋者三卒年五十有四子六人紀慈統慈紘慈絖慈緄慈紥慈俱

有才吁若盧孝廉者眞可謂孝廉矣

盧純慈字熙叔號椿圃父爾惇官四川巴州以孤城抗賊死純少孤依母於家念父歿王事至巴收骸骨聞有武弁昔與父共患難未死在某境某峒中子身往尋得之是人已衰病不能起呼使近榻矚視嘆曰盧官人有子官人當日殺賊過當賊已支解矣壯士寧有屍耶純慟哭幾絕慰之而還及母卒廬墓三年子雲鳳庠生復入巴招葬著有巴州公案刊刻行世

盧紀慈字念倫孝廉盧爾愷長子也少時折節讀書下

筆極雄秀飄宕之致年十三受知於督學狄公補弟子員父客京華十四五年紀奉祖母匡節孝母樊理家政暇則督課諸弟父歸杜門著述左右承歡多所棖觸族子某佃紀田貧不能舉父喪悉捐租助之善堪輿祖母與父相繼歿卜馬鬣雖寒暑登陟不少輟父易簀時指幼弟紀慈命紀曰此黃口兒但令明理足矣紀泣拜受命暨免喪館村塾棄諸子獨携弟往弟每嬉戲不加譴斥惟涕泣呼父自責冀弟解悟也越三年弟以能文名擬衿食餼焉母卒哀毀成疾死苫塊中年四十有八

江楫邑庠生善屬文弱冠補弟子員父病侍湯藥晝夜不倦以勞瘁久遂伏膏肓然終不語人恐益親疾也父歿哀毀骨立未踰月卒

吳應選至孝性成父疽發背瀕危展轉床褥者五閱月洞胸穿膈臟腑俱見臭惡四聞選侍湯藥口吮舌舐呼號數絕父病忽瘳族黨驚異請於縣邑令張公扁曰能竭其力達於府郡守戴錫曰孝行可風

張榮字錦樹侍講張希良季子也少穎異年十八補邑

庠隨父宦京邸旋丁母彭氏艱七日不飲勺水朝夕繞哭柩傍家禮之外他不寓目惟性理書則於收涕之下時時涵泳蓋其所篤嗜也然體益加瘠竟以嘔血死年二十有一聞者傷之

盧纓字蘇蒲風度端凝德性渾厚同胞九惟纓最少而穎異特甚父母鍾愛之父歿甫九齡哀毀備至寡言笑惟閉戶讀書事母如嬰兒戀戀母亦爲解頤及母死讀禮無遺行兄經卒子幼未厝纓卜得佳地臨終命與兄合葬其孝友皆出於天性如此

金光化幼失恃事後母如所生母舉季弟凡父所遺悉以美者推之尤篤宗黨誼罄貲以賙貧乏捐莛以助婚葬置館塾以教鄉里之子弟不責脩脯年五十餘猶講習不輟以數奇不遇卒

黄色純色綉色緯兄弟三人皆邑庠其先高曾祖三世同居以孝友名耿恭簡額其門曰雍睦一時其子若孫繩繩繼起宴鷹揚者二領歲薦者二補廩增者各一列黌序者五子姓蕃衍皆恪守先業從事詩書豈非孝友之報歟

石台三鄉民也父昆瑞臥床幾斃台三皇遽失措投醫不良投巫不驗乃焚香默禱願以身代私割股肉以進父病尋愈族黨交稱焉

張鵬翮字圖南少聰頴工舉業十五遊膠庠屢試棘闈不售乃嘆曰制義一道沈埋英雄何必爲所束縛哉遂不習經生家言訓子孫和族黨排難解紛里人多賴之父廷萃壽九十而終時翮年已七十矣哀毁骨立不離苫塊人咸稱老孝子服闋邑令聞其賢請鄉飲贈以額曰齒德並尊卒年八十有七子若孫英才蔚起克守家訓

張經錫字瑝受博學好古每遇奇書必手自抄錄尤篤於行誼父母喪諸兄在外凡賓客弔唁春秋窀穸之事獨肩之兄中飛禍鬻產營救得免子婦余姓者家饒於財余歿無嗣羣生覬覦錫正色斥之嗣乃定他如瘞棊骨還遺金皆好行其德者也以明經除城步司訓先期卒子八人列黌宫者四皆有父風

吳之璜字渭卜有夙慧好學不倦讀書一二過輒不忘髫年冠童子軍及長博涉經史贍於文詞詩宗長沙

而語多雋援書法得率更南宫筆意而獨出匠心尤慷慨任俠每揮金濟人性純孝待嫡母余氏左右不離及卒廬墓憂思竟以咯血逝人稱死孝云後崇祀鄉賢子應庚能世其業成進士授隆昌令晋銓部副郎

秦中理字大輿號雲山少孤事母陶氏以孝聞年九歲母患心胃痛醫稱不治私刲左股以進年十三補弟子員食餼甲午恩選應順天鄉試擬元未果於是設館授徒資館穀以奉嫡母他如養己嫁之姑邮朋友

之子辭鬻子之謝孝之善推者也母卒三年苫塊哀毀成疾歿年四十有九子經芳世成俱邑庠

何遜字任長性嗜書雖兵戈搶攘中猶手不釋卷母吳早卒事繼母賀至孝年十二入泮十八食餼從學者多知名士所得館穀悉以奉母先意承志得母歡心母卧病幾兩載朝夕侍湯藥不倦雖葠價昂必拮据以進母沒哀毀骨立不知爲異母子督諸弟迴逼過嚴或以母憐故稍從寬然偶不率教必自擊觸壁唏噓徹宵不寐後皆率教康熙甲戌通成進士遜之力也年四十貢成均未仕六十有八卒子三爲邑庠生

程之龍字見侯號松門通今博古兼精書法性孝友庭闈之間無間言任道州學博多所栽培弟之鳳之獬之鐸聯翩黌序

程之渫字井汲號清泉少卓犖不羣弱冠補邑庠食餼居鄉恂恂然遇疎族諸父輩執禮必恭侍坐左右竟日無倦容輕財好施族子女幼孤撫如已出悉經營其婚嫁嘗搆別業於會城之胭脂山顏曰梅花書屋延名士肄業其中膏火餼糧之具鬻産佐之後屢赴

棘闈不售以恩拔入成均考授縣令未仕而卒

周世寧字永清大司空諱思敬之孫八歲失怙事孀母以孝聞奉晝荻之訓十四補弟子員尋食餼以祖蔭序當承不肯就惟潛心經史以遠大自期督課弟姪攻苦下帷專以身教凡田園婢僕彼此多寡概不問其友愛處皆善體親心者也卒年五十四子承祧能繼其業

江惟清字汝秩分宜令載清季弟也少失怙泣血擗踊哀感路人及長好學不倦善屬文年二十補弟子員旋食餼與人交推誠去僞人有過必面規之後以歲貢入試成均授竹谿司訓未赴任而卒

耿麒宗字嚴庵年十七補弟子員事孀母以孝率妻秦氏無寒暑晨昏侍奉罔間居喪哀毀如制學博林公瑾以其實行申之督學使鄧公加優獎焉屢入棘闈不售遂絕意仕進隱處以終

彭鴻功字偉男兖州太守諱繩祖長子也篤學力行性孝友視昆弟子如已子子姪中之幼者亦忘其所自出也後以選拔入成均充教習課藝刻成均集中方

以遠大自期竟歿於京邸士論惜之子之英之華之
蘊克承家學
曹維翰字子宗泰仙里人姿性穎異家貧性至孝父艮
杜喜施捨每先意承志竭力以供雖窘急必委曲以
應無難色兄弟相敬愛三世同居克敦孝友邑令蕭
罷重之以副貢考授學博未仕隱居山林栽花種竹
督課兒孫自訂其文稿曰遺書卒年七十六子二有
庚有甲皆庠生
秦珣芳字玉華父景和食貧有五子每餐各分饘一盂

佐以糜粥珣輒留以饍母父卒哀毀不欲生幾至暈
絕壬午賊襲邑珣負母渡河為母濕貸衣飢貸食無
心顧妻子徐亦漸相聚築室五雲山竭力養母壽八
十一男四長登廖庠季如芫壬子鄉薦
彭大興純孝性成祖病篤父頗知醫肜之泣謂興曰脈
絕矣奈何大興泣夜半割左肱肉為羹以奉之漸有
起色數日病愈後祖知其事祖其臂驗之則血痕如
掌存焉
阮林遠字星吉曾祖啟岷以避流寇失母所在呼搶欲

絕徧歷州縣求之閱三年終不獲里人稱其孝林遠
其曾孫也母盧病乳日益劇日夜祈以身代一夕恍
惚見祖母授以藥曰用此當愈以手受之實無有也
而香聞一室母病竟痊人稱曰小孝子
盧聚慶父卒貧無以殮乃質身於周姓以其值葬父事
畢役於周甚勤周義之為折券遣歸同族盧明善盧
紹先皆以貧苦負擔乞米養親親病無錢市藥刲股
以進親病竟痊至今鄉黨宗族猶稱其孝
孟之繩號其武太學生至孝性成幼隨父任東光父卒

繩年方十四號搶欲絕艱難萬狀始得扶櫬南歸家
居儉約謹飭好學不輟子道漢早卒孫曾輩能世其
家學
孟大聰字聖宗生而貧窶年十三傷父母艱食躬負販
以養長通醫學積有餘貲父歿事母益謹每昏定必
親理衾枕而後即安酒後作孺子態執板唱歌以承
母歡時年已六十矣友愛諸弟甚篤終其身未嘗析
居異財子謙益亦以孝聞居親喪旦夕坐卧靈前足
不入內室讀喪禮見殯殮不能如古則大慟念父母

以辛苦起家終身布衣蔬食欲少展孝養已不可得則又大慟蓋至性所感雖行路亦不忍聞也

吳緒字擬升邑庠生少躭書籍博學能文早歲有聲黌序性純孝母氏見背敬事繼慈承歡養志無間言平居以孝友勤儉信義謙和誨諸弟子姪惜天不假年三十六歲而終以孫中理贈文林郎

吳文煒字含章號蘊山博學多能善楷草書尤精勾股嘗力學致疾母憂甚遂輟舉業以體親心同胞三人先析箸未幾兩兄嫂俱歿子女皆幼復合爨飲食教

誨不啻已出姪倩有貧不能娶者則貲之有小功女弟適陂邑周姓苦節四十餘年貧老歸依母家暨歿爲之傾囊棺殮歸葬于周鄉鄰搆爭必出貲排解有佃戶納稞暗以水漲斛而糝木屑弗與較亦不易佃其器量宏遠多類此以子中理贈文林郎長孫性誠贈奉直大夫

韓錫勇字毅然邑溫源里人也品端方尚氣節倜儻慷慨每爲人排難鮮紛侃侃而談不畏強禦人皆畏而愛之性純孝父歿喪具一身獨任不以累昆季繼丁內艱悲父痛母廬墓三年生平好施不望報陂邑有寠兒某貧無依攜歸育如已子長爲之娶產男女各一且將予之田宅期永久其人聽婦言數求去其寬容仁恕類如此壽八十易簀時無他語但云碎身難報父母恩誠篤孝哉子兆元力學未遇孫四伯季皆成均仲邑庠三大榆郎致中嘉慶戊辰領鄉薦

王光嵩字中嵩歲貢生庠生王有才幼子也性純孝承顏順志無不得親歡心伯兄廩生光華掌教書院相從讀書事如嚴父善屬文著有斯誧編文集曲臺擬題待

梓後邑令戴延爲萃英山長造就甚多子玉璋玉青亦敦孝友列青衿孫鈞弼庠生鴻翥優廩生

王之格性孝友親病侍湯藥不假手於人及歿茹蔬廬墓日夕號泣未嘗見齒兄之極無子客死於外訃聞重繭奔赴扶櫬歸葬以其次子承祧子顯衡顯琳顯名孫明瑞明教明鼎明體俱庠生

王之相字衡甫性純孝母歿廬墓三年未嘗見齒父遺疾前後刲股以進者三壽延八載邑令胡旌之曰溫凊勵操邑令宣詳請旌扁曰貞孝傳家

秦學泗學治虺兄弟也泗字會東邑庠治字望魯國學父母俱年逾耄耋兩人白首斑衣孝思罔懈會東教諭望魯握措世務同居垂老無間言望魯外出夜歸會東必坐以待望魯亦不久羈歸後必坐述一日之事數十年以爲常有族孫某幼失怙恃兩人引而撫養之並囑子孫爲之立室家謀生計族有鬻產者後貧不能償以產還之併焚其劵會東子大樟姪大樸常教之以立身行已之道老來足不入城者二十餘年兩舉鄉飲賓不就壽八十有六以孫光扆　貤贈

奉直大夫望魯性耿介嚴取與嘗因嫁娶購漢鎮綢緞數十金店忘之矣仍如數還之娶胡氏岳家無嗣願以產業書付辭不受管修學田及書院文昌宫多有創造享年七十五邑令梁表其門曰孝友傳家子若孫俱方興未艾云

何大任字伊爲雍正時人性嗜學工詩古文詞數奇不遇父早逝事母顔氏至孝母歿廬墓三年一日墓側忽湧出清泉以供飲食邑令聞之給扁旌其門服闋復居二載方歸歸後井泉枯竭至今里人猶傳之

吳永華字如山少孤事孀母以孝母病延醫於陂道遇虎歎曰天絶我也但母愈吾死何恨因與虎約歸而食我言畢虎搖尾去歸則母病亦痊矣生平輕財好施每飯必留有餘乞無弗與乾隆五十年及嘉慶七年十二年歲荒無不捐粟以賑路不缺食竈不缺炊焉卒年八十有四子三長家柱國學孫廷敬庠生

吳永松字長青幼失怙恃事兄嫂如父母居恒語人曰吾不逮事父母飲泣終天所賴撫畜者兄嫂耳吾事之毋負天顯後成立析爨第三兄早逝分財利必讓

姪或詰之曰弟不可先兄兄雖故姪在即兄在也性慷慨任事鄉里有爭必捐貲勸解值嘉慶二年流賊入境募鄉勇曉以大義一方賴以安堵卒年七十三子家椝邑庠

程溢性肫摯以兄淮誣累被刑溢請以身代人咸義之

熊泉字大川庠生父歿廬墓三年蔬素終身鄉多虎泉每適墓屢與虎遇虎必避人以爲孝之感云精岐黄家中多備藥物富者求診示以方貧者求診兼施以藥子鳳翮鳳儀庠生國光太學生鳳翥儒醫孫錫元

職員皆能好善樂施想見貽謀之善焉

陳中錦中鋑中鏞皆以孝行著錦增生父歿廬墓三年寒暑不輟事祖母程母氏吳備盡孝養暇則讀書惜不永其年鋑優附貢事繼母胡以孝聞母病輒廢食愈乃色喜友愛異母弟中銑教以詩文入邑庠後以卑優未就援例分發粵東署肇慶府德慶州悅城鄉司未幾卒於官鏞國學母胡氏年九十餘先是日失明鏞日侍左右依醫言以舌舐可愈三閱月適生元孫目復明人以為孝思所感云現五世同堂子中璜孫正漢曾孫世台元孫德馪積善之報正未艾也

戴凌雲廪生家貧力學有孝行父久病纏綿床簀二十三年雲侍湯藥不少懈病稍瘥即讀書父歿廬墓三年

吳遵路字示周廪監考授縣丞義勇過人賊宵劫財刃逼其兄路奮身擊之賊遁去子若谷歲貢若古太學谷字抑犧亦慷慨好義乾隆癸卯奇荒設粥以活者甚衆邑令吳深嘉獎之子承秀承恩承祜俱列成均古字珍懐天性醇篤父歿廬墓三年子承芳國學

吳一孔字秀崖孝友嗜學明季與弟一相同遊邑庠值流寇有欲殺其幼弟者誤執孔孔不置辯遂遇害時年六十五胞伯國宦明歲貢弟一湘明鄉飲賓

吳餘鳳孝童也年十餘齡祖母病垂私刲股以進病愈以壽終童隨歿從叔宏剏作孝童傳其後有吳克敏者少孤家貧採薪養母母病篤嘗二次刲股以愈母病後敏疾劇謂家人曰吾夢對簿陰曹以刲股事增壽一紀卒如其言

董憲字思吉增生中和里人事父母以孝弱冠奉親命偕弟步月越境從師家計悉兄憖料理憲體親心下帷攻苦後丁父母艱斷葷酒者三年兄弟友愛彌篤至老無間教授生徒多知名士如貴州守孟正笏襄陽學愽袁履謙皆出其門長子醇庠生孫益清與憖孫謙俱克承家學

程五為字懋根父之渡以罵賊死為方髫年遵母訓讀書成名由貢士候選訓導工詩文品學兼擅孫堵廪生天達邑庠曾孫邑庠並能世其家學

江孔殷邑廪生孝友誠慤舉止安詳父偶墮於水殷救

之父尫而殷㸚學使胡深爲惋惜卹銀以葬且弔以
詩銘其墓曰孝子

江鑑字驗唐庠生至孝性成母彭早世事繼母汪如所生汪性嚴時有嗔怒甚加鞭撻鑑順受之仍依依母側凡所祖遺擇其尤者以讓弟體母意也母七十三卒哀痛盡禮焉

江澤臨兄弟三巳與仲業農使季澤孚讀旋入泮不永乃以母遺膳田給其孤爲膏火俾繼父業其仲弟次子昌梓早殁妻鍾氏苦守尤加體卹屬家人咸善待之

孟正癸字尚賢副榜春梛之祖早失怙特甫長諸昆析爨未幾仲兄卒遺孤寡無依癸事嫂如兄愛姪如子教養成立仍合居量能容物橫逆不較知醫某婦託病邀診脉執其裾而挑之絶裾而去其方正類如此子大任字聖揆少孤事孀母以至孝聞溫凊定省無少間與堂兄析産能推讓無芥蔕與弟同居至没齒一堂兄老無子加意賙恤之任卒兄哭之慟言及輙垂涕云

吴宏徑字宋輿諸城令之珍次子邑增生性恬淡動循規矩邑令賈延爲鄉賓子舞鳳列膠庠胞弟宏禩字卜周少失怙呼號慘怛哀感行路事兄宏初俱愛敬備至性敏有雋才以力學致疾卒子詢起鳳均庠生

吴義鳳字魏依吏部考功司應庚長子也以國學考授州同因父宦京邸家居侍奉祖母杜及母氏韓不就職閉戶讀書嘗取齊安人物志徵實而論列之名曰黄國故録弟威鳳翥鳳威字節士以國學考授州同未就惟肆力天文易數諸書子兆棋孫大韡俱國學

翥鳳字景雲品學純正學師張以優行舉邑中大事多所贊勷著有經義史畧諸編待梓子楚湘孫茂槐俱列膠庠

吴湝勤儉樸誠恢廓先業撫三弟友愛篤摯教子姪以孝友廉節爲先晚歲五世同居內外食指百人靡不恪守規矩

江維新字穆孫庠生性恬淡美鬚髯讀書天窩書院中經年不出工詩古文詞下筆立就善書事親以孝著居憂時父母皆耄耋維新巳年踰不毁猶哀哀作孺

子泣三弟俱有時名澍德庠生舉鄉賓黃庠生文選歲貢祁陽學博維新本明季宦族自經兵燹塵視簪纓非公不及長吏之庭屢散金粟以賙貧乏晚年作五岳之遊拏舟洞庭備覽三湘九嶷之勝壽臻古稀而逝

吳鑾字帝載少孤能文以國學屢薦鄉闈未售後咨補河南汝陽二尹以終養辭子孫以功名顯族吳尚字自牧聰穎過人讀書數行下早年食餼膺歲薦事嫡母韓以孝聞

處士鄭道亨字嘉會祖籍黃岡進士鄭真之裔父應璧康熙間遷居安邑亨性純孝母患癰藥無效舌舐之而痊又患瘋疾三載親調湯藥衣不解帶母終父繼殁哀毀成疾廬墓三年時有白鶴繞墓之異雍正二年施粥賑飢嘗宿旅店被竊越數日夜忽有扣門者啓戶則竊物在而人不見矣又無故被人宂詈閉門不與較天忽雨仍開門給以雨蓋衣服其人感悔而去寬忍含容類如此子三廷揚貢生亦好善樂施逢嚴冬恒以衣食賙貧乏有縠商負重債因失事不能償郎焚其券夢華庠生性剛直見義必爲倡修高橋不辭勞瘁廷鈞優廩生授徒不計脩脯歲飢命子之蘭設粥以賑里有獨傳四代者貧無妻助金以娶是皆有父風焉

鄭之良字理襄天性肫篤十六入泮屢試前茅乾隆癸卯科卷已擬魁三題子産聽鄭國之政文承題有子産鄭之良也句拆彌封疑而擯之後遂澹於進取與弟之僑之羽菽水承歡大被同眠垂老無間臨終囑合葬鄉人咸嘉其孝友

楊斗奎伯仲四各爲活計奎善居積稍有贏餘助伯娶婦伯殁撫姪成立終身不娶招仲季甘苦與共至老

張希元字乾子庠生贈君百程三子也敦孝友勵品行澹於進取早謝名場兄石虹太史深愛重之後在官邸聞訃哭以詩有地下逢而母雲端侍我翁獨餘阿大在頭白哭秋風之句其後裔科第聯翩方與未艾也

金作礪邑諸生幼失恃父疾九載親調藥餌刻不離膝及殁哀毀致疾而卒生平敦族尚義有族姪自

洳子毋遠寄豫省母死自鬻爲僧訪購歸撫育成立邑令李文芳題其遺像云古貌古心存古道儒冠儒服繼儒宗過今誰是澹臺者惆悵真容笑貌空可以想見其爲人矣

金之垍貢生先失怙事母以孝聞母病衣不解帶湯藥必親不假婢僕手居喪廬墓三年春秋祭掃猶作孺子泣嘗建塾延師以訓族中子弟修祠刻譜以篤宗支里黨咸欽服焉

金懋邑諸生博涉經史兼工草楷詩賦天性友愛伯仲

四和好無間與季廩生志時以問學相攻錯授徒之暇風雨連床不異姜家大被也子之堂之坦之均志之子之堦俱列邑庠

王儒字淑尼明萬歷間邑廩生戊子丁酉庚子三中副車早失恃事父至孝事繼母如所生明季徭役繁興南北兩京糧絹稅重儒躬運兩京交兌時饑饉洊臻官吏追呼不給族衆逃亡遺其家屬嗸嗸待斃儒計口周之官吏催迫一身獨任族賴以全析爨之日以美產讓弟而自取其薄者當事錫以匾曰賢良方正

郭天明幼失母躬耕負薪以養父父病侍湯藥衣不弛帶疾篤割臂和羹以進復嘗糞知不可起搶地痛絕及卒廬墓六年妻死亦不顧有白兎馴擾之異終身衣冠縞素值父母忌辰必哭奠當道屢旌其廬

周文昶幼孤家貧服賈養母母病聞信遄歸日夕侍湯藥焚香告天願以身代復刲股以進母病頓愈邑進士韓成山偕衆匾旌之

許正明字耀雲父病篤禱神割股烹湯以進父復甦謂其壻曰余夢大廟牌懸金字云感動天和地保綿十

五春等語後閱十五日卒

秦文茲父枋外遊滇省不歸茲隻身尋親備嘗艱苦值滇叛不得父所忽有神人告之遂匍匐往果見父僵卧於馬伏波廟中氣不絕如綫哭且呼及蘇云得水可活茲急取水且覓醫調治越二月父病愈苦饔飧不給乃爲人傭以供贍年還里適流氛甚熾有弟讀書於麻邑被賊執去茲入賊營尋弟亦爲所縛將殺之尋獲釋與弟潛遁賊覺追之不及復避亂三山寨寨不守妻女亂亡茲不顧止抱週歲姪以奔得倖免

吳泓之筵之葉兄弟皆庠彥也友愛素篤少侍父教以兄弟旣翕毛詩學宜三復遂終身凜之父遺房屋數閒薄田數畝析箸時弟讓於兄兄不私焉各以硯田爲生計每際赴館兄弟必泣涕而別所獲俸資以有濟無以多濟寡人謂有怡怡之氣象

邱世瑜字國彩性純孝家貧藉館穀以供甘旨遊幕襄樊以歲所入寄兄作洗腆費後數年歸省舟次陽邏聞母病以憂鬱成疾卒子四承鰲太學孫肇基太學鼎和庠生

鄉飲賓程天赦字紫垣徽州府歙縣忠壯公元追封忠烈王靈洗裔也前明遷居中和鄉品誼純正族之續遷者皆依之嘗建塾以訓族中子弟諄諄以孝友相勗即名其所居之地曰徽州坂使後人不忘舊籍也生子五長國士學邃而數奇事親以孝聞與異母弟庠生國麟等能守父訓友于克敦孫應聰應泰聰早沒遺孤文輝甫數月泰撫之成立輝宦肇昌卒於任一子方六齡泰之子文亨值兵燹之餘攜兄眷併扶兄櫬歸窆撫侄成立有父風邑令楊公之琳表以孝友傳家額

州判黃景灝源庠生雯之子也雯卒景年十二常以不得承歡爲戚事孀母宋氏至孝母病親調藥餌不假奴婢手卒之日哀毀骨立幾以身殉待堂兄庠生思憲思顯不啻同胞邑侯咸器重之每因公便道造訪民瘼卒年八十三子三長待時國學和平雍穆有長者風次待試州同好賙卹晚歲經營祖田積金欲修祠宇未遂而歿其子曰槐繼之立碑歸美焉次待選國學早逝孫鳳翥曰蘭曰藻曰椿曰杞曾孫星璧星

炳星煒星釗元孫登第多蜚聲黌序能世其家

邑庠生宋璵太學生環庠生琦兄弟也天性純篤父歿昆季皆廬墓三年終日悲號哀毀骨立毋疾日侍湯藥衣不解帶疾篤焚香同禱爭以身代後病痊人皆以爲孝感兄弟和好無閒璵年近八旬環琦事之惟謹古所稱田荆姜被無足多焉璵子廷桂庠生環子廷楷琦子廷格琦孫文煜俱列成均曾孫宗斌庠生

武應酉庠生濤之子早失怙事母以孝聞有三弟俱幼撫之成立以產居讓之筆耕自活卒年八十五

按能孝者無不友能友者方爲孝惟孝友于兄弟書不云乎雖孝子悌弟不盡著聞而士庶之家多有數世同居者亦可以驗人心風俗之美矣

宦績

儒者學古入官贊鴻猷著偉烈尚已次則膺一命之榮綰半通之綬於物亦必有所濟孰謂非百里才不可展其驥足哉夫前事者後事之師也故攄所採聞録於篇以俟後君子矜式焉志宦績

也先不花元勳戚先世家西陲宋靖康從戎南渡祖百夫父萬山俱贈提領不花官左丞見元史宰相表封提領王平章黄州路兼鎮桃花站有功德於一方今百望山書院遺碣猶存但文多磨滅惟年月官職姓氏可稽葢元至順癸酉歲也子孫以爵爲姓隸本邑沙河子君用襲父也先不花爵元末大亂據險保境明太祖平陳定武昌率衆歸之觧兵柄從守黄州

鄒來學字時敏太平里人宣德癸丑進士初授户部主事轉員外郎從靖遠伯王驥征麓川以功陞郎中母憂服闋改通政司右叅議督儲於永平山海正統巳巳虜犯京師擢右僉都御史節制軍務廵視畿甸東北諸關隘時人情洶洶廷臣懾息惟謀守城公請擇文武大臣各帥軍據險以要虜歸路大軍從而逐之

內外夾攻宜無不殄滅者於是命公帥所部趨紫荆關易州等處偕昌平侯楊洪追躡虜後方當百務叢脞之際公綜覈名實刻期樹功繕倉庾轉芻粟築城浚池立屯堡精器械畢將練兵事爲之所京師賴扞禦焉景泰癸酉陟副都御史命兼制居庸倒馬白羊龍泉等關而邊境無虞矣甲戌東南數郡大旱百姓騷然朝廷材公又改命巡撫蘇松常鎮賑之於是蠲逋負免徭役發廩勸分興水利督耕作詢察吏治旌良儆貪誣謗不恤上疏畧曰天之降災未有如今日

之甚民之饑饉未有如蘇松之甚臣巡歷郡邑體驗民情死者相枕連途生者號啼盈市棄家蕩產鬻妻賣子在在有之臣已令郡縣稍有倉廩者按月關給賑濟或移粟於鄰壤或貸種於富家凡未完糧草買辦差役之類俱令停止人心僅安生理稍遂奈疫疾流行匪直蘇松雖嘉湖常鎮亦然生民之患莫重於此又小麥將熟忽皆黃朽事出不測空腹待食惶惶失望以土沃民庶之地變爲嗟怨愁嘆之墟推其所自必有所召皇上中興以來法祖敬天愛人節用豈期鄰邑之官忍心害理科歛侵欺詞訟旁午而不問囹圄充盈而不理里胥奸徒包納供應以官錢爲私貨以公廩爲家資大家豪戶凌虐小民剝削膏脂罄空杼柚其他宿弊不能枚舉臣將已甚者執問如律餘令警省自新夫守令生民之父母巡撫又守令之表率今災異如此雖守令之過寔臣之罪也伏望慎選剛明廉幹者任巡撫之責庶天心可回災患可弭矣上褒答之公又請存京儲以備賑濟復輸任以省勞費時善其議竟以勞瘁成疾及歸議事而道卒上

遣官致祭命有司歸喪營葬祭祀鄉賢孫駪登進士歷都給事中出補參議

周隆字懋修賦性英偉善談兵法明太祖起兵時慷慨從戎屢獲戰功以軍功授副將軍洪武二年由江西饒州卜居齊安後建安邑至今號爲太仙里人

周文二字厥群雄健勇畧諳孫吳之法官指揮使凡遇軍事獨奮武勇罕有輕犯者又周孟揚素有胆畧談兵事如指掌官至驍騎將軍後解組歸隱居歸元山

鄒濴天順壬午舉人授石泉令時經畬夷之害民多逃

徙淡善於招撫復業者甚衆四川龍安名宦

吳琛字文錫西山先生子也少篤學修父業與兄琳齊名授衢州府同知盡心奉法政多偉績

黃伯玹中和里人成化進士累官少卿宦成之日居不數椽田不百畝分給八子若儒素然少司馬耿叔臺題其卷曰清白遺風

周思敬字子禮號友山隆慶戊辰進士起家水部郎出備兵寧州時寧有巨寇嘯聚莫敢攖公至以計擒之渠魁授首副使廣信參政涪州皆著奇績尋擢光祿

卿三遷至南戶部侍郎主事趙學仕侵牟有罪恃輿援爲鮮公劾之擬戍時議援朝鮮公抗陳不可得命旨報罷朝野震服以疾卒於官贈工部尚書孫世寧博覽羣籍事孀母以孝聞

方民懷字懋元少循謹長志古人之學從道峯毛先生遊弱冠舉於鄉家食二十年絶跡公府嘗寓旅舍有女奔者公正色叱之女跪曰父爲債窘故爾公亟取囊金賙而遺之葢有魯男子之風焉謁選爲林縣令五載有惠政平生恥爲婾阿有監司臨以非禮公拂衣起曰廿年不出正慮此也隨賦歸歸之日囊無一金杜門却掃郎族里召不赴家徒壁立而日以松醪自娛其風致又如陶靖節云伯兄憲副有子没無嗣家累鉅千珍綺稱是公臨其喪覩之恚曰此禍胎也不顧而去任其姻黨恣取若將浼焉安陽閻學郭東野林鄉封人也稔公治行趣令復起卒不出晚自爲贊曰一個模樣如癡如拙一個心腸如石如鐵一個義字如粟如帛一個利字如蛇如蝎人問不知向人不說事到頭來自信自決里人士傳誦之咸謂無媿

辭云祟祀鄉賢

方民悅字懋德號三河泰仙里人父孝廉生子六公居五少有異姿一見輒成誦稍長博通秦漢諸史下筆千言戊子舉於鄉乙未成進士除六安知州陞禮部員外郎歷本部郎中當分宜之初入相也公聞而歎曰天下自此多事矣後咸服其識俸滿出爲廣東兵備副史多惠政士民樂之先是海南富商以飄洋爲大利時伏莽竊據其間商苦甚公百方廵緝擒獲者衆商人德公比殁海南之民爲之罷市者三日櫬[illegible]

白衣冠送者數千人立祠以奉公祀

周家棟字隆之號鶴陽太平里人萬歷戊子巳丑聯捷南宫授臨海令清理徭役民懷其惠築湖堤尤利及永久尋擢御史巡鹽兩浙老稚數百里遮道歡呼曰此我曩時父母也卒祀名宦初採礦命下安邑有金場河姦胥妄指以累平民桁楊桎梏相望於道公力爲奏罷鄉人德之亦祀鄉賢

吴化字敦之號曲蘿萬歷乙未進士授鎮江推官數斷疑獄出人意表民有壓死者誣爲諸生某撲殺公案之曰撲人者右其手理宜横今縱而左非撲也民乃服遠近神之其敏練類如此累官禮部主事卒年七十二有遺集若干卷子光龍克世其家學

王之策萬歷中由選拔授通江令茹蘗飲氷鋤強剔蠹善於撫字崇祀四川名宦

秦楨字立之萬歷巳未進士授全椒令未下車卽發諸吏奸蠹狀至則杜苞苴除耗羨薄稅通商調桐城去惟攜布被一篋而行崇祀江南名宦方公家食時偶小集有拍板以侑觴者公與其狀叩所來對曰某本

江左書生以令親典學政見黜心頗不甘特訪至此公曰文在乎應曰在出諸袖中公覽竟擊節曰故知君非常人也遂以其文謁司衡者白其事司衡亟發篋視所落卷乃知以油污燭燬未入目使復其衿後聯鑣爲海內知名士蓋李君叔元也又在官時一勢宦因壻家中落欲悔縭蘿速之訟丐囑於公公曰第以白金數百來令女一出質斷之易耳宦家如其言比就鞫公謂曰君所以如此者嫌壻貧耳今不貧矣女宜從一余爲伐焉因呼女入署治奩具嫁之時論無不稱快後公歿二人皆不遠千里致生芻之奠焉

吴士伸字季舒號果石吉水丞國寧第五子父倅星渚時母程氏産伸於官舍星令陳公夔絳衣人入倅署覺而異之遣訊則伸誕生始也髫齡失怙執喪禮如成人十九入庠廿二遊成均三十八除南典膳署東城兵馬司事時闖逆犯順金陵公上衛南十三欵分守正陽朝陽二門賊不敢近著有司城紀略以直忤時謫溆水簿甫涖任委視鄖篆招叛綏良績載羅志旋攝申州修城垣集流亡賊攻甚急公親冒矢石授

方略擒殺甚衆圍解晉秩新昌士民扳留久乃得去越十餘年申人追思愛戴立碑城南頌德焉旣抵浮豫撫用守申功題補桐柏令未受事而歸教子之珍成進士就養東武提命尤切暮年里居寄情物外曾族屬濟飢寒凡有益於宗黨力行不倦時復拈弄筆墨著雉山園小吟年七十七夢呂祖呼梅溪道人授以五月落梅之句已而果卒

耿應輿字公明以恭簡恩蔭官刑部郎中為人倜儻好奇多大志官刑部時值熱監一囚犯貌聳神異心奇

之售例典監必朴責壯囚公旣奇其人不復責退而饋之食囚食畢不謝但云寄語耿公我必不相悞後值滿輪他郎中典監如例朴責是囚夜半逸去向使非公奇之則失囚之罪公當之矣公嘗痛本邑南糧轉運大不便於民方謀改折而公歿時年三十有四子幼公之奇行無為表述者僅傳其一二深可惜也

程繼善字明起號勉公太平里人為人沈毅有志五中副車以歲薦考授安慶府司理其治皖也訟無留滯有悍將驕橫郎日請命逮繫世爵崔某者祖墓木為健兒竊伐反受誣抵重辟爰書具成力為請釋崔德之立祠祀焉自是兵輯民安皖人至今誦之解組歸流寇四起立堡大勝山訓練保聚隱然為一方保障邑中利弊無不剖陳精確為歷任邑大夫所推服甲辰西山之役軍需旁午公與吳公西灝酌量調劑力言於當事徭役悉均晚年與邑中賢士講道論學立義塾訓族子弟列黌序者五十餘人初為諸生時嗣父被盜害號泣欲絕詗得渠魁六七人鬻產藏足請討於院讞決時論快之六子登仕籍者三食餼廩者

三壽八十一

王倜號孟庵以明經授河南羅山教諭陞四川長寧知縣長偕諸生著草履上公庭充里役一到郎革除士風丕變折獄明決綢俸賑饑給民牛種民多德之晉敘州别駕未久引疾歸年七十五卒孫瑛克繩祖武

周世鎮字元樸太仙里人幼失怙事母以孝聞賦性頴悟夙負磊落之概年十六入邑庠以恩蔭補太常典簿在官刻意勤職秩宗葛公㠠嵋少宗伯張公元始雅器重之列薦剡其考語略云駿奔宗廟襄禮樂以

修明執掌簿書典儀牲而肥腯擬擢計部郎先是南
中市猾乘亂報仇殺人利其家資一時蠭起公密白
掌中臺者榜嚴諭之亂風始息旋以疾歸里年尚少
耕鑿歌詠逃情稼穡間淬自韜晦
國朝徵求隱逸賢良當事以公應力以疾辭晚年益精性
理諸書尤熟資治通鑑博涉古今不屑屑章句好施
與族黨多賴之卒年六十
劉之楨字永濟太仙里人淹通經史酷嗜尚書刻意爲
文其簡潔處尤得訓詁之遺弟兄師友每屆秋闈必
結七藝會課忽拈士不可以不宏毅題終日不成一
字及應天啟辛酉鄉試闈中恰分是題公搆思仍無
一字至夜分心思頓生伸紙疾書七藝俱就遂獲捷
初授石首教諭時兵燹之餘士民多規避公加意招徠
是科中式者惟石首最盛尋擢石泉令泉固巖邑城
郭闕如公廨傾圮乃捐俸完堞搆署地逼與安兵民
雜處爲之嚴紀律使戍卒不敢騷動代撫王公器重
之欲登薦剡旋以老疾乞歸未幾卒
江載清字子厚號雲輿中和里人沉酣經史端愼醇樸

絶去矜躁浮夸之習與人交初若落落難合久之無
間崇禎己卯登賢書癸未徐公九一分校禮闈得公
卷深加歎賞擬首薦以卷末投桃報李四字抑徐太
息不已贈以詩有老淚數行悲李廌及門諸子歎劉
蕡旋以萱堂垂暮不赴公車終母養服闋授江夏學
博辛卯擢分宜令甫下車問民疾苦除煩苛革虛冒
積弊如報減浮糧其大較也琴鶴蕭然無時不以致
君澤民爲念竟以疾卒於官貧無以斂司理王公敞
庵聞於撫軍助其喪乃得扶櫬歸士民數千人泣送
於道崇祀名宦迄今猶有甘棠之慕焉
耿應衡字玉齊明徵君孝廉汝思伯子也義方之訓極
嚴委曲將迎無不承顏順志幼弟應衢友愛出於至
性早歲補弟子員食餼旋由徵辟授遵化司理
國初累官鄜州兵備道寧紹台副使熟知利弊凡所因革
悉協時宜先是安邑賦役雖有條鞭之法而里甲不
清胥役飛詭民受其累公爲倡畫一之議始稱平至
今公私稱便卒崇祀鄉賢弟應衢字季通以諸生入
成均性倜儻任俠好行其德子宗壎字篪伯以明經

授浙江上虞令有政聲書畫詩歌皆名世憲副之貽謀者善也

鍾琇號青巖自其爲諸生時已慷慨有大志旋由選拔登進士除袁州司理多決疑獄有良家子爲賊所脅兵執之公爲申釋民失盜指鄰牛公以牛誤入爲解袁介楚粵山谷之間流亡結集謀不軌議用兵公諭降之尋陞民部督糧通州轉正郎典試江右旋守漢中一意與民休息省徭役闢荒畝卒以耿介忤上去之日攀轅道左者不知其幾千百也歸里與兄龍沙

鶴髮連牀著有心遠堂集卒年七十三子應遂應遴應迨能世其家

彭繩祖字若昭號正園性至孝幼穎異成童列膠庠試輒冠軍由選拔除泉州別駕時大軍集廈門職任轉輸芻茭糗糧俱備攝泉永春晉江三邑篆緩催科決疑獄民有誤食斷腸草斃者疑爲怨家所殺一訊驗其冤釋之以轉餉功陞惠州司馬捐修東坡西湖勝地署博羅篆免丁徭羅人建祠祀之入名宦長寧山寇猖獗指畫方略渠魁授首督撫交章題敘軍功擢

石阡守值大軍屯黔三閱月軍需供應咸稱敏給尋丁外艱歸服闋補兗州守脫辟四百三四十人戊申六月東省地震旋澇陳救災十策制軍據疏請

勅下其議通行六郡蒞兗五載兩攝道篆清名惠政東魯至今猶能道之解組歸芒鞋蠟屐踏月銜泥兩袖清風度越千古

吳之珍字貞吉號西灝父士伸爲南光祿署正庭訓極嚴公先意承志無不得其歡奉兩繼慈以孝聞幼時好擊劍及長折節讀書攻苦益力順治辛卯壬辰聯

捷成進士先是賊氛肆虐山寨不守母周氏被執罵賊死公抱屍慟哭幾不欲生庶弟病革尤篤同氣之誼甲午分符東武首興文教值天旱齋戒步禱行烈日中須臾雨立霈邑近海舊設防衛芻茭糗糧供億不貲公力請報罷邑多逋賦公詳核其逃亡故絕者蠲之田畝荒蕪力爲勸墾有江南客仇姓者因討得宿債夜過東武邏卒偵之誣爲盜公知其冤訊釋之併遣役護送出境又常夜行道中聞呼冤者命役蹤之無所得乃親索之亂葦叢棘中則吏胥詐財者也

亟爲之拘獲抵罪他如革兩稅羨餘禁緝逃株連諸多惠政旋以親老乞歸行李蕭然持百錢相餽者絡繹於道歸里後凡有利於桑梓者爲之無不力里有小忿爭得公一言而解父歿哀毀骨立未逾年公亦卒長子宏初登賢書次宏徑宏禨暨孫會輩皆能世其家學

盧繩慈字昭許幼穎悟年十二入泮隨父惇宦巴州剌史歸應試會獻賊踞川父力戰死聞信走夔陵不得入望三峽號泣晝夜不絕念尚有母在抱痛而歸日

進甘旨與弟純篤友愛每痛父死王事骨未歸輒相對而哭旋以選拔入成均授松陽令鋤豪強決疑獄時海氛初靖軍需供給一槪不以勞民卒於官祀名宦生平與張石虹之父樸園爲死生交臨歿執樸園手祇以未及迎養老母爲憾餘無一語及他啟其笥得薄俸數金松人哀其廉始斂金以其喪歸子扶邑庠生早卒孫二能讀父祖之書

盧經字叔向號蔥浦父爾悌兄弟九人皆以春秋名乳時多病輒呱呱啼不絕父偶遇僧入懶拙忽問曰二郎安否父曰惟善哭僧曰予友也念我耳往視之遂不哭順治丁酉與弟綖同舉於鄉戊戌成進士授興化司理時海賊屢寇閩憲檄附海五十里者限三日遷內地公請寬其期居民始得從容遷徙其未及五十里者多存之莅任一載於疑獄多所平反活死四二十有三人暇則與文士講學著莆陽課士錄以父憂去官服闋補重慶司理未抵任卒于家年三十有六著有長安秋興春秋文稿若干集

耿起宗字文倩豐神諧暢議論風生豪於酒好客如孟

嘗中年家漸落然客至則典衣沽酒仍無虛日後以歲貢任安鄉訓導貌恭而言莊不復當時豪舉矣每課士猶必開尊杯酒論文娓娓忘倦士人愛之如慈父毋焉年三十九卒於任子三

程之澥字歲霖號傅巖初就塾讀四子書即能以意解後領鄉薦屢上春官不第揀選改就學博任郴州郴人士經兵燹喪亂之餘未暇治禮義公至講學論文歲有程月有課士始嚮學甲子應豫章秋闈聘有干謁者峻拒之比撤棘所得皆知名士家食時有議設

并駐防安邑者士民驚怖公詣臺院歷陳利弊事遂寢艱於嗣息入八閩有以袁姓幼婦爲賦小星婦至兩眉顰蹙泪痕斑斑在頰詢知夫以逋負不償罹於罪鬻妻以求活者公立還之不索其值曰吾不忍以似續故割他人絃其在郴諸生有以掘地受磺誣訟獄大起公請於上憲力白其冤未幾卒於郴年六十五郴士立祠祀之賻以歸

劉茂基字大生號楊溪幼讀書敦行誼與人以誠不設城府登順治甲午鄉試武榜歷任燕山右衛江南掌印守備陞都司僉書全椒六合上元廣武間民多散處爲撫流亡清旗甲新增諸羨悉裁之歲飢道殣相望除逋欠千餘兩滁陽間至今稱明威將軍之功繼母胡年九十三公年亦七十矣而孝養倍篤繼母所生弟死以自卜壽藏瘞焉舉大飲賓年八十終

孟之春字元時生而穎悟以恩貢授荆州府學司訓丁母艱起復補湖南會同縣學博攝縣事吏治明察士民愛戴隨丁外艱服闋補荆州府學司鐸三庠皆先德行而後文藝旋致仕歸家居二十餘載爲人排難

解紛扶危濟困邑有公事踴躍倡先不辭勞怨以孫正笏　貤贈文林郎子二長道文字揆一邑庠生天性純粹好學不倦因攻苦過甚積勞成疾年四十卒以子正笏　封文林郎次道益字錦城優增生品學一遵庭訓遊四川永寧道幕道憲深器重之

吳之暐字爾德號北陽萬歷庚子舉人甲辰進士官大理寺少卿兼都察院副都御史中歲移居霍山崇祀彼處鄉賢

吳沂字雉山文鳳子乾隆丁卯解元壬申成進士歷任山東范縣陵縣德平皆有政聲方伯尹公嘉銓贈以額曰民之攸暨壬午丁亥恭逢
聖駕南巡兩次辦道蒙
恩賞緞加級任內勘辦水災二次蝗災三次賑卹得宜乙酉戊子兩校棘闈所拔查公瑩孔公繼涑等皆山左名宿庚寅復値次年
聖駕南巡辦理差務於工次得疾詳請解組卸事卒宦橐蕭然請領貧員路費始克歸葬子大棐國學大棨大槼謂俱聯翩黌序孫東旭業熊均庠生大渠字櫟園性

孝友與兄棨撫育兄孤同任無間工書法客江淮數
十年名流相推重晚歸倡修祖塋亭堂石橋類皆好
行其德有古君子風焉
吳中理字淑黃號順齋乾隆丙子舉人授保康學博修
黌宮建齋舍勤講課恤寒儒旋陞長沙府教授丁未
選山西浮山縣令縣久不發科因於學宮前買民房
撤去之科名遂盛民有貧鬻妻女者賞金贖還他如
除陋規懲蠹胥善政畢舉族有赴科者贈金爲勸積
負者代償之年七十一致仕歸宦橐蕭然惟存書數

千卷而已越明年卒子三長性誠字恒之號樸庵任
福建彰化知縣有政聲次愷誠邑庠次向仁字靜山甘
肅候補主簿旋分發江西以縣丞用孫三人長咸邑
庠次晉候選布政司經歷次豐太學生以長子性誠
贈奉直大夫
韓廷敬字同野邑庠宗孟子也生三月而孤賴節母吳
氏教育以成及長奉叔父宗正公訓由明經學傳授
廣西賓州倅蒞任興利除弊士民愛戴秩滿將遷賓
民不捨適州任缺憲檄護篆賓民喜曰吾今借得寇

君矣未幾丁母艱扶櫬歸里服闋當起任澹於仕進
以疾辭
韓邦哲字貽初號郢川明萬歷辛卯舉於鄉壬辰會副
初任武昌教授日進諸生講學壽陞四川涪州牧廉
明耿介士民畏而愛之秩滿晉東昌郡司馬發奸摘
伏羣邪歛跡檄所屬罷煩役省浮徵佻猾之風一變
熹宗朝慨魏璫擅權乞休歸邑人立去思碑崇祀名
宦
韓張梗字因儒順治甲申歲貢任應城訓導遷漢郡教

授訓士有方熊鍾陵嘗贈句云黃郡久經推老宿漢
江今始得先生秩滿擢阜城令創立義學延師課士
興利除弊訟獄衰息阜民德之解組歸建祠於學官
側懸愷悌君子額春秋奉祀不衰
韓庚寅字子白號奕梁康熙己酉舉於鄉癸丑成進士
時同宗慕廬公菼雲飛公竹慎庵公士修皆於是科
讀中秘書以公不得與咸爲搤腕而公泊如也分符
宜陽清廉明恕崇獎正學丁卯秋河南同考試官薦
拔皆知名士元魁出其門明年丁外艱歸服闋起唐

縣令有政績直撫卓薦銓部以職方主政缺行取入
都供職年餘以疾卒於官
秦人藩字巨屏號桂庵太仙里人少篤學年十三與父
同遊膠庠方冠登雍正乙卯賢書壬戌會試登明通
榜任湖南龍山縣令修學宮捐俸築隄防興水利
後調繁苗疆尤以修文化俗養士愛民爲急案有株
連者反覆申理不惜捐俸以生之擢常德府通判解
餉赴成都盡瘁以事秩滿加通判銜及解組歸宦槖
蕭然惟琴書自樂而已邑令延爲書院山長多所造

就壽八十五終子光楚乾隆己酉拔貢
張炳餛字南池邑中和里人乾隆辛酉拔貢館教習滿
以知縣用歷任陝甘前後凡十餘城多善政有富室
孟賈等大獄連年不結片言折之官無私焉陝有邑
民間産子必報民苦累多不舉其子下車立弛其禁
代讞三水獄悉心研鞫得其情釋枉繫三百人乾隆
壬辰選甘肅之隴西土瘠民貧故事頻年請賑而賑
務積弊知牢不可破即引疾不受篆力乞歸里行李
蕭然以米肉餽者相屬於道其揖葭州也代貧民完

逋糧其令大荔也強禦屏迹道不拾遺其令涇陽也
力治提兵私牧之害民者悍卒懾服風聲凜然涇人
以成案鐫諸碑誌入名宦在扶風則郤里長之供給
在寶雞則革里馬之苛派終宰郃陽上辦賑條陳糾
剔採買舊規諸議識者韙之郃民爲立祠與明名宦
葉夢熊並祀焉生平持躬謹嚴子弟不令住署嘗有
句云能吏不如循又云如我不嫌常坐獨奉公安貧
與升同後自郃陽病歸家居修祠譜設義塾卒年六
十一臨終誡其子忠坦孝坦毋吝於爲義後値乾隆

乙巳奇荒暨嘉慶丙辰丁巳邪氛入境二子皆力爲
周卹保障以承父志子三長忠坦次孝坦次起唐孫
九人以錫謙貴　晉贈奉政大夫
吳大杭字孟仁郁子也乾隆庚寅舉人性孝友幼稟家
訓好學洽聞先館岡陵申陽繼主鰲山書院丁未大
挑二等以教諭銜借補應山訓導新學宮表節孝士
之貧者輒資以膏火丙辰丁巳賊匪竄應與縣尹修
城垣設守禦賊逼城率衆登陴衣不解帶者二十七
晝夜解銀鞘火繩入大營者數次郡守獎其勞以勤

職詳各憲庚申截取知縣未及赴部卒弟大柷字季和乾隆壬子舉人性肫摯能與人共甘苦鄉人廹追逋輸粟代償同年某病都中遣僕送歸自任炊爨精岐黃而不名遇危疾治之無不效座師范督學湘潭摯與偕悉心校閱毫無所苟壬戌下第膺疾歸未幾卒

孟應瑄字禮乾存謨長子也生而早慧有神童之目以選拔入成均考授教習改學職任瀏陽教諭與課勸學文風蔚起攝縣事多善政尋遷德安教授旋擢東

光知縣興利除弊方欲有爲旋以疾卒聞者惜之弟應琮應璜俱庠生琮秉性剛方不隨波逐靡璜則渾厚敦樸有古君子風焉

吳國寶字毅庵明嘉靖中肄業成均考授陝西狄道縣丞在任仁惠廉明周悉閭閻疾苦常進都人士講學儒風漸振旋以疾乞歸宦槖蕭然發篋惟金城崧子一囊曰彼材美且易植故攜歸以種先人兆耳子一宙孫之錤庠生

耿昭震字東發弱冠有聲庠序乾隆丁卯副元肄業成均選故城二尹在任矢公矢慎恪守官常乙未歲恭逢
聖駕南巡蒙
恩記名未幾以疾卒於任年方五十時論惜之

戴正揚少孤力學困於童試援例貢成均旋以議叙官安徽之銅陵襟懷瀟洒有元亮風邑名士多以文字交及解組贈詩盈几選貢錢策有儒冠會未悞刀筆自非倫又不染人間俗方知吾道親之句

楊明煇字燿寰任江西新淦縣尉時盜賊竊發莫能治

縣正奇其才詳請委任不數月獲渠魁十餘人羣盜屏息事聞擢新淦縣倅精勤明恕吏畏民懷以勞瘁告病歸淦民勒碑紀其事

鄧文煜字宏學號璦峯幼篤學英年食餼由歲貢官咸寧訓導捐修學宫教授生徒先德行而後文藝旋以老乞歸卒年七十八子泮庠生

程均字純初學博之龍曾孫也家學淵源髫年入泮爲知名士康熙丁酉舉於鄉任京山教諭維學校作育人材士人悅服子鏊錫爵孫東陽皆列黌序

吳萬選字署錄光第之次子幼好學三十食餼以歲貢
候選訓導子大杰膺薦國學孫業焯庠生其胞弟靑
選字震揚少穎異有英氣孝友能文雍正巳卯選拔
肄業成均北闈兩薦未售乾隆甲子中本省副車任
當陽教諭師道克敦子成學庠生大崧歲貢崧性強
敏亦能文其子孫皆以功名顯
秦德懋字步高由例貢任甘肅口外廸化州吏目界連
外域盤察關隘不辭勞瘁俸滿保舉應陞在廸病故
程途萬里一子幼穉妻徐氏籲請烏魯將軍恤寡給

咨由驛發口糧始得扶櫬歸葬
秦如芫字靑選康熙壬子舉孝廉性聰穎善屬文下筆
千言立就邑令張建立鼓樓屬芫爲之記初司鐸江
陵轉鄖陽陞桐栢知縣政通人和官聲籍甚士民爲
立匾製帳以頌之
張梡字殿村太史希艮季子也工詩文慷慨好義扶卹
族黨以廩貢授襄陽訓導學校修舉襄人勒碑紀之
子炳灕孫稌坦曾孫錦心俱庠生
張炳翰字以蕃舉人彝子太史希艮孫也積學敦行有

文名諸生時與修府志旋由選拔司鐸遠安教士先
德行而後文藝致仕歸操行益謹嘉慶二年教匪入
境招勇防禦凡修理學宮皆修學田與有力焉壽八
十四子長光坦庠生有隱德歲飢某鬻爲倡卹而止
之次兆坦國學次允坦陝西試用縣尉孫錦程錦山
俱國學鎮附監
張炳蛟字雲池廩膳生彖子也由選拔任巴東教諭課
士論文儒林悅服後卒于官櫬歸一時執紼者咸爲
流涕以孫錦珩侍御叠荷
恩綸積厚流光信然　族廩生志昆績學以制藝名于時

吳斗文字台輔少力學年二十遷上舍屢膺薦未售教
授生徒多所成就以歲貢選石首訓導德藝飭修致
仕歸卒年八十六子宏典宏化庠生
吳世奇字遇安英敏出群好學不倦事親以孝問弱冠
食餼後入明經任咸寧司訓捐修學宮嚴立課程多
所成就及致仕家居引誘後進鄉黨咸沐薰陶焉孫
耕書騰芳均庠生
張條康熙乙酉舉人任衡山知縣有異政解組日民建

去思碑歸田後栽花種竹課子讀書壽八十三卒子
炳鯨太學生舉族服其公正孫綴坦以堂姪錦珩
貤封朝議大夫
程文輝字含實少失怙賴節母胡及叔父應泰教育以
成明萬歷間由太學選四川叙州府長寧縣主簿余
酋之難郡邑披靡縣主遁去輝獨奮忠義與其弟文
亨率居民據城保險城賴以全後以功陞肇昌經歷
亨亦饒武畧上憲知其名俾供武職亨固辭輝卒於
任遺孤六歲妻范氏妾李氏俱青年宦囊蕭然士民

悼之相率賻贈始得扶櫬歸塟
按前志宦績乃官斯土者而言茲所載鄉宦也與前
志異其官斯土而有功德於民者别詳職官至若前
志載袁公福徵于公成龍雖皆有造於安但二公皆
爲郡丞于清端公祇攝安篆故於職官亦從畧焉

隱逸

不仕無義隱逸胡可爲也顧或獨行之士泉石自甘
烟霞成癖富貴利達若將浼焉跡其塊然一室抱膝
長吟寔有俯仰常寬動與天遊之趣此其器量夫豈
純盜虛聲借終南爲捷徑者所可同日語哉志隱逸
吴應泗元時人父爲閩南招撫使公七歲而孤及長通
儒業習國語博學多能以德義爲鄉里所欽長兄曰
東山兩淮鹽塲司没無後繼以次兄之次子南山亦
早逝遺孤五人女六人公撫教如已出男爲娶女爲

嫁旣以已財拓其産業數倍於前又以所置産業與
巳子均分之陽邏至桃花故達京孔道也地高得水
甚艱公鑿井一十九所冢汲以濟又其道崛險不通
車馬公爲夷險砌石作橋若干所行李便之每歲施
棺以濟死者日施粥以給塗人建義塾招名師以訓
鄉里子弟名士大夫若吴草廬曾子翬龍麟洲黄子
肅平章乞住忽剌歹右丞扎忽忽台參政龔友 輔
御史李子原皆與公交天歷巳巳湖省平章司薦公
德義不求聞達上遣異珍庫大使陶肅卿齎詔徵之

公不起御書西山二字褒之八至今稱西山先生云

萬歷十二年知縣余相申詳學道王圻批允崇祀鄉賢祠錄其後吳自新衣巾奉祀

吳榮一　中和里人洪武初隱中和石壁山種蔬養鶴博覽豪吟凌轢巢許嘗荷鑱劚藥濟人後徙於莧厰後有王瓚及思裕者俱以隱德名

吳榮三　元末廩生高士榮一胞弟也鼎革後與榮一同志隱居或勸之仕曰吾已食餼於元兄方屢徵不起吾何仕焉性孝友仲兄早没撫孤養嫂無間家不豐

而好施里人以長厚公子稱子孫散居楚豫移籍固始一支至今科甲尤盛

吳希貴　字龍峯襟期洒落胸無城府雖列膠庠而抱濟世畧時宰見而才之勉以仕不應曰耕山釣水足以自娛論道講書可以共適富貴又何求焉退處林泉啄風弄月乘欵段馬攜小奚童往來村落閒陳說孝友睦婣事俗因以淳安城肇造捐貲贊襄子四皆以學行顯國寧國宇尤著

李映珍　性穎異以歲薦當授縣令無宦情改就教職旋即告歸有猶子私侵國課貧不能補鬻產代完終無怨色一日奴隸悞失耕牛畏責珍煮酒慰勞畧不介意身棲繩甕中幾卷殘書終日自樂不衫不履無技無求信有道君子也

秦思通　字睿卿父少塘生子二長忠卿次郎睿皆遊恭簡之門忠卿以愿慤勝睿卿濟以通變人更樂親之事父孝每出必告反必面父殁四方弔者冠蓋相望服闋歎曰大事畢吾將作逍遙遊矣遂走雲間望海門徘徊虎邱金焦西覽三峽峨嵋飄然有出世之想

焉

趙文淵　字海岳少力學有卓識嘗讀史歎曰物滿人慨人滿天慨今海內不見兵革久矣生齒日繁陽氣太盛殺氣殆將開乎遂偕妻陳氏推鹿車預避於石門山中後果有闖獻之亂生平一介不取或饋以豆強置之而去追弗及乃覆之池中著南華新觧訂譌諸書如國策鷸蚌之語今日不雨明日不雨以雨爲兩字之譌兩者分也且於韻亦叶訂譌凡此類聞者多宗之

張士美字右池中和之逸人也習博士家言當啟禎之際慨國步艱難遂隱居泉石多栽木植往往於道旁種樹以蔭行者人咸稱便足不履城市雖姻黨亦罕見其面年八十三卒子四孫十六皆預定其數云

秦文粹字茂林邑諸生學淵博性寬和厭城市塵囂乃結廬於天窩深處溪山環合中搆小樓讀書其上倦則曳杖遊山門聽無生妙諦善鼓琴弄簫尤工坐隱精御法子重庠生有父風

趙光早字爾昴好讀古人書不屑爲舉子業高卧山中

三十年不入城市自號蘧蘧子所著有春秋左傳韻府標異丹書集成經濟三書及形家言小品敘文二十餘卷問字踵相接邑令舉鄉賓不赴郡守于公成龍欲召之亦以疾辭年八十作文自壽其人當在袁閎姜肱之間歟

方仲公以字名好讀書工詩賦喜賓客篤友誼與耿子家僧天則善子家嘗遠遊傳聞已死仲公徒步千里往尋之遇諸塗攜以歸僧天則病漢上仲公往問凡飲食藥餌必身親之至殮葬畢乃返生平無蕉葉之量而好客飲每客至必典衣盡歡山居苦無書從人借讀輒手自抄録殆千卷所作詩以亡時子幼多散佚僅傳其遊石壁冲一絶云百千鳥道蒼烟裏一二行人黃葉中何處暗泉通細響偶當落日映殘紅又傳遊山詩有寒烟斷樹腰知是人家近又重陽有破帽久隨殘葉去夕陽影遞一僧歸不減晚唐傑句也

吳成龍字慎之幼失怙遵母和熊畫荻之訓十五入泮遊國雍例得一秩以母老不赴選性和順喜怒不形奉母外惟陶情詩酒徜徉山水間順治五年賊倚險

叛軍門柯提師滅之縣囚以千計中多良善成挺身入營壘請曰將軍所繫賊耶民耶無令玉石俱焚軍門然其言良善得釋成之學素守雌茲獨以俠聞賢者固不可測也

鍾玗字華玉號石舫太守青岩胞弟也康熙癸卯武舉時流寇未靖玗建寨巢山鄉鄰宗族資保障焉宅近港水暴漲往往淹溺玗建萬緣橋行旅便之晚年棲真樂道芒鞋竹杖日與岩棲谷處之士相周旋纂格言數百條訓子姪年八十邑令請鄉飲者再辭不就

以壽終張石虹太史題其畫像有云渴爲之亭病爲
之藥施而不倦爲善最樂皆實録也
孟論堯論性兄弟行堯字紹唐明諸生博通經史不求
聞達與族人論性講明理學宗旨性字原仁性穎異
過目不忘偶倣木牛流馬遺制造小牛負塊行於其
室父見而怒責碎之長益好學力行與耿天台伯仲
華蒲學縱淡於進取蓬華蕭然天台貴顯公無隻字
通問晚年天台致仕造廬道故惟蔬菜糲飯以供歡
留竟日嘆息而去生平不事著作或問之對曰六經

四書理大備矣其精蘊盡發揮於宋儒徒竊餘論以
自矜恥矣
韓邦仕明上舍生年十二以冠軍入泮十六食餼四薦
棘闈不售乃隱居教授生徒多所成就著有南陽草
文稿
韓溥字乾庭生四月而孤節母李氏教育成人及肄業
成均兩試北闈未售遂歸侍養母病衣不解帶及母
卒哀禮兼盡生平樂與人爲善人有貧苦必賙之無
德色晚年捐俗務養清高日誦南華道遥自適叔祖

孝廉光斗贊之曰溫溫恭人皤皤壽考居今之世行
古之道岩處韜聲懷珍秘寶若住商山應稱五老
戴敦廩生明季遭亂隱處讀書歲祲出粟以賑陶情泉
石有箕穎風
戴正梁庠生文詞浩博善鼓琴不樂仕進日徜徉山水
間憑今弔古人莫測其底蘊自號瑶峯逸叟
彭之蘷兗州守繩祖之孫舉人鴻詞子也於書無不讀
爲諸生屢冠其曹康熙丁酉闈中得其卷擬元數日
矣卒置副車遂絶意場屋授徒山中前令仙湖張公

耳其名延之不至因公造其塾避不見張徘徊久之
曰今泄柳也袖其所往易去
盧國梅如皐令綖孫也父淋工詩梅亦嫻吟詠所居曰
見一堂如皐致仕後所築有園有亭有山有池竹林
茂密花逕盤紆梅日摩挲其間一石一松皆饒別致
客來遊者不問主人主人亦忘其爲客也性迂濶不
善治生前令林光祿屢佽助之不却亦不謝晚年尤
善睡一睡輒數日人比之希夷先生云
王華甲太學生性清高不與塵俗伍經管修學田數十

年凡興作必親監視否則杜門不出屋後有小圃四時花俱備畜鳴鳥謂有山林幽趣善奕非其人不局喜茗飲茗必佳泉必潔活火自煎不假童婢手著茶經一冊持論之精多陸羽所未及與妻盧相敬如賓清閑偕老壽踰八十終

金禹聲庠生博涉羣書潛心經學六經皆有纂本而春秋尤屬專門梓有策學注解行世中年後絶意仕進不入城市隱居課其子孫子五文衛文煥太學文煜文顯文燿俱庠生

陳士林字光典性嗜書工舉業數奇不售晦迹山村以所學誘後進邑中儒宿咸器重之生平不與外事秉直不阿規人以正宗族無與違者古所謂有道之士歟子殿勳孫陟鼇俱邑庠

徐承三字元實明洪武舉人歸隱來楚自置別墅力學不仕一時名宿無不欽其德範也子二長必貴由貢考授經歷次發旺貢生貴生三子長旭貢生次暉由貢考授同知三昶考授吏員與發旺子孫同祭兩分各有祠田至今子姓蕃衍能世其業

按吾儒成物爲心肥遁何爲者或曰内度其才不宜世用故甘於邱壑而不悔若爾是其自知之明亦有過人者矣

善行

善人不得見孔聖嘗歎之善固可易言哉顧有全體之善有一節之善苟其居心仁厚好善樂施節取之皆可爲薄俗風也志善行

耿大振字鳴甫貌脩偉言論舉止咸有風則禔躬閑家一秉於禮酷暑不袒嚴寒不爐怒詈不出惡聲遇子姓嚴峻曾孫十數不假詞色內外肅然自少至白首足不履公庭配李氏殁不再娶獨處一室終日正襟危坐或時觀書史不樂與俗人接惟儒者至則劇談

竟日不倦卒年七十一以孫耿恭簡誥封通議大夫刑部左侍郎

耿金號静庵廉介仁厚恬淡性成里有劉姓與逸盜同名令捕之時長子天臺爲諸生見知於邑令公使往白其誣劉奉金帛良馬謝不受天臺廵西夏債帥持千金求薦未及門公郎叱遣之家婢樵鄰壤鄰子毆之越數日死公召鄰父慰之曰吾婢實以病死吾不訟也鄰父感且泣有富家奴毆死族子而逃衆欲持其主以挾賄公怒曰毆者奴也何與於主事乃寢天臺叔臺鄉會捷報至漠然不爲動天臺謫横州判公一噓而已無愠色天臺叔臺丁內艱同時起復一撫閩一爲司馬公太息曰吾父子團聚以終足矣如國恩何出門多徒步一小童荷擔隨之其恬淡又如此至若族里之婚嫁喪葬賴公以舉者又不勝紀也卒年八十四以子耿恭簡誥封通議大夫刑部左侍郎

朱則華字嵩山慶歷間篤行君子也一日鄰家有飛鳥入室聲嗚嗚然衆驚爲怪皆狂奔去須臾火起風作華舍在下風若紅爐之燎毫毛矣華向火稽首曰作

善降祥作不善降殃尚祈分別之祝畢風反火滅至今傳爲美談焉

吳顯學字少華以諸生入太學賦性剛介言行不茍與李卓吾談經論道交相得也吳於邑南稱著族多仕宦顯獨敦古處不受名韁羈勤家世席豐厚常備脯餼與宗族敘雍睦以耕讀課子弟族有大故咸取决焉相會必整衣冠拜起如節至今其家典型猶存

鄭稚橋太仙里人寡嗜慾重然諾有人浮家於安一見投契壽浮家者任青州守値世亂孤身獨往以宦囊

及二妾託之無何安亦亂稚橋急詢二妾毋族一在杭州一在揚州乃買舟南下親送至揚適青州守解任别郡亦至舟次恰相遇青州守泣謝欲偕之任稚橋固辭歸竟潦倒終身老年始舉子後他徙不知所終

姚應巍邑庠生性端方笑言不苟刻苦自勵冬月讀書以木棉擁足恒達旦不寐授徒羅山羅仍南劉海宇極重之有紈袴子不率教遂棄館歸曰不可以阿堵物誤人子弟嘗以慎獨訓諸子雖横逆頻加含容弗

校江右有書香子流離顛沛出金贖之凶歲有鬻女者覓原聘還之里中不逞結朋人會鄉勇斬其渠魁更議殲其餘黨巍力止之爰爲文勸其釋戈荷鋤莫不感泣悔悟全活甚衆邑令重其賢舉鄉飲不赴年七十六卒

吳光崙翼寰者中和里人也公直耿介有揮霍才闔族推爲家督族有婚嫁者裁以禮忿爭者遣以情幼孤者經理其産業宦遊者權衡其家計鎮撫其僕從以是人無不德光崙者又嘗捐貲倡建祠宇置祀田立宗法使翕然成雍睦之風撫孤姪孥讀書完婚娶卒爲明經其他類是若崙者殆所謂慕義無窮者歟

鍾繼鳳字左泉篤行君子也少孤依兄嫂執禮甚恭早歲矢志嚮學連遭諸兄喪百口累身惟耕讀課織稍致中人産諸兄遺女五爲之辦奩遇歲祲族有迫於飢寒者爲之造絮衣給糜粥其隨事盡力類如此有子七能以功名顯

江佐清字君翼邑庠生幼事父以孝聞父殁母得脅疾飲食起居必躬親之終母之世無少懈壬辰歲大祲

出粟以濟貧者不逞之徒反乘間以掠其餘有司恐生亂嚴捕之佐曰吾好義不盡於人何尤力爲辨白事遂寢性樸直不樂聞人過有雌黄人短長者輒掩其耳邑令屢召鄉飲辭不赴曰吾何德以堪之子楫梅能世其業

秦斌昔范文正公置義田贍宗族猶謂取諸祿俸餘貲也斌之出處不少概見而九官店離邑十里猶能指其地爲先年秦文甫立義田處與所建樂壽堂並傳焉其如田與堂皆不可問僅存遺址惜哉

邱文字靜軒號寧安中和里人本姓盧自盧贅於邱邱乏嗣盧代之正統間鄭州大祲去安幾千里公出穀一千一百石負擔至鄭賑之有司上其狀奉旨降勅以旌制曰國家施仁養民爲首爾能出穀一千一百石用助賑濟有司以聞朕甚嘉之今特賜勅獎諭勞以羊酒旌爲義民仍免本戶雜汎差徭三年爾尚允蹈忠厚表勵鄉俗用副朝廷褒嘉之意欽哉故勅正統六年四月二十四日事也

黄極清字華陽邑庠生中和里人性耿介敦孝友篤學

不倦名噪膠庠教授生徒覵子弟之賢者以受俯贍否則贊幣雖豐弗屑也立家廟正宗範子姓有睚眦者輒秉公排解不以煩長吏族有戶絶田僕悉爲推讓一介不取有因亂流落異鄉者勸使歸集室以安之歲祲出蓄藏周困乏貸不責劵劵不責償甚並忘其姓氏盛德君子也子承玫貢士

鍾玠字仲玉號龍沙邑庠生太守青巖胞兄也文學爲里中冠督學蔡公拔置第一邑令蔣允加嘆賞扁其堂曰科甲先聲家雖貧好施不倦常有丐者鬻其子給錢五緡不受契後適他郡遇一人迎宿其家拜謝祖堂上尸祝主姓字宛然詢之則曩鬻子者也應試齊安有蘄水文童覆舟僅以身免將行乞歸玠留寓供給之得與試獲録復贈金爲行資後造謝出息以償不受其濟困扶危類如此邑令李重其行誼恒訪以利弊有被誣爲盜者力爲白之有攫金於市誤捕相似者爲辨釋之至今鄉里猶嘖嘖稱道不衰焉兄弟相友愛終身怡怡課其子若孫皆有文名入庠序者五年八十一卒邑令徐爲文祭之比之郭有道鄭

子真云

汪霖字甘伯鍾太守高弟子也性磊落具雋才年十六補弟子員食餼膺歲薦以文學名豪於酒每良朋讌集酒酣耳熱抵掌而談娓娓忘倦屢躓場屋鬱不得志益自放於酒好爲人排解苟可竟其事雖捐貲不惜人以魯連稱之家本素封後中落晚乃自振拔復先人舊業稱貸者或貧不能償即焚其劵臨殁以藏金百兩付僧人建橋以濟行旅死猶好義若此蓋自祖世洪父本清以及於霖世有種德云

秦儀鳳字應泰號眞樵舉止莊雅以孝友禮讓自飭行同學家疫莫敢近儀獨旦夕視藥劑殯其母而後已薄田五十頃紡織內助口不言貧置祭田烝嘗不缺天窩精舍督理建造與諸名士講學其中亦耿楚侗之賢弟子也

耿文山太仙里人早歲入黌序鍵戶讀書足不越里閈暮年兩舉鄉賓邑令應公贈扁曰理學起家黎公贈扁曰一鄉之善至今登其堂者猶有餘慕焉

汪世洪字小溪中和里人力學未遇退隱山林好施與

里中某以貧鬻身宦家洪傾囊得五十金代贖夫婦感泣而去萬歷初連年荒旱出粟五百石以贍鄉里有操券來者焚其券邑令孫公表其門曰善人孫霖明經曾孫樸邑庠

胡蟻少失怙好學力行樂善不倦歲大旱盡發其廩粟以賑貧乏子弟請稍留自備輟曰天灾流行豈忍坐視同里枵腹而自擁倉箱哉又建義塾以教族里之子弟嘗自歎爲長而無述因自號無述子臨終謂所親曰愼毋作浮圖事乃瞑

張高號牛石好讀書不樂仕進著有竹軒集松露集詩若干卷俱灾兵火中猶留讀史一絕云建安作者問誰工盡付咸陽一炬紅千古至文三不朽出師佛骨上高宗又有聯云隱居求志心意內將猿馬牢拴行義達道名利外把韁鎖盡斷亦足見命意之所存矣其他行事不少概見有戚余氏者溺愛長子值病篤子他出積金三百兩囑高私以遺之迨其至並呼其弟出金均之歎曰以予不欺生者則有之若謂不欺死者則未也園植柑就熟有孺子入而竊之登樹杪

高見之急掩扉不使覺度已出命伐柑家人詢之以向者告且曰倘汝曹見之必驚墮地傷人子矣年八十應鄉飲者再聞於朝賜冠帶終其身

鍾璞字元音性澹泊惟力行方便督課子孫爲務貧民賴以舉火於寒士多賙給舉鄉飲者再邑令陳扁其堂曰王國嘉賓王令亦贈以扁曰令德壽愷

曾滿字希謙邑初建時捐貲鳩工其勞爲多治家嚴謹而性好施與一夕夢偉丈夫貌甚古鬚髯如戟造門請曰公盛德君子久託比鄰今當遠别特辭焉比覺

風雨驟至一龍劈空而去遂號坡公

劉廷臣大仙里人子可贊皆世有積德廷臣舉鄉賓耆一可贊舉鄉賓者四先達秦公五梅嘗有贈言云其實行惜無傳矣

張廷舉字懷溪少孤貌魁梧不屑塵俗明萬歷十七年歲大饑闔族苦徭越境避舉獨不徙毅然以身任逋賦奈家貧每值徵比期不免賠累重困以是家益落而前此鄉鄰借貸者卽背施負義亦不較也家世治易獨隨里師治詩適同里有以壁經舉於鄉者乃自

詣河東受章句歸而口授其子鵬翔督課不倦晚有羸疾失音數年乃愈齒脫更生卒以壽考終與妻蕭氏葬大壁山鵬翔之號壁山葢不忘先墓所在也

劉肅字養虔孝廉劉之楨父也其伯兄早卒遺二孤子家徒壁立肅躬親撫養娶妻成人以自置之產與姪均分之生平行事類多平恕能以忠厚傳其家舉鄉賓至再焉

歐一贊字參宇幼讀書困於童試乃專課農桑家遂饒崇禎辛未蝗大災人相食出藏粟以賑全活無算鄉鄰德之時值寇亂居人結寨自衛賊至率先禦馬或斬不與贊曰寧惜一馬怒不測之強寇耶以巳馬先賊解圍去邑令李舉爲鄉賓扁其門曰善葢鄉國子若孫列名庠序

江淑清字若昌庠生四歲失恃性恬靜雅志詩書困晚更世變專意訓課子若孫常依次執經問難尤寡絕嗜慾未及三十卽異寢處山居四十年不入城市署邑令吳公舉鄉賓贈以扁曰德隆望重後入褒邑令徐公製雙壽文序年八十七夫妻先後卒子四人孫

十八兩膺歲薦餘皆列名庠序克承家學焉

吳斐然性謹厚輕財好施初不責報兵燹後人多貧乏不能自存至有鬻妻鬻子無力贖取者斐然出金代贖俾得團聚歲祲穀價日增富者競起射利斐然發粟三百以賑遠近德之邑令舉鄉賓年七十二卒易簀時呼子孫命之曰早完官課勤苦讀書方是完人言畢而沒子宗曹庠生諸孫蔚起人以爲盛德必昌云

孟之夏號奇峯應宗長子傳學工書性剛介不狥時好

嘗肄業成均下帷攻苦數奇不遇遂宦遊安徽湖南雲南等省方伯某公聞其名以重幣請深爲器重因病歸里仍日賦詩習字課讀不輟其子孫皆以功名顯

孟應瑜字行之學品純正鄉黨推重邑令劉舉爲鄉賓年七十張太史石虹爲作壽序謂名實不愧云子之明邑庠生建塾延師修橋利濟好行其德有父風孫曾輩皆聯翩庠序咸以爲盛德之報

吳錦堂邑優生魯堂太學生兄弟也幼失恃同居孝友

無間存心仁讓生平不知有訟事乾隆戊戌蝗災身先鄉民冒暑驅撲苗稼以全丙午旱災捐貲設廠于保安寺親率子弟辦賑兄弟壽皆八十餘魯堂之子壞太學生於嘉慶壬戌偏災倡首捐貲設廠小程山施粥孫宗濤太學生錦堂子駒孫宗淮均庠生

吳天乘號高峯事嗣母以孝聞好施與凡族戚中老弱無依者養之婚姻無費者助之乾隆乙巳歲大祲捐穀以周貧乏嘉慶壬戌復捐貲設廠施粥月餘年八十五終

吳羽鳳字螺莊諸城令之珍孫邵陽訓導宏初仲子孝友誠樸父疾禱洞庭母疾禱木蘭山俱立應事兩孀嫂撫四幼孤襄四世大事並能無歉生平勇於爲義凡祖墓祀田族譜家規以至學署城垣社倉無不踴躍從事邑令無棣吳公右蒲賈公俱深器重作文根据理要貫穿經史教人先德行而後文藝以明經廳補教諭因母老辭子郁字梅軒亦至性過人好學無間丁卯秋闈薦而未售遂淡於名場家居事親以孝卹寡姊撫諸甥仗義扶危修祠拓産皆樂善不倦教

子大杭大梲俱登賢書大梀補增廣以子杭贈修職郎

吳文鳳字闇齋宏初子孝友能文仁心爲質歲飢邑令勸賑家不貲猶傾儲爲衆先著作皆典雅受知於右蒲賈侯以優行薦益尤重其品云以子浒封文林郎

韓梧字南塘貌修偉性嗜學妙年遊頖爲諸生翹楚家素封不以自私嘗曰守財奴吾不爲也建義塾賑飢困躅事動念隨遇賙給子五無時不引格言提命皆能力學修行以紹父志大司馬劉莊襄公贈句云襟

懷澹月踈星上文字行雲流水間益諸生時深相契
也
韓陶世字用嚴邑諸生父廷榮命往均州途中遇父子
泣者詢之云兄負貴人債訟於官急鬻子以償情難
割耳如其數與之又過老嫗哭甚哀問其故曰貧無
扁夫死不能具棺郎傾囊而去歸請資父喜曰恤
寡憐貧予素志也汝不愧麥舟矣
韓思純邑庠生家貧好施乾隆戊戌歲大飢道殣相望
純典衣鬻產捐粥三次復向富民勸捐全活無算

韓光舉字瑞雲廩膳生文清季子也少從庭訓及長豪
邁識大義慕范文正公之爲人倣義田制置田數畝
令子弟之賢者司會計以贍族之無告者晚年究心
青烏輯地理要覽一卷子煒邑增生
韓臨海考授州同生平好行其德凡骸骨無主者施棺
木瘞埋之踵門告急者傾囊與之無少吝鄉里稱善
人焉
韓録灄源里人性端嚴好善樂施乙巳歲飢有餓者輙
賙之給以衣食有故人子孤幼無依攜歸教育無異

己子及長爲之畢姻遺歸子在豐慶源俱列膠庠
黃待試字再飛灄源里人也少習詩書及壯就州司馬
職家居敦行不怠日與二三父老講明發教以訓誡
其子弟族里中有貧不能就塾者輙資以膏火遇有
糾紛必爲排解嘉慶二年教匪竄境率姪太學鳳翥
布經曰蘭出錢粟招集丁壯捍禦賊不能闖壬戌歲
大祲設粥廠以賑邑令孫文驊顏其門曰好善樂施
子三長曰槐邑庠道光二年舉孝廉方正曰杞庠生
張鳳文字淩漢灄源里處士也世有積德父念思生子

鳳翔鳳台鳳舞鳳彩俱早逝鳳文其四子勇於爲義
凡修城勸捐諸事與有力焉喜讀書課子姪必謹子
鳴珂鳴鑾列優庠姪光甲映洛以附學貢成均大楷
總理農事年踰八十力作猶勤諸孫輩庭植聯榮聯
芳斯斌布霖春藻布化俱有聲庠序一時五世同堂
百餘口共爨邑令朱梓親詣其家獎以五言右一首
學師劉雲鶴贈以五世同堂扁額至今猶詩書繼世
忠厚傳家誠可爲末俗風也
阮時來字明悅孝子啟岷孫也幼入江夏諸生從江漢

院長王雲衢遊參著述晚年家居行義愈力縣南七
里冲大路旁有古楓樹人或欲伐之卽買而留之以
爲行旅蔭至今人稱八百樹村之東溪岸高水深不
可涉隆冬愈苦爲捐募置橋行旅稱便家丁甚夥後
悉放之曰毋令各祖父蒙羞也其見義必爲多類此
王華繡字錦如號樂天九歲失怙性甘恬退古處是敦
創祠宇置祀田同姓之貧不能葬者具衣衾以殮之
異姓之死而無主者施棺槨以埋之生平好行其德
類如此妻吳氏病卒就殮一日忽聞棺中有聲啟之

復蘇逾年生子一風雅孫庭勇曾孫秉龍皆庠生
王之乾以邑庠入成均性古拙不喜雌黃人物遇不平
事輒據理以爭歲大祲有鬻子者代贖還之賑卹宗
族全活甚衆建茂陰書屋延師訓讀族戚貧者資以
膏火邑令賈舉爲鄉賓扁之曰風高洛社長子顯萃
年十四有聲黌序孫曾輩時鏡及灝皆歲貢淳舉孝
廉子婦曾氏孫婦江氏俱以節孝稱
王明教字敷五號望山庠生王顯琳次子食餼於庠幼
承父訓究心聖賢之業稍長終日正襟危坐一切聲

薄子望而生畏足不履公庭卽城市亦罕至惟課生
徒嚴庭訓昆弟相處怡怡如也子逢時弱冠入泮進
士華登歲貢時鏡暨風璉皆賴其陶淑其他姓薪玉
成者尤指不勝屈
張榮明嘉靖六年販穀至江西值上饒縣年荒盡以所
販穀賑濟存活無算地方官上其事勅賜提貢旌表
建坊曰好義周急先詳黃岡縣志
程錫九行誼純正鄉黨推重雍正八年邑令梅舉爲鄉
賓顏其門曰望重三鄉

熊國元力農自給暇則平治道途邑東鄉地名紅花冲
爲南北往來之衝山逕崎岈元時年七十日裹糧荷
鍤從事歷及一年而工竣至今人咸稱便其從弟國
珍亦樂於爲善曾觧衣爲鄰人殯者三具棺代葬者
五焉
熊蒙字子徵廩生學問純正爲教山中循循善誘門下
多知名士耿恭簡其一也
周汝楫字柑淮太學生本義方之訓自幼卽能文孝友
性成且敦儉樸人有睚眦憤爭必爲之平心排解卽

米錫爵太學生規言矩行重義輕財族戚中貧苦者無不緩急相助歲歉必出粟以賑康熙三十七年邑紳盧拱等呈請南糧改折爵始終贊襄其事進士張夢揚未達時寒士也延之課讀多所賙給子瑛琦庠生孫曾皆有聲黌序

石文錦文昭胞兄弟也好善樂施邑紫潭河上流土名樸樹河爲麻陂兩邑要津每河水泛漲行人病涉錦與昭造置渡船併捐田與船戶耕種以垂永久乾隆五十年邑大飢於水岩寺設廠施粥嘉慶七年歲歉

邑令孫勸賑復倡捐錢米他如修葺城垣以及小河便道木石橋梁無不踴躍樂輸可謂好行其德者已

程一鈞兄弟三人家本貧鈞以勤儉置產分與兩弟乾隆戊戌歲大飢邑令李設粥廠四鈞董西廠捐米以賑李侯旌其門曰積厚流光嘉慶壬戌復遭荒歉邑令孫於火王廟設粥鈞與弟一銘姪太學士洛俱踴躍捐輸日夕在廠辦賑銘又捐田二石二斗於東關外東嶽府以爲香火之費是皆好行其德者也

夏廷達字之英號首伯穎異多才品行方正乾隆庚午捐貲息事亦所不辭乾隆甲午戊戌歲飢施粥以濟子二長文蔚國學次亮采邑庠

黃士權字如衡性和暢道貌藹然望而知爲長者家素封昆季二以友愛聞處鄉黨開善氣迎人與父言慈與子言孝莫不虛心樂受如坐春風值牙角之爭則片言而解官斯土者咸引重之孫八人多以功名顯重孫輩及聯翩鵲起矣開嘉慶二年教匪入境所過焚掠而公之喬梓室獲全尤異者賊以油絮縛柱上意在焚其廬乃賊去而火頓熄謂非積善之報歟

金顏愳邑庠生素行敦厚絕跡公庭邑令張表其門曰積善之家公子顏近呈請南漕改折事詳南折紀畧

金宇鏑太學生弟鳴魁邑庠生皆好善樂施乾隆戊戌己亥連荒奉公倡捐設廠於雙台庵以賑邑令錢表之曰好善可風乙巳復捐穀麥以濟族鄰嘉慶二年教匪入境督率鄉勇於土脊嶺堵禦族弟金國濃死焉孫殿豪庠生龢笙太學

熊願學字古峯太學生立品端方明末飢饉薦臻學廣出其錢穀以給鄉鄰曾兩與鄉飲

舉人其父宗曾存心坦白嘗於途中拾遺金立候失
者還之鄉鄰稱善達雖登科凡淑身淑世必遵父命
父歿善事後母教弟成名嘉慶二年教匪滋擾出錢
穀集勇防禦卒後葬陂邑洪界山長子朝綱能承父
志捐置義田次子大魁乾隆巳亥武舉挑兵部差官
未就而歸孫元龍邑庠生授衛守備亦好善樂施嘉
慶十八九年歲歉飢民載道每爲粥以與餓者鄉鄰
德之

陳道賢道爻道謨邑長山會人行義不倦康熙戊戌歲

奇荒捐穀二千石糜產八十餘石在長山會土庫店
設亭施粥以賑存活無限其後有貢生必隆者亦慷
慨任俠濟困扶危里有雀角必爲排解人咸德之

周之健字仲昇中和里處士也性樸而不華質而無僞
渾厚以待人正直以處已尤篤於孝慈有胞姪早世
遺孤在襁褓撫育如已孫里黨或有忿爭無不秉公
排解素精青烏家言爲人擇吉卜地未嘗以計利爲
心年八十三蒙
恩賜冠帶歿時人咸惜之

孟正麟號仁圃幼慧敏勤讀學有根柢客遊山左二載
擬赴北闈旋因手疾遂絕意進取事母孝友愛弟正
笏情誼甚篤性好揮霍重義輕財待人正直無私然
諾不苟族黨戚里咸敬服焉

戴昆字茂蘆增生輕財尚義王俊公之亂族人多失所
昆罄其貲蓄代爲經理賴以安集者甚衆舉鄉飲賓

戴宏偉優庠生制行純美非公不至邑令張仙湖深器
重之屢贈以詩去任後猶留一絕云滿樹霜葩晝不
成恍如仙子下瑤京何郎一去無消息只得相思賦

廣平又廩生戴世錕力學註釋東萊博議一部

戴宅三庠生幼慧長豪俠排難解紛里閭賴焉邑令張
琮推重之去任時宅三送至羅家坡張留別詩云人
生會有相逢處相見如何說此坡莫怪山川名不改
教人無奈別離何

陳陵蘭國學仗義好施乾隆戊戌歲大祲捐貲輸粟設
廠桐柏廟煮粥以賑多所全活壽八十七終瀛選亦
國學乾隆乙巳荒旱與族庠生中鏡各出穀麥以濟
餓者選年八十九卒嘉慶壬戌歲旱壬之收鏡復捐貲

施粥鄉鄰德之

吳懷乾字用九冢宰吳公琳後裔明經吳自信孫也少英敏動必以禮稍長折節讀書不遇勇於爲義邑南糧轉運大不便於民乾率其弟懷漢及子泓之筵同紳耆請於各憲往返三載不辭勞瘁卒獲改折乾與有力焉晚年惟督課子弟子泓之筵之葉孫文郁文林曾孫持理春藻元孫映斗世楠來孫道凝皆蜚聲黌序積厚之澤方長矣

歐鎬字序岐太學生孝友仁厚管社倉舟捐貲息恒倍

乾隆甲午戊戌巳亥飢里黨多賴之族人某妻生子二十日而母卒以呱呱者殆乃出諸棺攜歸養之長謀室諸生李倩義之配以孫女鎬與庄一所田三石招其父與居數房賴以嗣焉善醫有道者授以痘科應驗如神書巳廣傳施藥數十年不受一錢一物子光濂孫榮科曾孫炳綬皆入泮

耿興待字開之以附監考授州同不赴選家居事祖父及父母以孝聞昆弟四五友愛彌篤從姪昭忠瑤歿以子忠維托興撫養爲之延師教讀凡錢穀出納籍記之纖悉不遺俟其婚娶成家乃出其所籍記者悉付之生平秉心仁厚處世廉平鄉黨稱善邑令何舉爲鄉賓辭不赴年七十八卒

周士炳字朝文號卓峯品優而學粹父槐積學未遇早歿賴母鍾氏辛勤紡績以助膏火勉讀父書食餼於庠屢薦棘闈不售授徒講學一時從遊者若劉子光斗熊子鳳儀周子希壇王子化李子宗蓮以及楊歐李宋張吳皆爲邑中名宿後以明經應選司訓年老不就著有教蟹文稿藏於家卒年七十一子步墀邑

廩生

孟道沅號芷洲歲貢資性明敏聞見博洽以冠軍食餼屢試前茅訓誨後學多所裁成後某縣司訓缺出應補年老辭不就卒年八十三

戴應浩庠生聰穎嗜學雖際亂離手未嘗釋卷行推鄉黨邑令王徵爲國賓

戴化庠生號石泉篤學尚氣節佔嗶外一無置問卽閨中亦令通曉內則女經長子之炳以弟子員肄業江漢書院有文名次孫女適秦守節建坊曾孫霽次女

受徐聘徐郎卒守貞不字已三十餘年薰沐浴於義方之訓也年七十舉鄉飲壽八十四歲

孟應璋郡庠生天資頴異德器醇謹教授生徒多所造就學者仰儀型焉

程繼儒號八龍安慶司理繼善之胞弟淮安守之渾胞叔也性端謹踈財好賢明萬歷末有道者來其家肌膚若牛革不知飢寒飽煖處於開宇七八年忽不知所去儒品學兼優惟以讀書課子爲務壽九十有八子五人之至之岵之屺之巽之行均列膠庠

程之驥號頤孫善爲文髫年入泮由歲貢任武岡州學正解組後儉樸自持族有大事悉賴剖斷子懋彬孫純奐南奐元孫棟俱邑庠

程鵰號扶九邑庠生純儒也世守書香誦讀之外無他事族有大事悉秉至公纖塵不染子其赴姪其超其達皆庠生孫光洛貢生

張之鐸邑庠生少孤友愛最篤兄弟析居田廬聽其自擇惟以讀書爲事手執一卷至老不衰隱居老山終身不入城市士林咸器重之子翼庠生

耿秉秀太學生世居邑東油榨河父忠懽庠生早卒賴母劉氏撫育成人好善樂施乾隆乙巳歲大飢捐米四十餘石以賑妻秦氏生子三長文斐次文斌均國學三文煥貢生皆克承父志嘉慶丁巳教匪入境葺寨堵禦壬戌歲飢施粥以賑厥後瓜瓞蕃衍生齒益繁功名蔚起迄今六世子孫同居合爨上下長幼九十餘人雍睦一堂孝友無間積善之報方興未艾也

處士夏宗朋誠樸居心忠信服物里有忿爭輒爲排解其妻陳氏亦好賙卹夫婦皆年登耄耋五世一堂子

之高尚志孫楚第鼎鳳鳴曾孫封璜俱入泮餘皆勤守本業尚志行誼純正事親孝與人恭橫逆之來順受之不與較享年八十二忠厚傳家流澤孔長矣

秦仲武字右泉太仙里人幼失怙事母孝自少即有大志剏置家業爲人排難解紛遇知名士輒加敬禮嘗經山僻聞婦哭聲甚哀詢之則以夫繫獄將轉嫁贖罪者也即傾囊以贈俾完破鏡又有以無辜株連當予者爲出金贖之後參軍江寧多善政未數年解組歸益樂於爲善凡煮茗施粥修道成梁合藥救人無

盧日兩與鄉飲年踰九十終孫國鈐廪監國鈺國鉉
曾孫啟濡啟淵俱列膠庠
華文海天性肫摯父沒哀號慘怛廬墓三年尤肯周人
之急有楊姓被訟誣累將鬻子海湊金贖之吳姓負
債無償投林自縊海救蘇代還生平淡泊自甘三十
餘年不入城市人咸嘉之
徐時熙字宜伯太學生前明石攀龍次子自幼入徐萬
憲爲嗣後本生父母乏嗣時熙兼承徐石兩祀祭掃
如禮熙爲人慷慨慕義好善樂施子四富然貴然榮

然華然與石合祠共祭皆有父風而貴然尤白眉也
邑庠徐士元字疇九貴然孫天成子也與弟貢生士龍
監生士達士林四世同居析箸後孝友無間子三鍾
玉鍾德鍾儒皆早逝玉妻秦生孤開先以節顯儒聘
室王以貞顯兩坊並峙梓里榮之開先太學生堉匯
賑飢凡有益鄉里者捐貲不吝子應麟太學生亦好
行其德統承三祀孫緒節緒貞緒祀緒統分承三祀
置有祀田三石永作鍾玉鍾德鍾儒祭費
徐家珠年十六而孤克自樹立弱冠遊泮性仁厚從無

隻字入公門乾隆五十一年歲奇荒斗粟千錢流亡載
道珠傾所蓄積於族鄰量爲周濟外每值風雨復回
妻陳氏煮粥以食餓者後遇歉年皆踵行之壽八十
八無疾而終子三上鰲上國庠生文斗監生
張大地邑北鄉人建縣之始富戶均分丈尺築砌地捐
築北城一段生平秉禮好義里黨咸矜式焉
耆儒程亮周淳樸質直敦善行而不怠乾隆五十年邑
奇荒捐米五十石以賑邑令陳旌之曰好善樂施又
嘉慶七年荒復捐穀百石邑令孫旌之曰好善可風

時夫婦年均七十四歲無子是年妾竟一胎生二子
固爲善之報亦
太平人瑞之徵也
戴展穀邑庠生制行端方與人謙謹樂施好善仗義疎
財諸如煮粥賑貧葺橋修路不可殫述有古之遺風
焉
潘大智少失怙事母以孝問嘉慶二年流匪竄入集勇
堵禦癸酉歲荒捐米助賑鄉鄰德之
江文炳邑庠江太和之長子也幼赤貧負米荷薪以養

父母族黨咸憐之長頗饒裕値嘉慶二年流匪入境
捐貲集勇堵禦七年暨十八年歲飢鄉民鮮食出所
藏以濟貧生平好行其德類如此
貢生尹際隆字峨文生員尹輝子也篤於行義凡有善
事靡不踴躍稱首傾囊以爲之倡雖毀家弗惜也延
師課子外有負笈來遊者亦多藉其玉成至今里人
皆頌其德
馮四九樂善人也族里有爭訟者輒爲排解雖捐貲不
計恒修理橋梁以便行旅於河邊建竹隱庵並置田
二石棉地一所以爲久遠香燈之費

黃安縣志　人物卷八　善行　毛

秦大模捐職理問孝友剛方出于至性痛弟大楷早逝
弟婦守節終其身不忍入內室族人某貧不能娶爲
娶妻生子以延宗祀建塾延師以課子姪凡族戚中
貧不能讀者資其膏火堂姪光晟成進士及遊泮者
十餘人皆藉玉成嘉慶二年教匪入境同堂兄大樟
捐築城垣堵禦七年荒開設粥廠捐米以賑管修學
田十餘年盡心竭力凡事之有益于衆者無不踴躍
倡先善岐黃濟人而不以爲利宗族鄉黨交稱焉子

光宇優庠生孫載嶽庠生
吳載瑞字鳴玉磊落不羣偕兄弟子姪同室下帷一時
蜚聲黌序者十八人明季賊氛肆虐保衆吳家砦全
活甚衆邑侍御周鶴陽未遇時其封君貸金未償一
日見侍御頭角峥嶸大異之即焚券更贈膏火費其
修德類如此
吳光廷字爵一好行其德凡施藥捐棺修甃水石橋贖
胡姓鬻妻諸善事皆嘖嘖人口子二長鴻次鵠鴻早
卒遺孤超楚賴鵠教育及長能文弱冠食餼乾隆乙
酉選拔丁節母陳氏艱廬墓晚任枝江教諭學政修

黃安縣志　人物卷八　善行　兲

舉致仕後家乘宗祠倡先修輯其餘孫曾輩皆蜚聲
泮壁爲善之報無涯矣
吳士達字非聞強敏多才順治壬辰與族姪之珍公車
同北上以監生候選京邸爲當道所器重後選浙江
衢州府參軍赴任未至卒
吳之琬字景三乾隆甲午歲貢生平慷慨有大志早失
怙恃刻苦下帷肆力於古作文寢食方家不屑時逕
子弟多賴裁成凡修造施予無不踴躍從事子文會

亦能文未遇宇春邑庠宇泰國學泰於賑荒修橋等事亦樂爲之能繼先志孫大渚大洲大渲均國學大溪庠生

吳世哲字育三歲貢氣宇宏深胸襟瀟落行文朴茂有先正風與弟燭建廣文廟爲親祈福子思吡振翮孫見周俱庠生

吳應遇性醇樸仁心爲質精岐黃雖寒暑昏夜求無不往應手而愈謝以金弗受子純鳳年八十一孫人豐庠咸以爲忠厚之報云

吳正續太學生品卓行方爲鄉里推重饒於財好賙卹凡名流碩彥下榻相延以父宏芷卒於河南信陽州葬彼地遂偕兄正祿依墓家焉嗣子　嵩以黃安籍入泮

吳騰芳邑庠生學問深醇行誼端正有子四皆庭訓成名長嗣泰三鳴泰均孝廉四啟泰庠生族文奎亦童年遊泮嘉慶丁巳豫匪竄境捐貲建砦壬戌施粥賑飢子業烜邑庠

吳晶字懋勉太仙里人以勤儉持家積米數十石值乾隆戊戌己亥連年荒歉悉其所藏以賑乙巳歲又荒家無餘積仍刻已減食族中有飢餓者必分給之孫廷象幼失怙恃教育有成卒年七十六曾孫光斗邑庠生

庠生張國琮慷慨任俠見義必爲康熙三十年間與兄太學張國珩州同張仁庠生張棨廩生張志昆志昂庠生張黃張楚同盧拱等呈請南漕改折上下不辭勞苦南漕得以改入條編與有力也事詳南折紀畧

何鈐字君顯性嗜學刻志讀書不遇隱於鄉琴書自樂

足跡不入城市好施與里中貧乏者推解不吝生平正直剛方輕薄子弟咸憚之嘉慶二年流匪入境其子姪親率鄉勇堵禦七年飢復設廠施粥知盛德之貽謀者善也

王風融字燮和太仙里人少孤事母純孝工詩文嗜子史每讀忠臣孝子傳輒慨然慕之乾隆乙巳大飢輸粟以賑全活甚衆有某姓餓病於途親擕饘粥往食之得不死又有里人侵其田界家人欲與爭力止之且戒曰心乃良田善耕之其利甚溥土田何愛焉遂

書契與之鄉里有不平事必力爲排解不以煩長吏至建祠宇創家塾皆盛德之舉卒年六十六長子俟甄庠生諸子暨孫曾輩皆彬彬蔚起云

劉紹玉聶源里人舉止端方輕財重義鄉黨貧苦者多所賙急族里或有憤爭得紹玉一言而釋乾隆十六年邑令戴延爲鄉飲耆賓旌其門曰公正好善子鎰孫監生源恪守遺訓曾孫四貢生士極監生士柱士桂皆先後卒理問士杰於嘉慶八年春荒捐米施粥以賑士桂子州同文煩士杰長子監生文燮孝友和

平守家風於弗替

吳之琇明鄉飲賓士旨次子性仁讓博學多能爲善必果弟之珠無子以子宏道爲之後珠亦爲鄉賓道候選經歷亦與賓筵蓋父子兄弟世濟其美云宏道孫兆瀾二子於嘉慶二年在黃陂站團練鄉勇堵禦賊匪兄弟同日被難里人咸哀之

江澤煋庠生鳳翩子性狷介非其力不食長年筆耕餬口或年荒失館惟閉戶枵腹靜坐而已叔父母時推食食之他人餽贈不屑受也爲文冷落如其人卒不能博一青衿年七十餘賫志以歿

吳星煩字紫垣庠生其生也父太學生大棻方省親於山東陵縣卒于署故父子未及一面煩至性過人兒時即不嬉戲事節母以孝聞母兩患癰衣不解帶恒累月生養死葬皆如禮諸父恒幕遊羣從中煩居長內外事一身肩之待人無城府人有急難稱貸無不與精岐黃不以爲利家置藥物以給貧者卒之日往弔者無不淚涔涔下也子廷塏廷墉塏庠生

孟道誠字格天兄弟三誠居幼早失怙賴母尹恩勤顧

復姓至孝好讀書長兄道雄壯歲入泮益勤苦力學卒不過年三十終子二正篕正篤篤字輝祖亦孝友性成勇於爲義嘉慶元年堵禦教匪七年設廠施粥皆踴躍從事子對賡貢儼於庠篕字紹祖性戇直不喜逢迎好善樂施屢捐貲修造尹家河木橋以濟行旅次子大鶴善承父志幼子芳鄰入郡庠

孟道新邑諸生勤苦好學設教麻邑遠近師事之多列膠庠子正寅篤實醇謹以醫術濟人者甚衆

庠生江鼎新字彰緒長文長子也弟彭年俊年岱年俱

成名早世鼎新於所遺孤寡無異視又從弟闢疆孤寡三世皆爲經紀其家前令賈多男延爲鄉賓贈以賓王四世額益自杜吾而下淑清澍德皆列鄉賓及新而四也其裔鳳翮鳳翩澤煥澤濂澤春澤瀚澤暉澤曜俱列膠庠

生員張之錦於嘉慶二年教匪入境捐穀數十石集勇堵禦族耆民張雄楚玉杰嘉慶七年捐米設粥以賑

吳開泰吳學忠同族人嘉慶丁巳賊匪竄境捐穀五十餘石督集鄉勇在羊角會橫坡衆堵禦值雨甚衆潰

賊得闖入西南壬戌歲飢邑令孫勸賑復倡首於老山會設廠施粥三月有餘

陳登雲國學慷慨好義嘉慶丁巳豫匪竄境於響山園集鄉勇賙其衣食堵禦十餘日晝夜不懈鄉鄰賴以安居年九十三卒

熊千卜字顧周總角時卽異凡兒及長好讀書持躬以禮鄉前輩稱其有儒者氣象樂善不倦凡邑中諸大事以一身倡有益桑梓傾囊不惜也前邑候張公琮傑器之舉鄉賓贈以爲民之表扁額子清有父風孫

之炅嘉慶二年堵賊死入昭忠祠曾孫天栻亦慷慨急公時謂能繩祖武云

鄭之元字景襄國學工詩文屢赴棘闈不售事父母色養備至父母歿皆廬墓三年精岐黃亦存施濟不受謝嘗倡修遇仙崔店兩橋乾隆戊戌己巳歲荒傾倉施粥鬻田産以賙族戚之窮餓者子四光笏貢生光台國學光綬光麟業儒

季應由江右遷楚卜居今之灊源里積德行善子姓蕃衍至今村以人傳裔孫季廷華同妻徐好善樂施捐

田二石入祖爲祭費族人頌之

黃達制行謹厚食餼於庠兄弟怡怡惟以力學爲事其弟黃邁黃迥黃遴黃選俱列膠庠選子廩生懋魁懋煕懋璞一家孝友雖家無擔石宴如也宗族鄉黨薰其德而善良者稱頌至今弗衰焉

梅亭字敬會少孤事母純孝多盛德事乾隆甲辰捐貲倡修白馬河橋行旅稱便乙巳大飢悉其所有以貸比熟有不能還者焚其券鄉人至今稱頌不衰焉子調化廩生春華庠生孫兆李開運俱庠生

蔡昌簽初貧甚傭工苦積置田二石居楊二河之側屢見河水漲漫行人病涉因捐錢六十千置木橋一座恐難久遠復捐田一石瓦屋二間以爲修葺橋梁及施濟茶湯之費家不豐而能行其德可謂賢矣

蔡心孔字近思增生好學能文設館授徒寒士不較脩脯每朔望必集族中子弟會課多所造就歲凶捐施粥米鄉鄰德之子有録年十二入泮後補明經有錦鳳鳴俱國學

程步洛文煥俱庠生好善樂施置義産延師課讀凡鄉里有志業儒者咸造焉多遊泮天貴以補廪出貢著有愈稿

徐如楹世長厚置義田助族中子弟無力延師者嘉慶七年歲飢施粥多所存活焉

趙汝栢元樞密使王峯之裔也爲人慷慨任俠族里有急難者無不竭力相助雖典衣鬻産不惜也常因歲歉囤戶居奇日昂其價貧民病甚栢命子本立借貲遠運減價接濟市得以平邑人賴之立亦能繼父志友愛克敦析箸時屋産任兩弟自擇里人咸稱焉

蔡傳仁字槐堂存心忠厚立品端方爲士林推重子浩字巨川體素羸勤學不倦文日精而病亦痊旋遊膠庠事父母以孝定省視膳必親兄弟六人家近百口藹如秩如内外無間族黨有憤爭者必爲之秉公排解課生徒不計修脯及門成名者甚衆卒年四十七遠近咸惜之

邱顯庸善士也醇謹爲懷未嘗凌人忤物而里黨憚若嚴師遇貧苦必解推匆吝凡有義舉無不踴躍爭先迄今五代一堂齊眉舉案承歡繞膝者七十餘人子

懷章孫朝見俱太學生殿選邑庠生現年九十三

詹聞謙字虛舟天性孝友内外無間言處世和平尤樂施與喪葬不能舉者恒助之乾隆乙巳嘉慶丁卯歲洊飢設廠於楊家堂爲粥與食以待餓者鄉鄰德之杖國之年衆爲請　旌壽九十有二子人鳳人麟庠珍孫殿魁殿鰲殿華多成名咸以爲積善之報云

黎源勝存心忠厚好善樂施里中有貧不能娶者資給之俾成家室乾隆戊戌己亥連年荒歉設粥廠於雙台禪院以濟飢民多藉存活前令李之駿錫以匾曰

忠厚貽謀子中明亦於嘉慶七年設賑善承厥志焉

徐家桂字懋華存心忠厚秉性耿介居城數十年規行矩步杜門自守精醫貧者施藥以濟里有善事必踴躍倡先鄉黨欽其德範壽八十七終

胡汝崑字希崙行誼純正鄉黨推重厥嗣本煇本煥本燦能承父志修城垣賑荒歉皆捐貲不吝子若孫圖橋泮水克振家聲焉

趙元熬字名楚太學生少習詩書稍長敦氣誼勵廉隅凡修城施粥無不踴躍從事長子坦列膠庠次殿選列成均皆力學敦行以紹父志

潘萬九明初指揮原籍江西遷安邑太仙鄉爲人剛方正直見義必爲迄今後昆發越積德行仁之報也

余之柏字楚材素行醇謹立品端方乾隆十五年倡捐社穀以備積貯邑令戴旌其閭曰望重鄉邦乾隆乙巳歲荒減家用以周鄉里之空乏者子應聲孫太學達先魁先亦皆能行其德善承厥志焉

金諾邑庠生制行謹厚篤友于之誼幼弟章析居豫省夫婦繼沒遺二子年皆幼稺煢煢無依諾收歸撫養將彼業所入爲之蓄積俟姪成立仍還祖宅今子孫昌衍皆諾之力也

吳之璡字孔煥太學生生平折節讀書數奇不遇嘗慕范文正公之爲人凡事之有關於心必竭力成之修石礄者三施義渡者二建祠宇者一乾隆乙巳歲大祲於村側嶶州坂設粥廠以濟自九月以迄麥秋多所存活其子五皆有父風次維鳳四維鶴振聲黌庠孫春暉春華春淮春藻春元鳴珂曾孫掄英皆聯翩鵲起咸稱積善之報焉

吳光漢家貧力農爲業所居村側衆水滙流之處民每病涉漢乃銖積寸累前後三十載獨力捐修木橋者三約費二百餘金年八十三矍鑠若少壯然

謝杞謝俊皆之邁子也少英敏過人及長勇於爲義凡修河橋平道路賑凶荒罔不踴躍從事鄉里咸推重之杞就州司馬職俊少尉職其子孫蕃昌足徵善報

李大見性純篤好施與乾隆戊戌年蝗蝻蔽野見捐貲率衆撲滅田禾不損乙巳奇荒出穀以濟里有夫婦因荒不能活拆賣妻女見亟助以錢米爲之贖取俾

得圜聚至於修橋梁恤孤苦未可以一二數也巳酉
秋邑令王承銓表其門曰好善樂施卒年六十九其
子孫四世同居家雖貧不替先志

徐家璉太學生事父母至孝又捐祀田以作烝嘗出粟
米以賑荒歉邑令錢公李公皆深嘉之

蔡傳經字藝圃太學生偕兄弟傳元傳仁傳福事節母
嚴氏均以孝聞母年九十猶勤紡績樂施于經體母
志克敦善行乾隆丁酉水漲沖南河渡口石級數丈
捐貲修築並歲施夜燈板橋之費乙巳歲歉於徙義
倉施放麥種百餘石凡修廟宇埋暴骨於地方公事
皆樂爲之漸至家貧無悔焉

余秉剛性恬淡寡言笑家不甚充而疎財仗義遇族戚
之貧乏者無不緩急相通經管修學田十餘年凡修
培補葺以及錢穀出納皆悉心經理嘉慶元二年教
匪逼境偕弟太學秉和捐貲修築障城備辦火藥燈
油分門守禦七年歲飢捐米五十石同邑紳設立粥
厰全活甚衆邑令孫公劉公兩次修城皆倡捐力襄
其事秉剛以子開緍按經職　貤文林郎秉和以子

開運布經職　貤儒林郎

程一鏵好善樂施乾隆戊戌乙巳歲饑爲粥以食餓者
値嚴寒束薪爲置古樓下以待饑民取用子士泮國
學孫鳳喈庠生

熊之杰字偉亭少失怙立志讀書撫弱弟之炅訓以大
義嘗謂讀聖賢書必躬行實踐乾隆乙巳歲大祲罄
所儲以濟鄉里嘉慶丁巳春教匪蹂躪之炅殉難死
亦由杰之平日教訓深也

宋禄元提領官也由江西遷漢津站慷慨樂施凡有益
于人者無不爲値時疫站中不舉火者數十家禄延
醫施藥爲粥飯以食之其斃者備棺以葬並立漢津
廟于站西至今猶存

宋嗣沈字九峯少孤事母至孝乾隆戊子邊賊入寇檄
徵馬供役人多藏匿沈獨慨然以所畜數馬獻是秋
大祲破産以賑邑令李公延爲鄉賓未赴而卒子廷
椰國學光模光楷庠生能繼父志乾隆戊戌壬戌歲
饑皆輸粟焉孫天貺天爵皆入泮

邱世理性正直好施與戚友務貸不償置不問凡窮失

業者周之死無主者葬之諸兄雖析居有無相通如故也後居母喪以哀毀致疾卒子承壽太學生

處士王之鑑字金仲喜施濟子二長士冕監生能文早逝次士昱監生性樂好施乾隆甲午歲捐粥賑饑里無溝瘠延師董姓訓子董入學娶室皆賴其資助子四長夔柏出繼士冕次楚善監生三楚俊職員四夔桂均能文好善

武時忠性寬厚教子有方善氣迎人鄉閭欽爲長者里有竊其稻者忠見之不與較且舉稻以贈竊者亦感而歸正行事類如此卒年八十五子五皆有父風庠生元喆偕弟士英士瑩士偉於乾隆壬戌歲竭所有以濟荒歉捐資以贖鬻女喆壽八十而終後裔覲光揚烈纘緒皆列膠庠

程士泮字景芹太學生善體親心外祖無嗣殯葬之事以一身任之又姨甥蔡姓者貿蜀其母貧無所依泮養之十餘年卒治棺衾葬之悉如殯母禮嘉慶丁巳值教匪之亂復捐燈油費與士民分門堵守前令孫設粥廠修城垣諸大務無不踴躍從事焉

按善無盡爲善之量亦無盡人苟心存利濟則隨時隨地皆可行之豈必散財發粟也茲就前志所載及鄉黨所稱者誌之以爲風俗勸

閨範上

關雎為風之始安常處順以賢淑稱上也不幸或未嫁而守貞或已嫁而守節甚或禍生倉猝變起非常觸白刃而不辭凛清霜而難犯皆足羽翼綱常儀型巾幗故就前志所載及所舉報者備録之志閨範

孝婦劉氏二尹王國任妻太保莊襄公從姪女也父天成與任父珍同遊郡庠相厚善因有婚姻約而莊襄公配王夫人為珍從娣以是劉禨褓莊襄公即主字王生氏甫六齡而任母熊殁氏聞訃鎮日啼泣不食

嗣毋值熊忌辰輒哀慕悲沏既笄歸王其後姑為陶劉事之甚得其歡陶覸劉亦不啻所生子婦任以歲薦肄業南雍劉從逾年婦姑相念俱至成恙任壯歲無子劉密置側室進御乃生子三錫撫之如已出稍長督教惟嚴遇諸姒和而不狎於諸姻黨里鄰咸以恩禮接前姑熊之族中衰而窶歲時周䘏之家臧獲甚眾馭之肅然無敢犯劉後病三錫方就童子試劉念曰第得兒列黌序吾目瞑矣三錫果補弟子員劉含咍而逝時隆慶壬申歲也

李淑人耿鳴甫大振配也靜重寡言笑事姑秦孺人至孝姑性嚴急微拂意輒怒且撻淑人敬受之終身無怨懟姑第三子將娩晨猶受撻含淚汲歸亟入室而子誕即耿恭簡父也性廉嘗乞苕於世姑中有遺金遂以還尤樂施族里婺孤之貧者常待以舉火時耿氏中落淑人勤苦治生僅足自給猶省約以為施與屬纊時強起沐浴更衣而逝年七十有一誥封淑人

秦淑人耿靜庵金配也子四定向定理定力定裕事兩

世尊人以敬遇諸姑姒以和每夜勤女紅令諸子讀書其側如程乃許寢子所交遊必嚴為分別見孤婺貧窘輒賙之歲大祲減食輟哺以分給族屬之不舉火者大疫則施湯藥全活無算長子廸西夏有持千金求薦者靜庵公已遣之入告淑人淑人愀然不樂聞已遣乃色喜後就養於督學南畿署中布衣疏食無異寒素諸子婦勤織紝躬炊爨婢無常主兒無常毋淑人之化也卒年七十三誥封淑人

淑人彭氏耿恭簡命婦也初歸耿時婢僕寡一切臼爨

淑人躬之及仲娌歸姑令更番月値淑人曰娌初至且孱弱奈何苦之作苦如常静庵公爲官錢害淑人奩中有數金取以授姑姑喜且泣曰婦貧家女奩中止此乃以佐公耶恭簡從昆負債繫獄恭簡盡括淑人衣笥奩具代償淑人無難色後隨恭簡任未嘗購一服飾布服𩟄食以迄白首其於貧安之矣諸從子自嬰孺卽相依及往來兩都則牵裾涕泣强欲與俱不知有己母也年六十二卒京邸誥封淑人

戴恭人太守鍾青巖妻庠生采和女嫻禮教年十八歸

鍾孝舅姑和妯娌青巖方讀書不暇治生恭人勤紡績以供膏火鍾有孤女數人襁褓失怙恃爲哺乳鞠育後適名門有孤姪數人亦依以養時流寇肆虐每多流離失所恭人恒保護之青巖旣貴顯恭人隨任裙布荆釵子女輩皆不令習紈綺性温和御下以慈無疾言怒色未逾年卽思歸歸未幾而卒贈恭人

李孺人者瀘州刺史李長年女也幼聰慧伯父大冢宰李長庚鍾愛如己出五歲時誤墮入金魚水甕中端坐逾時若有浮之者然衆皆異暨適鄉賢盧爾悌滕奩極繁盛澹不介意惟執婦道敬夫子如賓事舅姑以孝冢宰公嘗以一珠助奩價不貲侍婢偶失鑪中懼責孺人曰物之成敗有數焉不之咎歲辛巳邑大飢爲典簪珥服飾約數百金易穀以賑生子九甫成人卽督使勤學不十年二子同舉於鄉一成進士迨夫死尤不令與外事督教如初故其子登賢書者又二成進士者又一其餘則皆食餼列明經目擊孫曾三十餘人壽八十終封太孺人

黃氏學博盧之櫄妻也姑周氏沉痾氏親湯藥經月衣

不解帶私嘗姑糞朝夕禱天願以身代姑死復甦竟延壽一紀明崇禎壬午七月初六夜流賊襲陷安城周罵賊死夫赴省鄉試氏歸寧母家聞訃奔喪哀毁幾絶持長齋終身卒年六十有二

梅氏邑庠生耿成宗妻明甘肅巡撫之煥女孫也幼習詩書嫻内則及笄歸耿事姑以孝夫中年染疾氏脱典簪珥醫治之生二子不假外傅自課甚嚴婢生子夫以其出身微賤不欲置子列氏曰母以子貴子不以母賤也白之伯叔長諸人雁行氏自爲文以紀其

事餘產照三子均給閭里族黨咸頌其賢德云

樊氏郡學博樊維獻女邑孝廉盧爾慥妻也父以殉節亡兩兄先歿遺姪樊永大復殀家貲累萬樊之族將立氏中子而嗣焉氏泣謂其夫曰父死之謂何而乃因以爲利乎與其夫擇立樊屬咸以繼其祀父所遺悉歸之事孀姑以孝聞姑病通身痛楚藥寡效摩其患處則少間家人皆不省惟氏摩之輙中因日與姑同寢處以手摩不少輟閒則爲之進饘粥滌裾褕樊香饑代越三年姑蹶起夫以賢孝廉居井里事無大

小皆就决客嘗滿座氏主中饋咄嗟立辦甫于歸夫初不知其識書也偶吟蘇若蘭織錦廻文詩間遺忘氏悉記憶立誦三十餘首夫客京華十二載子六人皆氏自課卒年六十有七

李氏鄉飲賓江澍德妻也性温惠相夫子以敬處姻婭族黨無失禮好施與一時鄉鄰之貧乏者多賴焉叔氏某幼遭横逆鬻產殆盡猶不得理氏爲急請於夫罄所藏以禦侮後某以忤權貴意將被逮氏爲籌之使遁而屬其夫代爲解叔亡在外幼妻弱子賴以相依有倫兒入其居昆季皆被竊氏獨無恙後氏疾亟倉猝不能辦喪具姑年八十素鍾愛氏以其制櫬與焉氏固辭待其子别市至乃瞑子南才列邑庠次南錦隨氏卒孫十八俱能文

韓氏吳維楨妻明經吳尚之嫡母也氏初艱熊夢納尚母周氏生尚後氏亦生二子飲食衣服如一且謂尚能讀父書待之加厚及尚餼於庠尤不勝喜夫卒慈愛教誨終身不懈

盧晟妻秦氏年二十而寡遺二子矢志撫孤教以義方

皆有文名多懿德喜施捨康熙十八年鄰有周氏婦貧且病饘粥不給子絶乳哺氏日餽以升斗母子皆賴存活次年歲大祲氏與母王氏出其織作市米二十石以賑鄰里之窮餓者有張氏者鬻身葬父氏焚其券助以千錢至今頌義無窮焉

程氏劉任妻生員劉之騎嫡母也氏出黄岡望族年及笄歸於劉以孝順稱操井臼勤紡績佐甘旨不少缺中年尚未有子乃徧置妾媵七人爲劉氏似續計晚得騎撫之如己出騎有疾則晝夜祈禱疾痊乃已夫

殁驕甫九齡爲延師課讀無何氏亦隨殁驕後列膠
庠皆氏之力也

張氏鄭思孔妻也事後姑王以孝聞王病篤割股奉羹
以進王旋愈年八十卒邑令向公贈以額曰閫孝可
風其子君昭亦屢積功德重建苦修橋

吳持權妻汪氏年二十五夫因貧遠貿翁姑年邁氏勤
紡績以供朝夕三十餘年無少間翁姑殁夫卒於外
氏喪葬如禮族黨賢之

何儒之妻熊氏性勤儉樂善好施族有寒儒恒資其膏

火力不能婚葬者脫簪珥以周之享壽百有三歲邑
令戴燗表其門曰西池鶴筭併製聯以贈之

監生吳若傑妻韓氏生二子中年夫故事衰姑婦兼子
職撫子成人

邵陽訓導吳宏初妻耿氏邑庠耿宗邁女幼秉父訓經
史內典靡不淹通年十七歸吳勤儉自守中年夫逝
經理家政得姑歡心養叔姑卹寡媳訓子女服則執
書史以考析疑義晚歲創定歲時家祭及族戚往來
儀則至今沿爲子孫法壽九十有六親見五代以孫

沂　贈孺人

訓導吳兆澧妻韓氏七歲喪母事繼母如所生視異母
弟如同胞于歸後孝事翁姑生平無疾言厲色隨夫
任猶簪紉不釋手疾中值夫病殁強起執服哭奠隨
殁遺命以哀絰斂年七十五

知縣吳沂妻劉氏澧州學政劉待女幼嫺內則于歸後
孝慈和順內外無間言隨夫任勤儉自守每訓其子
曰兒輩爲宦家子當不失爲儒家子汝父蒞事寬仁
詒子孫福厚矣

吳孝女增貢吳大檠之三女質沉靜幼侍父母愛敬兼
至父南遊吳越歸日以筆墨應酬女侍奉罔懈父殁
女一慟惛惘隨咯血竟以哀毀卒聞者傷之

生員吳緒妻李氏年十六歸吳慈和孝順娣姒咸矜式
之夫殁撫幼孤教養兼盡以孫中理　贈孺人

歲貢吳之琬妻劉氏舅姑見背夫遠館恒以雙親未葬
爲念偶有術士謂屋後可陰宅小豎聞之以告氏黙
識之俟夫歸遂厝焉惡刀筆嘗以誡其子其後科名
相繼氏與有力焉

吳文煒妻耿氏生員耿昭普女聰慧知書于歸後孝事孀姑和睦兩姒子中理未售時嘗吟詩見志曰裙布荊釵四十秋蕭蕭白髮雪盈頭慇懃詩禮貽堂構莫也兒童夙願酬又小詞有萊衣何日舞瀛洲遂我平生願之句夫易簀時氏亦病力疾哭斂翼日遂自盥浴更衣而卒以子中理贈孺人以長孫性誠贈宜人

知縣吳中理妻盧氏于歸後克勤婦職從宦二十餘年多所贊助聞扑責輒愀然不樂布衣蔬食衣裳恒自澣洗誡子孫及諸婦毋習奢華卒年六十以子性誠贈宜人

知縣吳性誠妻孟氏大定守孟正笏胞妹也沉默溫厚淑慎端嚴事舅姑以孝舅姑歿哀毁欲絕見貧老者必賙之年四十卒 封孺人

吳兆揆妻王氏貢生王時鏡女年十七歸吳佐理內政井然有條中年夫逝教子孫嚴謹子家英履元若鴻孫東昱東昇東昊東暹東晟東晨均庠生孫東㬅妻李氏于歸甫一月而㬅歿矢死靡他後值姑病氏兩刲股以進姑立愈撫嗣成立人咸以爲能稟祖姑懿訓云

進士吳應庚妻戴氏少聰慧長通經史書數隨夫任內助之力居多常訓子姪以忠孝壽八十有七

增生吳楚湘妻王氏未于歸即以孝女稱迨適吳姑逝翁老奉養罔懈母家有老婢念幼曾乳哺時以紡績羨餘遺之遇困乏者必賙卹其仁慈類如此

吳如瑁妻虞氏于歸後克盡婦職年四十五猶無子以紡績餘資陰行善事五十忽舉一子目睹成立克振家聲年九十卒

孝廉阮昌綸妻楊氏陂邑太學生世傳之女年十五兩次刲股以愈母病于歸事翁姑以孝聞年六十有四

孟存謨妻張氏東光縣令應瑄母也夙嫻姆訓治家嚴肅子弟進退必以禮愷惻仁慈婢僕童稚罔不曲加體卹年九十終 贈孺人

孟應瑄妻劉氏仲憲之女荊州府學司訓之春母也生而恪順動遵禮法于歸事舅姑以孝隨夫之任內助稱賢凡賙貧乏修橋梁皆樂爲之 封孺人媳江氏之春之妻亦知書識大義克承姑訓無愧焉 贈太

恭人
孟道文妻江氏庠生九般之女温惠和順壼範素嫻勤儉相夫持家整肅課子正麟正笏嚴慈備至賢淑之稱內外無間言　贈太恭人

孟唐氏庠生士衡女優增生道益原配也賦性柔嘉持躬淑慎早卒繼室耿氏婺源知縣昭震女敬戒無違柔順貞靜先後均以母儀稱

孟劉氏歲貢敬占女候選司訓道沅妻也温惠慈和善持家計生子正樾夫婦相繼夭撫育庶子如已出寛

以逮下有樛木之風焉

孟聖揆妻熊氏副榜春椰母至性肫篤痛姑青年苦節孝養備至姑有疾晨夕侍湯藥不少離夫病垂危迫無計欲以身代夜閉戶將投繯旋聞犬吠門內若有私語者因轉念身死而夫卒不生子女何恃乃焚香默禱刲左股肉寸餘作羹以進夫飲訖熟寐達旦病脫然如失延壽一紀

江鳳翩之妻庠生韓黃女也適江夫兄貧窶氏佐夫養姑凡親朋慶弔及夫姊妹粧奩皆出簪珥服飾助之夫性剛方恒觸時忌毎婉言勸解或謗毀至則匿不以聞晚丧明長媳鍾氏侍奉惟謹一遵姑範鍾無出勸夫納妾生子撫愛備至家有操作嫡庶均勞逸焉韓卒年九十二鍾卒年七十六 以上賢淑

胡氏乳名黑女灄源里人明正德七年流賊掠浮光而南至兩河口掠得胡氏二女黑女次女也年方及笄賊悅其姿欲汚之女抗節不辱賊令羣婦啓誘之曰女從則極富貴可立至否則虀粉矣女曰巳聘某氏子死則死耳富貴何羨賊取刀斷女足趾威之不從

賊復斷女手指女不從如初賊怒遂刃之槀埋萬歷二年知縣應存初始表其墓

周氏光祿吳士伸繼配也世爲西陵望族生而端凝不苟言笑嬪於吳事孀姑至孝凡滫瀡紉箴之具必躬親湯藥必躬嘗絕不假手婢媵夫學之膏火則典釵鈿佐之家不素豐性樂周人之急雖飢寒切身弗顧也愛子若掌珠竟未嘗以姑息弛丸熊訓待側室有樛木之仁撫支庶若鳴鳩之德焉隨夫宦金陵以姑櫬未殯遄假歸管窆寓居風水山寨賊環攻水盡糧

絶氏曰事勢若此總一死以完我節遂投繯遇救復甦賊入執之罵曰我夫受爵朝廷我爲命婦恨不能執利刃殺汝汝死且無日敢執我耶言訖罵不絶口賊怒碎其首其子收殮遺骸見氏顔色如生邑人上其事撫軍賜額旌曰閨閣完人將題請旌表會疆埸多故事遂寢

王氏生員秦瑗妻明崇禎乙亥歳正月初七流寇掠北鄉執其姑氏奮身往救以頭觸賊罵不絶口賊擁之馬上批賊頰賊怒殺之投其屍於塘水盡赤又生員

秦珩妻適秦甫十月避寇山寨寨潰姑被執同其姒李氏往救罵愈烈賊刃幾之毫無血痕後殮神色不改

王氏生員韓璣妻也幼嫻禮法既適韓克盡婦道内外交譽之時流寇充斥氏自矢曰吾輩從一而終倘爲賊獲有死而已常懷一利刃以待及賊攻砦砦潰氏爲所獲將携去氏紿曰我既被擄又安適歸隨去耳但兩黄口女幸借提挈賊信然乘間拔刀自刎而死學使者王公爾祿爲詩叙以旌之勒諸石

韓琮妻王氏庠生王三輔之女也幼通書史嘗刲股救母以孝聞明崇禎乙亥歳賊襲風水山琮父子俱被害氏亦傷重創死而復甦兄弟舁入城調治既痊時年二十九誓不再適居韓帷破屋數椽瘠田數畝上無所依下無所托惟一婢女自隨績紝終日以供衣食間閲古烈女傳及釋道書足不出戸庭者四十五年而終

周氏武舉盧舜臣妻也性孝友樂施與當歳大凶氏傾倉賑飢自甘薄粥後值大疫施藥餌以濟閭里賴存

活甚衆明崇禎壬午年七月初六夜流寇襲陷邑城婢僕奔告曰盍行賊將至氏叱曰若獨不聞女子不出閨門訓乎危坐室中賊入氏罵不絶口遂遇害

周氏王有永妻方寇亂之際常語其夫曰時事阽危如此女子之身名節至重非獨不可辱於賊並不可死於賊也及聞賊至先自刎死

李氏王嗣杰妻也夫婦入山避難遇賊於道夫被刃佯死賊艷氏不忍加害百計誘之上馬氏罵曰爾賊殺吾夫恨不殺爾取心肝奠夫前以雪吾仇安能隨爾

去耶賊怒杖殺之乃去夫𨑹終身不再娶

黄純武妻吴氏通山教諭吴永之女甫三歲便知别男女凡嬉戲禁家童年相若者不得入儕隊佩環琢玉氣象迥殊矣長適麻邑庠生黄純武賢聲益著甲申五月以歸寧來安時流寇餘孽猶蹂躪豫楚間一日賊暮至舉家驚散氏獨與一婢匿樓上賊將逼樓氏謂婢曰吾義不受辱惟一死以謝父母遂引石自碎其首血尸僵仆而死時年二十七麻邑諸縉紳聞之多有爲詩以弔者

程氏李袁章妻也賊陷邑城氏匿眢井中賊入室執袁章縛之將加刃氏憤極從井中躍出大罵逆賊以身覆夫賊怒刀斧亂下被數十創罵不絶口氏死而夫竟得脱

無姓烈婦者明崇禎丙子歲經賊後有婦反縛於邑南彭氏之庭柱上不爲所辱而死卒莫知其誰氏婦也嗟乎板蕩之秋疾風勁草烏可不深嘉樂道以見一腔熱血爲浹月之遊靈哉惜其姓氏湮没徒令人扼腕浩嘆不置

姚觀一不知何里人有女年及笄美姿容爲賊所獲艷其色欲犯之但見衣裙綴結縫紉甚密故知女之自防者素矣乃使營中女子以密語誘説百端不可利刃脅之不可始褫其衣縛其手足令兩力士左右夾持思一獵而甘心焉女喊聲震地曰我姚觀一女已許人義不受辱展轉顛撲至於折肱毁體終不可近賊怒支解之旬餘面色如生噫孰謂草野中無奇女子哉

河邉婦者當明末流氛之亂爲賊縛馬上將渡河奮躍

大呼縛斷賊急持之嚙賊賊護痛乘間奪賊刃自斷其頸未絶賊猶持之遂躍入水中水從口入血自喉湧刀痕赤裂黑髮漾波見者不寒而慄時文學耿遠倩披執目擊傳於人云惜逸其姓氏爲遺恨耳

彭女邑庠彭世濟長女也許字司理盧經年將及笄適賊至岐亭居馬埠頭一方震恐世濟携女逃於月山寨中賊至女持刀欲自殺父止之曰姑且緩賊攻益急女以墨塗面蓬頭易足穿藍襖以舊青布衣襲其外遍體密縫長呼一聲曰天遂自刎父置之亂草中

寨隨潰盡屠之溺水死者半存者不過十餘人世濟入水恍如其女牽之而渡者遂得生次日始具棺殮邑令李元玉旌之日閨烈

石麟趾邑庠生早殁妻樂氏齒更少抗志苦節撫子正嵩女喬大成人正嵩娶媳李氏抱孫名作礪喬大亦年將及笄值賊氛蠭起樂氏偕子女及媳竄避堡寨遇賊逼迫持刃奪喬大樂氏救女罵賊死嵩奮擊賊伏母屍哭罵又殺死喬大被賊繫馬上乘間拔賊佩刀刺賊目賊怒又支解之時李氏携作礪匿藪澗中

三日不食僅得免收三屍歸葬艱辛困苦撫作礪成立補弟子員且援室生四孫無何賊氛又起李氏被執亦以罵賊死一門之內死節者四傷哉喬孫清邑庠次孫溥國學考授州同三孫瀛邑庠四孫泮國學

張氏李子方妻也夫鄰有木匠祝子昂者子方曾借其斧鑿整理犁具昂瞰其夫出遂借討斧鑿爲名入氏室欲姦之氏扭喊抵死不從被子昂斧鑿交加而死昂逃旬日緝獲始伏誅此前令劉公承敬事也

旌烈女許字程國泰泰貿易于歸德期有李亞言誑殺

之術女毋同至伊家逼成婚女執不從自刎死附葬程氏祖塋雍正六年　旌

庠生戴應龍妻李氏崇禎八年流賊突至執應龍氏罵不絕口與夫俱遇害

劉氏夫丁遂早逝守節二十餘年明末賊衆數萬由楚之豫路經安邑氏居李泰寨被圍知城必潰欲先自裁家人泣持不許寨旣破氏獨自扃戶固閉將雉經死賊已擊戶聲甚猛叱賊曰我節婦不可以面目見賊遂投繯賊碎戶入義之解其懸乃以頭擊賊賊怒

羣刃並舉氏罵不絕口身受二十刃而殞死三日賊去收其屍肉尚溫先是所居村有虎每夜伏屋側大吼大木無故連拔數株及遇害家二犬守其屍數日不食死子斯昌庠生時簡廩生氏爲不泯矣

王鳳漁妻孟氏夫以牽連繫獄家貧百計營求冀夫出獄因乞債於隣爲強盜所逼殺乾隆丁未年

恩卹以上烈女

葉氏選貢彭鴻功之妻兖州太守繩祖冢媳衡州教授自巖長女也初歸彭事舅姑以孝稱勤紡績助夫子

讀書歷寒暑無間夫膺選薦北上以教習留雍逾年疾卒訃至氏哀號惓怛潛投於池覺救得免櫬旋之日攜三子環泣左右欲啟視衆阻不獲寢苫椁旁須臾不離營葬畢迎主至中堂事之如生出入以禮自持內外肅然教三子嚴而有法長之英爲名諸生次之華之蘊皆能文

趙氏國學鍾應造妻生出名門長歸宦族勤儉自持夫死氏欲與俱死值隣嫗救方甦撫育遺孤飲冰茹蘗撫子裕淑夢齡卒能成立克紹家聲

李文華妻張氏年三十六生有四子夫歿甘苦食貧能矢和熊晝荻之義俾諸子皆得孝弟力田不敢惰棄迄於有成斯亦壹德之足稱者卒年六十有九

歲貢吳大崧妻周氏孝事舅姑和睦娣姒氏本巨族而荆釵裙布若貧女然長孫克墳早逝婦韓氏矢志自守嘗刲股以療姑疾可謂節孝兩全矣

戴克勤妻董氏年二十歸戴翁姑俱喪家貧如洗越三年夫歿無棺氏亦自盡後二日氏母來見兩屍在室哭甚哀氏復甦語母曰壻無棺女之罪也母宜節哀語畢而絕

彭氏耿大賓妻也賓卒時彭年二十六遺孤一彭抗志撫之苦家窘不能給朝夕賴族伯教授公高其志操時時分俸賙之年六十六歲終自新寡以迄白首家人未嘗一覩見齒笑居常凜凜若鐵面然族里婦女瞻其容儀者自生嚴憚也郡守慈谿孫公光祖檄表其墓

王黃氏王惠妻也甫笄歸惠夫嘗役於外氏獨居敬養舅姑得兩尊人歡待諸姒克諧以和居五年惠旅會

城久不返舅姑以嗣續爲念遣從之寓省一夕而氏不安於闤闠旋歸歸而有身後舉一子甫週而惠歿氏時年二十四耳惠疾亟時以氏年少囑母再醮之氏聞持其孤向惠泣曰君疑妾矣妾不難以身殉顧妾與君俱死呱呱者將誰依耶惠泣謂母曰兒故知婦無二志第不忍重苦之耳今云爾聽之可也惠既歿號慟幾絕既忍死勉襄其事後即屏居一室含哀緋絰以撫其孤至老不服紈綺疾不用醫藥曰嫌其診也亦不用襯曰吾天年果盡蚤得從夫子地下幸

矣鬼神必不妄譴我也年八十二終氏嘗得一觀音大士像祀之謹每家人疾病休咎卽見之夢預知之抑其志潔行芳將鬼神可質也撫其子旣成立復撫教其孫曰三顧應萬歷四年歲薦曰三極登巳卯鄉試

蔡氏三節婦皆奇女子也先有張氏者儒士張本女年十六適蔡純仁踰月純仁死喪盡其禮服旣闋有慕而聘之者斷其耳藏笥篋中以示不渝奇矣又有徐氏者適仁弟蔡緬信踰年純信死與張稱雙節焉及

服闋亦有託其諸姻而探之者氏卽憤曰汝不樂吾之有耳耶卽往取刀自割探者急抱得解則又奇矣邑令應公黎公置附近田二石建祠以永其祀越八世後復有蔡鏞哲之妻周氏者適哲未二年夫死其貞烈與前二節無異其貧苦視前二節尤甚撫姪爲嗣姪稍長能耕始不絕食年八十卒曠觀前後一門三節則又奇之奇矣

張氏孝子王威妻也威幼失父母從父時瑩撫養之瑩與其媪多病臥榻者十餘年威與張百計調護張滌

滌溷溺無難色媪病後思肉食張猝不能具皇皇然傾貯粟市鶩歸烹以供欲盡之恐益疾四分之藏其餘以待不時需孺嬰在側延垂垂不得一染指焉啼則鞭撻驅之戸外會瑩與媪後先卒威亦隨卒子纔八齡威臨終語張曰吾死若必適人家且貧是孤安恃與張泣曰是何言哉夫天也天一而已妾本願從君地下徒以此孤苟活人耳矢死靡他終與孤相爲命也威伏枕謝曰子若是吾瞑矣時年僅廿餘守一孤兒以爲命每雷雨夜恐其震驚魂兆號慟尤慘家

益落朝鋤夕紡數十年如一日邑令扁其閭曰節孝

栗氏彭守則之妻也氏家世書香多篤行故氏幼稟父兄之訓年十九適彭進止必以禮姑姒皆懽之夫遘羸疾將就木氏誓以死殉夫曰死易耳汝若生吾乃不死遂卒氏一慟幾絕繼而曰吾不難殉夫子死而難背夫子之屬我生也取夫弟之子爲嗣勉終喪事營葬後每歲時嗚咽兩袖斑斑血淚痕聞者傷之家益中落二餔不供之死靡他侍御周公家棟曰古今以節顯者代不乏人要之或一瞑而不回或遺孤其

堪詎孰有一綫俱泯片語邱山飲血茹荼四十餘年如一日若氏者哉乾坤之所鍾洵非偶然矣

張氏王世亨之妻也夫早死無嗣姑又喪翁時年七十餘欲奪氏節強之嫁氏曰下不能爲王氏續宗祧上又棄其哀老之翁人將不食吾餘矣遂抗志守節撫其夫之弟至於成名朝夕奉養哀翁始終無間翁九十七卒氏亦以全節終

鄭氏邑庠生彭承芳妻也彡孝廉彭台早世芳亦夭遺孤甫十月氏年二十六守寒士殘家耕耘餬口嘗遭

儉歲併日舉火終歲不製衣極人世不堪之苦氏獨甘之無所怨尤五十年一如初志教子德禎入庠庠薦紳章帶頌歌之上憲邑侯旌表之人謂彭台與耿恭簡倡明理學學士景從其家有貞節婦宜矣

王氏三節婦者鄭氏王世臣妻年廿六而寡遺孤方一週後十三歲夭其嫞方氏世臣之弟世巨妻也亦廿六而寡子正極六歲鄭與方先已析居十餘年矣至是復合居一室共撫孤子迄於成立補弟子員嘗道上其事勅下有司歲給廪以終其身後正極又早逝

妻秦氏年廿五三子幼秦苦節自矢孝事二姑克教其子子道爻道一身兼之嗟乎一家而三未亡人三未亡人而相繼一世二世歲時伏臘風雨晦明幽苦相對何凄切也

董氏年十六適秦尙朴五載朴卒遺孤環甫二歲女僅四齡耳氏悲號慟絶時翁姑尙在堂皤然兩鬢年俱六旬外謂之曰代夫養親不猶愈死從夫子耶氏從其命拮据朝夕以奉二老菽水視夫在之日尤加敬愼及殁含殮棺衾無不竭力盡禮教子義方寓嚴於

慈貞操閫訓鄉里皆化之卒年六十其女爲耿恭簡母恭簡爲立貞母祠永祀不絶焉

耿氏恭簡公女周之復妻也年廿四夫殁子女俱幼腹尙有娠氏痛哭垂絶願以身殉姑解之曰若念吾兒亦念吾兒有垂白之母乎氏泣曰吾以其心死死者姑以其身生生者乃客斷一梳破一鏡置夫棺中稱未亡人三十載事嫞姑以孝聞年五十四卒卒之夕召其二子曰吾向會斷梳破鏡以殉爾父存其半以待今日曷取以殮言訖而逝女二一適王氏罵賊投

井死一適詹氏早寡守志死

劉廷諍妻黃氏年三十寡生二子皆幼及長教之讀書夜則一燈母績子讀車聲書聲如泣如慕遠徹墻屋聞者莫不嗟嘆時夫柩在庭氏毎事必告鄰有失火者比屋皆焚將及氏家氏伏柩大號願以身殉隣媪急持之終不動哭聲益哀火然屋忽熄榱桷半燬年八十卒邑令蔣公旌其門後室被賊焚惟額獨存如故

馬氏葉明之之妻也年二十二歲夫故遺子二歲矢節撫孤有議再醮者則斷髮破面茹荼三十年邑令楊公嘉其志扁曰苦節可風年五十二卒子向華感母冰霜抱恨終天廢寢忘飧持齋報本憂以成疾三十四歲亡妻方氏年踰三十能繼姑志撫歲半藐孤子至於成立年六十卒

鍾氏徐國善妻也年廿八夫卒苦節撫孤迄於成立且饒智力內振家聲外彌侵侮人稱女中丈夫當道屢旌其門宅近通衢至今行李往來者咸指爲徐節婦宅云

孟淮妻余氏名家女也少嫻內則長適孟門無舅有姑孀居萱室氏事孀姑色養備至年二十五夫淮没遺二子存誠七歲存謨三歲慟夫早逝誓以死殉姑曰吾食蓼茹荼忍飢待子不幸子死賴有孫吾之命繫於孫孫之命繫於汝汝若捐生二孤無所倚吾命休矣氏乃收泪強起苦食貧比年不登旦暮績織養姑哺子猶不給又兵寇交訌一身衣納百結不憚拮据課子年七十九老疾長子先喪惟次子存謨侍湯藥易簀時屬之曰從一以終吾得見汝父於地下矣語不及他長孫應瑄以壬子拔貢教授德安郡次琮璜俱列黌庠曾孫之春廪貢之夏太學生芝蘭馥馥所遺寧有盡哉

秦文賓妻王氏隨夫遠館寄居麻邑之東山僻壤不幸夫卒於館遺孤子啟意年纔十三豪欺其孤寡欲奪爲妾氏知勢不可直拒姑唉之曰新喪在何忍以身許人少待期年可乎豪度其無能爲遂信之氏密與子計運薪柩下然之誤驚失火拾其骨於囊負骨携子夜行晝伏亂行山谷間輙逃所往有烏前引道近

氏家始飛去歸葬夫骨於舅秦學韶墓側時以全身異地計脫虎穴之苦泣教其子力學修品子啟意爲邑庠生鄉飲二次學品兩無愧云

汪氏秦際昌妻也昌十八入膠庠明年娶汪又明年病亡昌與汪同歲俱二十以隻影撫孤子琚芳五十餘年覩其遊泮且誕孫壽七十三卒琚芳泣詞云琚未生前七月失所怙始生生母桂氏亡嫡母汪氏和丸晝荻以教我我不知父知有母不知生母知有嫡母琚不孝無能以母節顯嗚呼若汪氏者可以風矣

趙氏名媛夫失其名早寡有子二俱少賊破風水寨人爭奪門走氏憐二子少出亦難全遂不出賊縱火焚寨氏伏二子墻隙中以身捍火火洞入兩腋傷二子氏終不釋手與俱亡土人哀焉每社祭必呼而酹之吁右稱鄉之賢有德者歿而祭於社女德亦何殊哉

周氏中和里人張信之妻事舅姑以孝聞信任俠抗直當官不阿年二十八早逝氏年二十六矢志內鞠外患常以身捍之教子廷舉無廢業歲荒鄰有積粟不屑乞升斗一日斷炊所居有梨一株取其實蒸而食之茹苦四十餘年乃卒

柴氏者何邦文妻也適何無出邦文另娶滕氏婦置於別室生子應朝已二歲尚未之知也年二十八夫病歿氏即以死殉家有老僕泣而請曰主人有子在安用殉生爲氏詢獲狀遂迎歸與滕矢志撫孤常提孤耳以命曰兒能成令名汝父瞑九京矣孤奉命惟謹銳意攻苦崎嶇於兵戈搶攘中竟不得售復又勉之曰人患不種德爾苟種德不於其身亦必於其子孫也及氏見背草澤豪掠人子女以爲市應朝捐貲贖

還者甚衆尤能貸人急輒焚其券初朝原配吳氏誕遜述達三人氏躬紡績爲延師供具備極精鑿師德之寄語氏曰媼孫內慧非常子不能傳尋易師遜即采芹食餼貢成均述亦冠道試軍達後拔府試第一殤焉氏年六十五而卒獨呼遜曰子逝矣後有興者是誰責乎迫吳氏卒朝繼娶賀氏撫遜等如已出生迥與通皆遜課以成名通於甲子登賢書第二成甲戌進士雖曰朝種德哉皆氏澤也

婁氏耿應福妻也氏適耿甫二載應福歿遺孤紹宗纔

歲邁氏年十九瀕死者數次妯娌以姑在辭乃斷指
截髮破面毁形以柏舟自矢迨紹宗出就外傅氏勤
紡績以佐館俸晝夜寒暑無間寧自減膳供師必豐
後紹宗補弟子員邑令諗氏賢節屢優獎氏泣辭孫
興振能修品年七十舉鄉賓重孫思文三傑輩皆以
讀書世其業康熙五十三年　旌
秦氏江玉衡妻也生子一女一夫早卒氏年止念四撫
子女誓不二時明末政弛族豪託差役覬産氏百計
支持不爲摧折流氛猖獗氏避亂同姓西砦多欲逃

竄不守氏率衆家僮訓子弟曰與其獨奔遇賊死何
如偕聚一處有險可恃乎衆因同心捍禦砦賴以全
家道中衰專意教子有謂此非急務者氏曰人各有
志以吾夫子從事詩書何遽使子改其業耶子成立
忽夭遺孫將半歲命名啻取李令伯念劉意也家益
落依戚居城賣屨供食以教其孫及長列膠庠氏嘆
曰江氏書香有託吾可瞑目報先人於地下矣年七
十八卒嗚呼年歷兩朝撫孤二代天何默助其籌算
而深與以艱危也氏誠女中鐵漢哉

匡氏進士盧堯臣之妻孝廉盧爾愷之母以父宇坦公
蔓剌繡虎與夫姓首同文而遂適之也年二十九夫
遘病顚危衣不弛帶籲天請代卒不起矢死撫孤通
倘書女箴雖崎嶇於兵戈窮餓中能不失其節使孤
無廢學由拔貢登賢書尤慟其父見侮於豪隣含忿
以殁出刃自銘其臂誓復父仇仇悸死有烈丈夫風
焉居嘗危坐凜凜愴雜流優劇姻黨慶會不一至撫
其兄孤子克家起祚完婢女舊盟焚從甥鬻券類多
懿行云康熙壬子歲巡撫董爲特舉節孝得邀

旌表年七十六蔓夫築室期與居遂寢疾將屬纊猶引被
覆其足而後瞑卒之先庭有乳燕忽一白羽子墮地
頖邑人咸異之
耿應旂妻王氏庠彥耿淞之祖母淞父堅宗僅逾歲而
孤堅宗年十八九贅庠生淞淞生彌月父母相繼没
賴祖母養育以成自厥祖應旂身後已歷三世蕭然
一嫠婺撫兩世孤兒使耿氏之祀不絕如綫者氏之
力也
謝氏趙士泰妻適趙甫三日夫暴卒氏哭泣七日不輟

舅姑父母勸之食氏謝曰我義不可活偷生非所願也是夕不聞聲啟戶視之已自經矣舅姑哀其節與夫合葬焉

吳氏韓宗孟妻也年十九夫歿舅姑皆早逝氏爲營窀穸撫孤廷敬成名由明經學博晉賓州倅越四載氏以節終敬子勳默杰勳默以食餼恩授顯杰以潛德舉鄉賓杰生廷榮弱冠補弟子員適伯兄無兒盡鬻其先業榮贖還之以終其養伯感泣臨歿欲以榮之子爲嗣榮固辭乃別立盡以其業歸之

熊氏程繼韶之妻于歸後事姑以孝年二十七生子之達甫兩月而夫卒氏誓以身殉姑曉以大義氏乃擯除服飾食糲衣粗與姑同寢處姑病氏奉湯藥罔懈姑歿喪葬如禮恒督其子力學爲邑諸生平居足不及戶聲不出堂歲時伏臘宴會不赴內外井浴必辨男女出入必防家政肅然年七十三卒

吳氏夏以亨妻也年十六適夏十九夫歿遺孤僅六月值寇擾氏百計潛避以存夏氏之一綫保終身之全璧寇平紡績課子以壽終

徐氏其先中和里人徐方都女年十四適岡邑黃經緯父母不忍割愛遂家於安之灄源里緯年十三補諸生十四食餼博學多奇行氏幼隨祖父官於蜀從季父授諸史日數千言且嫺保姆訓精習女紅舉止端莊與緯筆硯相砥礪八載緯卒遺孤二尚在襁褓氏艱難扶櫬以歸爲天上吉封馬鬣自爲文哭之併刲左股以自誓二孤親授教讀得列於庠以壽終

耿應永妻秦氏年二十四永卒遺孤二皆髫齡兵荒頻仍上無舅姑中鮮伯叔以隻身携兩孤逃避三角寨

氏恐難保自縊覺救始甦脫於難日益窘蓬首垢面拾秉穗以自給晝夜紡績爲兩孤讀書之費子皆成立卒年七十有四

程氏邑庠生吳之璘妻也幼嫺姆訓工鞶帨于歸得舅姑歡未一載夫疾卒水漿不入口矢死以從時姙身數月翁聞之遣諭再四父母亦以爲言始強起閱五月而生子曰瑚值土氛肆焰遭家中落流離瑣尾艱苦備嘗氏獨辮絍終夜課其子誦讀若嚴師遂以弱冠采芹旋食餼媳鍾氏早夭瑚義不再娶遺孫數歲

氏含飴鞠育以迄成人無何曰瑚卒氏亦繼歿孫人鳳由邑庠入太學爲貞節之報云

吳氏邑庠生韓瑞璋妻也年二十而夫歿遺孤名世甫月餘氏一慟幾絶姑救得蘇猶矢死以殉翁遣諭再三乃止仰事俯育苦節四十二年壽終六十三孫庚寅以唐縣宰行取僉都正未艾也

李極妻方氏夫病篤即飲食不下痛絶數四及夫故大哭觸棺而死年十九

謝如金之母李氏年念五夫歿遺孤僅二歲家貧翁姑

勸他適不從勤紡績教子成立苦節三十七年壽六十二而卒

吳氏袁友信妻也適袁不逾年夫以足病莫能興侍湯藥四五年卒不起年僅二十三撫嗣成立娶媳生子五其長者入膠庠年八十一卒

葉氏胡光國之妻早寡遺孤承虞家徒壁立母家有強以再醮者氏雉經會救得免撫子成立入邑庠年五十卒

李氏麻邑李家宰之姪孫女適邑庠生劉銓甫六年而歿舅姑繼喪年僅二十四矢志撫孤成立英年入泮孫六人芳冢孫也以冠軍列邑庠

韓氏方遵義妻也年二十一而夫卒子幼家徒壁立叠經寇賊凶荒氏之死靡他越十餘年子復故遺腹生孫甫四月媳亦亡氏辛勤紡績以撫其孫又數十年家道稍成目擊其孫生三子享年七十有七

葉氏劉漢簡妻也年二十生子宗璉未彌月而簡卒母憐其少且貧令再適氏恚不答遂終身不復歸寧勤紡績以養孀姑姑病醫藥飲食必躬親養姑外有餘財即以贍姻黨之困乏者氏撫孤成立慈嚴並濟年

四十八以苦節終

張氏邑廩生盧纓之妻侍講希夏長女也生而婉淑端靜寡言父母甚珍愛之年十九歸盧姑李氏持家嚴氏能執婦道常得其歡心處娣姒以和姑卒痛哭幾不欲生未幾夫繼歿誓以身殉念遺孤在乃勉終制撫三子潼漳澺而漳最聰秀不幸早夭氏以慟子故亦致疾卒聞者傷之

郭氏程翕之妻性純懿年三十無子勸其夫納姬夫不

從氏乃嚙爲詛鐫室焉逾年舉一子甫週而夫殞氏
痛不欲生念姑老子幼乃強起奉姑誠孝兼至姑卒
喪葬如禮撫子如己出卒能成立
陶氏邑庠李天勅妻也年二十二而寡形消骨立竭蹷
以奉姑晨昏定省無少缺歲歉多盜氏每枕刀以寢
期自盡盜不敢窺其室及姑没氏哀毀成疾以終
王氏庠彥李培妻也初歸以紡績佐家計夫遘疾經年
晝夜侍湯藥不倦夫殁哀毀絶粒足不出戶外姑春
秋高好佛喜施捨氏婉容承順姑卒殯葬如禮教子

有成卒年五十六子列青衿
秦氏邑庠熊養和之妻年十八歸熊家貧氏歷試諸艱
越三歲生子必遴甫四月而夫卒時烽火頻仍氏扶
老姑攜幼子奔走崎嶇而甘旨無缺復値歲祲有少
婦攜女偃卧欲斃氏推食解衣以活之姑没哀葬皆
盡禮教子成立年七十一終
詹氏庠彥仁賢之女王定民妻也夫旣遊泮遂卒氏年
二十五遺孤二俱在襁褓家貧氏躬操井臼以事舅
姑日勤紡績以教二子苦節四十餘年其子皆補博

士弟子年七十終
陳氏韓邦貞妻也素知書年二十而寡矢志栢舟撫遺
孤成立常以大義訓之年八十卒子若昌孫馨蕙馨
蘭俱列青衿
贈君吳之璜妻杜氏廩生天甑女也生而端淑父鍾愛
甚甫笄適吳奉孀姑以孝姑殁夫以哀毀過相繼而
殞氏年二十三撫棺搶痛幾不欲生遺孤岵瞻方在
抱環顧皆無可托乃勉爲未亡人手口拮据撑拄門
戶後岵瞻成進士筮仕隆昌迎養在署貤黃褒節光

寵殊未艾也康熙二十二年旌
吳氏郭士達妻姑暴疾卒家貧無以爲殮氏鬻衣釵以
襄事夫亦隨病勢不起氏飲泣欲絶夫曰予將從母地
下所遺二弟一妹皆黃口無知汝能撫之成立予目
瞑矣遂卒時氏年二十二有一子一女兩叔一姑俱
幼一切飲食襦袴惟氏是賴未幾子殀叔患疹膿穢
不可近氏爲進饘粥勤拂拭凡數十晝夜始痊嫁其
姑奩具過於女叔婚娶皆如禮娣姒敬愛家政大小
皆禀命焉以縞素終其身

程氏國學彭爽妻也年二十五夫歿長子敔籛甫三歲次子嗣籛甫一歲孀姑年七十病臥床褥氏上侍湯藥下勤教育艱苦備嘗後兩子皆列庠序康熙五十三年旌

吴氏劉子裕妻年十七歸劉克盡婦道越五載翁歿夫隨故遺孤二姑媳母子相依爲命仰事俯育一身肩之苦節數十年而卒

王姚氏二十三歲孀守撫二孤成立長者生柱臣不幸二子俱早逝氏以一身艱難辛苦閱歷王門三世六十年如一日境愈逆而節愈顯矣

汪氏汪騰龍女也適徐某嫻女訓夫早逝年方二十有二矢志苦守時兵燹頻仍田園盡蕪藜藿不充而柏舟之志愈堅卒能撫孤成立歿年七十二子媳秦氏念姑苦節亦以孝行聞

鄒建武妻陳氏夫歿年僅念二撫棺泣血悽悽萬狀家貧惟勤紡績以教子卒致有成

李氏周維鼎妻也年二十孀居甘貧自守事姑及祖姑以孝勤紡績以教子節操孝慈兼盡焉

張一仲妻喻氏年二十二夫死遺子僅一齡或勸改適氏怒唾之家貧事繼姑以孝撫孤成立娶媳生子年七十餘卒

王氏邑庠王萬化妻麻邑庠生王正臣女也甫笄于歸生子綱歲餘而夫卒氏年廿四苦守二十餘年而歿綱生子岡讀道行皆能文食餼膠庠人咸稱苦節之報

程氏十六歸王夫染疾脫簪珥爲湯藥資朝夕不離側夫卒遺孤二哀毁慘切不履戶外時氏年念六有鄰家婦勸其改適氏怒罵之惟竭力奉翁姑勤紡績以

教子二子下帷攻苦爲名諸生偶鄰人因旱與氏家僕爭水氏戒僕曰寡婦孤兒切勿與人爭潛遣人灌水入鄰田鄰覺謝過又有盜牛者被執視之亦近鄰人氏命釋之且贈布二疋賊感愧氏絶口不言至老不服色綺病篤不飲藥年七十二卒郡太守旌之曰節操金石後有孫媳二一秦氏二十守志一羅氏割股救姑節孝家風可振頹俗矣

張氏年十七歸楊自棟居五載生子一而棟卒薄田數畝張盡鬻以厚殯葬族衆疑其有他志微探之則斷

髮自誓族衆憐其意稍賙之踰年卽不受曰吾初以夫故子孤一時難措辦耳今猶不自給愧未亡人矣日夜紡績不倦家遂漸足復其故業且有餘財以給兩姪孫之失恃特者年八十餘卒

周氏生本農家女長爲陶璜次妻上無舅姑中鮮伯叔生一子甫三歲而璜歿又兩載子復夭氏時年二十磽田數畝不足供饘粥或以再醮勸氏矢死弗渝數十年如一日焉

僉憲陶公孫女靜婉知書嬪於秦生子中理中實夫卒

年二十一抗志撫孤勤女紅力織紝以佐膏火後二子俱補弟子員中理以明經考授縣佐中實尤敦孝友信義固氏有以成之矣年七十卒

熊一鵬妻王氏年二十歸熊有悍僕三人執殺其夫氏喊呼震地身被數創遇救得脫夫歿遺孤四愨愚不了家事石田數畝半質子錢家衣食薪水亦缺氏犯冒疾雖尪羸支床第猶勤紡績躬芸耨督兩子耕作稍有餘卽出爲膏火資課兩子讀一日執剪爲兒縫見其子舍業嬉怒刺之血流滿地性好施樂善尺布斗粟時捐以佐橋路之修茶湯之濟訓其子若婦孝友和睦年六十五歲而卒

秦子馥妻秦氏與夫同姓異宗也年十五歸馥方一載而夫歿子女俱無家貧且窶夫族母族咸勸之嫁不應惟勤紡績以奉孀姑日對靈泣三十餘年未之易也姑嘗三抱疾氏卽三刲其股姑没復與其姑之寡女共相守稱雙節焉

楊文岡妻萬氏年二十六文岡病歿氏矢志苦守撫孤成立苦節終其身

耿氏邑庠生王以寧之妻明戶部主事耿應昌之女年二十七夫故撫三子成名長子王岱次子王嶅俱不永長媳秦氏年二十二幼媳張氏年十七同矢柏舟事姑盡孝耿氏壽八十終

李氏庠彥盧緝妻年十九生子甫二月夫病卒氏慟哭嘔血幾死翁姑解之始強起營喪葬惟勤紡績以奉養及翁姑歿附身附棺罔不如禮嘗製棺以給鄉里之不能殮者苦節五十三年子澤太學生

閨範下

張字神妻王氏年十九無出夫卒哀毁骨立水漿不入
口父以貧窘難支勸再適氏以死自誓父知志不可
奪乃止未幾薄産盡爲族豪侵没乃依父父殁與嫂
共寢食數十年如一日嗟乎氏固苦節嫂亦賢矣
程氏邑庠生吴偉之妻孝廉之尉女也年十四歸于偉
偉喜任俠輕財好施賓客接踵氏供給不稍懈偉病
煩熱恒鞭撻僕婢氏每引過自責偉卒水漿不入口
者七日尋死數次皆以救得甦苦節撫孤教子入太

學女亦嫻内則皆晝荻之訓也康熙五十三年　旌
程濂叔妻江氏庠生江衡女也十八適程翁姑繼喪夫
哀毁成疾氏焚香籲天願以身代無何夫病卒拊膺
慟絶誓以死從母解之始强起蓬首垢面飲泣撫孤
越十年子亦夭苦節終其身
張氏庠彦李如英妻也青年孀守撫孤成立苦節以終
子揄列諸生
胡子和妻許氏年十九夫殁遺孤僅週歲孝事公姑撫
子成立生孫二不幸公亡子夭媳又他適二孫亦相

繼殤惟老姑年逾八十竭力奉養姑殁喪葬如禮苦
節以終
江氏生員吴立宗妻明經江惟清女也年二十適吴未
數載夫故遺腹生子未週而殤矢志不二孝事孀姑
姑卒喪葬悉以禮撫嗣子成立苦節終身
蕭氏學博蕭化葵之女張棠之妻侍講張希良冢婦也
棠卒氏年十九遺一子一女子炳彪尚在襁褓氏痛
不欲生翁姑止之因勉治喪事翁以仕宦遊四方氏
勤紡績以奉姑甘旨無闕下逮幼姑叔子衣衫屝履

皆氏織紉手製延師課子慈嚴並用康熙四十七年旌
耿氏邑庠生耿興行之女盧之極妻也適盧三載翁卒
夫亦相繼殁氏方念齡無所出撫棺痛哭幾絶與毋
族相距不遠終歲不一往撫其夫弟之樞幼子爲嗣
以苦節終
黄氏邑庠生馬文盛之妻年十六于歸盛素羸染咯血
疾氏親湯藥衣不解帶者五年盛卒遺孤僅二齡氏
仰事俯畜子克成立年十八入膠庠
彭女候選州同彭喆女也年十齡許字生員陶鍠之子

宗澍越二年澍患癱疾瘖啞不能言動鏜請於喆許
女另聘女聞之遽剪髮誓死強欲歸陶入門拜舅姑
執婦道侍夫湯藥澍卒欲以死殉翁姑阻止之鏜感
其志爲告宗族曰女非吾兒媳乃吾子也照子姪行
呼爲陶四兒凡家計女悉爲經營勤勞節儉以養公
姑立翁庶子之次男爲夫嗣教育有成前令劉公承
啟表之曰幼知守節久愈全貞入室未成婚三十年
依然處子爲婦供子職十二時克盡孝思志既凛乎
冰霜操更同乎松栢誠山城之希覯而巾幗之偉丈
夫也
梅氏吳氏皆董家婦也梅氏夫國學董承舒吳氏夫董
萬瞻爲胞兄弟先後病歿梅與吳俱年少梅有遺子
吳鮮孤兒妯娌同心矢死不二一門雙節人咸嘉之
吳文光妻秦氏年三十夫故教子成立七十二歳終
蕭氏吳光綸側室也前妻妾相繼卒遺子遵惟蕭鞠育
慈嚴並濟克底於成
生員吳舞鳳妻彭氏十九歸吳未幾夫歿苦節終身
生員吳信鳳妻陳氏歸數年而夫歿立姪兆揆爲嗣守

節終身
生員吳德鳳妻鄒氏于歸三載夫歿立姪兆振爲嗣守
節四十年
吳彩鳳妻韓氏歸吳兩載生子兆潤夫歿撫孤成立苦
節終身
吳遂妻陳氏十八歸吳歳餘夫卒投繯　旌表節烈
吳之璧妻秦氏年廿五夫故遺孤二撫育有成苦節至
六十七歳終
吳應羽妻楊氏年二十歸吳生一子夫故苦節終其身
吳應洽妻盧氏年二十一歸吳生二子夫故苦節四十
四年
吳如琇妻曹氏于歸數載夫歿勉撫遺孤守節四十四
年
吳宏泰妻鍾氏幼從父讀書通大義甫笄適吳善事舅
姑姑歿撫兩小姑敬愛並至舅娶繼姑委曲承順得
其懽年二十九夫卒遺孤五齡苦守四十九年而歿
時兩小姑已年届六旬爲之執　毋服
生員吳鳴鳳妻鍾氏監生鍾鍬來女年二十適吳不數

月夫逝矢志柏舟立叔氏子爲嗣守節三十三年著有貞節堂小吟載家乘孫大椿曾孫亮燮均庠生

生員吴翔鳳妻陳氏陂邑拔貢陳城女年十九歸吴二十三夫逝撫孤天成十八遊泮未幾卒立夫季弟洊子大棻爲天成後與伯姒鍾同勵氷操偶丙宅失火氏誤登樓覺有人推之下卽抱夫木主以出人以爲苦節之感乾隆辛酉　旌年九十三卒

吴貞姑監生吴人鳳女幼許字儒童盧文姑父早逝文亦失怙恃無何文遘疾卒女矢死不二歲時爲位於

别室以奠奉母孝養終其身

吴大枇妻劉氏房縣訓導吴兆澧冢婦也年二十六夫逝撫孤成名孤殁孫幼復撫幼孫苦節已六十三載

監生吴大棻妻萬氏年二十五夫逝遺孤八月撫養成人邑令陳贈以額曰彤荻傳芳孫贈額曰慈竹凌霄守節三十九年卒子星煐孫廷塏均庠生

監生吴大棐妻盧氏年二十九夫殁撫子東旭成立苦節三十一年卒

生員盧澮妻吴氏郧陽訓導吴宏初長女初授書卽通大義十九歸盧三載夫殁氏屢死未果乃強起爲夫立嗣營葬畢形銷骨立越數月卒邑令九河劉公嘆爲志同氷霜攝邑篆桐城姚士基旌爲奇烈著有氷雪堂小吟皆夫亡後作也

吴鼎禮妻胡氏未于歸而夫殁聞訃易服矢志守貞請於父母歸吴苦節三十餘年乾隆巳卯　旌表節孝

吴世棠妻陳氏年二十九夫故撫孤成立守節至八十四歲終

吴應鍾妻方氏年二十六夫故矢志撫孤年七十八卒

吴鼎廸妻鄧氏歸吴二載夫被淹没氏抱子沿河號泣屍卽浮出歸葬苦節撫孤卒年七十七

吴秉坤妻方氏二十八夫故撫孤成立苦節五十三年

吴鴻妻陳氏二十三夫殁遺孤八月矢志苦守並捐産入祠後子超楚以拔貢任枝江教諭

吴宗信妻韓氏歸吴六年夫殁於水氏隨投入急救得甦苦節撫孤至七十五歲卒

吴瀾妻江氏歸吴五載夫與舅姑相繼逝僅一女相依乃立夫兄子業雄爲嗣苦節三十餘年

吳若迫妻江氏廩生江源女歸吳一載夫歿撫嗣承琿娶婦張氏生子履泰僅七日琿又卒姑婦同厲冰操乾隆丙子江蒙　旌表節孝撫憲莊贈清標彤管額年八十卒張卒年七十六子履泰庠生

吳秉輿妻陳氏生一子而夫歿氏時年二十六矢志撫孤苦節三十七年卒

吳若熙妻張氏年二十適吳半載夫故遺腹子大昕家貧苦守撫孤成立娶婦劉氏生子業俊歲餘昕歿劉年二十四遺腹兩月復生子業億隨孀姑集蓼共矢

及業俊娶婦方氏甫婚三日而歿方以身殉屢爲姑救免乃立業億子克瑀爲嗣張壽八十劉壽八十六方年今六十二前令李贈三世冰操額

舉人吳慨聲妻虞氏年甫笄歸吳夫捷鄉闈氏無矜色夫殁自經覺救得免時年二十一終身淡素撫子成人苦節至九十卒

儒童吳贊化妻周氏年十九歸吳明年夫殁撫子文耀英年遊泮孫獻章廩生

吳丁鳳妻何氏歸吳二年夫故撫遺腹子苦節六十餘年壽八十四

吳伍鳳妻虞氏年二十六夫故家貧撫孤成立苦節已五十二年

吳兆灘妻韓氏歸吳數年而夫卒甘貧守志撫孤成立苦節四十餘年孫業耀廩生

吳兆鉅妻黃氏二十五孀守遺孤匝月撫育有成苦節五十二載壽七十七

吳兆硯妻董氏青年孀守矢志撫孤苦節五十餘年岡邑太史萬年茂贈節孝長輝額

吳兆潢兆沅兄弟早年相繼沒潢妻耿氏時年廿九無子沅妻秦氏時年廿三有子二以次子爲潢嗣娣姒共矢柏舟撫孤成立耿七十一而終秦七十七而終

吳兆熠妻韓氏歸吳數載夫歿遺兩女姑老病氏甘貧苦守事姑嫁女孝慈兼盡以貧極未立嗣年已六十有五

吳如岡妻韓氏二十適吳數載夫殁撫孤大智成立娶婦祖氏連舉兩孫智殁祖年二十一隨孀姑苦守韓六十四卒祖七十二卒

吳兆泌妻韓氏青年孀守撫孤大仁娶婦秦氏舉一孫
仁故秦與孀姑苦節以終
儒士吳壎妻耿氏二十二歸吳四載夫故苦節至七十
四卒
儒童吳來學妻王氏明經王時鏡女二十二歸吳五載
夫故守節至八十六卒
儒童吳濬妻姚氏于歸一載夫歿柏舟自矢立夫兄三
子爲嗣翁姑均年逾八十奉養不衰氏年今六十
吳顯烈妻王氏青年夫故矢志孀守

吳業華妻歐氏青年孀守年今六十有二
吳業鑑妻鍾氏于歸六年夫故家貧撫孤克爓成名年
今七十
吳業鋭妻王氏青年夫故甘貧自守苦節已三十餘年
吳大惠妻李氏年三十夫歿紡績度日苦節終身
吳大椐妻劉氏青年夫故撫孤成立苦節已三十九年
吳大栩妻范氏十九歸吳逾年夫故遺腹生男家亦貧
紡績以奉翁姑翁姑歿典衣營喪葬苦節四十餘年
吳大森大楙兄弟相繼逝森妻韓氏楙妻虞氏皆青年
孀守韓有子三虞遺腹生男各撫孤成立苦節均三
十餘年
吳懷玉妻黄氏十九歸吳未一年夫故遺腹生子撫育
有成苦節已四十四年
吳大顏妻韓氏年二十五夫故撫孤升貴成立娶婦陳
氏三載舉一孫貴歿陳年二十八隨姑孀守韓年七
十一歲苦節已四十六年
儒童吳大華妻韓氏年二十五夫故撫孤成立守節至
七十七歲終

吳杠妻胡氏年廿五夫故撫子業榜成人娶婦祝氏年
二十七而寡遺子三隨孀姑撫育有成長克恕娶婦
張氏而夭張年二十一爲夫立嗣共勵冰操胡年七
十九卒祝年五十有八
吳大禮妻王氏年二十八夫故甘貧苦守撫子生孫苦
節已三十六年
監生吳南陵妻張氏年二十三夫没撫孤成名弟儒童
吳宏典妻韓氏刲股救夫夫卒撫嗣成立並捐祀田屋
吳選妻秦氏二十五夫故撫二子有成卒年九十八

吴崇業妻虞氏二十五夫故苦節四十七年
吴適妻陳氏歸吴數載夫故撫嗣子成立已抱孫矣
監生吴遵妻韓氏甫笄適吴越三載生子大德而夫故撫子成立娶婦韓氏年餘德亦故婦隨姑孀守立夫堂兄子爲嗣嘗捐屋作祖祠乾隆戊戌己亥乙巳歲荒均鬻産以賑邑令李贈以懷清濟美匾
吴恒妻張氏年二十一而寡無子立嗣復殤艱貞益勵日勤紡績積餘置産入祖作祀田並夫墓祭掃苦節五十三年

吴楚産妻韓氏年二十三夫故撫子業鈐娶婦黄氏鈐卒黄年十九隨姑孀守立夫兄子爲嗣
吴琛妻黄氏年二十三夫故苦節至八十歲卒
吴若儁妻何氏年二十夫故遺腹生子撫養成人畢婚後子與婦相繼没更立夫兄子大僖爲嗣爲舅姑置祀田僖長娶媳韓氏生子三月僖又故韓年二十隨姑苦守何年七十有九韓年八十有八
吴若軾妻韓氏年二十五夫故矢志苦守立夫弟子斗才爲嗣後食餼於庠曾孫嶷亦庠生

吴如勝妻王氏歸吴三載夫殁撫子大梅苦節至七十五歲
吴楚棟妻周氏青年孀守苦節終其身
監生吴世樞妻汪氏年二十五夫故監生吴世範妻李氏年二十七夫故同守志撫孤汪氏子若英媳李氏年二十六英故亦隨姑苦守
吴鉞妻夏氏十八歸吴四載夫殁撫姪大化爲嗣長娶婦彭氏化旋卒彭隨孀姑同勵冰操
監生吴若古妻劉氏青年孀守撫孤承芳娶媳高氏芳

殁氏隨姑共勵冰操
生員吴遠妻張氏二十四夫殁撫孤夢泌入泮孫新甲庠生廣德太學生曾孫亦多成名享年九十三
吴如珩妻宋氏歸吴未三載夫卒撫遺腹子苦節六十年壽八十四
吴若邃妻金氏年二十二夫故撫子承洙入成均苦節六十六年
吴世統妻潘氏青年夫故苦節終身
吴大樾妻袁氏青年孀守撫孤成立

監生吳成秀妻周氏及笄適吳數載夫故矢志撫孤夫姪夢元亦早逝姪媳余氏與氏若姑媳形影相憐共勵苦節

吳業翔妻黎氏年二十夫歿遺一女甘貧自守苦節終其身

吳業貴妻張氏于歸歲餘夫外貿卒氏典釵珥迎櫬歸葬紡績養姑苦節五十七年

吳佶妻韓氏二十夫故撫嗣成立守節至八十四歲

吳際時妻張氏年二十二夫故撫孤天福成立守節五十九年

吳承誠妻韓氏二十八夫故撫遺腹子成立守節今五十一

生員吳斐文妻虞氏年二十二夫故撫嗣有成苦節四十五年

吳宏義妻韓氏年二十六夫故撫孤成立守節已三十三年

吳業禮妻汪氏年二十二夫故撫孤克相成立守節已三十七年

生員吳夢鰲妻張氏青年夫故撫孤三守節已三十餘年

吳天才妻羅氏年二十一夫故撫遺腹子佑興成立卒年五十八

吳克聰妻王氏二十二夫故撫孤成立卒年七十五

吳業音妻胡氏二十五孀守卒年七十四

吳大稠妻胡氏青年孀守立夫兄子爲嗣娶婦陳氏夫婦相繼卒更立嗣孫克緒以延夫祀

吳大斲妻陳氏二十七夫故立夫堂兄子爲嗣守節今五十四

吳克艮妻余氏年二十一夫故撫嗣如已出守節已三十五年

吳月山妻張氏廩生張慶會女年及笄適吳產一子而夫歿苦節四十餘年

儒童吳大權妻韓氏十七歸吳生子九月夫故矢志苦守撫子成人

吳映堯妻陳氏十九歸吳舅患噎刲股以療二十夫歿立嗣承祧守節五十餘載嗣子業澄妻陳氏猶子懷

玉妻韓氏均青年守志撫孤成人
吳大蓋妻鍾氏候選訓導吳萬選長婦也年二十八夫故矢志撫孤足不履戶外者六十一年
吳士駿妻岳氏適吳數載夫館河南商邑疾卒氏年二十五攜孤匍匐迎柩歸葬教子有成
吳尚質妻宋氏二十二歸吳四載夫故家徒壁立矢志自守上奉舅姑下撫孤子艱苦備嘗卒年七十五
吳一德妻張氏青年孀守苦節四十餘年
吳櫝林妻秦氏十九歸吳數載夫歿遺二子撫育有成

後氏疾篤孤業福濬刲股以進病痊壽八十有三
吳俊妻陳氏年二十二夫故無子甘貧自守苦節七十一年
吳份妻方氏二十四夫故有欲奪志者毀容投水獲免卒得事姑撫子苦守七十五年
吳業煥妻胡氏年三十夫故幼孤二家赤貧忍苦撫育各為娶妻生子苦節已五十四年
吳承淦妻孟氏歸吳一載生子履坦六月夫卒守節六十年

吳永清妻張氏十九歸吳三載夫歿撫孤履亨成立守節已五十二年
吳履觀妻蕭氏年二十四夫歿撫子克煌成立守節今五十有一
吳維妻何氏年二十歸吳五載夫歿遺二女矢志苦守夫親從無可承祧以其產入祖作祀田併為其舅姑及夫婦春秋祭掃之費
吳大義妻葛氏歸吳數載夫歿撫兩孤成立年六十歲
吳大成妻韓氏青年孀守撫諸孤不少姑息年九十歲

吳子麟妻陳氏二十六夫故苦節三十餘年
吳璣妻韓氏青年夫故苦節終身
吳若伸妻秦氏十八歸吳生一子夫卒於外矢志守孤未幾夫兄嫂相繼逝撫二姪如已子年七十八卒守節四十六年
吳業紹妻黃氏十八歸吳饔飧不繼越數年夫卒益貧窶難堪而清操自矢守志撫孤者三十六年
吳貞女伯棠之次女也幼許字生員陳達周之孫繼蕃後蕃歿家產蕩然惟一孀姑子立父別議婚女聞而

絶粒父憐之乃送歸陳適年姑以貧寠就養壻家女亦依父食父亦貧闔族爲捐祖穀歲賙之女更刻苦積羨姑卒喪葬如禮年七十二卒如囑祔繼姑冢焉

吳璡妻李氏年二十七夫逝承翁姑命撫幼叔璧成立娶妻吳氏生子盛傳未一年璧故二氏相依爲命共撫一孤以迄成人

石氏周之晃妻石中玉之女年廿二于歸不數年夫歿卒年六十三苦節三十餘年

吳氏周遠諮妻歸適年而夫歿灼靈後即扃戶投繯周

學博贈以額曰幽光待闡併詩一首有涼風細雨烏啼夜長使家人淚眼穿

王氏周如蘭妻王鍾陵女也年二十七夫故撫孤成立苦節已三十八年

陳氏周如鶴妻生員陳承蘭女年二十二適周不數年夫故孝事孀姑撫子金鏞遊泮守節已四十年

陳女周承膺聘室也將于歸而夫歿女聞訃易服勺水不入口適翁至女欲與俱歸翁先行女以爲翁疑而不我許也閉門自經死遂與膺合葬於金龜山儒學

錄贈以扁曰節烈雙輝併銘其墓

王氏周如錦妻年廿七夫故撫孤成立守節三十餘年

黃天明妻錢氏年十七歸黃廿一夫逝撫孤鳳彩成立守節四十九年

何鳳瑞妻盧氏年二十四夫歿守節五十年

何士偁妻石氏年二十五夫故守節至八十七而終子敦翰孫允恭皆庠生翰於嘉慶二年堵賊十三年賑飢俱踴躍從事云

何呈漢妻張氏年十八于歸半載夫故氏投水死

沈之潤妻張氏年二十于歸五載夫故撫兩孤成立苦節已三十一年

黃之瑚妻楊氏年十九歸黃二十四夫歿撫孤成立苦節六十年

黃福妻陳氏年二十于歸生一子二十三夫故撫子成立娶媳姜氏有孫無何子死孫亦繼亡氏偕媳苦守苦節五十二年

梅涂氏儒童梅先健之妻于歸五載夫故苦節已四十餘年嘉慶二十五年學使楊給以茹苦完貞扁額

熊蘊妻張氏年二十一夫歿苦節四十年卒
熊國柱妻黎氏年二十九夫歿苦節四十五年卒
熊國良妻秦氏年二十五夫歿苦節三十三年卒
熊彬雅妻余氏年二十二夫故苦節五十五年卒
熊時憲妻張氏二十九夫故苦節三十五年
熊天瑞妻李氏年二十八夫故苦節四十一年
熊有義妻張氏年二十九夫故苦節三十四年卒
生員熊元彩妻陳氏年二十五夫故苦節四十七年
劉氏周遠裕之妻年十九于歸半載夫故撫嗣文蔚成立苦節終其身

胡氏監生周棟妻二十三適周不數年夫歿撫子文謨道坦俱成名苦節已六十五年
劉氏監生周濟妻松滋教諭劉逵之女年二十適周未幾夫歿撫嗣成立娶妻生子無何嗣亦故孀媳孤孫相依爲命松滋令姜旌以聯扁卒年六十七苦節四十年
秦在楊妻李氏年二十五夫故苦守三十五年
張士禮妻劉氏年二十四夫故撫子椿楠俱成立苦節五十八年
孟正樞妻金氏太學生覺先之女年二十三夫故撫幼孤成立孫四人卒年七十二
耿中理妻劉氏生員承綱之次女年廿六夫歿撫孤成人守節至六十九卒
耿昭鼎妻王氏年廿五夫故撫孤成立苦節終其身
耿敬臣妻劉氏于歸生子五齡而夫故孝事哀姑撐當家計苦節終其身
耿忠富妻郭氏年廿六夫故撫遺腹子苦節四十餘年

耿貞姑耿禧宗之女幼字黃未于歸而黃歿姑矢志不二父母憐之因名興淑如男子焉無何父歿兄嫂相繼逝喪葬大事姑以一身任之兄遺孤九齡撫之成立娶妻生子未幾孤歿復撫其子成人養生送死兩無遺恨
鍾棖妻耿氏夫病歿投繯死邑令李晋岳旌之曰潛德幽光並七言聯云千秋烈行摩霄漢一片冰心倚碧天
耿普義妻鄭氏生員鄭之良女年十八歸耿未幾夫歿

撫孤成琳守節已三十餘載

耿文獻妻秦氏二十歸耿越數載夫歿撫姪普先爲嗣生子成德普先故撫孫成德生子艮怡德又故撫曾孫怡成立年今八十有九

歐光溓妻耿氏國學秉正長女也年十九歸歐二十七夫故遺孤七歲撫養成名有族姪生二十日而毋死亦賴鞠育壽七十七

歐銹妻彭氏二十九夫故守節至七十三

歐紹漢妻彭氏年二十一寡苦節至七十九

歐鋾妻周氏年二十三夫故矢志栢舟其孫歸耿亦二十三而寡撫子炳坤成立

歐名貴妻王氏十九夫歿遺一女守死不二族人撥公屋一間田數畝贍之苦節五十餘年

歐若㰚妻王氏十八歸歐越七年夫故撫孤成立娶妻生子未幾子若孫皆相繼亡族爲之立孫培翹以終其志苦節已三十餘年

歐若榆妻劉氏年二十一夫故守節已四十餘年

歐廷櫝妻徐氏二十六寡苦節自守逢春秋祭期及夫生忌日必展墓拜奠哀感路人

歐廷杰妻江氏年廿三夫故撫子至十九歲又歿立嗣苦守鄉人稱之

生員郭元會妻熊氏于歸數月而夫歿苦節五十年儒學陳廷楫製扁旌之

生員郭彖寬妻彭氏年二十于歸育一男一女而夫歿守節已三十年

黄泰聘室吴氏未于歸而夫故衰服奔喪矢死不二乾隆乙卯年　旌表邑紳士多贈以詩

黄元吉妻董氏年二十適黄越數年夫故守節至八十六年

黄金印妻李氏夫外貿翁年老臥病氏割股奉羮以進病立愈後割處疼痛氏夢叟授以藥方痛立止里人神之

徐光初妻張氏年二十適徐八載夫歿撫三子成立守節至七十一終孫翊鳳翮曾孫兆基中和俱成名

吴自得妻陳氏年十七適吴九載夫歿四子俱幼家徒壁立飲冰茹蘗教育有成後子及孫曾輩多成名卒

年六十一苦節四十五年
吳雲鵠妻孟氏年二十一生一子半月而寡苦節已三十五年
吳芳泰妻馮氏年二十一生一子半月而夫歿年今七十有三
吳杰之妻姜氏年十九適吳三載夫故苦節已三十六年
宋文煋妻吳氏年二十五夫故苦節四十餘年
李璞姑父母俱早逝依叔父李材幼許字陶國模之子

家貧未于歸而夫歿有欲奪志者遂自縊前學師丁額以貞烈可風
周大烈妻李氏年二十七夫故撫子文錦入成均苦節四十年
周文元妻李氏年二十二夫故遺二女立祠宗秩承祧苦節三十五年
周朝俊妻張氏年二十四夫歿飲蘗茹氷苦節五十三年
楊秀之妻鄭次淳之女年十八歸楊越二載夫故矢志

柏舟年六十三卒苦節四十三年
儒童吳家龍妻余氏年十九歸吳越五年夫歿撫子瑄成立登乾隆甲午賢書苦節四十五年學使遏旌其門曰貞淑流徽甲午湖北主考國公杜爲之序孫曾輩皆聯翩鵲起
儒童藍如菘妻吳佑人次女也年十九歸藍事公姑以孝聞夫遘危疾知不起泣誓偕亡及夫屬纊卽拜辭舅姑從容自盡闔邑具呈請　旌前令何錫祿表之口孤芳獨踐併爲詩以祭之

陳大經妻金氏于歸四載夫歿撫子家驥遊泮子又故撫孫之良成立苦節五十餘年
劉榮貴妻黃氏年二十適劉甫四月夫故年七十三卒苦節五十三年
劉泰來妻吳氏二十適劉二十五夫故苦節已三十七年
劉陟鰲妻吳氏年二十適劉二十三夫故越四月產一子年八十四卒苦節六十一年
劉文蔚妻張氏年十九適劉二十一歲夫逝撫姪祈爲

嗣娶媳吴氏未幾祈又故媳奉孀姑苦守張年八十
九卒吴年今五十有八
生員黃承遠妻項氏年二十歸黃越五載夫故奉翁姑
撫孤子翁病刲股以進病痊苦節已四十八年
邱承楷妻夏氏青年夫故氏上奉孀姑下撫孤子節孝
兼盡
喻　某妻張氏
馬細三妻吴氏
袁張氏年廿三歸袁逾三載夫本全外貿而卒撫子朝

陽成立娶妻未幾陽暴卒氏爲立嗣以延宗祧寡媳
嗣孫相依爲命年今八十有七苦節六十餘年嘉慶
戊寅寺錫以貞順可風扁額
黃棟妻朱氏二十四歸黃四載夫故苦節五十九年
儒童張人俊原配胡氏生子二胡故俊繼娶耿承翰之
室女年二十一于歸無出二十四俊故家貧舅姑年
邁氏上奉二老下撫兩孤艱難備歷而孝養承顔至
老彌篤内外無間言次子兆甲入邑庠賢淑
張棟妻周氏生員周鴻緒之女于歸未逾年夫死氏即

盡節邑令賈多男旌之曰烈昭閫範
徐蕭氏徐士楷之側室年二十七夫故遺一子光煜甫
六齡家貧苦守撫子入泮苦節已三十四年
程在鵬妻黃氏舉人黃笏胞妹也年二十二夫故撫子
成立苦節已五十三年康熙五十七年邑令張琮旌
其門曰貞風可久
鄭元瑞妻羅氏年二十九夫故遺二子夫弟元英妻夏
氏年二十八英故無子羅以一子繼英時翁年邁子
俱幼二氏同志苦守孝慈兼盡翁年九十餘卒喪葬

盡禮子俱成立羅卒年六十一夏卒年七十
生員袁昭榘妻蕭氏年二十夫故遺腹生一子矢志撫
孤奉侍翁姑生養死葬皆如禮苦節已四十年
儒童袁文楃妻吴氏年廿二夫歿撫姪承祧苦節已六
十年
儒童耿秉釗聘妻吴氏舉人吴大杭長女也未于歸而
夫歿女年十六聞訃奔喪矢志自守家貧紡績奉事
孀姑生養死葬罔不盡禮守節已四十三年前令孫
旌其門曰貞孝流芳應山尹劉贈額曰高風勁節

監生耿玉妻吳氏邑庠吳自伸女年二十九夫故無子夫弟秉塤娶庠生吳楚湘女生一子塤又故氏年二十八妯娌矢志共撫一孤家徒壁立艱苦備嘗玉妻吳氏守節已三十九年塤妻吳氏守節已三十五年

儒童張架範妻田氏年二十五而寡矢志苦守勤紡績以養姑撫嗣成立守節已五十四年

李志林妻秦氏年二十八夫歿撫孤成立苦節已三十八年

監生陶貢杺妻胡氏年二十九夫歿撫遺腹子一永齡列

成均苦節已三十八年

王華晟妻吳氏　媳秦氏

盧國樺妻秦氏

張帝載妻程氏

謝載俟媳張氏

宋文煜妻吳氏

汪能仁妻秦氏

徐士禮妻方氏年二十歸徐甫四月而夫歿氏矢死靡他撫姪維揚爲嗣娶婦余氏生二女未幾揚亦逝姑媳共勵冰操所存破屋數椽瘞兩柩嫁兩孫全憑十指方氏苦節已五十二年余氏孝養孀姑承歡已二十四載

夏承起妻張氏年二十餘而寡撫嗣守志苦節已四十餘年

劉氏生員夏廷舉之幼子承平妻也年十八未于歸而夫歿聞訃剪髮自誓孝服奔喪欲以死殉舅姑勸而生之朝夕含哀杜門不出終其身如一日焉

陳詩妻李來坤之女年十七歸陳越七載夫故家貧苦守撫孤三代壽八十四苦節六十七年

陳必壽妻徐氏監生徐家璉之女年十八歸陳越三載夫故立嗣士杰歿亡續立嗣孫族鄰贈以節孝延齡扁額苦節三十六年

陳必茂妻秦氏生員秦光表之女年二十歸陳越八載夫故撫姪士理士驪爲嗣守節五十一年

陳必名妻秦氏年二十歸陳生子士龍士珍越九年夫故清操自矢苦節已五十二年

陳作賓妻甘氏年十七歸陳生子玉樹越九年夫故撫

子成立苦節已三十餘年

徐邦安妻徐氏年廿二適徐越兩載夫故遺孤上珍僅三月教育有成孫作霖入泮卒年八十有五

盧近光妻姚氏年十六于歸越八月夫故撫嗣子衡年列成均苦節六十二年孫夔菊庠生

盧國柄妻鄒氏

盧國極妻鍾氏

彭光鑀妻張氏

喬文曹妻高氏

何承烈妻趙氏

路一翥妻趙氏

江文爔妻張氏年二十六夫亡遺一女以夫兄子澤延爲嗣撫養成立苦節已三十九年

尹啟明妻朱氏二十一孀守上奉孀姑下撫子輝成立爲邑諸生乾隆三年　旌輝妻孟氏事姑與祖姑克盡婦職姑病割股以進獲痊祖姑失明日以舌舐之而愈先是輝遭母喪以哀毀致疾卒人稱夫婦雙孝云

尹大乾妻程氏年二十五夫歿奉孀姑撫孤子苦節三十八年

尹大恒妻孟氏年十九于歸月餘而夫歿紡績養姑姑年八十餘卒喪葬盡禮守節已四十三年

李士釗之妻劉澤來之女年二十七生子成貴甫九月氏夫隨兄遠貿越三載夫故聞訃哀毀欲死靡他夫兄外貿多不歸嫂又早歿氏勤紡績養舅姑撫孤及姪皆以一身肩之年今九十六五世同居孫曾繞膝長孫英列膠庠

袁紹豐妻熊氏年二十五夫故苦節已三十三年

袁紹濂妻黄氏年二十于歸越一年夫故苦節已三十四年

戴遜三妻張氏年十六歸戴越七年夫歿苦節七十二年

戴世江妻余氏年十九歸戴越五載夫故苦節六十四年

戴士選妻梅氏年二十三孀守安貧撫孤紡織自給卒年八十一

戴之煥妻秦氏年二十七夫故苦節三十四年卒
戴之榮妻張氏年十七歸戴越七年夫故苦節已三十
四年
戴之燁妻程氏年二十七孀居卒年六十三
監生戴之熬妻王氏年二十四夫故苦節已三十四年
戴朝輿妻孟氏年十九夫亡遺孤僅三月撫之成立孫
又喪撫其孫孫年復不永撫其曾孫三世單傳宗祀
賴以不墜氏之力也卒年七十七
儒童黄德紹妻生員戴昌言之女年二十七夫故撫子

文錦暨外甥蕭學均籌燈課讀後文錦列膠庠學均
登辛卯賢書皆氏玉成之也壽九十九歲守節七十
二年
儒童黄德高妻鄧氏甫笄德高病篤過門治湯藥未兩
月高故氏勵志苦守奉老姑撫嗣子苦節已六十七
年
邱世瑜妻彭氏家貧姑老勤女紅以佐甘旨曾割股以
痊姑病夫卒於外遺子四以養以教俾成立焉
儒童胡日瑚妻王氏年二十夫歿撫嗣子近仁教育有

成守節已三十二載近仁庠生
汪萬成妻馬氏年二十一適汪歲餘夫客死聞訃自戕
賴救得免上無翁姑下無子女家徒壁立煢煢苦守
者五十四年卒年七十六其姪媳石氏汪兆平之妻
年二十四歸汪越三年夫故遺孤四月撫育有成以
一孫承萬成宗祀苦節四十八年卒
監生黄植三妻陳氏生員陳鳳池之女于歸甫二載夫
歿撫嗣廷熉娶室李氏生二子未幾熉亦逝李年二
十九與孀姑陳同勤紡績共勵冰霜陳苦節五十年

李苦節三十三年
袁承綬妻阮氏年二十八適袁越六年夫歿家貧養翁
姑以孝撫遺孤大節成立列郡庠孫化龍亦有聲黌
序苦節四十四年
監生王時和妻張氏進士張夢揚女孫年二十歸王越
二載夫故撫孤華炳苦節終其身時和胞弟監生時
平妻黄氏生員黄曰槐胞姊年二十八夫故撫孤華
燿華煜守節已三十一年
湯國正妻桂氏年十九適湯甫一載夫歿遺腹三月生

子絺艮苦節已七十六年
太學生徐鍾玉之妻秦氏于歸四載生子開先而夫歿矢志柏舟玉弟鍾儒幼聘監生士晃之女未嫁而儒死女聞訃奔喪亦矢志苦守二氏共撫孤開先成立皆守節四十年均於乾隆五十六年　旌嘉慶丁丑余嘗爲節貞合傳
陳之城妻詹氏陂邑生員詹德之女年十七歸陳二十四夫故撫三子成立孫應運昌運列黌宫苦節四十八年卒

黃厥壽妻陳氏生員陳之瑩女二十歸黃逾年夫歿遺孤月餘舅姑年邁夫弟年幼仰事俯育氏以一身當之無何孤及十齡而殤舅姑繼逝喪葬如禮夫弟生子擇立承祧苦節三十二年卒年五十二
庠生張雲龍妻周氏監生周大化之女年十九歸張越五年夫故僅遺一女撫嗣文燮成立苦節已三十年
儒童秦有松妻鄭氏年二十適秦未幾夫故遺一男一女撫養成立苦節已三十餘年嘉慶丁丑余以生員汪澂等之請賜以勁節長春扁額

監生張國玉妻程氏岡邑國學程長春女年二十歸張越七年夫故撫孤之鎧成立苦節五十六年
耿秉秘妻秦氏幼失怙母他適其祖以秘家漸落欲寒盟氏矢死不二祖窺其志送歸秘事翁姑甚謹生子文朝而夫歿氏撫孤成立娶媳秦氏生一子普發而朝又歿媳承姑志亦矢靡他兩世孤孀冰操同勵姑八十餘年而終媳守節今亦四十餘年
耿文炳妻鄧氏年十八歸耿三載生子普義而夫歿氏撫成立娶婦熊氏育一孫成玉普義卒熊亦棄世玉在襁褓氏又撫養成人年今八十餘歲

盧孫嫡妻張氏
趙其盛妻秦氏
鄧文俊妻吳豪之女于歸六日而夫故矢死靡他撫嗣長源成立幼姪長顯長慶皆賴鞠育進士張錦珩贈以節德流芳額年七十二卒
生員熊中沅妻王氏年二十九夫故僅遺二女撫嗣光旭成立苦節五十餘年
[illegible]義智妻徐氏庠生徐翊之妹年二十一適祝越八年

夫歿撫姪履泰成立氏今年五十三苦節已二十四年

余秉恒妻秦氏年二十八夫故遺孤二皆幼姑亦年邁氏仰事俯育備歷艱辛年今七十有三苦節已四十五年

庠生阮道徵妻李氏守節撫子太謙年已六十

何太遐妻余氏安貧守節以終其身

生員阮朝鳳聘妻方氏笄齡守貞撫嗣瑾徵年六十二

胡守信妻吳氏朝貫之女也年十七歸胡越八載夫歿

僅遺一女撫嗣言理承祧苦節四十八年年今七十有二

來周氏貢生世運之側室貢生家駉之生母也年十九歸世運不逮事舅姑大婦王氏年已長氏佐事必恭未幾生駉越三載夫歿時年二十二從嫡王氏守志撫孤成立苦節已三十六年

陳宗璜之聘妻吳維龍之女未于歸而夫歿聞訃哀毀奔喪矢志苦守舅姑憐之名曰如子年五十有八

陳劉氏程氏監生陳紹鰲側室也原聘王氏無子娶劉氏年二十五歸陳生子必相又娶程氏年二十歸陳無出未幾夫故嫡王氏繼亡必相僅三歲劉程同勵冰霜撫孤成立捐職州同劉年今六十有六程年六十苦節均三十餘年

吳志深妻余氏年二十二夫故承姑遺言以田三斗爲氏作養生身後之費氏以夫弟艱於子息變田爲夫弟買妾生子以承宗祧苦節已四十二年

吳氏鄒永熙之妻年二十適鄒未幾夫歿遺三子俱髫齡撫養成立長子崇書娶吳文載女爲媳于歸後不

一年書故越四月舉一子隨孀姑苦守熙妻吳氏守節五十四年書妻吳氏守節六十一年

陳氏鄒大有之妻年十九適鄒二十七夫故遺二子俱幼撫育有成苦節五十一年

王氏鄒永廸之妻年二十九夫故撫一子成立娶媳陳氏未幾子媳俱亡立嗣孫承祧且好善樂施遇凶歲必賙卹捐建祖祠二重並撥田七石入祖其苦節固可風懿行尤可嘉也卒年七十四孀守四十五年

王氏鄒揚若之妻年十九適鄒二十七夫逝苦節已四

十七年
吳玉成妻張氏生員張載鸞之女年二十一夫故遺腹
生一子撫育有成苦節四十五年卒年六十六
熊氏貢生劉士極之妻生員熊楚格女也年十八適劉
越六年夫故遺腹生子文熤撫育有成娶廣東澄邁
知縣黄鳳詔之女爲媳熤年廿八又卒氏率黄媳共
勵冰操撫孫德堅德坦成立迄今五十餘年
張氏監生劉士柱之妻儒童張俱明女也年十九歸劉
越五載夫故遺腹生子文熤撫育成人娶監生羅夔

賓之女爲媳生德坊德基未幾熤歿羅媳年二十二
誓奉孀姑張氏苦節已五十餘年
吳泓妻馮氏年二十適吳越五載夫逝苦節至八十八
歲卒乾隆九年　旌
吳維亚妻辛氏生員辛之乾女年二十適吳逾年生子
持璧未彌月夫故撫孤成立娶媳向氏越三載璧又
故遺孤世法方五月氏偕向媳撫育成名年六十而
歿向氏守節已三十年
吳維新妻劉氏監生劉琬姊也二十一歸吳越兩載生
子持元而夫歿氏撫成立娶媳趙氏生子長華七月
持元又故氏偕媳苦守撫孫成名卒年八十有六
生員吳天健妻王氏年二十二適吳三載夫故孝事衰
姑撫養孤子苦節三十六年
生員羅銓妻李氏年二十八夫歿遺孤五齡舅姑衰病
氏仰事俯育苦節三十四年康熙四十四年　旌
生員王蓊妻張氏夫早喪無子含斂後即閉戸自縊救
甦自是移榻姑室姑病五載晨昏侍奉無怠撫從子
爲嗣值山水暴發他居皆衝塌氏室獨無恙雍正元

年　旌
盧濂妻鍾氏乾隆三年　旌
生員盧漳妻王氏年十八夫死絶粒自經以救免撫從
子爲嗣復殀又撫從孫乾隆三年　旌
彭貞女許聘張炳龍未嫁而夫死女守貞不字乾隆四
年　旌
張貞女舉人張棣女許聘鍾裕仁未嫁壻死女守貞不
字乾隆四年　旌
劉文元妻秦氏年十九夫亡奉孀姑撫八月孤成立守

節三十七年乾隆十一年　旌

韓張氏巡撫遼東張公濤女明經韓邦舊妻也青年夫卒哀號氣絶以救甦終身苦節巡撫李公棲鳳褒之有云丹血洒重泉巾幗中志同龍比剛腸烈日床帷內節凜冰霜

韓吳氏韓學信妻十九歸韓二十夫卒無子矢志柏舟勉事翁姑撫嗣成立無何嗣復故遺幼孫二舅姑年皆九十餘惟勤紡績以養舅姑歿喪葬如禮卒年七十二

韓馮氏儒童韓樸妻也十八于歸廿二而寡孤庭甫二歲冰蘖自勵婦道益謹越數載姑逝兩夫弟俱髫齡舅觸境增悲氏撫二季如子無異視逮事繼姑如前姑然舅姑歿哀禮兼盡兩大弟暨孤皆成立

韓聰妻楊氏　韓汪氏

韓琴材妻王氏廿三夫歿遺孤二家赤貧其母弟王某利氏再醮誘至家陰緣富商魚軒將至氏偵知星夜逃歸值河水泛漲不得渡適有浮木遂抱以濟苦節至九十卒生平從未得一飽云

韓光楚妻吳氏望族女也歸韓事翁姑至孝年廿八夫歿婦代子職奉養尤謹翁病醫藥罔效氏情迫封股以進病得痊數載乃逝苦節終其身

韓文彩妻吳氏年廿七夫故家貧遺孤三皆幼榨撫育有成長尚義娶媳嚴氏生一子義亦故媳奉孀姑冰操共勵氏年八十有三

韓紹世妻程氏及笄于歸舉一男逾年世歿矢志撫孤後姑李嬰病數年飲食藥餌必躬親之無少懈卒年八十有三

生員韓端之妻彭氏青年孀守撫孤雲生成立夫同胞兄弟六人皆逝氏與紹濱之妻陳泗濱之妻張妯娌一心矢死靡二彭卒年七十有九

韓如松妻曹氏于歸數月而夫病氏躬親湯藥無少間逾年生子永泰甫二十日夫歿矢志苦守後數歲夫伯元章歿無子伯母張立氏撫子永泰爲嗣孫張卒側室朱性悍氏每曲順之翰詹楊公炳贈以額曰節壽符旌

韓李氏德輝妻十九夫故撫嗣苦守卒年七十二

韓吳氏在溙妻青年孀守撫孤暨小叔成立壽七十八

韓鼎重妻黃氏于歸兩載生子時綸夫故矢志栢舟先是重初妻遺二女氏撫之如所生孤年三十殞婦胡氏亦承氏志守節四十餘年

韓吳氏韓之琯妻年廿一夫故撫孤際春成立年今八十五

韓紹安妻吳氏十九歸韓越三載舉一男夫卒撫孤成立卒年八十四

韓李氏步奎妻廿四夫歿立夫仲兄子晶為嗣卒年九

十二

生員韓二康妻張氏年廿六夫故撫子庚先成立娶媳胡氏生子之正三齡庚夫婦相繼沒氏復撫孤孫有成卒年七十四

韓宋氏韓嘉會妻廿四夫歿自經覺救免事翁姑以孝曾刲股以愈姑疾撫嗣用達成人卒年五十五

韓吳氏成治妻青年孀守撫孤汝楫成立

韓劉氏韓遇之妻年廿一夫故撫孤廷桂成立卒年七十五

韓步高妻吳氏處士吳揚三女十七歸韓事孀姑以孝姑歿鬻奩具為殯葬未幾夫卒孤又殤氏時年二十惡徒有欲強嫁者事將成氏聞之投繯救獲甦氏夫叔兆元將鳴之官惡黨始慴息後立嗣承祧督課子姪門庭肅然年五十有一

儒童韓華若妻雷氏于歸數月夫殞遺腹生子嗣奕教育有成卒年六十八

韓廷煥妻姚氏歸韓三載育一男一女而夫逝甘貧苦守卒年七十三

儒童韓銘妻杜氏年廿七夫故絕迹母家矢志撫孤成立卒年七十七

韓睦宗妻胡氏年廿五夫故撫嗣蓼楠苦節終其身

韓立行妻鍾氏年廿六夫故遺孤觀成觀德矢志苦守三十餘年不歸母家

韓進妻張氏年廿二夫歿家貧子幼舅姑年邁勤紡績以供朝夕苦節終其身

韓應時妻劉氏年廿六夫故遺孤三撫養成立二子先逝姑媳同矢冰操

韓傳妻吳氏進士吳湃姪女年二十三夫故撫孤二苦
節四十餘年
郭氏周煌士之妻邑庠郭雲超之妹也年二十三夫故
遺腹五月生子矢志撫孤先是煌士胞兄有三皆早
逝馬氏楊氏秦氏均青年孀守撫養遺孤成立後諸
姒相繼殁氏亦年近七旬苦節四十餘年矣
生員吳彪妻鍾氏青年孀守矢志撫孤尤喜賙卹卒年
八十六
吳利占妻霍氏年十七歸吳越數年無出勸夫更娶馮

氏生子國棟甫六齡夫殁馮亦亡氏勤儉持家施與
不吝撫孤成人守節五十餘年卒
吳國進妻粱氏事霜姑姑病刲股以進遂愈以孝聞
吳熾妻謝氏年廿八夫故三子幼氏撫育成立畢婚苦
節四十二年孫新鼎太學生
吳繩祖妻韓氏年廿七夫殁撫夫弟子爲嗣苦節五十
四年
吳昌士妻何氏年二十夫故苦節三十七年
吳耀煌妻馬氏夫以嘉慶丁巳禦賊死賊逼擄氏氏乘

閒投深糞坑賊不敢近乃去遂矢志苦守有欲奪志
者氏覺奔如意庵乃免
金之皆妻王氏年廿二夫逝撫夫兄庠生之堂子宇鑕
爲嗣人成均娶媳吳氏生一子吳年廿八鑕亦故姑
媳同勵冰操王守節四十六年卒吳守節五十二年
子德澤庠生
江泰氏邑庠泰可風女江澤瀚之妻年二十九夫故家
貧遺子女一皆幼翁與繼姑衰年多病氏艱難苦守
生養死葬皆如禮撫孤壽昌成立苦節已三十年

儒童程士元妻張氏年三十夫故撫孤聖傳聖選聖朝
均成立孫占梅增生曾孫立心庠生壽八十四
儒童程懋粱妻徐氏年廿四夫故撫遺腹子宇章成立
孫中亭入泮守節五十餘年
儒童程乃武妻金氏青年孀守撫孤成立娶室未幾而
殁撫遺腹孫成均年八十餘卒乾隆六年　旌
儒童程錫鰲妻張氏年二十適程數月夫故撫遺腹子
成立守節五十餘年
何士信妻江氏青年孀守撫二子成立娶妻長媳鍾氏

亦早寡共撫其孫又姪媳秦氏敦安之妻少年而寡
立嗣承祧年踰七十一門之內共勵冰霜
秦秦氏秦遐生之女青年夫故無親可依歸母家承菽
水勤紡績積産數畝半爲舅姑半爲父母祀田入祖
卒年七十三苦節五十一年
儒童汪以德妻鍾氏青年孀守撫夫姪璪爲嗣以節孝
終
儒童汪勣妻吳氏十七于歸八月夫故撫嗣成立娶妻
子婦俱殁撫從姪元臨以延宗祧

儒童汪楚璋妻王氏年廿二夫故撫從姪同人爲嗣守
節已六十年
生員汪乾仁妻程氏青年孀守卒年七十八
儒童汪元萃妻江氏十九歸汪八月夫故無子家貧紡
績以養祖姑苦節三十八年
汪之璋妻羅氏青年夫故撫子成立年九十八終
貢生黃文斗妻劉氏年十六適黃三載夫逝矢志苦守
爲夫與夫兄立嗣俱殤後立嗣孫玉律以延夫祀苦
節六十二年

李紹搢妻車氏適李生子光旦甫週夫逝矢志撫孤苦
節三十三年
生員徐上國妻雷氏青年夫故撫孤守節三十餘年
宋文煊妻吳氏
吳志遠妻鄢氏
陳壽元妻張氏
王某妻馬氏
吳之煒妻楊氏年十七適吳僅數月夫故遺腹生子光
明艱苦備嘗撫子成立苦節五十一年

李如周妻劉氏
艾大禮妻葛氏年廿九夫逝遺二子俱殤立夫弟大智
子陽春爲嗣生子榮華國學苦節五十五年
陳銘詩妻吳氏二十六夫故撫姪正永爲嗣入成均守
節三十九載卒年六十五
陳中鏞妻韓氏年二十八夫故撫遺孤三教育有成守
節三十年未嘗釋服卒年五十八
陳鴻詔妻黃氏年二十二于歸越五載生一女夫病篤
刲股以救之頓甦逾年夫殁日撫棺痛哭又逾年竟

以嘔血死臨卒泣求舅姑立姪世棨以爲夫嗣

陳新齋妻程氏十九于歸越五載生男女俱殤夫病祈禱願以身代夫殁立姪延庚爲嗣服闋後即閉戶自經死

陳中鎮妻王氏廿二適陳未幾夫卒矢志撫孤守節三十一年卒

監生陳中鉌妻袁氏于歸後姑患足病日夕扶持無怠年二十八夫殁撫子正溢成名苦節至五十九卒

陳西園妻吳氏青年孀守夫季弟聲達甫週歲撫育成

立夫次弟正溥娶室吳氏未幾溥殁氏與吳共矢栢舟氏年五十有九吳年五十有六

韓超漢妻姚氏年二十而寡苦節終身

趙韶光妻方氏庭陽女也年二十適趙越二年生子始甫兩月而夫殁家貧有欲奪志者氏矢死靡他撫孤成立卒年七十二苦節五十年邑令賈旌其門曰撫孤完節

趙暎高妻盧氏生員盧國材之女高染痼疾不能行氏于歸侍湯藥者三年高卒氏欲以身殉念夫七代單傳乃立嗣錫類以承宗祧娶室吳氏生子五類殁姑媳煢煢以養以教至於成立長孫娶盧次孫娶李五孫娶聶均無子早逝諸孫媳尚屬青年同勵苦節三代孤孀一堂聚首皆氏教也諸孫媳年皆六旬氏於乾隆五十三年　旌表

趙大姑監生本隆之女幼受方緒賢聘年二十將卜吉結褵而賢死訃至女水漿不入未幾賢弟亦故女請命於父母曰方氏絕矣女願歸方奉姑立嗣以延一綫郎以衰絰往慟哭幾絕姑勸之姑解族之不肖者

覬覦產業立嗣不定搆訟連年女憂憤成疾垂危承姑命延族戶房主女扶病强起斂衽而拜曰氏所以苟延殘喘者期立嗣耳今若此氏死不瞑目矣滿座泣數下氏没方姓控府而嗣始定噫以一女子而能明大義彼覬産者獨何心哉

趙載垣妻秦氏二十適趙越六年生子二夫故氏事病姑十餘載姑殁喪葬如禮教子皆成立卒年七十八苦節五十餘年

生員阮時泰妻馮氏年二十五夫殁撫子知遠入成均

苦節六十餘年卒年九十四
生員阮理妻周氏年二十七夫逝撫嗣子景升爲諸生
卒年六十四
阮臨遠妻陳氏陂邑舉人陳正炳之姊年廿四夫歿撫
孤方俊成立卒年八十二
阮恭遠妻方氏年廿六夫歿家貧奉孀姑撫遺腹子紡
績度日苦節四十一年
阮方益妻盧氏年廿三夫歿立嗣守節五十餘年
阮方晶妻魏氏年二十一夫故立嗣守節四十九年

阮時御妻梅氏年二十三夫故守節立嗣卒年五十四
阮方均妻張氏年二十二夫故安貧撫孤後子與媳相
繼歿撫二孫成立苦節至八十歲
阮時道妻梅氏青年孀守撫二子長懷遠次湘懷遠娶
室周氏年二十二懷遠卒撫一子長青國學人稱姑
婦雙節梅卒年八十二周卒年七十四湘庠生湘子
夢桂應祥俱入泮
生員阮定乾妻張氏年二十二夫故撫子方鼎國學卒
年九十三

阮正明妻張氏二十八夫歿遺孤甦平甫十歲苦節自
守勤紡績嚴課讀卒年六十有二
阮貞女中和里阮以鐸女少許聘王在時未嫁而夫客
死女誓不再聘依父母紡績自給年逾六十終
儒童石從采妻何氏進士何逼孫女年二十二適石二
十九夫歿遺孤天毓六齡撫養成立入成均中年毓
歿復撫幼孫常舉常圻舉例貢生圻年甫弱冠卒妻
王氏年十八能繼祖姑志亦柏舟自矢廿年無間何
氏壽八十四終

石天言妻秦氏二十適石未八年夫故家貧苦守卒年
七十二
石天賜妻秦氏年十九適石生子女一子早殀賜卒時
氏年廿九矢志冰霜苦節四十二年
石常佐妻秦氏年二十一適石甫一載夫故遺腹五月
生子得滑仰事俯畜孝慈兼盡守節已三十餘年
石常讓妻李氏年二十適石生子女一夫歿氏年廿九
子女俱殤立伯兄次子爲嗣守節已四十二年
生員石中玉妻胡氏十九適石越七載夫故撫嗣天相

戚立補弟子員孫曾輩皆聯翩蔚起年八十四苦節
五十八年
石中璐妻秦氏年廿四夫歿撫幼孤天朗天祿有成朗
入泮祿亦英俊有聲無何二子相繼歿朗妻程氏遺
一孤祿妻鄭氏遺一女二氏同矢柏舟上事孀姑下
撫孤子秦卒年五十八鄭卒年五十一程苦節已四
十餘年
石進朝妻李氏髫年適石雖經數載而朝有隱疾未成
婚不十年夫歿撫伯兄子爲嗣甘貧苦守卒年七十

四
石大亨妻鄭氏年廿八夫故撫嗣守節卒年七十五
石正望妻鄒氏年廿一夫故苦節今四十有九
石名曉妻鄒氏年廿三夫故撫孤成立苦節三十二年
陳炳章妻吳氏年二十二夫故苦節三十八年
黃待選妻宋氏年二十六夫逝撫兩幼孤成名
陳光甲妻李氏年廿五夫故撫孤成立苦節三十四年
陳光第妻吳氏廿三夫故撫孤學程成立苦節卅三年
監生熊之烝妻宋氏年二十歸熊舅姑已逝相夫子罔

弗如禮無何雄劍西飛夫弟尚幼家事一賴以拼擋嘉
慶丁巳賊匪犯境捐錢米集丁壯堵禦夫弟炅罵賊
死炅婦黃氏同勵冰霜以長子天栻爲杰嗣教次子
家棟以詩書學使沈錫宋氏額曰貞節流徽
熊嘉相妻車氏年二十于歸四載夫故翁姑老病叔亦
髫齡喪葬婚娶氏以一身任之丁巳賊入境捐錢穀
助夫叔之炅集勇堵禦炅死於難巳而叔生三子未
幾叔與其次子三子相繼殁因與弟姒車氏共撫長
子熾瑞成立苦節四十餘年督學使沈顏其額曰冰

蘗堅貞
秦鎬繼室徐氏年十八而寡撫夫前妻王氏二孤成立
苦節五十年知州熊會爲之贊
生員秦時妻王氏年廿二夫故遺孤國鈴苦節撫守壽
八十一
秦國鉉妻王氏年十八適秦值姑病篤割股以愈不年
終而氏殁邑令表以額曰貞孝格天學師舒爲之贊
生員秦錫恩妻梅氏在家即以孝聞適秦奉繼姑恪執
婦道青年孀守教孤子光成名享年六十有六

儒童秦錫義妻耿氏年廿五夫故矢志撫孤享年七十
其子承海妻官氏年廿一而寡克承姑訓撫子成立
卒年五十八孫光曒妻丁氏年三十而曒卒遺孤週
歲苦節自守一門三世清操族戚重之
秦錫文妻六户秦氏年二十七而寡孝事翁姑姑病刲
股以救撫子成立卒年四十八
秦淑妻吳氏青年孀守撫夫兄子新承爲嗣苦節至八
十有四
秦之錦妻盧氏年三十孀守七十八卒

秦達天妻張氏年廿九孀守苦節四十四年
秦永茂妻張氏貢生張發東之姊年廿六孀守歷事王
張馬三姑皆以孝稱壽八十有三
儒童程應泰妻陳氏年廿九夫故撫孤廷棵廷柘成立
壽九十歲
秦法妻吳氏年廿六夫歿守節至八十三卒子二兆松
兆柏妻李氏亦年廿六而寡苦節三十六年
秦永昌妻余氏年三十而寡撫孤新柏成立壽九十三
秦永濟妻李氏年十七歸秦甫十八日夫歿姑早逝祖
姑年八十餘晨昏侍奉左右不離撫嗣秉棟如已出
苦節五十七年
儒童秦心國妻李氏年三十而寡矢志撫孤卒年六十
一
儒童秦廷應妻周氏年廿九孀守苦節三十年
秦秉謨妻楊氏年廿四夫歿撫嗣光灼成立苦節已三
十六年
秦廷笏妻周氏年廿五夫故甘貧苦守已三十六年
秦秉純妻胡氏年十九夫故撫子二十一歲而殀清操
益勵苦節已四十二年

秦廷枝聘妻李氏年十六聞夫故奔喪矢志貞守壽八
十
秦林妻周氏年十八夫故撫孤朝元成立苦節五十年
監生秦大格妻單氏年二十而寡撫嗣光瀨亦早世媳
姚氏年二十九奉孀姑訓孤子克承姑志單年六十
有八
秦新尉妻六户秦氏二十九夫故撫嗣光儀苦節四十
五年

秦樹綱妻高氏年廿二而寡撫子旭升成立苦節三十五年

儒童秦鳳翽妻黄氏年廿八夫故撫子光乙讀書有成娶媳黄氏光乙殁媳亦矢志撫孤克承姑訓

秦人蘭妻熊氏年二十八夫故苦節至七十二歲終

秦新綸妻楊氏年二十四夫故撫嗣熙再成立年八十終

秦新玉妻向氏年三十夫故苦節四十年

秦思勝妻阮氏年廿八夫故撫嗣載萬苦節四十六年

儒童秦輝鄂聘妻戴氏輝鄂病劇不能言翁姑屢辭婚氏弗昔年二十五歸秦侍夫湯藥甫一月而夫殁氏誓以身殉翁姑勸諭乃止後隨姑之翁任二十餘年翁觧組環堵蕭然氏勤紡績以供甘旨立夫弟光楚子俊楷爲嗣未幾翁姑繼殁叔娣偕亡氏典奩以營喪葬推食以育諸雛備嘗艱苦嘉慶甲子年　旌壽六十有九

秦必舉妻汪氏年廿七而寡苦節三十一年

秦誠鴻妻丁氏年廿七而寡苦節五十年

秦華揚妻李氏年廿五而寡苦節三十二年

秦載皐妻齊氏年廿四而寡撫嗣鈞吉苦節三十二年

秦載理妻傅氏年廿三而寡撫嗣鈞級苦節三十一年

秦載堂妻張氏年廿五而寡撫嗣鈞芴苦節五十二年

秦載容妻劉氏年廿九而寡撫孤鈞望苦節三十五年

生員秦蘭妻熊氏生員熊奠楚之女年廿九夫殁撫孤涵漢苦節已三十五年

秦盛清妻武氏年廿一夫故苦節四十四年

秦茂亨妻周氏青年孀守苦節三十四年

秦樹元妻魏氏年廿一夫故苦節四十一年

秦應貞妻馮氏年廿二夫故苦節已五十年

秦永川妻楊氏年廿七夫故苦節至七十六歲終

秦之璋妻江氏青年孀守苦節五十二年

儒童王光衡妻六戸秦氏青年夫故遺二子一女廿貧自守撫養成立苦節四十七年

王玉鼓妻張氏年廿一而寡撫從子爲嗣孝事翁姑翁殁喪葬盡禮恒賙䘏貧苦守節已三十年

王光洛妻丁氏年廿七而寡遺子女一事八十老翁奉

養無缺守節已三十八年

王光洛之女許字耿秉直年十五直故女誓不再適荆釵裙布足不出閫年今四十有六

陳貞女王爲士聘妻也少許字未適士外出久不歸有勸嫁者以死自誓後亦無敢言者惟破屋數椽機杼一乘日紡織以自給年八十餘以處女終

王明璐妻鍾氏孝廉鍾其鐸女年十九夫故屢欲以身殉家人護救免撫孤應時入郡庠時流賊入境避難五雲山以短刀自隨後値歲祲與媳恒減食煮粥以

濟壽八十邑令賈旌之曰節孝長春孫華卓曾孫鳳熾　恩貢生

王利時妻羅氏年十七歸王甫八月夫故姑江氏多疾侍湯藥罔懈姑疾篤潛刲股以進是夜姑夢角巾皂服者自稱張姓前賀曰汝厄解矣汝孝婦力也姑果愈後以劬勞致疾卒年五十二苦節三十餘年

王華瑩妻鍾氏邑庠季偉之女也年二十歸王生子鳳融未及朞而夫見背氏勺水不入者累日姑江氏撫融而泣乃強起勉襄其事養姑甘旨無缺而藜藿自充撫孤不少姑息夫兄子鳳雅久失恃撫養如己子後兩人皆蔚爲人望丕振家聲氏之力也苦節六十年

楊氏王顯賜妻也賜年十九夭目不瞑父母撫之仍不瞑氏抱半歲兒哭曰所不能事舅姑撫孤兒者無以見君於地下夫乃瞑家貧食不繼乃鬻嫁衣以養公姑教孤子苦節四十餘年

王顯志妻曾氏博士恕先之女甫笄歸王未幾夫殁矢志苦守撫夫兄子時鏡明薪爲嗣年六十族議請

旌氏謂其子曰未死餘生止期無愧於爾父耳豈藉以邀榮寵乎事乃寢次媳江氏年十六歸明薪甫七月薪卒遺腹生子化亦夭志奉孀姑撫孤子姑殁栖止一樓雖家人罕見其面年九十終

王明珠妻汪氏年二十二夫殁遺孤律時甫週歲撫養成立孫華文入太學苦節四十六年

王明典妻黃氏年二十一夫故撫孤成立苦節五十餘年

王鳳太妻郭氏農家女也歸王四年夫殁氏時年廿三

貧不能舉火父母欲奪其志不從後紿以母病迫使
歸省實強嫁之甫出門即有數人舁之走氏力不敵
至其家詬罵百端欲自殺某義之乃送還自是足不
踰閾順事翁姑始終不懈族人矜其志歲給祀田穀
養之終其身年六十五卒苦節四十餘年
生員王俟弼妻劉氏年廿一夫故家貧無子立夫堂弟
子爲嗣勤紡績以養姑姑殁喪葬盡禮苦節五十年
儒童王時億妻盧氏青年孀守孝事孀姑撫嗣華早成
立苦節六十餘年

庠生江彭年妻東光知縣孟應瑄之女年二十二夫殁
苦節撫孤乾隆四年　旌
胡孟氏荆州府學司訓之春女適麻邑舉人胡鑛年二
十鑛殁苦節自守撫遺腹子奕鴻遊泮
孟張氏監生道漢妻青年孀守苦節終身
孟正樾妻劉氏年廿五夫殁遺腹生子不育即以身殉
嘔血卒
孟大連妻李永青之女年二十于歸僅匝月而夫殁氏
水漿不入口日撫棺痛哭七滿後不脫衰絰自經死

孟五習妻楊氏青年而寡苦志撫孤成立娶室生孫無
何子與孫相繼殁家貧織絍度日卒年八十三
孟元長妻周氏年二十夫殁家徒壁立苦節終身
孟之景繼妻楊氏青年而寡家貧撫孤道挹道援成立
苦節五十四年
孟道舜女年十二刲股以愈母病後適陸以孝稱
孟謙益妻楊氏貢生源曾之母夫殁翁老子女皆幼仰
事俯育孝慈兼盡終身不御鉛華足不出戶外年八
十猶勤儉持家不衰

生員孟道中妻耿氏生員耿昭昇之女年二十歸孟越
二載夫故撫子正極成立苦節終身
江昌寶妻耿氏青年夫故撫孤鳴鶴苦節三十餘年
江堂英妻楊氏廿二適江逾年舉一子甫五月夫逝矢
志撫孤苦節三十餘年
江文炳妻劉氏夫館於襄陽以嘉慶丁巳教匪滋擾死
於賊氏年廿七矢志不二立嗣肇啟娶媳生二孫撫
育有成
儒童陳季番妻吳氏吳伯鎧之女未于歸而夫故氏年

十三誓不另字衰絰奔喪苦節六十六歲卒
李氏李百釗之女字蔡承祿爲妻祿隨父遠貿故氏年
二十七依父矢志守貞卒年七十六
周劉氏周川才妻監生劉家柱之姊年十二適周廿三
夫歿苦節四十餘年
江鳳翥妻韓氏進士韓庚寅孫女年二十七孀守撫孤
澤瀚成立娶室生子昌璧璧年二十五卒妻鍾氏亦
苦節三十一年
江雲樵妻程氏青年孀守苦節五十餘年嗣孫澤愷書

江鳳翔妻彭氏進士彭之華女年二十五夫故苦節三
十餘年
江澤益妻鍾氏青年孀守苦節三十餘年
江奕思妻張氏太史張石虹姪女年二十適江越二載
生子卓庵而夫歿撫孤成立娶媳耿氏年十九而寡
立嗣承祧姑媳各苦節四十餘年卒
江盧氏庠生江遠繼室也年二十九夫故遺二子一女
及前室一子二女均幼穉氏撫育有成所生次子士
昌入泮苦節四十餘年卒

儒童江世靖妻盧氏年二十六夫故家貧遺孤二苦守
五十餘年而終
鍾貞女許字江塹未于歸而塹夭矢志守貞父母將另
聘女聞之閉戶自經覺救免嘔血數升月餘而卒囑
以同穴江遂迎葬
儒童江昌梓年十八患毒疽聘妻鍾氏請於父母自詣
侍疾疽潰腥穢難近氏安之逾年夫歿氏年方二十
矢死不二立夫兄次子以延夫祀苦節終其身
程存信妻孟氏議益之姊歸程數年夫卒遺孤方襁褓

家貧翁姑年邁生養死葬皆如禮孤將冠而殀立姪
以延宗祧
孟董氏幼許字庠生孟道新之子正音音喑啞新議廢
婚氏父許諾時氏年方總角聞之欲自刎乃止後歸
音生子女數人音喑而戾時加箠楚氏曲承之終身
無怨言音先逝二子亦殀氏茹苦至九十而終
孟希成妻尹氏于歸未久成即遠貿氏孝養舅姑甘旨
無缺舅姑相繼歿脫簪珥以營殯葬里有無賴僕窺
氏獨居欲挑之凛不敢犯後成歸目已瞽氏左右扶

持不少懈年八十餘卒囑與夫同葬
孟尚賢妻程氏年三十四而夫歿遺子女四苦守成人
婚嫁俱畢乾隆乙巳大飢鬻奩以濟餓者孫春栁中
嘉慶辛巳副車咸以爲清德之報云
儒童孟道誠妻程氏青年夫故苦志自守撫孤正篚正
篚成立入成均諸孫若對時芳鄰皆蜚聲黌序乾隆
壬辰歲週花甲邑令張贈以冰雪凝輝額長媳黃氏
正篚之妻至孝性成曾割股以療姑病長孫媳尹氏
未于歸夫大受病篤願歸夫家侍湯藥夫歿苦節自

守立嗣承祧年届七旬諸孫繞膝有祖姑風焉
張德恒妻鍾氏
秦文實妻王氏
夏振國妻成氏夫外貿卒氏年廿三矢志撫孤苦節三
十餘年
江亥文妻吳氏廿二夫歿立嗣承祧年踰八袠
儒童江鳳騰妻李氏廿四夫歿撫嗣華國成立苦節五
十餘年
江澤耀妻張氏年廿五夫外貿故苦節已三十餘年

江昌大妻葉氏事姑至孝後年四十餘先後舉二子人
以爲孝感云
江貞女六姑澤懷之女許字盧端鐸未歸而夫歿女矢
志自守端弟訓鐸妻江氏庠生澤春女生一子學江
訓鐸故氏矢死靡他端與鐸皆澤春甥母早世貧無
可依寄食於舅故二女仍居母家一貞一節共撫一
孤可以爲閨壼式矣
程氏適江流百生子甫數月而夫逝被搶嫁氏抱子哀
號披髮觸額流血滿面乃免於難仍歸江未幾子殤

氏亦嘔血死聞者傷之
王士晃妻劉氏年廿二夫故立嗣承祧苦節四十二年
王邦政妻陳氏監生陳治書女年十九歸王未二載夫
故撫姪光緒爲嗣無何緒又歿媳張氏年二十亦矢
冰霜克承姑志立嗣玉珂陳苦節五十九年張苦節
四十一年
王承儒妻康氏年廿九而寡家貧苦守撫嗣成名
庠生吳耀祖妻韓氏年二十一夫逝矢志柏舟撫孤成
立

魏氏明大中丞魏公韓之女適生員盧繻早歿遺二孤漢滉俱幼氏年方二十二重以姑命撫二孤成立諸孫繞膝不歸寗者四十年署岐亭司馬馬公煥贈以苦節和熊額

生員王顯治妻吳氏年二十四而寡矢志撫孤成立事姑至孝又還其奩田爲父母春秋祭掃歲歉則甘食薄粥以賑窮餓者苦節以終

黃乾貞妻熊氏年廿二夫歿撫子女成人舅姑歿鬻釵珥以營殯葬苦節終其身

胡獻臣妻阮氏年十六歸胡生子二長六歲次四歲夫歿氏年方廿四忍死以養衰姑撫孤子後氏病篤長子之夋割股以進卒莫能愈貳守楊公會旌之

儒童吳瑛妻張氏年二十五夫故矢志撫孤成立守節五十一年

盧淳妻梅氏年二十八夫故苦節四十六年

盧輝巨妻王氏年二十六夫故苦節三十五年

盧履元妻葉氏年二十八夫故遺腹生子位東苦撫成立守節五十二年

盧多年妻黃氏年二十七夫故苦節三十餘年

盧士德妻甘氏年二十八夫故撫嗣汝林成立苦節三十六年

盧從文妻洪氏年二十九夫故苦節三十餘年

盧言思妻黃氏年二十一夫故撫姪爲嗣夫堂兄生員兆豐教訓最嚴氏畧無姑息至于成立苦節三十一年

盧理萬妻李氏年二十夫故撫嗣成立苦節三十六年

張敦淳妻秦氏未于歸夫故望門守節姑病割股齋素

三年卒年三十一歲

秦在墀妻耿氏年廿五夫故氏即自縊救得甦及夫葬日竟服毒死乾隆十九年 旌

監生秦舜煌妻王氏年廿五夫故撫孤有寗有珧成立完娶無何子相繼歿寗妻張氏珧妻吳氏均青年矢志姑媳煢煢苦守俱四十餘年而卒

秦汝平妻張氏夫兩兄與夫相繼歿家徒壁立兩姒不能守姑老子幼氏青年獨矢柏舟勤紡績奉姑撫子乾隆乙巳旱斗米千錢氏變奩易粟以奉姑膳姑病

足疾朝夕扶持及姑卒喪葬如禮苦節二十五年而卒今子孫蕃盛咸以爲節孝之報

儒童秦泉妻張氏中書舍人棣公之女孫也年二十適秦事姑至孝閱六年夫故矢志苦守遺孤德東德樹教養有成皆入泮守節三十餘年

秦有國妻馮氏年二十七夫故遺四子一女俱幼氏勤紡績以養姑撫子成立𡢃元輔國皆入泮守節三十餘年

秦源妻程氏年二十六夫故奉姑撫子成立畢婚無何

子又故與媳程氏共撫弱孫苦節四十年

秦德良妻徐氏年二十七夫故家貧勤紡績以養舅姑撫夫弟之子以承夫祀苦節三十餘年

秦德和妻羅氏年十九適秦七日而夫病故舅歿姑存堂伯欲強嫁之氏聞而自縊覺救甦復投水救得甦伯念遂止後立嗣承祧苦節三十餘年

秦厚錫妻楊氏年二十六夫故撫孤成立苦節五十餘年

秦厚坤妻周氏年二十八夫故無子氏自經以救免後立夫兄子爲嗣子孫蕃衍目覩曾孫守節已四十餘年

秦有瑚妻吳氏年二十二夫故撫孤成立苦節三十二年

秦德芳妻周氏年二十一夫故養姑撫子苦節三十六年

秦在雅妻耿氏年二十六夫故撫孤成立苦節三十六年

秦華國妻吳氏年二十四夫故家貧子幼挑菜度活逢

節掃墓以衣裹土培翁姑與夫墳苦節五十年而卒

秦在茲妻楊氏年二十九夫故撫孤成立苦節五十二年

秦德明妻耿氏年二十八夫故撫子成立苦節三十八年

秦有質妻韓氏年十九夫故立嗣承祧守節四十一年

秦有帷妻韓氏年二十八夫故撫子成立守節三十二年

秦有樂妻謝氏年二十七夫故撫子成立守節三十一

年
盧希堦妻趙氏年二十九夫故遺腹生子家鈺撫守成
立苦節已三十一年
盧纘祖妻胡氏年二十六夫故苦節已三十六年
盧學山妻王氏年二十七夫故撫子思禮成立苦節已
三十二年
邱承華妻葉氏年二十二夫故撫嗣鼎和成立入泮苦
節已三十年邱本盧姓
周遠翩妻鍾氏青年夫歿矢志苦節四十餘年

生員程文試妻曹氏年廿四夫故矢志自守立夫弟貢
生文煦之長子鳳達爲嗣入太學年七十終苦節四
十餘年
程國寶妻唐氏歸程五載而夫歿矢志撫孤苦節已二
十餘年
袁士桐妻韓氏舉人韓致中之姊年十七適袁越五載
夫歿撫嗣成立娶媳涂氏無何嗣亦故遺一孫姑媳
相依煢煢共守韓年七十餘歲涂苦節亦已二十餘
年

儒童鄭邦治妻石氏年二十夫故家貧無嗣苦節三十
二年卒
盧國椅妻吳氏年二十一夫故矢志自守曲盡婦道公
姑憐之爲立季房子德煜爲嗣公姑歿遺產豐厚兩
叔擬三分之氏曰未亡人但得夫梅庄長孫田足矣
何以多爲爰布衣淡食日勤紡績家計亦漸裕遷居
梅庄後煜本生父歿子殀家中落氏迓煜生母同居
命煜婦姑之以孫孫之和睦至老無間守節四十餘
年卒子德煜孫守先俱國學

生員盧國栻繼室金氏年廿四夫故立姪德衡爲嗣守
節四十年卒
孝廉盧國彬妻江氏年二十歸盧循循婦道夫素羸弱
十七登賢書三試春官不第以攻苦致疾卒遺孤甫
三月氏飲冰茹蘗姑吳絶憐之姑通曉書史氏女紅
暇輒携孤就問古人事孤之早歲成名母教多也翁
壽八十三姑九十三氏以婦兼子奉甘旨者垂三十
年生養死葬兩無遺恨子宗彦庠生孫鴻舉庠生鴻
遠舉人曾孫鈞庠生鑑庠生

盧國樟妻秦氏于歸後孝事舅姑和睦娣姒夫有夙疾氏奉湯藥惟謹夫殁遺子女各一氏年未三十慟不欲生姑慰諭之乃强起自是含淚紡績足不踰閫家中落勤苦儉約男婚女嫁皆如禮年五十卒子熿孫縉雲降服孫繒雲增生

石天江妻汪氏嘗刲股以愈姑病後生子常炳左股有刀瘢痕孫得珠娶媳劉氏三載珠故撫嗣苦守年今五十有二

韓輔世妻王氏年廿二夫故撫遺孤鳳德成立娶媳方氏年廿七方氏亦寡復矢志撫孤目擊孫逵伯入泮王氏卒年七十五方氏卒年七十三

江澤珩妻彭氏

董方中妻盧氏

儒童江澤燧妻秦氏

生員王華科妻黃氏

吳勝周妻虞氏年廿四夫故無子守節至七十一歲終

附貢張光甲繼室劉氏年二十夫逝姑老目瞽孝養不衰立姪庭楠爲嗣矢志三十一年

周如鵠妻蔡氏年十九適周月餘夫卒撫嗣成立苦節四十一年

詹人錦妻顧氏年廿七夫故遺孤三家貧矢志苦守撫子成立苦節已四十七年

方鳳藻妻王氏年廿一夫故遺孤永焯甫數月誓以死殉家人防之得免辛勤紡績撫孤成立列成均諸孫繞膝苦節已四十四年

彭士楨妻鄢氏年二十二夫故遺子尚大僅一齡氏矢志柏舟翁姑年逾八十生養死葬皆如禮撫夫弟與子成立苦節四十年

雷士淮妻張氏年十七適雷年餘夫故矢志柏舟撫姪爲嗣苦節五十八載

王炯鳳妻江氏年二十二夫故撫孤成立苦節已六十一年

李克行妻陳氏結褵五年而夫故姑老子幼氏矢志柏舟仰事俯育兩無遺恨苦節終其身

趙然會妻陳氏年二十五夫故遺孤數月貧無立錐氏茹蘖飲冰紡織度日撫子兆魁成立苦節三十五年

終

劉光灼妻李氏年二十五夫故撫孤效武成立事翁姑以孝苦節已三十一年

蕭之屏之翰庠生夢槐子也屏妻方氏甫生子而没翰娶劉氏亦以勤學早亡二氏青年孀守共勵冰操孝事衰姑同撫孤成立皆苦節四十餘年

尹大訓妻張氏青年孀守孝事哀姑撫子成立完娶苦節三十五年

吳際春妻劉氏年二十適吳數載夫故氏矢以身殉皆賴救得免迨殉葬畢守者稍懈卒以剪刀自刺其心而死

吳大謙妻韓氏年二十三夫故無子家貧矢志苦守立夫弟子爲嗣事翁姑以孝卒年七十六

儒童吳大樹妻戴氏青年孀守立夫兄子東曦爲嗣成立遊泮苦節四十餘年

張炳瑞妻彭氏年廿六夫故矢志苦守撫子成立孫錦瑶妻彭氏錦儷妻杜氏均青年孀守同矢柏舟

張炳獻妻郭氏青年夫故苦節四十餘年

來成珠妻程氏年二十五夫故撫子如川成立苦節五十餘年

金宇煇妻董氏年廿一夫故遺腹生男家貧苦守卒年五十八

金清泰妻吳氏年廿三夫故苦節三十三年

謝世權妻劉氏年二十適謝八月夫故撫遺腹子成立現年八十有一

監生謝映春妻劉氏年廿四夫故無子撫猶子如已出事翁姑以孝閭里黨咸嘉之

車行坦妻李氏年十九于歸廿五夫故矢志柏舟撫子中桂得鑄成立入成均桂妻劉氏生二子二十三歲而寡鑄妻李氏二十二歲而寡無子以劉氏一子爲嗣姑媳煢煢相依李苦節五十七年兩媳俱苦節三十餘年

黃道五妻周氏年二十六夫故撫子成名卒年七十六

金清濂妻張氏年二十三夫故無子立嗣嗣亦故家無擔石志凜冰霜卒年四十五

張錫勇妻李氏年廿二夫故無子撫猶子爲嗣苦節六

十年
武士鵬妻馮氏年二十六夫故撫遺腹子文謨成立苦
節三十三年
監生盧德煥妻鄒氏年二十一夫故撫孤封成立捐職
從九苦節三十一年
盧德燿妻吳氏年二十四夫故撫孤坦坐坦入泮苦節
三十六年
武士宏妻李氏年廿三夫故撫姪爲賓爲嗣守節四十
六年

阮方坤妻周氏年廿四夫故撫子祥徵成立生孫泰元
捐職理問守節已四十五年
熊席鼎妻顏氏嘉慶二年春教匪入境焚掠氏閉戸自
縊於嘉慶八年　旌祟祀節烈
陳玉順妻熊氏年廿五夫故撫孤金重金台成立苦節
已四十餘年
監生潘應宗妻周氏年廿二夫故撫孤公試榮瓊成立
瓊入成均
潘應仕妻劉氏青年夫故撫孤榮瑚成立

劉同義妻張氏年廿五夫故撫孤峯入泮苦節已五十
一年
宋文照妻柳氏二十七夫故撫孤成立生孫守節三十
八年
宋文熙妻黃氏二十五夫故撫孤成立苦節三十五年
李逢春妻雷氏二十四夫故撫孤賓利成立苦節三十
八年
戴之光妻趙氏年二十八夫故苦節五十六年
戴堯璋妻劉氏年廿八夫故苦節五十五年

黃模妻楊氏廿四夫故苦節三十五年嗣子夢龍之媳
秦氏二十八歲而寡撫嗣玉章如已出卒年七十三
儒童劉大禮妻張氏于歸二載夫故遺孤週歲矢志苦
守成立娶媳生孫年今七十有五
石常塤妻鄭氏年十八適石越十年夫故撫子成立子
故撫孫苦節六十二年
張四姑年十九適盧遺腹生子善針黹人皆以巧四姑
稱之深居斗室足不踰閾未幾男又夭遂以哀死人
咸惜焉

監生王士晃妻周氏年二十于歸夫故無子撫胞侄夔
柏爲嗣女二教以孝經長聘徐鍾儒儒故女守貞蒙
建坊　旌表又撫無母外甥陳女成人時人賢之
苦節五十餘年壽終孫四克岐克儉克勤克巳
生員金儒藩妻吳氏于歸逮事祖姑張繼祖姑胡姑吳
俱得其歡心相夫子罔不如禮主持中饋克儉克勤
一門上下規矩整肅年近八旬倡隨偕老五男競爽
同列膠庠諸孫秀發方興未艾也　賢淑
吳徐氏東行會人適吳生二子而寡乾隆乙巳歲奇荒

婦携二子日行乞於道有謀刼而賣之者婦正色抗
辭莫敢奪後隨其子佃於河南值教匪亂將殺之母
子爭死賊憐而釋之又十餘年乃卒
王阮氏東行會人適王生子三月而寡值乙巳歲荒親
鄰欲嫁之莫能奪乃逐之寄居破屋晝乞杯糧以食
其子採草根木皮以自食無何夫兄長姒皆死遺二
孤一啞一頑婦又撫之苦節三十九年子姪皆成立
壽七十而卒
余相泰妻徐氏年二十七夫故撫子達士達成成立苦
節三十餘年
盧汝坎妻高氏年十八適盧越二載夫故撫嗣鐄成立
苦節五十餘年
余宏緒妻彭氏孝順勤儉夫亡守志撫遺腹子龍成立
苦節三十年
盧兆珍妻王氏
鍾希士妻吳氏
劉成達母馬氏
劉映書母　氏

蕭引鳳妻馬氏
孝婦盧華年妻鍾氏
盧釆薇妻何氏
盧文化妻趙氏
周金綸妻程氏
張炳猷妻郭氏
陳某妻馬氏
陶文祥妻盧氏
喻士榮妻鄭氏

秦心鳳妻王氏
陶國楷妻吳氏
吳志才妻韓氏
吳承睥妻張氏
吳大仁妻秦氏
汪勲妻鍾氏
盧湛妻王氏
汪璪妻王氏
鍾澄妻張氏

俞二妻閔氏
彭鸞其妻盧氏
戴兆舜女二姑　孝女也適太學盧國榮
吳頡賢妻何氏
戴履壽妻何氏
孝婦盧國材妻吳氏子婦盧鰲妻秦氏
秦舜黃妻王氏
謝某妻張氏
周志恭妻盧氏

夏德寶妻曾氏
陳文試妻曹氏
吳際會妻陳氏
方纂妻戴氏
陳中韓妻吳氏
吳齊生妻韓氏
韓學信妻吳氏
秦永濟妻李氏
馬炎妻劉氏

周世能妻汪氏
余士傑妻周氏
戴某妻張氏
吳業貞妻黃氏
吳大德妻韓氏
秦承海妻官氏
盧之瑛妻程氏妾張氏
陶國樞妻梁氏
陶應泗妻林氏

李大泗妻宋氏
胡美翰妻杜氏
陳光朝妻熊氏
黄某妻王氏
王熙侯妻曾氏
吳威鳳妻張氏
陳如周妻劉氏
徐國有妻吳氏
喻大璉妻張氏

吳鐨妻張氏
吳文占妻邱氏
吳文明妻方氏
吳蘭妻曾氏
吳正方妻錢氏
吳莊妻黄氏
吳廷樞妻曾氏
吳道南妻張氏
彭豹其妻盧氏

伍煥彩妻盧氏
汪洪弼妻郭氏
徐瑞太妻金氏
彭二妻耿氏
葉入妻楊氏
李廷甫妻盧氏
程景妻陳氏
盧廷選妻盧氏
夏鴻基妻袁氏

盧國楹妻吳氏
吳遊路妻李氏
王日校妻吳氏
吳大綱妻范氏
秦在妻曹氏
李周楝妻周氏
詹用九妻陳氏
周萬彩妻詹氏
詹聲宏妻洪氏

鍾農章妻袁氏
徐之綱妻秦氏
秦文錦妻吳氏
孝婦盧勝材妻吳氏
喻大妻張氏
徐某妻王氏徐玉妻某氏
金名望妻曹氏
王在時妻阮氏
夏廷佐妻鄭氏年二十七夫故立嗣苦節三十四年

周家睦妻黃氏
秦在婢妻趙氏　秦某妻陶氏
彭啓篯妻盧氏
劉文元妻秦氏
監生劉紹玉妻王氏青年孀守撫孤苦節三十七年
盧經聘妻彭氏
周四妻陳氏
張之孚妻楊氏
張啓席妻劉氏

女史王皎若字淑潔汶河王氏女也幼工吟咏長適黃即遭夫家離亂寄居母族著有瓊軒詩集耿恭簡吳曲蘿張石虹爲之序載府志

按婦人之義從一而終之死靡他率乎天性豈關學問乎然而單族寒門湮沒無聞者或復不少茲第據省志府志舊志及舉報具有切結者録於篇亦可見

國家治化之隆不惟賢才衆多卽巾幗中亦與鬚眉爭烈矣

續纂

鍾錫類妻江氏　張輝漢妻劉氏　辛士倫妻曾氏
鍾樞母江氏　余承俊妻劉氏　張瓊瑶妻秦氏
鍾華表妻江氏　余義太媳李氏　李希白妻袁氏
鍾裕福妻單氏　余啟太妻成氏　李顯華妻王氏
鍾慎俊妻戴氏　柯有坤妻黃氏　李茂盛妻吳氏
鍾大灃妻江氏　柯承業妻袁氏　徐瑞麟妻吳氏
鍾裕揮妻康氏　柯聲明妻吳氏　袁一鳴妻胡氏
鍾慎燦妻方氏　姚正發妻秦氏　袁其名妻王氏
鍾楨妻張氏　曹乾元妻張氏　陳吳氏

閨範終

黃安縣志卷之九

知黃安縣事嶺南林縉光纂輯

藝文志

制誥

安邑自前明以來名公鉅卿後先輝映制誥之頒稱盛典焉然而龍章鳳綍不尙鋪張丹詔黃麻非無故實書之天府名義凜然一字之褒實千秋之鑑矣志制誥

明朝以吳琳爲吏部尙書誥 洪武三年

誥曰惟古帝王之治天下在於得人才然人才實由於銓選朕所以於吏部之職必擇識公明者居之爾琳學術旣醇踐履尤正事朕由博士陞僉憲克振風紀及貳釐臺國課以辦卑居記注獻納爲多茲用陞長天官以掌銓衡之重爾其量材而授官計功而考能使賢愚有別而黜陟合宜庶克稱朕爲官擇人之意可

諭吏部尙書詹同 洪武四年

吏部者衡鑑之司鑑明則物之姸媸無所遁衡平則物之輕重得其當蓋政事之得失在庶官任官之賢否由吏部任得其人則政理民安任非其人則瘝官曠職卿等居銓衡之任宜在公平以別賢否

命詹同以翰林院學士致仕勑 洪武七年

勑曰朕起布衣提三尺劍總率六師以拯民艱延攬英雄以圖至治凡二紀於茲曩者親征武昌平陳之日爾同以文學之美從朕同遊厥後授博士起居注學士皆舉其職又長吏部辨人才之賢否審職任之輕重咸得其宜今年雖已邁猶輸誠效謀迄無少怠

可謂賢也已朕不忍以爾耄年服役奔走特命以翰林學士致仕爾惟欽哉

命右僉都御史鄒來學提督京東軍務勑 正統十四年

勑曰蘇州林南等倉山海等衛所永平等府州縣喜峯等關口收支糧草作弊侵欺其屯田侵占欺隱遵化靈山地產榛實豪右亦多據之與小民爭利今特命爾往蒞其事若姧頑怙終不悛者究治爾宜廉潔公勤凡事從宜區畫務使兵民利便糧餉充盈庶副委托之重遡北一路不許將弓箭軍器出關交易違

者治之不貸

授會州衛經歷司經歷吳紹徵仕郎周氏林氏孺人勅 成化二十年

勅曰國家衆設兵衛以分理軍政世襲武臣以處長貳而其幕職則必得儒流乃克有濟爾會州衛經歷司經歷吳紹釋褐成均綜理衛幕歷任既久勤慎可嘉是用進爾階徵仕郎錫之勅命以爲爾榮其益盡乃心毋怠厥職欽哉

勅曰夫婦人倫之始故朝廷推恩羣臣命必及之而

何問於存歿哉爾會州衛經歷司經歷吳紹妻周氏克相其夫溘然早世兹特贈爲孺人命服之華永慰冥漠

勅曰國家推恩臣下而必及其室家所以厚人倫之本也爾會州衛經歷司經歷吳紹繼室林氏恪謹婦道允宜厥家兹特封爲孺人服此榮恩毋忘敬戒

諭祭右僉都御史耿金恭人秦氏文 萬歷八年

制曰惟爾蓄德在躬韜光未試爰及厥配媲美相成篤生嗣賢洊躋庸顯褒綸屢被祿養方崇宜壽考之駢臻胡音容之永隔兹頒諭祭用示優恩幽靈有知尚其歆服

授雲南道監察御史耿定向文林郎彭氏孺人勅 嘉靖四十二年

勅曰國家設御史以秉憲度振風紀爲耳目之官而又簡學行兼茂者董畿輔之學政其任至重也匪得其人曷克稱焉爾雲南道監察御史耿定向問學閎深志行端介以明經高第馳譽使垣擢列憲臺驟聞忠讜比廵藩服茂著風裁乃命爾董學政於南畿崇

雅黜浮士習丕變允稱師模之任悦於朕心兹以三載奏績特授爾階文林郎錫之勅命夫鑑以明故可正容繩以直故可形枉今爾居紀綱之司約己飭躬惟明惟直以敷教作人俾賢才彬彬彙征足爲國家之用是朕所望於爾者欽哉

勅曰人臣克秉忠勤以功業自奮者必本之賢助故國家疏榮錫命旁及中閨嘉相成也爾雲南道監察御史耿定向妻彭氏淑柔貞静壼教夙閑勤儉宜家儆戒在位助爾夫之克祗厥敘罔恤於私可以知其

賢而能助矣兹特封爾爲孺人仰承休命尚敦懿修

授都察院右僉都御史耿定向中憲大夫彭氏恭

人制 萬歷七年

制曰朕承歡慈極錫慶廷僚睠中臺風紀之司蜚聲惟舊而南國保釐之寄簡畀方新宜霈褒綸用昭寵渥爾原任都察院右僉都御史協理院事耿定向性資鯁介學藴宏深自奮跡賢科宣勞使　烏臺而執法雅志澄清泰棘署以平刑夙稱明恕暨廻翔外服而還秩內廷洊躋卿寺之榮爰陟中丞之重爾能

樹表儀以貞百度端榘範而肅羣僚卽履家艱不殊朝列頃從召起例得推恩是用授爾階中憲大夫錫之誥命於戲專席擁旄均屬紀綱之任詰戎飭吏允資文武之才勉旣乃心益祇厥敘尚有崇陟以答忠勞欽哉

制曰惟羔羊正直之節能閑有家惟雞鳴儆戒之賢克贊在位恩必隆於並逮義實取其相成爾都察院右僉都御史協理院事耿定向妻封孺人彭氏夙以士女嬪於儒流順正不違恪守衿鞶之訓儉勤無斁勩遵圖史之規壼範聿脩官常攸賴是用加封爾爲恭人增翟茀之光華樹閨闈之懿則

授刑部左侍郎耿定向通議大夫贈恭人彭氏淑

人制 萬歷十五年

制曰朕欽愼祥刑簡需邁德明罰勑法旣深歲閱之勞進律酬庸宜霈廷綸之寵奬章具在渥命爰申爾刑部左侍郎耿定向貞操達識邃學宏才甲第蜚英使垣效節摽居辟省有激揚謇諤之規擢副理司邑明允綜詳之譽雖抗節中乖於當路而追鋒再践於

亨途尚璽冏卿後先綿歷中丞督撫內外更敭肆勇退於急流益蔚懸乎雅望起泰憲府晉貳秋官而爾本明清敬懇之衷鄭罰麗事持忠厚老成之度飭律求情邦禁以平民風攸賴聿成最績蔚斬優恩兹特授爾階通議大夫錫之誥命於戲皐陶時懋乃功贊虞帝協中之治蘇公敬爾由獄開周家仁壽之基尚其愈篤忠貞永追遐矩庶還爾勞而弗替兹承令問於有終欽哉

制曰國家優敘勞臣宏推渥典念其閨闈之有助而

錫之寵榮雖其音容之已遐而不忘愍卹爾刑部左
侍郎耿定向妻累封恭人彭氏秉德柔嘉禔身淑慎
相夫君而有俶敦家政以惟雍今圖史之芳規宛然
猶在宜絲綸之顯秩賁爾如生玆特贈爾爲淑人尚
歆三命之崇允紹二南之化

諭祭戶部尚書耿定向文　萬歷二十四年

制曰惟卿學遡淵源德成闓遂歷官四紀著績三朝
白簡輸忠操尤堅於遠謫清標樹節聲屢振於中臺
人歸巖石之瞻士重斗山之仰矧崇八座遽卧二邱

有尚友古人之風懷獨爲君子之耻方資表正何遽
淪亡良配偕藏遺靈不泯宜頒寵祭尚克歆承

諭塋戶部尚書耿定向文　萬歷二十四年

制曰惟臣先朝耆碩後進表儀德彌劭於年高名益
彰於身没悲生朝野惜夜壑之遽扃祭備榮哀慰冥
魂於如在

贈戶部尚書耿定向太子少保謚恭簡誥命　萬歷二十四年

制曰大臣匡世之功每踰時而益顯昭代勸賢之典
雖没世而猶隆國有彝章朕不敢廢爾戶部尚書耿
定向性資端亮學識閎深持白簡以繩違範青衿而
有造澄冰朗玉洞流略之精微大敦清鏞識典刑之
髣髴急推賢獎善之誼懷憂國愛君之心頃思得人
而襄天步之安乃由執法而畀地卿之任功成身退
望爾重於具瞻惡老乞言政尚須於入告豈謂飾終
之請在尋求舊之時世咸悼其云亡朕可徵於愍卹
玆特贈爾太子少保謚恭簡錫之誥命於戲疏恩進
秩升華青禁之班節惠尊名加賁黃扃之隧庶幾清

爽不昧歆承

授工部屯田司主事耿定力承德郎朱氏安人勑　萬歷元年

勑曰朕惟古者寓兵於農其法廢已久屯田之制則
稍寓農於兵以節縮軍饋所以佐國計寬民力甚鉅
故冬官司田其屬未易任也爾工部屯田清吏司主
事耿定力學紹家傳問揚廷對清勤敏茂克舉其官
玆以覃恩用授爾階承德郎錫之勑命夫今之屯政
獘甚矣內乾没於貴勢而不檢外侵擾於羌　而莫

救近雖屢飭其法而屢格不行朕甚慮之爾有正學之志則土田甲兵非儒者分外事也尚悉綜周諜以紓朕經遠之懷欽哉

勅曰夫雞鳴之戒恒情也而詩人咏之饋食之敬細事也而春秋載之則人臣室家交儆之私其有録於公朝宜矣爾工部屯田清吏司主事耿定力妻朱氏婉淑能從以相内政爾夫學不弛業官不遺箴爾先後之也是用封爾爲安人祇膺寵命之榮益茂相成之德

誥萬歷十四年

授成都府知府耿定力中憲大夫安人朱氏恭人

制曰朕嘉古政平訟理之風思與良二千石共臻斯路惟川蜀之區夙稱險巨而省會之郡尤屬煩難匪得儁賢曷膺殊簡爾四川成都府知府耿定力貞操雅度朗識宏猷甲第蜚英郎曹列秩士望允孚於積歲官階特借乎專城肆起家艱再司邦寄而爾才優刃解守勵冰清政簡惠孚民懷吏畏可謂郡國之選已茲以歲滿特授爾階中憲大夫錫之誥命於戲惟生民之命脉係於守牧朕既録爾之舊勞惟朝廷之紀綱表於臬司朕方畀爾以新命尚勵忠勤之節允光廸訓之詞欽哉

制曰自昔周南大夫其妻以采蘋之賢而佐羔羊之節朕嘗嘉之肆旌勸之典可獨遺於厥配哉爾四川成都府知府耿定向妻封安人朱氏母訓夙閑閨範允廸克勤而儉以贊官常宜承從爵之褒庸表宜家之範茲特加封爾爲恭人祇象服之孔華勵雞鳴而匪懈

朱氏恭人制萬歷三十二年

授都察院右僉都御史耿定力中憲大夫贊治尹

制曰陪京國家豐鎬並設中臺長江襟帶東南特開軍府睠茲重寄必藉壯猷非有崇褒曷彰懋績爾提督操江兼管巡江南京都察院右僉都御史耿定力學富淵源才空湖海制科奮跡郎署宣猷兩郡播循良之聲八閩歌樂育之惠爰恭藩服入副奉常歷貳銀臺簡鎮南服而爾赤忠擘畫精白激揚肅令簡師除戎設堠舳艫啣尾波澄牛渚之宮旌旆摇雲天塹

龍江之渡軍實討而南國既鞏偏師濟而西陲亦清既奏膚功宜更新命是用授爾階中憲大夫賚治尹錫之誥命於戲外寧內憂方軫豐芮之戒有備無患宜深桑土之謀益輸幹濟之猷用副樞衡之託

制曰閫外持衡式布安攘之烈閨中捧玉用襄文武之猷既奏臺庸宜更綸命爾提督操江兼管巡江南京都察院右僉都御史耿定力妻先封安人又封恭人朱氏珩璜比潤圖史爲儀出自華宗歸於名士相夫子以從官周旋中外秉婦順而佐饋拮据初終勝

茲周南鎖鑰之功益覩江漢琴瑟之化是用仍封爾爲恭人翟茀溶加象服既加於三錫蘋蘩矢志雞鳴無替於一心

諭祭兵部侍郎耿定力文 萬歷三十五年

制曰惟爾操修愼密氣度沖恬粉署蜚聲黃堂著績教既敷於多士望允隆於清卿迨建節以佐臺風行畿甸遂貳樞而奮武兵戢潢池方資豐水之長城遽痛峴山之短碣睠惟盡瘁良用疊傷祭葬並頒爾靈歆服

贈兵部侍郎耿定力戶部尚書誥命 萬歷三十五年

制曰留樞貳卿厥任惟重有如威望素孚生資彈壓沒貽典刑其所風軌遠已爾原任南京兵部右侍郎耿定力操履端貞才猷敏練郎曹懋愼勤之績治郡起卓異之稱擢典文衡允推明鑑繼恭藩政尤著清修遽卿寺之洊颺遂留臺之久借兼開牙纛晉副戎樞指顧風清既覘江洋之久謐威凌霜肅旋看戎莽之潛夷內外歷仕兩朝始終惟堅一節宣茲偉烈未霈恩褒奏最方聞訃哀踵至良足悼已是用贈爾爲

南京戶部尚書錫之誥命於戲文綏武振折衝素裕乎五兵公望卿材模楷允宜乎八座歆茲寵綍賁爾幽扃

授禮部儀制司主事彭遵古承德郎妻胡氏安人勅 萬歷二十八年

制曰昔唐史稱李珏爲儀曹特推清廟之器益南宮華秩式資時秀朕茲歲月而優叙之惟年勞是視益其重也爾禮部儀制清吏司主事彭遵古經術名家廷掄俊望抗章得罪薄譴賜環起之膠庠之間遂入

成均之署歷試兹久乃簡清班而爾亮節孤高冲夷恬遠識從世練地與名高由客部以升華佐秩宗而匪懈兹當考績特授爾階承德郎錫之勑命夫國家禮文之事詳在令甲非行之難爲人實難爾公忠自許亦無忝寅直之司矣夔龍之選豈異人任勉持厥美慕之昔賢朕且有顯昇焉

勑曰夫琴瑟靜好體相儷而道相成士所爲夙夜在公未有資其敬助而不偕之榮寵者爾禮部儀制清吏司主事彭遵古妻胡氏夙承女訓來嬪儒英清約

自甘拮据共勵既偕華路彌贊素風無慚雜佩之勤有美溪毛之薦眷儀曹之奏績宜閨閣之同褒是用封爾爲安人丕昭象服之光益引鵲巢之福

授戶部右侍郎周思敬通議大夫妻王氏李氏淑人勑　萬歷二十五年

制曰地官有貳佐厥長所以佐王天物無私嵇乃猷斯能裕國倮予懋賞覩爾成勞爾戶部右侍郎周思敬學探本始行尙真純自贊起曹屢更劇任流使星於數道化洽懷棠省卿月於兩都功垂衣藻爰柔永

部畫貳版曹洞曉物情習知民隱事從先甲志協同寅有無共酌於苦心出入必防其甘口用裨邦計圖乏軍興奏績既成疏恩可後兹授爾階通議大夫錫之誥命今天下民窮財盡入少出多三十年之逋計謂何五百萬之邊儲未巳翔海氛之告惡郎山積以難支賴爾老成爲予宏濟成利國不言之利益懋前猷論功人轉餉之功行膺後命欽哉

制曰倫昭儷升誼寔齊於賓友我綏子佩盟夙重於室家肆褒司版之良臣必及授綏之元配爾戶部右

侍郎周思敬妻贈安人王氏毓自名宗嫻於內則筐筐無遂惟佐饒以脩虔琴瑟方諧乃絶絃之遺閔追惟往勩宜服新恩兹加贈爾爲淑人龍章載賁乎幽阡象服永光乎遺玦

制曰重臣體國功克集於含章淑媛宜家化式襄於主利既篤相成之誼宜隆並貴之恩爾戶部右侍郎周思敬繼妻封安人李氏揚㢧女士儷美人英巽順承前修潔有嚴於錡釜坤真居後服勤無歇於縞綦功著外成恩宜內逮兹加封爾爲淑人洊升翟褘之

華永守鵲巢之範
授廣東道監察御史周家棟文林郎妻羅氏孺人
勅萬曆三十年
勅曰朕以天下爲車以法度爲銜勒而以風紀之臣爲之御御史者非所謂風紀之臣與得其人則法度肅而天下治不得其人則法度廢而天下亂然則其任至重未易稱也爾廣東道監察御史周家棟性開心遠學邃猷長早歲登朝芳標蓋世爰起家於花縣遂珥筆於柏臺而爾持操如茲洗心似水入執簡於

柱後出理讞於海邊皆以蹇直著稱澄清流問朕甚嘉之兹特以覃恩授爾階文林郎錫之勅命夫今之天下雖曰治安然而吏少奉公之節士多養交之風比周之跡已彰尙矜介持由徑之跡漸露猶謂貞方朕甚耻焉兹欲一道以同風惟爾揚清而激濁
勅曰御史簪筆侍朕進思盡忠退思補過方其退也必得内賢恬安乃無逸思爾廣東道監察御史周家棟妻封孺人羅氏禔躬儉謹秉度温純顯約無違倡隨交毖蓋婦人無儀其爲儀也大矣爾夫以皂囊馳譽有以也兹仍封爾爲孺人尙益飭其容功將永同其福祿
授順天府通判承德郎耿應昌安人韓氏安人劉氏勅天啟六年
勅曰朕綜核吏治欲作民庸念緊望亦有從事之司而京師尤爲四方之極故判馮翊者必才識卓茂其愼兹選也爾順天府通判耿應昌禔躬靡懈服采維勤展驥足於趨輿試鴻圖於驂駕犁空冀北五花之剖決如流價重荆南三輔之奠安攸繫以全材而畀

重地賴有斯人繇半刺而綰通綸緊惟異日數馬而識朝廷之富理財而裕軍國之需貽厥孫謀景仰三朝舊碩繩其祖武威名千里神京周集箕弓裘治之休適叶風虎雲龍之會兹授爾爲承德郎益勵廉能之節愈堅愛戴之心如古之渤海漁陽誠所稱黽勉任職者矣彼猶然外郡也况處輦轂之旁尤朕所式憑者乎詩曰柔遠能邇以定我王爾其念之朕有顯擢
勅曰鳴鳫之音宜家攸繫儆雞之佐没世不忘是以

慢服致警於昔賢悼亡鍾情於篇什苟生榮之不逮撫袿帨者寧無遺恋之思乎爾順天府通判耿應昌妻韓氏毓自德門嬪於名閥孝思根之天植女德備乎坤貞與縞揚僻玉之輝河山式度贊棗潔湘蘋之薦沼沚尸齊用襄震旦於明星克賛象賢之濟美簾旌初掛寶鏡空懸念此音徽可忘寵賜茲贈爾爲安人元壤榮日月之光綸綍耀松楸之色

勅曰古之廉吏以帷帳器務悉付外庭而其家安焉固知砥節矢公不獨丈夫之概亦佐閫者之備士行

而嫻士才也爾順天府通判耿應昌繼妻劉氏乃南京吏部尚書劉乘之孫女毓秀名門作嬪吉士陳詩式史夙稟鄭康成之義方粉帨芳袿早閑謝太傅之內則敬戒無違夫子仁讓宜其家人秉儉而盡屏鉛華襄廉而躬先縞素固能賛羔羊以著節自宜錫木鳳以疏榮茲封爾爲安人丹綸賁龍袞之光令德祇翟珈之寵

授貴州石阡府知府彭繩祖中憲大夫妻張氏吳氏爲恭人勅 順治十八年

制曰國家推恩而錫類臣子懋德以圖功懿典攸存忱恂宜勗爾貴州石阡府知府彭繩祖持躬克謹任事惟勤奉職有年洊膺郡牧克著循良之譽聿彰表率之能慶典欣逢新綸用賁茲以覃恩特授爾階中憲大夫錫之勅命於戲式宏車服之榮用勵顯揚之志尚欽榮命益矢嘉猷

制曰靖躬爾位良臣旣效其勤黽勉同心淑女宜從其貴爾貴州石阡府知府彭繩祖妻張氏克嫺內則能貞順以宜家載考國常應褒嘉以錫寵茲以覃恩贈

爾爲恭人於戲敬爲德聚實佩警戒以相成恩以義均豈以存亡而異視

制曰嘉猷匡國在良臣匪懈厥躬懋爵酬庸卽繼室應霑盛典爾貴州石阡府知府彭繩祖繼妻吳氏嗣徽中饋並著相夫之勤令德如琴允膺申錫之命茲以覃恩贈爾爲恭人克著令儀宜恩綸之並寵式彰壼範尚翟服之欽承

授直隸廣平府永年縣知縣盧綎文林郎妻彭氏孺人勅 康熙十四年

制曰錫類推恩朝廷之大典分猷亮采臣子之常經爾
直隸廣平府永年縣知縣盧綖職任牧民才堪良吏
清廉克彰乎庶事慈惠允著於當官慶典適逢新綸
宜沛茲以覃恩授爾爲文林郎錫之勅命於戲宏敷
章服之榮用勵靖共之誼欽茲寵命懋乃嘉猷
制曰恪共奉職良臣既殫厥心貞順宜家淑女爰從其
貴爾直隸廣平府永年縣知縣盧綖妻彭氏含章協
德令儀夙著於閨闈黽勉同心內治成於夙夜茲以
覃恩封爾爲孺人於戲龍章載渙用褒儆戒之勤翟

茀欽承益勵柔嘉之則
授日講起居注翰林院編修張希良文林郎妻彭
氏孺人勅　康熙二十六年
制曰丹地儲才妙簡金閨之彥木天奉職夙推玉署之
英爾日講起居注翰林院編修張希良學通載籍品
著珪璋珥筆西清會預窺乎四庫分藜東觀雅擅譽
夫三長茲以覃恩授爾爲文林郎錫之勅命於戲摛
藻稱論思之選蹟榮及清切之班渥澤宜承素修加
勵

制曰丕績奏於中朝端賴閨家之助寵章頒乎慶典宜
分齊體之榮爾日講官起居注翰林院編修張希良
妻彭氏早習女儀克修婦職雞鳴交儆既砥節於素
絲蠶績執勞用邀恩於紫綍茲以覃恩贈爾爲孺人
於戲巾褘彰和順之風鸞書誕賁延陛煥褒嘉之命
翟茀永貽
授四川叙州府隆昌縣知縣吳應庚文林郎妻韓
氏孺人勅　康熙二十七年
制曰分符百里必遴出宰之材報最三年爰重懋官之

典爾四川敘州府隆昌縣知縣吳應庚雅擅才能克
宣慈惠撫綏有要常深疾痛在己之心懷保無窮不
忘顧復斯民之責茲以覃恩授爾爲文林郎錫之勅
命於戲前勞已茂用褒製錦之能來軫方遒益勵飲
冰之操
制曰良臣宣力於外効厥勤勞賢媛襄職於中膺茲寵
錫爾四川叙州府隆昌縣知縣吳應庚妻韓氏終温
且惠既靜而專綦縞從夫克贊素絲之節蘋蘩主饋
爰流彤管之輝茲以覃恩封爾爲孺人於戲敬爾有

官著肅雍而並美職思其內廸黽勉以同心

授浙江紹興府山陰縣知縣盧緯文林郎妻梅氏

孺人勅康熙二十七年

制曰分符百里必遴出宰之材報最三年爰重懋官之典爾浙江紹興府山陰縣知縣盧緯雅擅才能克宣慈惠撫綏有要常深疾痛在己之心懷保無窮不忘顧復斯民之責茲以覃恩授爾爲文林郎錫之勅命於戲前勞已茂用褒製錦之能來軫方遒益勵飲冰之操

制曰良臣宣力於外劾厥勤勞賢媛襄職於中膺茲寵錫爾浙江紹興府山陰縣知縣盧緯妻梅氏終溫且惠旣靜而專綦縞從夫克贊素絲之節蘋蘩主饋爰流彤管之輝茲以覃恩封爾爲孺人於戲敬爾有官著肅雍而並美職思其內廸黽勉以同心

授員外郎趙教幷妻粱氏安人勅　補纂

勅曰國家五兵分領於樞府而大司馬則總其政簡能列秩衆綜郎闈稱爲茂選而武弁清黃厥任尤重非明愼之士曷克稱焉尒兵部職方清吏司署員外郎主事趙教賢科擢穎宰邑流徽陟于夏官爰稽譽望俾司清黃之務而尒樸素宅心庶勤効職蔚有休聞乃晉茲秩恭愼精詳勞能益著戎政有裨茲以考績聞特授爾階承德郎錫之勅命夫叙勳績以辨世系嚴稽核以釐弊端其責寄甚艱也夏卿以尒老成練達專之任使當益殫乃心力懋圖遠效務稱朕選授之意欽哉

初任四川潼川州遂寧縣知縣

二任刑部廣東清吏司主事

三任兵部武選清吏司主事

四　任　今　職

勅曰朕惟人臣勤勞王事罔恤于私者必有賢助相之雞鳴之詩所以爲訓也褒寵之典庸可後哉尒兵部職方清吏司署員外郎事主事趙教妻粱氏孝敬慈和恪脩婦道相夫儆戒丕著聲猷罔懷內顧尒之賢足稱矣茲特封爲安人尚服綸褒益敦壼範

嘉靖四十年十一月二十五日

文集

文所以載道也安邑自理學倡明以後士以講論道德爲先而其本道德以發爲文章者類皆自出機杼成一家言從此修明經濟蔚爲國華根之深者其葉茂膏之沃者其光曄不僅以文自命云爾志文集

疏

兩台疏　明嘉靖四十一年壬戌十一月

題爲隔省流賊殘害官難遥制民難存活懇乞天恩俯順下情設縣弭盜保全地方事據湖廣布政呈奉

臣批據本司呈蒙黃州府同知袁福徵呈卷查先奉前巡撫湖廣右副都御史陸杰案驗准都察院咨該麻城縣聽選官吏監生秦鉞李大夏等奏稱本縣遥西地名金場姜家畈黃岡縣地名中和鄉黃陂縣地名兩河口各偏一隅地近河南信陽光山羅山等州縣路通牛山老山等寨俱離府縣各二三百里地僻民頑官難遥制賊盜剽掠無時乞於切要姜家畈建設縣治始得弭塞盜源保障地方等因備案行司會勘查議間並蒙巡按湖廣監察御史褒善案驗奉都察院勘合同前事行司會守巡武昌各道轉行黃州府知府郭鳳儀督同黃岡麻城黃陂三縣各掌印官勘議得三縣地名姜家畈等處去縣甚遠政教不及若糧差則決於逋逃若勾攝則敢於抗拒豪強噬吞小戶則過於狼虎賊盜刼殺鄉民則慘於天行雖是腹裏實同要荒蓋因官遠於民上情壅而不救民遠於官下情阻而不通誠於姜家畈最切要處立一縣治則官親於民民附於官禦盜保民莫此爲便往時議者一則嫌於更變恐錢糧之飛詭戶口之隱射姦

人緣此爲弊惟欲循途守轍而不敢爲一則憚於糜費恐工役之浩繁廪祿之供給小民有所不堪惟欲省事犒民而不肯爲凡此者狃於一時之利而不爲經久之計也若以丁糧作弊爲慮在縣則有縣總在鄉則有鄉總在里則有里總在戶則有戶總以戶而計甲以甲而計里以里而計鄉以鄉而計縣此去則彼取丁糧多寡毫釐不差委一明達府官理之里書雖姦安得作弊於其間若以工費爲慮成大事者不計小費動全省之公貯建一九之小縣又何難焉況

該府隨宜措處未必無補也若以廩祿之費爲慮黃州一府冗官頗多如岐亭通判爲捕盜而設黃岡捕盜主簿爲中和鄉而設彼既設縣此官宜革又赤壁巡檢司在於府城原衛既有巡捕巡江官員則巡檢宜革又黃梅縣有陸湖河泊所併爲二所該裁去三所其三所河泊司吏亦該各照所裁革去移彼額設之廩祿以供新縣官吏師生之廩祿自有餘裕矣又何足慮哉誠於此建設縣治則政教行而民知勸懲上無誅求之過下無刑戮之慘益國便民最爲要務

等因呈詳前湖廣右副都御史馮岳會同巡按湖廣監察御史朱瑞登案行守巡武昌道轉行本府商廷試覆督各縣知縣親臨姜家畈踏勘得姜家畈地勢寬平山明水秀但其地多田畝稀少居民事末易舉詳覆批司道可議隨據監生生員秦鉞葉洪等呈稱懇乞奏請以慰民望等情又據該府呈據該黃岡麻城黃陂三縣儒學生員王國任等五十二名呈稱姜家畈流賊出没生民塗炭又據省祭李大夏等奏立縣治委官踏勘果係道里適中風水完聚每以官司塈代不常未嘗詳覆以致流賊愈甚白晝張旗殺死民命深爲大患今嘗踏勘民心鼓舞願輸材力登造公廳伏乞軫念民瘼轉達奏請施行又據民秦子真等四十七人告同前情本府復拘各名到官並帖該圖里老查勘得建縣之議以地利言則姜家畈地當要害爲大盜出没之所以人情言則居民願任營建乃同心激切之真以處置財用言則有本府知府郭鳳儀之議但事干典建難以輕議等因呈詳前巡撫湖廣右僉都御史劉批行司道詳議該布政司張

希舉會同按察副使盛唐并黃州府知府應明德同知袁福徵各議得姜家畈四距皆山中有平原東屬麻城泰平仙居二鄉二十里甲西屬黃陂灄源一鄉八里甲南屬黃岡之上中和一鄉一十二里甲北至河南信陽等縣委宜設縣禦盜安民以上三縣各里似應裁割以屬新縣其城垣縣治學基原係各縣士民義出地土先已草創縣廳學廟分司於上其合用錢糧相應於本府庫藏隨宜措處及三縣應割里分當年里甲丁石馬價官錢之內酌量派出以爲築城

等項之費其城內之地小民欲便僦居避盜則必欣
承鬻買又約得價二千餘兩再照姜家畈既有新縣
其原設岐亭捕盜通判當掣回府原有防守民壯亦
應仍留新縣守城其興工人役已於建議各民之家
及三縣里甲之內起派城磚亦有黃陂麻城灰窰燒
造以敷應用及義令巨富之家願建之戶均分丈尺
築砌任委能幹府佐一員總理則燒磚集木庶克濟
事不患無成等因呈奉巡撫湖廣右僉都御史張批
建設縣治既稱民情廹切誠不容緩但事體頗重仰

布政司會同按察司併守巡道作速再加熟議詳報
繳該本司署印左叅政藍璧會同按察司及守巡道
議得前項建縣事宜委屬相應況士民具奏樂從官
司累議穩便宜亟舉行等因呈詳奉批看得所議具
見事勢之急與民情之切仰司速行會議詳奪奉此
該本司左布政使徐南金會同按察使劉斯潔守巡
武昌道左叅政藍璧僉事袁淳議照姜家畈界居三
邑之間路當兩省之會山谷聯絡道路四通其去縣
者幾二三百里姦宄藏匿莫可究詰盜賊刼掠緝捕

爲難兼以錢糧逋負豪強吞噬官司苦於勾攝民俗
習爲奸頑既經士民具奏願輸財力設縣至切又該
官司集議措置工費亦易且民多願助衆恐樂從仍
候題議至于修築城垣分割糧里增設官吏建造衙
門等項事宜俱照各官原議一一舉行庶地方寧謐
生民安妥等因具呈到臣據此該臣叅詳司道之覆
議稽查地方之險要審度事勢民情之切急則姜家
畈建設縣治誠不容已葢其地雖屬麻城而中和鄉
兩河口諸處則隸於黃岡黃陂二縣由畈而東乃桃

花鎮則宋元之故鎮而岐亭鎮則隋唐之龍集縣也
自古兵爭陸擾俱常設官置站矣逮今一統則東路
由舒蘄西路趨郢襄官使絶不經行政令率難宣達
宜乎稅糧被其逋負而上累有司樂土被其搶攘而
下傷民命三縣之要害一方之隱憂係焉建設縣治
在今日所當急爲之所屢該前任諸臣紛紛勘議經
年未决葢以事關興建㧞始肇端分析錢糧截割地
里頭緒頗多坐是因循未有以慰斯民饑渴之望今
該臣重覆行勘前來會同巡按湖廣監察御史唐繼

疏議照麻城縣地名金場姜家畈地連荆豫山統閩陵昔人倚爲重關盛代名爲内地其間仕宦何慮百家生民不下萬族平時拘攝則阻山依谷以自雄歲荒流離則累戶成羣以爲盜錢糧緊急足跡無蹤法度牽纏徙居不定旣經士民具奏又該官司屢議咸稱本地風氣完聚旣有得於地利衙門修建又悉由乎民願其築城工費官吏俸糧等項事宜誠如各官所議事皆有緒工可立成如蒙皇上軫念封疆鄉境民社攸關乞勅該部再加查議更請准設縣治欽定

縣名銓選才力知縣精爽典史各一員儒學教諭訓導各一員併陰陽醫學等官鑄給印信許前來任事仍撥附近生員肄業成命旣下民志攸定官吏旣設職守尤專其建築城池修造衙門措處公費起派夫役裁省官員歸併河泊與夫割里分糧審編徭役定造版籍等項事宜過候命下容臣等督行司道遵照前議一一次第舉行併行糧儲黃册該道攢造册籍收候查考如此庶僻壤跳梁之輩咸知政教而巖險要害之區永賴安妥矣緣係隔省流賊殘害官難遙制民難存活懇乞天恩俯順下情設縣弭盜保全地方事理未敢擅便爲此會本具題請旨

明朝救海忠介疏　　邑人耿定向

爲披瀝血誠懇祈霽天威葆太和以彰聖德事臣草茅竊食陛下廩祿十餘年矣伏見陛下端拱宥密而注措常周寰宇虔共上帝而意念切在民瘼此中外大小臣工所共明也亦所共戴也臣聞戶部主事海瑞者僻處遐陬歷任遠方未能仰測聖心乃謬執有犯無隱之文敢肆狂愚直戇之語中外臣工咸謂其

罪立死無赦矣荷蒙聖明不即誅譴優容數月天下臣民咸籍籍仰頌陛下如天之仁而貸瑞狂謬之罪也何者君仁則臣直又曰君聖則臣直自古記之矣邇者又聞陛下下旨逮瑞送付法司擬傳欲重罪之夫陛下容忍於數月之前而震怒於數月之後誠如天之包含肅殺曲成萬物而不可測矣但臣竊觀史册所載自古狂戇之臣不學無術者每每拚一死以徼忠直之名而不恤蔽君之德臣竊憾之然而古昔之君或容而生之則光昭載籍天下萬世稱仁聖焉

是人君之德之盛故得狂直之臣而益彰也昔人有云諫者之愚戇示君之能容諫者之狂誣明君之能恕信哉是言矣乃今瑞之敢於狂戇而不忌者豈不知其身之立至虀粉哉臣遙度其心或亦欲拚此一死以傳後世忠直之名者耳倘奉行諸臣不明陛下曲成之意而一旦卽致之死竊恐做陛下仁聖之德使彼幸儌忠直之名雖曰罪之實成之也且其言雖狂悖而心實忠愛則又何罪焉伏惟陛下少霽雷霆之怒暫寬斧鉞之誅則陛下仁聖之德上通元穹下

徹九地太和保合而聖壽益永無疆矣夫陛下仁聖之德益彰而狂戇之名益泯此臣狗馬血誠實効忠於陛下而非爲狂愚小臣游說也惟陛下熟察而回之臣干冒天威不勝戰慄隕越之至

劾吏部尚書吳鵬疏　　耿定向

爲糾官邪飭吏治以固邦本事近該兵部題覆兵科都給事中王文炳題爲倭寇猖獗懇乞聖明申飭督撫臣工等因該兵部覆奉聖旨安民在守令得人近年各官恣意貪殘剝害以致百姓困苦這所議是吏部都察院便行文與各該撫按官將司府州縣正佐等官嚴加考察貪暴殃民的限一月內指實奏來處治欽此臣有以仰見我皇上汲汲安民之盛心也臣聞之書云民惟邦本本固邦寧詩云君子萬年保其家邦夫保邦之道誠在安民安民之責誠在守令陛下興念及此固宜永保邦家於萬萬禩矣但臣竊爲本正而後末治源潔而後流清銓衡者守令之本源也欲察守令之貪殘而不察銓衡之淑慝是舍本源而求末流臣慮其難矣臣往見謁選者下自吏承以

至科貢諸途未聞有無因而得美缺者故未任之日已積負累千指望剝民膏脂而償後欲責其恤民不貪是引犬上堂而叱之下也不特此也卽今部院府寺之屬資俸應陞司府官者其始也必講講以賄也其去也必謝謝以賄也否則雖資俸應陞勿陞矣卽陞亦未必如意矣及其到任也曾未及朞於當路必有問安之禮歲時必有慶賀之禮至歷俸將次則因公差朝覲而遍賄講陞或令家人狎吏而遍賄催陞如是卽得速仕否則雖治行第一資俸應陞勿陞矣

卽陛亦未必如意矣彼任守令之恣意貪殘而不恤民者拚不爲官者也苟有愛民之心其貪殘猶不至極今美缺以賄得美秩以賄陞是貪殘者不惟肥家且得榮身苟非實心愛君體國孰肯安於偃蹇坎坷而不貪殘也且大臣法而後小臣廉也卽今督撫之臣陛任之日輒取藩司庫藏動數千金各曰謝部相沿爲當然固然恬不知怪其不盡然者可指數也如此又何以禁守令之不爾也凡此皆中外所共見共聞非臣一人之風聞浪說也推本所原秉銓衡者惡

得辭其責哉叅照吏部尚書吳鵬素頗曲謹亦徼時名遭逢聖明陛居冢宰固宜委身殉國公爾忘私以爲百官率也矧今海內多事財詘民窮仰厪聖慮鵬爲大臣獨無分猷共念心耶何乃竟替初心不終晚節雖少有自好之意頗全無特立之操澳涊脂韋如木偶然者何也臣謹按其蹤跡顯著不厭公心者爲陛下言之夫冢宰號稱天官以奉天而不私也今天下公道爲科目一節猶存耳乃董份鵬之壻也吳紹鵬之子也壻主試事而子竊高科羣議已沸騰矣已掌銓衡而子擇美秩是豈祁奚之公心哉無亦焦芳翟鑾之故智也矧秩宗典禮之司宜優文學者居之以文學言蔡茂春固會試第一名也止授兵部而紹以乳臭孟浪之子乃得禮部其何解於士論哉夫以百官之長先爲登壟之行又何以禁天下之守令不貪殘也此臣之不足於鵬者一也臣前任行人時聞江都知縣李一科差吏丁守仁同伊妻弟持銀數千兩嚮此營陞吏部臣時嗤其騃意謂淸朝安得有此等事及臣差回而一科果陞本部主事矣臣痛憤撫

膺以爲科則可誅顧授之者誰恐負國家如此也隨有御史林鷹蛟指實一科贓罪論劾仰蒙聖斷罷回聽勘臣躍足合掌稱頌聖明且慶國家尙有忠直之臣曾未幾時而鷹蛟出爲僉事矣蓋近日御史陞僉事抑之也又查得前禮科給事中袁洪愈劾前文選司郎中白璧等貪汚當蒙聖斷將白璧等罷斥中外稱快乃今洪愈淹滯累年矣伏恩陛下於二臣者旣已用其言固將顯其身而鵬乃抑之是直欲箝言官之口使皆垂首濡足於門俾得肆無忌憚而不欲其

効忠於陛下也此其心何逆哉或曰彼尊循門然爾夫球琳寶𦉪偶積垢穢或爲洗滌固所以珍之也主人顧可怒而斥之也此臣之不足於鵬者二也臣又訪得前文選司郎中何海晏彎爵納賄穢跡昭彰郎據騰蛟疏皆鑿鑿可指已奉明旨譎調示譴曾幾何時郎陞河南叅政是陛下所欲黜者彼固以私庇之又訪得前驗封司員外宗臣本以貪緣李黙得改吏部後因考察自度不齒浼求外補人猶憾其漏網亦幾何時郎陞福建提學副使提學士人所宗如此干

進無行之人郎文藝可觀豈足當兹任哉吏部以貪敗者胥得私庇凡居吏部者何憚而不貪居吏部者既貪又何怪爲守令者之不貪也此臣之不足於鵬者三也臣初在吏部便見今文選司員外張九一陞入爲稽勳司主事中外閧然嘲之曰此財旺生官者也或指之曰此官身價數千金矣臣始未信隨訪彼先任黃梅知縣全無實政一味剥民奉迎以要譽耳其所以得陞吏部者實假手伊妻父王監生潛此爲之納賄營求也既居要地遂稔前非據今汝寧府同

知楊秉和納賄七百金於其家差吏商城人龔勝在此坐催爲屬陞南京刑部員外此其貪跡之可指者其他得於人言而未有指實者不止一二人也夫以乞墦丐子之儔置之銓選華要之地是爲天下貪殘者樹標幟又何以禁守令之不貪殘也此臣之不足於鵬者四也夫因能授任因資叙遷主銓者宜自有定論往有京堂缺出漫無可否顧曰俟彼自講定然後好處或曰事不在我致使講者車馬紛馳如羣兒爭餅此豈盛世所宜有哉獎恬退抑奔競銓衡職也

士風若此鵬得無動心耶至於蔡克廉病夫而擬陞南部尚書沈坤惡人而改補北監祭酒雖曰會推主擬者誰乎何不辨之早也向非聖明獨斷則計曹止爲養病之所而太學將爲播惡之區矣在朝之臣鵬尚不能甄別况能使天下守令得人也此臣之不足於鵬者五也夫吏部爲六曹之首而冢宰又爲四司之長非徒曰吾自潔而已必能約束其屬使皆肅然不玷清議而後可以正百官也乃今司府縣官入覲者公差來者改調與起復者督撫陞任者於各司私

門納賄猶委曰不知至盈筐書帕公然送於署中祇爲常規曾不之禁其中即有清謹自守之士亦皆制於成風而懼特立之難容矣夫本部旣受司府之賄以爲常而今移文撫按以察其貪臣恐即不反唇亦腹誹也又各司貼班官吏不可計數甚至家之庖丁乳母恐取償於此中間有等貧寒無力者往往陵轢於輿皂窘辱於僕厮其情殆有不堪者夫此官吏雖微他日亦均有一命之寄者今身被貪殘於此又可責其不貪殘於民耶僚屬之內尚爾狼籍又何以禁

天下之守令也此臣之不足於黜者六也即此六者大小臣工孰不心非巷議故未有爲陛下言者蓋以本部職擅黜陟且根據株連人懼斥擯故寧負陛下不肯負吏部耳臣每念自庠序暨登仕版自頂至踵毫髮皆朝廷恩也即甘擯斥忍負陛下哉用是不敢顧忌昧死盡言伏乞聖明先將臣考察心行如果懷私妄論乞照浮躁不謹事例亟行黜治如察臣言有據不誣乞勅鵬自疏陳或容令致仕別簡公直之臣或重加切責使勵桑榆之節仰惟聖裁其何海宴

張九一宗臣吳紹等乞賜查究分別黜治以爲貪汙奔競之戒則本源之地肅清而官邪警守令之貪自戢而民生遂財用由之以充邦本由之以固矣

議王陽明從祀疏　　耿定向

題爲奉明詔議從祀明道術以宏聖化事粤考漢唐宋廟學之制皆閲數世未遑洪惟我太祖高皇帝開天御宇之二年即詔天下郡縣皆建學尋詔監學通祀孔子蓋以孔子能明堯舜禹湯文武之道足爲天下萬世治平之矩也孔子之道雖散垂於六籍總其

要旨歸於求仁仁人心也是堯舜禹湯文武相傳致理之原本也伏聞聖祖高皇帝嘗諭侍臣曰三代而上治本於心三代而下治本於法本於心者道德仁義其用爲無窮由乎法者權謀術數其用蓋有時而窮又曰防閑此身使不妄動自謂已能防閑此心使不妄動尚難能也大哉皇祖之言一哉皇祖之心其崇祀孔子者蓋符契其道矣非徒祀之而已也故凡志孔子之志學孔子之學者皆表章而祀之廟廡爰布功令士非習孔子之學者不得與進列聖相承世

崇勿替歷代重道崇儒無復有踰我國朝矣以是道
化翔洽鴻儒畢出未可指數據御史詹事講所舉先
臣新建伯王守仁檢討陳獻章特其最者也守仁之
學措之行履信在鄉邦發之事業功在宗社臣不具
論廼其講學淑人單揭要旨曰致良知夫曰良知云
者卽孔子之所謂仁是人之所以生生者也本諸身
而能視能聽能言能動顯諸倫而爲忠爲孝爲弟爲
信是非淑慝靈昭不昧廼蒸民之所同具無聖凡古
今一也特有致有不致耳書曰維皇降衷下民若有

恒性克綏厥猷惟后夫曰恒性卽良知也曰克綏惟
后實有待於今日矣伏惟我皇上孝養隆於兩宮誠
敬虔於九廟是此良知之根荄也念民命之爲重而
欽恤之綸載頒饑餓之貧窮而蠲租之詔屢下是此
良知之發越也孟子曰充之足以保四海蓋謂此矣
守仁昔揭其旨皇上今綏其猷此非千載一時哉臣
等集議咸切切焉願皇上俎豆守仁於孔廟之廡者
非曰祀其人已也蓋藉此以樹杓的將令天下臣庶
率由於其道也所謂由其道者非謂揭揭然徒剿譚

其緒論已也願人人反身着已致此良知輸此精忠
血誠於以仰達皇上之仁孝於天下襄贊熙朝之治
於無疆也蓋秉銓者不昧其良知則必以顯忠遂良
爲心而凡罔上行私妨賢病國者必不爲矣司牧者
不昧其良知則必以拊循懷保爲心而凡宰轂侮虐
朘民自肥者必不爲矣司理者不昧其良知則必以
平恕矜恤爲心而凡深文巧詆嚴鉗密網者必不爲
矣司封疆者不昧其良知則必以折衝敵愾爲心而
凡全軀避難飾虛奸利者必不爲矣司獻納者不昧

其良知則必以引君當道志仁爲心而凡希意逢迎
矜名釣奇者必不爲矣推之數天之下凡爲人子爲
人弟者皆不昧其良知則人人親其親長其長而悖
德犯上奸宄怙亂者無有矣惟良知不容一息而泯
於人心故良知之道不容一日而不明於天下是守
仁從祀之舉蓋彰明道術之微機化成天下之上務
也顧往之請者數矣間有異議者或膠於言論意見
之異同而未求諸心或眩於傳聞疑似之群吠而未
核其實耳臣惟昔孔子之在當時或譏其佞或疑其

黨紛紛多議得孟軻氏推尊之而始顯至我國朝尊祀表章之而益以大顯今守仁之學夭實啓之以鳴我昭代文明之盛蓋直繼孟軻之絶而追蹤顏曾之班漢唐宋諸儒似有未或之先者媿臣等愚不足爲守仁重幸有聖明在上良知之在人心萬世炯然有不可泯者也若獻章當訓詁汨溺之餘咎理棼呶之日而學以静觀默識爲務以致虛立本爲宗其深造自得之趣堅貞明懿之履抑可謂醇乎醇者矣昭代學術知反約而求諸心不爲口耳支離之薦者實開其先也或以著述無傳勲業未見議之然昔宋臣歐陽修謂立德者不必立言立功亦自不朽如顏閔是矣由是以譚獻章似亦可附德行之科所當與守仁並議者也其他諸臣所舉如吏部侍郎羅欽順禮部右侍郎吕柟祭酒章懋鄒守益布衣胡居仁等或肅括東修行無滌至或宏深敦大學有淵源要皆熙朝之碩彦承學之模楷也但於人衆侯論定另議外若王守仁陳獻章二臣者其議祀已久輿論已孚伏乞勅下該部先行從祀庶令後學者知所嚮往而道術

由是以大明我昭代之休美且將軼光於前代垂鴻於奕世矣

乞骸九疏　耿定向

奏爲衰病難痊不能赴任懇乞聖恩准令休致回籍就醫調理以延殘喘事臣自本年正月初旬感患危疾以來以氣血向衰延醫王宏道等調治未痊屢疏乞骸未得俞旨伏蒙聖恩陞授前職隨該臣具疏辭免於十一月十八日接到吏部咨奉聖旨卿清慎詳練倉庾重務特資督理宜遵成命上緊前來供職不准辭吏部知道欽此竊念臣本譾劣具臣謬荷聖明知眷屢奉温綸勉令供職臣感懼駢臻雖沉痾未愈不復敢自愛其殘軀即日强起裹藥扶病渡江行至儀真地方漸覺精神益憊一身中表百病交攻伏思古人有言曰陳力就列不能者止所謂陳力者非特才力蓋亦有精力焉如臣才力既甚卑微而精力又復衰憊雖欲勉强就列實是不能手痺不能握討會之筭目眊不能披出納之籍口極不能給應酬之語神惛不能酌贏縮之宜若徒以纍纍病軀淹淹餘息

而欲竊據崇階叨冒厚祿臣雖至愚無愧而不知耻如國家大計何伏望聖慈察臣廹切之情實非得已特賜臣致仕回籍得安心調理異倖苟延則天高地厚之恩臣生死銜戴無極矣臣不勝感激懇祈之至

萬歷十七年十一月二十一日具奏十二月初二日奉旨卿著德碩望簡任司徒以疾固辭情詞懇切准回籍調理痊可之日撫臣等具奏起用吏部知道

在刑言刑疏

邑人耿應昌

刑部陝西清吏司主事加服俸一級臣耿應昌謹奏

爲龍剛御極至德難逢敬獻刑官一得之愚以廣聖主如天之澤事臣竊惟古之至聖極神必稱堯舜而尼父贊之則曰蕩蕩無能名非不欲名實有不能名者葢舉所謂神聖文武備舉擬之而終不足盡其變化遊於覆載之內遂不覺望洋而嘆耳臣比來見皇上處置魏忠賢及崔呈秀等始而量同天地若不欲驟拂先帝之心旣而迅若風霆正所以善述先帝之事舉七年盤據之神奸千古肘腋之大蠹羽翼已成根株難拔者一旦而去之如孤豚腐鼠非特九廟有靈實係一心獨斷且所以處置者又不先不後不緩不急使其有口而不能噬有爪而不能攫密勿之上剛柔競絿之妙小臣已不能贊一詞矣而又見比來九邊盡撤內璫權歸督府臣益加額而祝曰天子萬年蕩蕩難名哉葢曩者神堯之誅鯀必待於虞聖之繼而張文忠孚敬之撤鎮守也亦在嘉靖十年今皇上御極纔兩月耳而作用已如此矣以今視昔不啻過之君德至此遂爲第一君德相業至此遂爲第一相業臣雖起家薦胄而先臣曾以立官侍聖主臣佩

服先訓遭際聖朝竊思以塵露之微仰裨滄海以螢火之光上濟日月然亦在刑言刑絕不旁及一語列爲四欵惟皇上垂聽焉一曰釋纍臣與其殺不辜寧失不經此千古神聖祈天永命之道近年以來自魏忠賢弄權摧折縉紳而累朝培植之冠裳且不如徵番償帥矣是今囹圄中纍纍多人臣昨視事提牢目擊情形之慘細叅招案盜逾縲絏之冤邇來蒙皇恩詔釋重囚幾二百人而諸臣猶未沾曠蕩無非懾於威壓阻於避嫌耳昨臣堂官請旨提釋有五人焉眞

闇谷生春長安歡聲雷動矣臣得復以五人寃狀爲
皇上細陳之如原任遵化道耿如杞才望素張當邊
事擾攘之時而先帝擢以重地冀必有當於疆埸而
以不申建祠不迎塑像遂揑扣糧獵冒遠擬重辟豈
兵道而有建守乎此道臣李應薦疏爲鬫枉而臣堂
官所以請釋於皇上者也如原任薊州道胡士容夙
負餰鉞之才且爲賢勞之首惟其治臨呈秀之鄉而
呈秀之宗族門客無不撓法瀆請而士容絶之呈秀
徑揑騷擾驛遞侵欺錢糧之條逮擬重罪夫監司而

有錢糧之責乎此固道臣李應薦疏爲鬫枉而臣堂
官所以請釋於皇上者也如原任御史方震孺巡按
河西不能調停經撫不爲無過然法司之招不云乎
震孺但能口言之耳能代經撫而身爲之耶當大璫
東濕之時中旨三駁而法司三爭震孺之案旣明矣
忠賢深求羅織卽坐震孺以逃而且非逃律古今有
無律之罪乎況前任之御史毫未損其偉望而嗣如
震孺便幾殺身故科臣霍維華之疏以爲定論而覶
師尙書張鶴鳴原勘之疏豈俱黨震孺者乎此臣堂

官所以請釋於皇上者也如原任大理少卿惠世揚
者狂妄多事自中無人尤皆自取而臣細閱世揚招
案交通之事原無實証如世揚而以交通論死則今
之爲權勢所廹而譽魏忠賢者亦多矣法可槪加乎
卽或世揚之罪與孫愼行趙南星等同項者南星等
已蒙恩詔遂首郎矣而徑欲獨殺世揚耶此臣堂官
所以請釋於皇上者也又如原任戶部主事李柱明
倉差半載萬里孤跡止因爲惠世揚門生當世揚爲
忠賢入逮春明柱明以師生之誼差長班一帖迎四

師於宣武門外偵事件者聞之忠賢而搰摭監守之
律坐之不亦寃乎此臣堂官所以請釋於皇上者也
臣竊五臣之寃而請釋梟臣亦所以信恩詔也伏候
聖裁一曰尊法律古云讀書萬卷不讀律致君堯舜
終無術則律也者固聖君賢相所以平治天下而晝
一守之者也況高皇律令損益百王尤爲千古定案
聖子神孫所宜世守者舊年因王恭廠之變先帝勅
諭有云以後子孫永不許下從重之旨著爲令大哉
王言與高皇媲美矣而竟爲忠賢所阻抑不一月而

從重如故如是圜土之中有問重罪而無律者有不用律而任意一加再加者以快忠賢之意則可耳遠何以服天下萬世近何以服被罪者之心乎今後似當盡洗陋規惟律是守查諸獄有與律不合而爲忠賢所意加者盡赦之是亦廣皇仁而遵祖制也伏候聖裁一曰重詔獄鎮撫司係朝廷詔獄原不輕用前朝縉紳下詔獄者即罪所當懲尚有優待之意自忠賢用事非鎮撫司朦朧殺人不足以快其意而掌北司許顯純者則忠賢義子也其所誅殺一取忠賢之

旨而士紳之命殆犬豕不如矣殺之未已也又支解其體故淹留其屍即奉有至親領埋之旨而殘骸業已寸碎嗟夫此誰非皇上之臣子而荼毒若是語及至此天地傷心且贓銀動至千萬正數已不能完而顯純又加三而徵收今比贓諸臣現在刑部可問也伏乞聖明洞照北司之爲鬼窟一切事情俱無輕付詔獄亦所以廣皇仁也伏候聖裁一曰禁告密今當堯舜之世風聞言事有臺省諸臣矣廵緝禁旅有京營科道矣申理寃枉有五城御史及法司矣用告密何爲而忠賢之爲此者蓋亦知自已攬權殺人恐人心不服所謂膽虛也故借告密之舉動輙制人以危法不曰妖言則曰咀呪無貴無賤呼爲祖爺而閨門床笫之間俱不得安其性命矣且也各衙門中大長公然説事見之者未有不色變者也今忠賢旣以正法則樊政亦當立革番役事件似當永杜且瑣細褻瀆之事何足塵天聽也伏候聖裁以上四款平平無奇然天下之事期於平而已矣至如原任叅將胡維寧舊當邊事亂爲波及之時而維寧獨超免於評論

之外止因忠賢坐派游士任贓銀苛至巨萬維寧奮烈士之槪一肩替死今絶産敲髓而未暢忠賢之私且雙盲痼疾已奉恩詔比之達奇勳寶承武猶可原也若刑曹之應罪合律者不過二三而含寃無律者十有八九臣不能盡爲皇上陳之并祈聖明萬幾之暇置四刑策一本存黼座之傍天下自此無寃矣伏乞聖明俯賜採納臣不勝激切待命之至

國朝南糧改折疏　康熙三十七年　御史李先復

爲楚省五縣南糧本色解運維艱仰乞

勅部改徵折色以便兵民事切臣以西蜀豎儒七年外
吏荷蒙
隆恩異數拔置台班辦事衙門仰見我
皇上天地爲心勤恤民隱於凡民生利弊籌畫精詳務使
膏澤下流無一夫不獲其所大哉堯舜之仁不復過
矣臣至愚極陋何能仰贊
高深謹以見聞所及者敬爲我
皇上陳之伏查楚省南糧一項所以協濟本省駐防官兵
荆州鄖陽襄陽武昌皆官兵駐防之所每年秋成後

徵收本色觧交各汛支放兵糧臨江各州縣船載直
抵各汛無甚煩難獨是黄州府屬之黄梅麻城黄安
三縣武昌府屬之通山大冶二縣僻處萬山之中雖
地原產米而崇山峻嶺不通舟楫肩挑背負爲數無
多計輓運之費倍於米價矣近來每遇開徵各縣亦
詳請改折及准改時又將折色觧赴糧道轉差各汛
買交亦滋往來文移之擾及至仍收本色百姓間於
就近州縣糴買交倉又有舖戶勒索高價之苦盖每
年開徵時各縣米價必詳請而改折迄無成例民困

不支目今七月正南糧開徵之時伏祈
勅楚省督撫湖北南糧除臨江州縣仍照例徵本色外
其黄梅麻城黄安通山大冶五縣南糧共貳萬柒千
貳百貳拾貳石捌斗令准其改徵折色即令各縣觧
交荆鄖等汛永爲成例在兵有因時購買之益在民
無擔登輸輓之艱一轉移間兵民咸得其便矣臣再
查荆襄諸郡皆產米之鄉米價不甚騰貴每南糧倉
斗壹石折銀陸錢伍分爲率倘慮豐歉或有低昂則
酌至柒錢壹石至足也倘蒙

恩改折仍飭各縣不得另立名色改入地丁内彙徵各
解以免滋弊五縣窮黎世世頂祝
皇仁與天無極矣緣係條陳楚省南糧事例字多逾格如
果徵言可採伏乞
睿鑒施行謹題請
旨

傳

明朝詹同本傳 録明史

詹同字同文初名書㚖源人幼頴異學士虞集見之曰才子也以其弟㮣女妻之至正中舉茂才異等除郴州學正遇亂家黄州仕陳友諒爲翰林學士承旨太祖下武昌召爲國子博士賜名同時功臣子弟教習内府諸博士治一經不盡通貫同學識淹博講易春秋最善應教爲文才思泉湧一時莫與並遷考功郎中直起居注會議祫禘禮同議當遂用之洪武元

年與侍御史文原吉起居注魏觀等循行天下訪求賢才還進翰林直學士遷侍讀學士帝御下峻御史中丞劉基曰古者公卿有罪盤水加劍詣請室自裁所以厲廉耻存國體也同時侍側遂取戴記及賈誼疏以進復剴切言之帝嘗與侍臣言聲色之害甚於鴆毒創業之君爲子孫所承式尤不可不謹同因舉成湯不邇聲色垂裕後昆以對其因事納忠如此四年進吏部尚書六年兼學士承旨與學士樂韶鳳定釋奠先師樂章又以渡江以來征討平定之蹟禮樂

治道之詳雖有紀載尚未成書請編日歷帝從之命同與宋濂爲總裁官吳伯宗等爲纂修官七年五月書成自起兵臨濠至洪武六年共一百卷同等又言日歷秘天府人不得見請訪唐貞觀政要分輯聖政宣示天下帝從之乃分四十類凡五卷名曰皇明寶訓嗣後凡有政蹟史官日記録之隨類增入焉是年賜敕致仕語極褒美未行帝復命與濂議大祀分獻禮久之起承旨卒同以文章結主知應制占對靡勿敏贍帝嘗言文章宜明白顯易通道術達時務無取

浮薄同所爲多稱旨而操行尤耿介故至老眷注不衰子徽字資善洪武十年舉秀才官至太子少保兼吏部尚書有才智剛決不可犯勤于治事爲帝所獎任然性險刻李善長之死徽有力焉藍玉下獄語連徽及子尚寶丞紱並坐誅同從孫希原爲中書舍人善大書宫殿城門題額往往皆希原筆也

吳琳本傳 録明史

吳琳黄岡人太祖下武昌以詹同薦召爲國子助教經術逾于同吳元年除浙江按察司僉事復入爲起

居注命齎幣帛求書於四方洪武六年自兵部尚書改吏部嘗與同迭主部事踰年乞歸帝嘗遣使察之使者潛至旁舍一農人坐小杌拔稻苗布田貌甚端謹使者前曰此有吴尚書者在否農人歛手對曰琳是也使者以狀聞帝爲嘉歎

大司徒恭簡公傳　太原王錫爵

講學自王文成而後辨才縱横名勢輝赫而其間真儒鉅公處已立朝之行業亦往往有以是掩者隆萬間講席之盛莫如麻城天臺耿公余猶及與公先後

班行間志意欵欵相慕善也竊惟四十年來爲耿氏之學者盈天下表章羽翼則有中丞太史輩在吾姑撮其行業緒餘人所畧而不盡知者紀焉按耿之先有諱國寶者從高皇帝起淮甸其次子必安以功授濟陽衛千戶而長子必順自光山遷麻城遂爲楚人五傳爲鳴甫公大振公祖也生公父静庵公金娶于秦而舉公及仲子定理叔子定力即今中丞君季子定裕公生而岐嶷有大志嘗侍鳴甫公問世間何者最貴累數級至公若卿更問其上鳴甫公曰上唯有

聖人耳公應聲曰兒當爲聖人鳴甫公奇之初爲諸生時麻城令金勿者才而未練事公因試策具陳得失幾五千言令驚謝眞諸首壬子舉於鄉儕輩頗自貺飾以示得意公布袍就宴泊如也丙辰以春秋魁南宫授行人司行人已未選雲南道御史時分宜爲相太宰吴鵬阿其意通賄門公首發鵬姦且語侵執政疏上罷鵬分宜氣亦爲奪辛酉廵按甘肅至蘭州邊境酷寒故事中丞具貂襜褕逆于道時中丞戴公曰不可以故事待賢者其廉重孚于人如此當是時

直指使者出分宜讌勞加禮因與之爲市公若不聞也者第以緜帕杷子侑緘爲陳説古大臣義甚晰且曰某某可大用而已壬戌改督學南畿廪廪以崇正學廸正道爲己任建崇正書院簡諸髦俊肄習其中身爲師帥焉其所陶鑄不拘一方要以叩新發陳蕩邪刊穢俾各有所得而止即一切按覈士吏于簿書文藝之外敦風化奬名檢常惓惓焉俗習爲之一變時新鄭相國與徐文貞郤嗾御史齊康詆文貞公爲疏辨邪正消長甚力上爲之謫康罷新鄭而無何新

鄭復相遂修舊怨于公時公由御史晉大理左寺丞四年矣竟以舊官謫判横州已新鄭敗以薦起衢州府推官漸歷尚寶司丞至太僕少卿尋擢爲都察院協理僉都御史丁泰淑人憂服除以原職起撫福建公以父老乞致仕不報静庵公趣公行先是撫閩者劉公堯誨念閩濱海兵弱稍括稅督逋爲足餉計而罷公尙鵬至則皆罷之公謂從前則病民從後亦病兵爲之衷度其宜使兩稱便焉時方田令下所在爲厲公獨倣廣輿圖法區列其壤地高下廣狹之宜條

八法下之報完獨先又一官民之則立條鞭之籍括丁糧零雜之數署之片紙使猾胥不得濫征又修保甲鄉約以間輯小學新編閨訓禮纂用提誨民佐功令所不及焉時廣寇林道乾訌海上公欲檄東埔諸寨酋擒之廉知酋世寳一銅銃爲我所得乃與之約若以賊首馘與我兵之被鹵者來當以銃歸寨酋謹願效死而以金書牙蠟來謝且請通貢公却其餽且日通貢非典也弗許第上言東埔寨酋震怖天威矢擒賊自效宜及是時羈縻用之盇自是盜寇徙跡閩

里始宴然而報功之日詔止賜金而已庚辰丁静庵公憂甲申再起都察院僉都御史俄晉副都時新進者厲鋭氣好搏擊公惜老成之去務宛轉調護之乙酉晉刑部侍郎丁亥晉南京都察院右都御史已丑以御史誤論劾撫臣陳公有年徐公元太周公繼自引過求去有詔慰留甚切而新進諸臺省遂齮公不休求去乃愈力十月晉戶部倉場尙書至是乞休疏九上矣始得歸先是公爲御史時撫臣論羅人黎汝芳王兵憲道行公疏爲白之時公臺臣也不嫌與臺

長爭異同比身爲臺長用公義以率屬而卒不勝豈非世道之變耶公歸隱于天臺山學者稱爲天臺先生時公老且病矣口誦筆記不厭諄諄士新進仕來謁必強冠服見之爲言學道治民之不易公之學自謂啟自彭孝廉公台成于仲子公甫以主敬爲的公曰道在明倫著五倫圖而仲子別有所悟入一日公與仲論中庸喜怒哀樂未發及上天之載無聲無臭有省又舉羅文恭静中養出光景語似仲子仲曰有何光景兄弟默識此時光景可耳公爽然自失無何

槩筵忽悟契文成良知之旨曰一身皆知體也仲曰奚但一身通天地皆知體也兄弟間自相師友故仲卒而公有祝予之痛焉公學大都以反身默識爲主以語默動靜示之範圍其于奇邪曲説排斥必嚴蓋公没而有以不經毁聖之詞上干吏議者公本所爲變色而爭者也今之學者襲口吻易工耳如公出處卓卓無論如狀記公廵甘肅時受石經之餽途見役喘汗相屬曰此豈節用愛人旨耶因解留洛有留經記而其在留都也善史比部桂芳適秦淑人誕日餽

客豐比部拂然起曰富貴移人公俛首謝其後晤史於汝寧語之故史曰爾時若何不言公曰恐以吾不樂聞過而隨言者意耳嗚呼此末事也然正唯弟子不能學矣蓋公没後抱公遺經爲世名卿及名師者不可勝數吾友瞿元立守黄謂黄之人有質雅而好修者不問知其爲耿公之子弟與其弟子也公年七十三卒訃於朝賜祭葬謚恭簡邑令胡尚質建專祠以祀之紀功德焉著有天臺文集若干卷行世

仁覺居士楚倥公傳　　溫陵李　贄

先生諱定理字子庸别號楚倥諸學士所稱八先生是也諸學士咸知有八先生先生初不自知也而此稱楚倥先生傳何也夫傳者所以傳也先生初不待傳而楚復爲傳以傳之又何也蓋先生初不待傳而余實不容不爲先生傳者按先生有德不耀是不欲耀其德也有才無官是不欲官其才也不耀德斯成大德矣不用才始稱真才矣人又烏能爲先生傳乎且先生始終以學道爲事者也雖學道人亦不見其有學道之處故終日口不論道然目擊而道斯存也

所謂雖不濕衣時時有潤者也莊純夫曾告我曰八先生云吾始事方湛一湛一本不知學而好虚名故去之最後得一切平實之旨於太湖復能收視返聽得黑漆無入無門之旨於心隱乃始充然自足深信而不復疑也唯世人莫可告語者故遂終身不談唯與吾兄天臺先生講論於家庭之間而已故亦遂以天臺爲師天臺亦自謂吾之問學雖有所契然賴吾八弟之力爲多子庸曾問天臺云學庸語孟雖同是論學之書未審何語最切天臺云聖人人倫之至一

語最切于庸謂終不若未發之中之一言也余嘗聽聞之似若兩件然者夫人倫之至卽未發之中苟不知未發之中則又安能至乎蓋道至於中斯至矣故曰中庸其至矣乎又曰無聲無臭至矣歲壬申楚倥遊白下余時懵然無知而好談說先生默默無言但問余曰學貴自信故曰吾斯之未能信又怕自是故又曰自以爲是不可與入堯舜之道試看自信與自是有何分別余時驟應之曰自以爲是故不可與入堯舜之道不自以爲是亦不可與入堯舜之道楚倥

遂大笑而別蓋深喜余之終可入道也余自是而後思念楚倥不置又以未得見天臺爲憾丁丑入滇道經團風遂舍舟登岸直抵黃安見楚倥并睹天臺便有棄官留住之意楚倥見余蕭然勸余復入余乃留吾女并吾婿莊純夫於黃安而因與之約曰待吾三年滿收拾得正四品祿俸歸來爲居食計卽與先生同登斯岸矣楚倥牢記吾言教戒純夫學道甚緊吾女吾婿天臺先生亦一以己女己婿視之矣嗟嗟予敢一日而忘天臺之恩乎旣三年余果來歸奈之何

聚首未數載天臺卽有內召楚倥亦遂終天也旣以戚戚無懽而天臺先生亦終守定人倫之至一語在心時時恐余有遺棄之病余亦守定未發之中一言恐天臺或未窺物始未察倫物之原故往來論辯未有休時遂成持格直至今日耳今幸天誘我衷使予舍去未發之中而天臺亦遂頓忘人倫之至乃知學問之道兩相舍則兩相從兩相守則兩相病勢固然也兩舍則兩忘兩忘則渾然一體無復事矣余是以不避老不畏寒直走黃安會天臺於山中天臺聞余

至亦遂喜之若狂志同道合豈偶然也然使楚倥先生而在則片言可以折獄一言可以回天又何至苦余十有餘年彼此不化而後乃覺耶設使未十年而余遂死余終可以不化耶余終可以不與天臺合耶故至次日遂同其子汝念往拜先生之墓而先生之墓木拱矣余旣痛九原之不可作故特爲此傳而連書三紙以貽之第一紙以呈天臺志余喜也第二紙付汝念汝思使告而焚之先生之墳志予憾也第三紙特寄子健於京志余喜而且憾憾而又喜也蓋子

健推愛兄之心以及我可謂無所不至矣故爲傳傳余意以告先生云

司馬叔臺公傳　　葉向高

自嘉隆來士大夫以理學名者楚則二耿先生伯曰恭簡公天臺叔曰叔臺恭簡公余僅一再晤叔臺公則其事留曹八九載無日不相見見必歡然笑語移時余素不講學然公甚喜余每告人曰見某人使人心和氣舒殆冬日之日也余甚愧其意其後余入綸扉而公逝值朝紳紛紜爲朔洛之爭余每嘆安得有

公在以風之公存心厚而持論恕口不言人短在南中日久絕無一毫滯淫之感稍見於辭色余嘗許公爲眞恬眞平使世人皆如公天下平平無事矣公諱定力字子健别號叔臺故世稱叔臺先生先世有國寶者當洪武間以功授濟陽千戶長子必順卜居麻城之太平里嘉靖末創里爲邑名黃安而當公之舉于鄉猶稱麻城人自必順五傳至大振大振生金娶秦淑人生四子恭簡爲刑部左侍郎贈祖父如其官公初誕秦淑人病欲弗舉時仲子定理方七歲哭曰兄有我我奈何無弟淑人曰無衣也仲子解衣覆之乃舉少從恭簡稟業恭簡舉於鄉遊南雍挾公與俱恭簡成進士公始爲諸生廸督南畿學公復從之南畿師事史公桂芳友楊公希淳焦公竑吳公自新皆以學問相砥礪吾郡吳襄惠公督楚學拔居異等是歲爲嘉靖甲子當大比襄惠每告人耿生必捷果如其言乙丑下第復之金陵恭簡師道巖公濟以溫和門弟子益親戊辰當赴春官以恭簡遷廷尉過里留侍依依不果行至辛未及第廷對李文定公欲置之

鼎甲而高文襄公嫌其筆畫重抑居二甲除工部屯田司主事江陵相國公座師也又先曾執贄故獨加殊盼其後公見江陵權盛遂深自引避所尊信惟房師王文肅公及同年鄧公文潔張公元忭鄒公德涵在工部滿考踰歲晉刑部員外郎丁秦淑人艱歸復除兵部武選司員外晉車駕郎中所居官咸遵功令奉職有聲屬劉御史臺劾江陵鄒公方僉事河南江陵疑之曰疏僉事筆也直指將阿意劾僉事公力懇應城李司空移書爲解直指以其書上江陵僉事竟

不免李江陵姻也亦罷去公出爲台州知府以外艱歸復除成都府恭簡泣語公吾先世隱約澤未及人弟能爲三十城造命乃可慰逝者公頓首敬受教抵任卽爲檄盟諸僚屬謂吾輩精神通則肯小遠而下民受福郡賦役無書公購得刊行之弊竇盡塞方田之役大較倣恭簡所行于閩者條以從事民甚便之蜀最苦採木公議動大衆毋啻其貲任長吏毋素其足豫採操分夷險布恩信明賞罰使商夷樂趨操縱在手乃可集事當事悉從之又念收木留難豫請冬

曹頒式于商人及木至皆中程吏不得要索所省無算蜀民賴公得全其軀命不可勝計已乃新學宫表章趙文肅大儒禁民素冠遠者罰使捕蝗蝗盡而民不擾先是值指被贓篋公覗其穴自內出曰此必庖人也捕治果伏辜有夫挾其婦死論抵爰書具謂婦詈夫爲獸夫訴云彼詈我爲獸所生耳公爲續二字於牘而出之蓋詈姑則於律應死也入計以治平爲天下第一賜宴返郡值征松州諸番以轉餉功賜賓鏹在蜀五載晋按察副使督閩學下車卽頒楊羅李

朱諸大儒微言以訓士録蔡文莊陳布衣苗裔示風向至校藝則隨士子所長不執一指嘗曰文之不同有如其面吾面澤欲人盡澤吾面癯欲人盡癯可乎夫不離耳目口鼻而妍媸在丰神氣骨間此吾之所以相士也故每試凡居前茅者無非名士自辛卯至今以巍科高第列館閣臺省卿寺藩臬郡邑蜚聲展采率皆公所識拔得士之盛爲從來學使者第一其延接諸生春風藹然隨才陶鑄各極其詣且一一評其行品官位如持左券無不驗者轉河南恭政當大

計冢宰陸莊簡公署其考曰清畏人知貞不絶俗請於朝褒異之尋擢太常少卿引疾侍恭簡於家踰年起守故官隨晋右通政徙左以諭祭襄藩過里值恭簡喪還朝以三殿災上疏自劾語多規切不報久之執政修郄於焦公以公爲黨滞卿士者六年執政去乃擢南僉都御史督操江瀕發語恭知君操江以江爲職而事權分屬他曹所轄地千五百里備兵使者五非內外同心天塹未易固也又曰権使流毒人心洶洶兵食之計不可不豫王文成譚襄敏以民兵平

寇伍司馬守吉安孜孜積貯卒藉以誅逆藩今之有司誰慮及此者旣受事即疏言五防五便其大指言榷使罔利藪奸及竈丁擔夫畿內羣不逞可慮而欲專責治兵使者練民兵儲餉如王文成伍吉安故事亡何有上新河之變賴公成晝璫黨去根本不搖巳復上疏極言中使之害謂臣兄弟叨仕版蒙恩二世臣年六十有子及孫竊愛憐之願其世世受廛 明經爲太平之民彼璫輩無門祚身名之恤豈復爲國家計深遠語甚切至又勸上時閱通鑑纂要見歷代盛

衰之故皆不報又屢疏乞休不允歲壬寅以九載考績晋右副都御史仍舊任僉都之滿三考而爲副自公始也公雖職操江而攝臺之日久又時兼攝他曹所建白皆關曹事大猷會乙巳當内計公與太宰吉水曾公爲政於南而余佐留銓預焉曾公實然長者惟恐枉人考功徐君欲有所黜爭論至動色公意主會公然亦謂考功議是兩爲譬解余復從臾之故是役也人以爲衷其年晋兵部左侍郎仍南所省歲供錢及贖鍰且數千金盡留界代者爲修署鑿河費時

餘姚孫公亦自南臺長遷兗留樞先後兩署皆同寅甚相得然孫公氣勁面冷在諸公間多齗齗公爲曲暢而黜劑之所裨益甚多妖人劉天緒發難驛動陪京元兇巳就擒孫公窮捜其黨六七十人用三木囊之逼衢以次就斃公請於孫公曰玉石難分蜚語未實盍少緩之孫公不謂然公嘆曰孫公其不免乎巳而臺省果有言公以三品滿由留都卿大夫祖餞公念行後孫公且僉孤力爲諸公言其赤心任事至以百口保之亡何孫公亦竟去都下縉紳方望公來而

公感慨於世事人情之日非有浩然之意中途上章乞骸骨頭之病没中外聞之莫不悽悼所司請卹贈南京戸部尚書予祭葬其生爲嘉靖辛丑年正月十四日終于萬歷丁未年十一月二十一日金陵人合祀公於恭簡闕志名宦楚祀鄉賢而蜀有專祠與文翁並配朱氏封恭人男汝忞郎孝廉能世其家

周司空友山先生傳

亭州王　奇

先生之學不求人知者也而求知先生亦不易顯名厚實人情之所爭趨也而先生避之若浼赫聲烈燄

人情之所爭避也而先生藐之若遺氣節自砥尚矣而幹濟未必能優涇渭分別嚴矣而持論未必肯恕兼此數者而又若拙若愚躬實蹈之而口不言求知先生何易易也內舉莫如親而先生從子民獻有傳外舉莫如賢而大司空朱公衡大司寇鄒公元標太宰陸公光祖給諫劉公道隆祝公侍御鍾公有奏疏若丁池陽相國則以國士受知先生智足以知夫子而不阿所好者也按其狀先生者曰先生學問得之耿恭簡者多而以躬行實踐爲本與人議論多所開

發其於文章一根於理要不作浮靡飣餖之態居恒恂恂退讓遇事直前雖賁育之勇不過是至籌機相入異日若合左券云而所述薦疏如川西叅政周某不言躬行隱試輒効心日遊於道德仁義之府政不遺於盤根錯節之衝方其筮仕工部也正故相作威之日乃托疾而辭行取之選恥濡足於權門及其歷官尚寶也正故相打言官之日乃抗言以救御史劉臺之廷杖扶正氣於善類自曹郎以及卿貳蕭然儒素不改一浮薄喜事之人以軀就時名所在克能其

職一惟奉公守法之兢兢此皆真品真才亟當予之以謚此先生没後十年給諫劉公之疏與鄒鍾諸名達後先如出一口者也至其任光祿而因事納忠轉圜國本之大計說者謂與李長源舒王之對同功而不費斗粟計勦寧州巨盜盧上桂此又王文成一流人非直褒衣緩帶與奉新上饒講道東南木鐸清時而已嗟乎當國家多壘之時主上日夜拊髀思得一長才靖亂之臣不易遘況才與骨合骨與量合如先生者豈非聖代之麟鳳也哉即亟予易名以風厲人

心未必非撥亂反正之一機況乎蘄俎豆於鄉校也先是神廟庚子辛丑間卓和尚寓麻城先生與之友善人謂其皈心卓老過於恭簡不知其守黑守雌後身身存逼體從聃叟得來即中年標指良知嘿嘿宗信如龍谿王公猶非所授衣而況其他乎奇與先生伯子之厚同時補博士弟子一日謁先生先生目屬之曰孺子可教先生誠失言哉奇且老鄙矣而茫然鄉往其何以謝先生諱思敬字子禮以嘉靖甲子舉於鄉戊辰進士歷官三十年家食之日過半天性

沉嘿趾無錯履門絶雜賓蔬食敝廬處之宴如也而賑貧贍族倍酬物直則傾囷而出無所愛慶任輙奏勣例宜得廕屢以忤權倖見泥後以滿三品考廕一子之衍入成均與伯子俱尾公卒孫曾七人多文秀世寧世鎮最著世權即承廕者當劇賊之衝而毀家倡義以衛一鄉令人有欒武子之思焉

吳曲蘿傳

雲間董其昌

余以乙未分較南宫舉吳敦之使君乃得士之名大著蓋君爲臨朐馮文敏宗伯所拔戊子楚闈第一人稱天下士余即非目迷五色而價爽連城知人固未易也先是禮闈較文以制藝爲重制藝有當然後求其論策余獨離而爲二各加裁鑒三者合而後收讀敦之論大奇之謂必天下士以示袁伯修陶周望皆咄咄嘆賞周望因是以檢論得湯賓尹余又謂袁伯修曰此卷一似漸于李卓吾者豈江黄吳解元耶伯修曰論則饒爲之制藝當更奇也一日道遇馮宗伯宗伯駐馬語曰始敦之出蘇誦制藝平平耳余不許也敦之曰然有不終試乎余曰若有佳論仍遇主司

重論者亦見收矣何以若合符也是時方有宏詞之科余力不能爲敦之先宗伯亦爾蓋敦之磊軻任運競進爲羞豈惟詞館郎司理有聲宗伯且薦爲吏部郎敦之固辭僅平進禮部竟宗伯之世感知而已感恩無有也其司理潤州常鎮多忠諫逐臣提衡在口時有司或附之以貿名聲或背之以媚津要敦之落落穆穆相與於無相與不可得而親不可得而踈假令敦之今尚在黨禍何從耶敦之没十餘年而余官南都其子光龍相見泪交於顧以京山李先生之埋誌示余且請爲傳余何能辭敦之名化號曲蘿生而早慧兒時常閉目跏趺坐空囷中家人跡得之不知其所從習似從高僧中成者年十三已博通五經子史邑令號之聖童嘉禾姚少宰爲楚學使置異等過蕭以占祭酒座上搖筆千言有如宿搆祭酒嘆服自以爲不如然屢困名塲戊子楚闈業已受唾拙目矣忽風引一卷長丈許至案前主司取視之懽呼起舞遂録第一乙未成進士授鎮江理臺案倚重平亭疑獄數出意表民有壓死而訟諸生撲殺之君案之曰

撲人者右其手理宜横今縱而左非撲勢訟家情立得遠近神之軍吏譏關有御史客抗而鬬軍吏殺之御史當軍吏殺人獄詞具無敢反者君據律爭軍吏得免雖御史不能爲其客報也海上有大盜檄君捕之爲出獄中盜問狀賊就擒飛播之致司馬徵兵餉江南諸郡猝無以應君具白假漕粟應而徐督諸郡還漕歲終録囚有詔赦未至御史欲行刑不果君抗言曰律有決不待時之文詔未至則從律可梟稱其敏練先後五載擢禮部客曹主事出使襄邸襄王餽

金令人罝之途已莫測其所往踰歲補膳曹主事晉江李文節署部事曹郎競以細謹迎合君獨舉其常度或中酒不以時入曹卽對談諧謔笑傲若有意相忤者遂中以考功法不俟除而歸歸則稍作園圃澆花種竹狎忘機客爲文字歡入不迎出不送人人樂其簡易居久之補河東鹽官聊復應之一行邉塞遂投劾歸期年擢戸部主事朝議方嚮用而君已病手足厥矣醫者以藥餌進或以修西方進皆笑謝之終不止酒彌留之際神色不亂蓋其童時已有定力驗矣誌文言君雖坦率無腸迹於高曠至於倫常聖言大有坊表父光禄公卒於京師徒步扶喪哀感行路父所幸諸姬二所各他人子悉以田廬童僕贍之自司理歸幾於垂橐第儲有俸入爲季父太學公壽太學公没遺孤五齡朝夕於側提挈顧復長則督之學俾有成立太學公第宅不能保歸之豪家時時飲恨君以倍値取歸謝遺命也舉族兄不能塟之槻更恤其子宗族鄉黨待以舉火客至如歸必厭所欲生平不能握筭惟聽之紀綱蕭祭酒常推百金之惠君固

却之曰奈何以貧累長者清節其介如此又好爲不見不聞之德某子甲未知名譽之蕭祭酒得録弟子籍祭酒曰非吾君幾失子某子甲請謝避不見有奇才生負氣而爲邑令所抑闈中得卷誤以爲生匿不出事後知爲敦之殊悔泊舟赤壁過訪以士云爲辭意深遠矣所著遺集若干卷李先生評其文曰骨力沉雄氣韻生動旁魄横絶變化無方人以爲篤論始余所疑敦之爲李氏學者及詢之乃雅非所歸嚮特其性得之而持論與焚書合者總之不各一䡾任眞

倜達氣義似俠嗇取似狷生死去來之間似禪即焉
宗伯以文章政事推君亦爲知之不盡矣光龍俊爽
有父風恂恂執於度善繼志敦之爲不没矣

進士盧贊勳先生傳　漁臺魏公韓

盧公諱尭臣字贊勳號欽父中和里人其先七世食
餼祖東河公諱大儒以明經官别駕父心齋公諱廷
憲亦歲薦理學名儒崇祀鄉賢至公甫八歲即能文
通五經應童子試時當事以公年最少閱文後試以
數對公輙隨聲應之俱稱絶十三入縣庠十八食縣

餼壬午歲公即登賢書年僅二十有三耳在孝廉中
幾三十年閉戶讀書毫不與外事惟邑中之冤且曲
者公始爲之伸理之剖析之計公十上公車至戊戌
科以爭元見遺公志愈堅行愈勇及庚戌始魁天下
一時紙貴長安嚮公文者竟藉以成家公性至孝友
僅一弟諱舜臣父終時偶不瞑公跪而請曰大人或
以少子爲憂此子責也父遂瞑卒之教弟成名其所
遺並已所有者悉以美好之物予之毫無自私焉至
於族中之貧儒者周給撫養公皆以爲已任間有一
立者或至鬻身公不惟捐貲以贖之甚且安居之室
家之宗族鄉黨直無間言公初仕益都其民不馴其
俗甚悍其稅糧不易徵公則操守惟嚴撫字從寬民
無不急公恐後焉山東壬子秋闈慕公名取爲同考
公得士十有三人元魁皆出其門俱名下士後多居
顯位以節概稱者指不勝屈可不謂知人識士乎益
邑人有爲直指役強奪其妻者公必盡法以懲即權
役亦未嘗少貸也益人疑公廉有以新著獻者公啟
封見金當即捕其人以訊之彼云欲因以病公公叱

曰此亦安足以病我徒自病耳遂責而斥之其居官
之嚴毅清介大率類此至若鋤強扶弱發奸摘伏一
切神明而父母之者又未可以殫述也時益有權要
宦見公守清行斷難以濟私遂降公公亦無愠色後
權要以事敗公復起寧前司李不數月而頹公以生
者七十餘人雖任刑而公則無刑之心也後以年老
致仕歸里著述爲業作三不朽以行世月旦率諸弟
子講學卒年七十有五生子七人孫三十人科第綿
綿非公盛德孰能有此

國朝

鄉賢吳敬庵先生傳

江陵胡在恪

吳公名國寧字敬庵蹋源里人好學篤行母黃氏早逝以至孝聞事父及後母程婉容愉色人稱無閒言父病侍疾日夜號泣湯藥必躬親病劇嘗糞度不起遂觸地痛絕移時方甦父卒居喪悉從典禮廬墓者三年朝夕哭奠未嘗見齒先是公有幼弟三皆繼出父易簀時命公兄弟分財異居五其鬮使各取一以一畀公子公曰兒幸長硯田筆耕亦可自贍豈以兄故而倍弟產乎願以益諸季兒無需此也父既捐館

悉推其已與子之田廬奴婢而屬之弟惟受先人主及祭器焉撫三藐孤各畢其婚娶各綜理其所遺業弟數破產輒復以所自治補缺乃復稍稍盛築室扃戶延名師課督約曰弟幼失怙願無失學不成名足不得及戶外也厥後諸弟俱以英年遊泮爲時名士其天性孝友如此公讀書務識大義不屑屑章句制舉業尤專精心性之學竊聞先達恭簡耿公伯仲講論獨契格致之旨而歸本於一心之主敬學者稱爲敬庵先生時新邑創建公分督西城工役不辭櫛風沐雨倡義捐助以濟諸費歲不登廩粟陳陳相因價騰湧貴境外輦金至積公戶趾相屬轂相擊也公曰吾里饑吾積粟原以活此一方民若越國而受公等金安在能急人之困也乃大開廩召鄰里父老計口而周之有以良田美宅質者公焚其券曰緩急所時有君但持去奚質爲賴以存活者逾百里焉役後多疫癘公施藥以救尫羸施棺以歛殘胔施地以瘞白骨傾囊倒篋不惜數千金孝昌貧士鄒某鬻妻以自活公聞之捐金贖還資而遣之歸遠近莫不高其義

以貲郎補吉水丞裁米之官惟飲彭湖一勺水耳後蓴鱸念切遂命駕歸去歸數年而卒又數十年而爲今

上康熙之五年歲次丙午潛德在人沒世輿論益著邑之人士具呈請於縣轉申各上憲得春秋從祀於鄉蓋盛德之報云

節孝婦盧母匡氏傳

邑人張希貞

節孝婦匡氏父字垣公先世膠東以宦遊寄跡於黃遂爲黃岡人入邑庠舉三子二女氏其季也母彭氏

夢掌中產幽蘭獨榦而氏生少穎異工針紉紡績女
紅之務通尚書尤博觀羣書凡一入耳一過目者輒
終身不忘以故身處閨房中而於古今得失興亡之
數以及成敗利鈍之機皆若燭照而數計也安邑盧
公堯臣成進士授寧前司李慕氏緑窓延譽而聘之
氏父旣許諾知已有娶抱三子云且悔之因禱於神
以決去就夢中見氏刺繡虎首尾垂成以一玉研覆
之寤思盧姓之首與虎同文乃以氏歸於盧舉一子
卽今孝廉盧公爾愷也子始生父復夢郡通守薛公

授以玉研比覺而誕故其子之乳字以之葢感二夢
而得名也其子幼早孤土田爲豪所侵氏父年益高
往說其事豪侮之含忿以沒氏痛其父之不平而身
爲孀婦獨奈何乎仇讐乃口授疏稾遣弟叔隣伏闕
訃仇仇被逮幾斃僨流氛梗道獄未讞仇得逸氏召
弟責之曰若獨不念仇之殺而父乎出利刃銘其背
誓復父仇剌指血淋漓以示弟命捕仇屢擊之雖不
中然仇亦悸死已而叔隣沒氏撫其孤伯兄守備伯
隣夫婦繼沒遺孤女氏嫁之當是時匡氏不絕如縷

卒起寒祚子姓蕃育至今則氏之以也後及夫寢疾
子亦病瀕危氏奔走夫君子之間衣不弛帶者累月
夜則溺泣告天祈以身代然卒不起氏乃盡脫簪珥
襄事忍死撫孤時僅二十九齡也無何秦晉寇起戢
荐祲氏家亦漸落然以讀書洞世變智深而勇沉杜
微嫌造次動必以禮故雖崎嶇於兵戈草木水火窮
餓中母子相依終能不失其節方流寇之逼山城也
大姓爭先走避氏不爲動謂老僕曰負孤兒子當遷
於近井之室城陷收我骨焉俄寇至環攻氏獨扃一

室斷炊者三晝夜會圍解乃得不死明年寇復至氏
携孤走府城孤長貧不能敦師躬刺繡以易薪藋五
夜織作猶以尚書訓故口授孤使無廢學每誦古節
婦吟云兒能成名妾不嫁良人瞑目黃泉下未嘗不
反復提孤耳泣下沾襟焉無何寇益深氏携孤南渡
江府繼陷益携孤匿梁子湖已還棲於邑之龍山而
兵寇訌江上矣然皆先幾免於難當其踉蹌出走水
陸間關足重繭委頓必負祖先木主與俱蘧廬一飯
卒拜薦以爲常所止必擇嫠婦爲居停主或資糧隔

絶累日不火食仍岸然鵠立無跛倚容漁嫗野媼舉
敬憚焉歲壬子
上採科臣議旌表天下節孝邑薦紳父老以氏應大典
巡撫董公特疏上聞
勅下禮部議奏曰匡氏性成節孝志凛冰霜臨難而矢
死靡他茹荼而守貞可久篝燈課讀旣以母道兼師
皓首彌堅永以坤儀垂範亟宜旌表用勵世風所司
給坊金三十兩旌爲節孝
御日可檄下守令肅幣敦賀氏曰人各有懷期自盡耳

豈以弋譽乎旌例棹楔費鉅非賜金所能辦汝寒素
愼勿以虛名毁汝家兮不樂此也先是其子爲氏豫
置黃腸秘器甚侈氏見之愀然曰厚葬非禮且兮謝
華靡綦縞垂四十餘年烏用是斑然戔然者爲氏性
恬淡寡言笑居常危坐肅肅帷幕若處子尤不喜浮
屠星相雜流罕及其門愴優劇姻黨冠婚諸慶會仰
氏一至爲重終不赴而贈答餽遺無闕禮御下嚴而
有恩一門之內男女無少長皆别途訓子孫以孝友
退讓見科第蟬聯日益盛頗懼滿盈而陰行善如不

及義女陳氏幼嘗許聘胡姓者亂後不知胡所在有
以多金求娶者氏曰舊盟何可寒也乃令物色其夫
得則貧不能娶矣氏巳其值益助粧遣之胡今尸祝
焉叉艾姓者曾鬻身於氏詢所出知爲盧氏三從甥
立時焚券歸之諸懿行未可索陳也甲寅春滇黔變
起氏忽語家人曰疇昔之夜夢吾夫子小築成期兮
共處殆將往也兮老矣亂離何堪再見重以累汝曹
卒易簀之際猶呼侍婢掖之起面東南坐數引衣覆

其足其子曰兒女前可無覆也氏曰昇裹衣非婦道
卒覆之乃瞑其內則之嚴葢死而後巳也氏生於明
萬歷巳亥年卒於今
上康熙甲寅年春秋七十有六以節終先時庭有乳燕
忽一白羽子墮地殪氏對之凄然欲泣旣卒羣翔入
內寢繞繐帷哀鳴上下薄暮還伏於巢罷哺不出者
三日人異之

奉直大夫彭公傳　　邑人盧　經

彭應選字克符號椿齡太仙里人也祖文學南坪與

恭簡耿大司農同學恭簡禮之爲畏友公生而岐嶷穠祿時恭簡稱偉器謂南坪曰他日大君門者必是兒資性頴敏非常書籍過目輒成誦聽鈍根者佔嗶聲則哂之總角試童子冠軍補弟子員負氣任達揮金如土不事家人生産尤不屑尋行數墨作章句儒每讀史至殺身成仁舍生取義故事輒掩卷太息曰大丈夫當如是矣伯兄諱應會明萬曆庚子科舉於鄉公專志博古恥干祿之業不幸伯兄上公車卒於京邸人僉勸公續科名始折節爲制藝癸酉科闈中

擬元未果誤中副車適逢恩例選拔於食餼二十八中七郡合試公列明經第一頁卷紙貴當時初授台州別駕其地偪處海濱倭寇不敢犯界兩浙倚爲長城値丁艱闔州士民請直指使上疏奪情公弗許服闋起任揚州會淮水災公淪河築隄本富者未富者並受其賜揚之人立碑建祠紀厥功而報厥德尋遷靜寧州牧闖賊方揭竿亂關中鐵騎十餘萬圍靜寧十閱月公登陴擊柝親冒矢石猶張巡之守睢陽迨內糧旣絶外兵無援賊攻打益急射書入城云獻刺

史則圍解否則城必屠公集士民告之曰余之死守孤城者上爲封疆下爲生靈耳與其城破而萬姓玉碎曷若吏死而一州瓦全乎士民咸呼曰甘與賢州伯効死守誰忍殺父母以保子女耶哭聲震地公姑應之曰諾次日早朝衣朝冠北向再拜畢獨縋城出逆賊陣大呼曰我靜寧知州也速殺我聊救一城命勿食言賊曰壯哉彭知州舍之解圍去公亦解組就道州人卧轍攀轅必不能留比歸里聚宗族曰余宦游廿餘年遭世變愧無俸以分宗族願盡捐田租給

伯叔兄弟代完賦役三載宗族咸感泣先是弟應照殀遺腹生男世振公教育猶子俾克家伯兄應會故無後公奔喪長安扶旅櫬變故園急脊令在原之難備嘗險阻雲間董宗伯諱其昌顏其堂曰孝友明季屢經兵燹堂毀而匾尚存人以爲孝友格天似有鬼神呵護云

秦隱君南溪公傳

麻城梅廷和

公諱忠烈字成卿號南溪黃安泰仙里人也先本王姓居江州之鍬溪宋中葉有少保朋少傅壽江國公

世規燕國公韶開國男厚皆其彰著者韶五世孫鼎一守江西儒學提舉徙居麻城生子允福允壽允福實南溪耳祖福少奇贅秦公子真女遂姓焉秦之籍由此起是固以女氏者也福之後三傳曰邦紀紀生尙韶韶生録録即南溪公父也録原配汪氏弗子側室胡氏舉公未十年而公父捐館舍公煢煢在疚孤危之狀百倍事兩慈極孝而於汪更不減已出公少穎敏苦於學屢應鄉里之選思振列祖之靈而公父早喪公以童稚承家遂不獲肆志以攻其成第於乃

父祖之所貽而中廢者一一綱紀之光起滯礙種竹開池美然林壑公日徜徉其間遇酒輒飲飲輒醉醉輒豁如已爲鼎食者垂涎久矣而不得申其求會邑新創理田賦正經界鄉取一人焉董其成而公性洞直周詳人共推舉遂受令往凡所料理悉本周官之遺意執事者稱當乃狡焉啟聽者遂乘是媒蘖其短至以不急事操公公浮白以謝曰行法以俟命可奈何竟無所驗言者遂已然終以此餂人之欲而舉美然林壑者敝屣棄之矣晚節益恬熙日與少時知交

椎擊爲樂嘗語人曰吾家世詩書竟困於時且舉先人之一再傳者而擲之機上則如我何哉幸生平皆可仰對況古來絕勝者曾未轉眄都鞠爲草予何有於區區者且安知豪雄之不爲平泉愚乎第以醉鄉爲帝鄉已耳公胷中施與不貲人或譏而欲周之公笑曰予豈不善於財乎直不善於時耳已舉吾所有而付之烏有之鄉安能取非所有者而有之乎況吾有子在天或者不於其身而必於若屬乎竟之也聞者以公爲達歲丙戌公病劇呼二子命之曰若皆呱

呱者予不腆無以遺平生事在若敬承之耳而其鄉翼若曹以底於成者則二三親故望也言訖而逝君子曰治命時九月二十四日距生嘉靖辛丑四月十五日蓋四十有六也公娶麻城李氏李號世家孺人最淑舉二子長曰霖郎念一次曰琛俱齒年無何伯子霖以銓試與等參懷來懷來固漢上谷地唐嬀州郡也地磽埆民剽悍念一盡以平生所學行之無不如法催科聽斷之際秋毫不漏一指不染閒則出晉魏隋梁之語藻繪風土幾掉大官之刀而成座中之

賦晴川鸚鵡飛入龍堆鴈塞矣而且割俸以給親故鄉舊奴婢無色門闌盡悄圖書滿壁翰墨充牛噫孰謂秦無人乎乃知公眞有子而今不死矣

秦西谷先生傳　　邑人李述逸

先生諱鏜字孟聲號西谷綿州公冢子也弱冠能文士林推重之正德癸酉捷於鄉司鐸鉅鹿訓士有方由卓異擢陝西道御史正色立朝不避權貴爲勢家所忌出爲肥鄉令勸農講學撫字殷勤民歌父母歸家後置田數石於鐵鑪寺搆精舍其中語人曰茲吾菟裘也日與父老詩酒歡集至今邑之人以寺爲先生桐鄉云

秦蘆山公傳　　晴川熊伯龍

新安古稱萑苻澤余讀周子鶴陽紀邑始篇見其章服而盜以及文儒羽衣緇流無不爲盜竊歎生其時者甚矣憊也秦公諱鉞號蘆山者時爲太學生軫念民艱與省祭李大夏號金溪伏闕上書請割闔陂麻之土而建縣焉疏報可遂成縣而民得安堵以居迨其後公由歲薦官江津二尹撫字心勞人民感戴因

比之召父杜母江津志乘可考而知也昔范文正公做秀才時以天下爲已任及知政後與韓魏公齊名人稱爲韓范今合蘆山公之始末計之非卽先憂後樂之志歟余距安邑僅二百餘里嘗過其都父老猶喜談邑始事曰蘆山公生我噫邑之民不忘蘆山如此則江津之民如之何其能忘也伏闕上書載黄安縣志余撰重修儒學碑嘗紀其事

秦關中先生傳　　威靈州總兵官門生英泰

關中先生諱川字未凡邑庠生當代偉儒也年甫三歲太先生九一公遊京師搢紳皆雅重之因久客焉先生能自力學弱冠後來京省父維時先嚴瞻先生儀表不凡延以訓泰先生教曰凡讀書貴明大義孝弟爲人生根本他如一介取與亦當知爲廉恥所存一旦得操尺寸之柄必思上何以報君下何以澤民區區詞章藻麗非所望於爾輩也居二載郵報太夫人病劇遂奉太先生南歸以不得久侍爲憾後泰筮仕鄂郡迎先生未至旋陞郧陽副將篆穀城再迎先生始至焉面命耳提教以居官大義猶曩昔也未兩

月先生縈懷山谷浩然有去志爰率僚屬杯酒餞於江干時烟波浩渺先生容與車中望若神仙不減當年李郭也猶憶先嚴謂泰曰泰公德器深醇不僅爲詞章士汝宜終身事之泰敬應曰唯而今綜先生崖末觀之益信然則非先嚴無以知先生非先生亦無以當先嚴之知也夫

王松溪先生傳　　門生吳兆澧

先生諱華犁字樂村乾隆己未進士授德安府儒學教諭至性過人學識宏遠正概清操不以窮達異太

先生諱時思孝友能文章積書多善本未及得志而没先生毎捧手澤悽愴不勝益發憤攻苦以酬父志事毋終身孺慕己未計偕太孺人故無恙先生獨心怦怦動出闈即長驅歸已不逮含飯抱終天憾然數千里感通視古嚙指何讓焉兄弟相好無猶人多難之迻任始田園歲入悉以分授清俸無多仍推解不倦猶子諸甥無不賴其九里潤也幼時姿不敏提讀書吶吶不能成誦然悟解轶倫凡所經覽輒能挈其大要咀其精英下筆絶不拾人牙慧精鋭犨拔有鷹隼摩空之勢而神氣完足如顏清臣書餘勢猶透紙背歷試受知宗工鴻弧先登者指不勝屈邑中耆宿如明經小山韓公崗分爲先祖輩以文行推重如等肩友先生亦自謂受益韓公者深焉副車足一彭公負才傲俗儕輩少所許可顧常讓先生獨步先君修職公爲兆澧兄弟擇師毎稱古人經師易人師難獨使受業先生固視先生第一人也教人不耐諄詳覼縷而語無膚臆善開發人意其丰規峻整所謂大冬嚴雪松柏挺熱親炙左右呰窳佻達之氣不覺自翦

非公正不發憤而遇事亢爽不因強禦委蛇磊落寡合心所投契生死不相背負先從叔次謀公爲先生從姑壻齒均相善次謀公早逝孤兆澿貧苦先生授徒桃花山寺飲食教誨之者數年厚於故舊多類此其秉鐸漢東也倡修學宫規爲輪奐廟成刻石不尸其功學田數百畝前司訓鄧公志和所遺歲租兩師餚脯外資寒生膏火寖有專其利者先生按籍給發且製鄧公神位祀於西署使得傳不朽焉俗籍舊多濫竽先生核定各寔不濫不遺月課衡文甲乙無所

瞻徇童子請業者皆欣然指授士論翕然歸之兆澧
嘗省問署中竹腮棐几講肄殷殷依然家塾時事閒
示遊自兆山倡和諸詩高風雅致若不知在仕宦中
者癸酉冬俸滿應得優擢而先生慨想蓴鱸遂棄官
歸抵家省郎墓睦宗親歡然道故未久捐館舍卒年
六十二元配陶氏贈孺人繼配張氏封孺人副崔氏
生子風同女一俱幼

王蓴軒先生傳　盧熾

先生名華平字春植一字蓴軒壬子科副榜少失怙
就傳後行坐必端不妄言不苟笑前輩成器重之及
長厭城市喧遷舊林別墅所得田廬聽兩兄分撥不
參一辭始舉一子甫數月婢抱之墜于火遂殤婢惶
恐無人色先生曰數也不之咎有山與鄰近鄰冒爲
已有先生書契贈焉其度量卓越類如此訓子弟專
且嚴多所成就居鄉教人以善聞有牙角片言而解
屋後種竹千百竿春食其筍夏憩其陰令人悠然作
淇澳間想庭前植梅數株牡丹十餘本花時暢飲其
下醉輒緣竹自娛直不知天地間何者足攖懷抱與

有所托恒見之詩如林泉茹飲貧無辱花木栽培靜
有權及數竿緑竹一愚叟萬古青山幾牧童之句皆
其膾炙人口者嗚乎先生而在薰德者善良聞風者
興起足以輓末俗正人心有功名教不淺乃年僅中
壽遽返道山人之云亡非儒林之不幸歟　論曰余
嘗過先生居先生留食飧時新齋落成有聯云幾日
得爲花下客一年長作酒中仙竊疑幾日一年字不
祥追明年而先生病矣又明年而先生逝矣其果讖
之先見者耶夫涵今茹古博學多聞俾後進有所就
正吾邑豈必無人然昔人有言曰經師易得人師難
求先生人師也能多覯哉能多覯哉

王槐亭先生傳　盧熾

先生名風熾字克昌學者所稱槐亭夫子也事親以
孝聞一弟早逝撫姪如子自嬰兒至成人無異視性
豪邁好客輕財不瑣瑣作家計待人無城府值不平
事委曲糾繩略無忌諱人服其公並畏其直焉凡經
史子集一覽成誦文宗諸大家試必優等詩不驚人
不作作亦不存屢薦棘闈數奇不售設教百峯書院

從遊數百人隨其材質引以規矩故人皆樂親之喜飲酒酒後耳熱與諸生縱談今古聲若洪鐘聽者忘倦其門下遊泮食餼登賢書捷南宮膺民社者相繼而起槐亭雖以明經老其文章經濟不大有傳人哉

子俟祐舉人

太學熊之炅傳

七閩陳增慶

熊之炅字超宇灘源里人也少失怙隨兄太學之杰教以詩書及壯豪邁識大義士林倚重焉嘉慶二年教匪擾襄鄖軍門起官兵勦之其黨望山竄而齊王

氏一股由豫之大勝關掠仙花鎮而東逼安北界時

承平日久人不知兵聞耗驚惶莫知為計太學曰是可截而殲也遂率猶子天栻椎牛劏豕出其米麥金錢與堂兄增生紹熊太學文炳文灼族姪增生奕同里孝廉黃鳳詔招聚丁壯得千餘人要賊於土脊嶺賊連日不敢進值大雷雨賊乃悉衆踰崖蟻附太學身先格鬪賊至益衆裹之數重遂見執脅以入黨太學曰吾曹守

天子法讀聖人書豈肯狗彘行乎詈不絕口賊恚甚碎臠之並焚其居火光竟夕不絕先賊之初入也擬彈丸邑無難滅此朝食洎入境太學首挫其鋒復聞慶將軍兵且至因拔營西遁昔巡遠守睢陽議者謂淮南半壁賴以無驚向令邑北無太學則數千亡命之虜鼓譟而南如入無人境耳即城垣足恃而豺虎所至傷人必多然則泰仙中和之免於蹂躪者詎非太學功哉越明年余奉憲檄代庖斯土備知太學堵賊顛末並聞庠生劉琨耆民盧夢伯太學嫂顏氏劉生二女相繼死難者二百九十餘名為列其事申於

朝得邀

曠典入太學暨劉生祀昭忠太學嫂顏氏暨劉生二女祀節烈地方官春秋致祭其盧夢伯及與難丁勇均援例予卹是太學雖往而忠正英烈之氣為白虹為碧血為六月霜其魂魄往來於星月之夕風露之晨者亘終古不敝事之成敗可無問也嘗試論之使太學不急

國家之難賊未至時聞風早去太學且至今存使太學罔惜名節伏賊馬前泥首乞命亦不致束手就斃乃要

之於前賢之於後生爲義士死爲忠貞不屑與造化爭彭殤之數而能令士大夫過其鄉者莫不望廬起敬下至樵夫牧豎追談往事亦皆津津而生感憤之心嗚呼如太學者足以風矣贊曰頑民蠢動煽虐鄖襄肆其牙爪如豕如狼

王師勦之林谷潛藏乘閒四出毒我善良爰有賊婦由羅祖光覆巢毀卵瞰邑北疆訛言遠播比屋逃亡烈哉太學慨此一方懸金市勇招聚壯强裂布爲幟斫竹爲鎗翼以鉦鼓廼褁餱糧據衝扼險于彼高岡熊河而

北老君之陽巢凶震恐無敢鴟張天忽淫雨賊伏其旁伺僻徂進猝不及防沙蟲得志猿鶴痍傷罔惜軀命聿正綱常不屈以死身沒名彰守臣入奏

國典煌煌配享忠孝輝映膠庠夏瑚商簋歲薦馨香我經其里泣下數行有子成立不墜青緗桂旂象馭魂在

帝鄉垂諸史乘百世流芳

明吏部尚書周嘉謨傳　大學士張廷玉撰

周公諱嘉謨字明卿原籍安邑繼遷景陵隆慶辛未進士授戶部主事出守韶州有異政政官藩臬跡益著尋撫滇滇遠天末民困於黔國積威多去爲盜公廉知其狀疏請黜國租歸有司征解民患乃息隴寇貧因久未能平公發兵討降之疏減滇貢礦金二千有奇陟總督兩粤民之利害多所興除轉南司農未幾陞北司空由是晉冢宰掌銓衡神宗崩光宗立不豫詣見閣部臺省於乾清宮注目羣臣公進曰皇上清心寡慾自然不藥而愈帝聞而注目久視乎公至彌留之際復召見羣臣時鄭貴妃李選侍在帝左右惎圖封號李惎封后鄭惎封太后李且欲内皇長子

於巳強褓中居之爲我哥兒左右閹黨皆凭藉貴妃選侍以爲靈寵宮禁危疑朝野震驚給事楊漣御史左光斗倡言於朝責貴妃姪鄭養性令理論貴妃移宮並辭封太后共集松棚下語咸嚴正公毅然作色曰貴妃無他意不過欲汝長守富貴耳我輩文武俱在此汝若聽我輩言爲汝包承汝若不聽我輩言郎身家亦難言矣養性諾公語以爲然當語貴妃貴妃亦無闊齬意郎移福寧宮而請太后意亦寢然李選侍猶居乾清宮變且不測是日三召見帝情戀戀公

與語公皆日上疾已甚戀戀諸臣若不肯沒於婦人手者庶幾宗廟社稷保無他故但選侍情無忌憚萬不可托皇長子使與同宮共處耳至暮公始同楊左出夜半宣召劇急公同楊左奔至宮門聞帝已賓天公與楊左請皇長子至文華殿見諸臣皇長子久不出再四請乃出嵩呼禮畢導皇長子至慈慶宮上謁孝端皇后靈几閣臣劉奏李選侍倘未移宮殿下暫居此俟選侍既出乃可居乾清宮公奏曰今日殿下之身是社稷神人所托重出入不宜輕易郎往乾清

宮行大小殮與朝暮哭須臣等到扈從而行否則請無發駕皇長子首爲之肯當是時一月之中鼎湖兩泣國事危疑全賴楊左奮發其間使無餘釁令婦寺可乘而楊左之所倚又獨在公內外晏然天下有泰山安公力居多逮後魏璫擅權公疏諫不聽削籍以去後復借移宮案誣楊左及諸忠良禍將至公會崇禎踐祚誅斥魏璫公乃得免戊辰起公南銓衡甫就職郎請老歸年八十四卒諭祭葬贈少保

陶公左山傳

明宰輔張居正

陶公諱朵號左山謚憲伯灄源里人年十九領嘉靖癸卯鄉薦兩下春官第家貧親老慨然日時乎爲貧此其時矣二十六知河南泌陽縣泌民獷悍難治公操冰茹蘗常賦外不責羨餘民皆樂輸諸罷治不逞一切以法繩之鄉井帖然任滿註上上考陞四川刺史旋陞馬湖府司馬馬湖古犍牂牁地獠民雜處公廉以服民信以靖獠上知之朝廷坐陞馬瀘兵備道僉事紫黃三代公時年五十孀親偕首矣魂驚九折愴然思歸遂陳情奉養山居二十三年卒公弱冠仕

宦中年懸車自文林歷陞僉事顯藉二十餘載公廉勤謹所至有清白聲迫退田歸老敦宗睦黨鄰里念其芳名崇祀鄉賢五柳之後斷推陶公云

節婦秦貞女王合傳

林緇光

婦以節名女以貞顯亦巾幗之不幸然兩間正氣恃以長存可以挽頹風維世教所宜登諸

國史沕爲閨範者也余承之郗城之次年因公過新店見兩坊屹立道左一爲太學生徐鍾玉髮妻節婦秦一爲儒童徐鍾儒聘室貞女王蓋一門娣姒同時秦

旨旌表者心異之歸署檢前卷事實則秦年十九適徐尉
三年而夫病衣不觧帶欲以身殉夫囑之曰徒死無
益也先人櫬未歸土弟妹未婚嫁皆吾未竟之責且汝
已有身若幸而生男俾大宗有後庶吾目可瞑徒死
無益也氏飲泣聽受夫沒數月而孤開先生値夫弟
鍾儒繼逝王女聞訃泣辭父母曰徐氏之禍酷矣誓
終身不字與姒共守兒志已定請勿以兒爲念毀粧
成服遂之徐設奠營喪摒擋一切敬秦如兄秦亦愛
王如弟兩人共撫一孤茹水嚼雪甘之若飴也中間
卜葬五棺奩嫁女弟罔弗如禮其訓孤也昕夕提命
絕不姑息孤亦能自砥礪早年爲太學生至於敦族
睦鄰周貧濟苦出其撙節所餘敦行不倦里人稱兩
母之賢者如出一口焉計
旌表時秦年六十有二王年六十苦節各四十年雖率性
而行匪以邀名而
朝典亾加兩坊對峙皆能目覩其盛嗚呼榮矣我
國家重熙累洽道一風同窮鄉僻壤或限於側紳於力
弗克舉行者何可勝道卽各省彙

題歲有其人然天下之大或百里一見或千里一見一
邑之中或數十年一見或百餘年一見今一節一貞
娣姒濟美是天地之正氣鍾於一時而並萃於一門
也豈非巾幗中不數數覯者哉聞爾時士大夫皆有
詩章歌咏其事而無爲立傳者因紀其畧俾後君子
有所徵焉
贊曰卓矣秦氏苦節不渝遵夫遺命誓守其孤懿哉
王女克明大義聞訃奔喪終身不字一門之内相敬
相憐氷機雪杼四十餘年
榮錫璇坊光增梓里天佑善人開先有子子復生子命
以嘉名一名緒節一名緒貞慈母之志孝子之心兩
蕃其族永載德音

義士阮昇述　張希良

阮昇字光也生明永樂間性善積粟宅前後左右悉置倉每實一倉必封識其上題曰命倉妻杜氏尤勤紡織亦以其餘易豆麥成儲正統五六年歲洊饑陂岡麻三邑之民逃散幾盡昇目擊心傷慨然語杜曰吾夫婦所以刻苦積聚者非爲子孫計使自有餘蓋將以補夫不足也今鄉鄰存亡莫保豈忍坐擁倉粟梓流離乎因廣招流亡設場賑貸由是散者復聚僅三月糧新禾未及熟而儲粟告匱昇憂悶仆於几上撫膺懊喪曰唉穀未成熟僅差三日糧而饑者終莫之濟可奈何杜曰若僅差三日糧我尚有積豆數倉播撥度可相延昇聞遽瞿然曰有是哉立舉以餉饑者而衆命賴全矣撫軍以聞疏引當時民謡有阮昇積下萬年糧三邑饑民活命長之句朝廷嘉之議授以職力辭不就命翰林院陳敬中賫勅褒奬賜匾額及旗傘棒檠數事如鄉官匾題法理秉公四字遂隱逸終身不慕榮利鄉里皆以爹爹稱之其卒葬之處至今猶呼爲爹爹山云贊曰篤行之士不求人知而

黃安縣志　藝文卷九　述　四十九

顯晦有時豈不然哉阮昇一布衣志存濟物卒之議動朝廷詔爵授物雖讓職不任洵光顯矣活命數千人厥功不細而郡縣志畧而弗録又何沒沒也予觀阮氏家乘所載賑饑一節頗爲詳審詢諸父老及有知識者其所稱説葢不虚無他故子孫過於愿慤恥於自炫其家世娣以祖若宗之名自達於上其宜顯而卒晦亦其宜也予反覆次其行事俾采風者觀覽庶幾晦於昔而顯於今深山之木千歲卒受知於大匠亦各有其時也

孝子阮啓吡述　張希良

阮啓吡字文燦增廣生邑之中和里人也明崇禎巳卯歲有流賊突擾其里父母及家人倉皇走避村西北上竿山石砦中時吡年九歲不及相隨遂與家人失爲賊所得吡見賊衆了無懼色賊頗異之以故得免於禍不旬日砦破戮尸遍山谷吡父幸脱歸而吡母徐存亡則未之知也因大慟急奔覓亂屍中莫可辨識更呼搶欲絶齎咨涕洟者累年未幾我

大清定鼎天下太平吡生葢十四年矣或言令母夫人

黃安縣志　藝文卷九　述　五十

流落異域又見村中有未被戮婦女久之自遠方歸者竊意母氏之尚活人間也於是携一僕各得皃者與俱編古二十四孝及夫妻子母亂離事爲俚曲行乞於外且歌且泣音感路人又時作瘋癲狀誘人家婦女出觀聽冀幸母氏之一遇也所歷州縣以十數寒暑凡三易至於聲嘶踵裂艱辛萬狀蓬門朱戶靡不畢到然竟無音耗不得已復還故里奉其父歸之日形容憔悴家人驚駭哭泣滿庭見者聞者莫不流涕焉屺既已隱痛於心後每一經山必徘徊其上

潸然出涕曰是其屺乎母安在吾望之也遂自名屺而爲韻以自傷曰嗟嗟我九歲罹亂賊擾門逃竄家人在母也杳無音尋遍天涯路空留淚滿襟我心如刀割我身如落魄安得一幻化可以徑入冥安得一久夢可以當得真溶溶孤夜月漠漠黯愁雲啁哳山畔鳥蕭瑟樹間聲蓼莪王裒痛陟屺當自名我生倫一日朝夕望在身後居父喪哀毀盡禮事繼母黃以孝稱與諸弟相友愛弟四人皆黃出屺與其二三五三弟皆先黃卒後黃悼逝之情雖念已所生不如其念屺也嗚呼至孝所感夫豈偶然也哉

儒士阮興硫述　　陳亚炳黄陂舉人

阮興硫字先石孝子啟屺公之次子性穎悟過人少時曾肄業於洪界山之巔止來庵十有餘年爲文精純穎密走筆倚馬可待家世席豐而其志不在温飽嘗曰人生不當家食自甘能由舉子業登科第爲當宁効宣猷澤蒼生始成大器不然直田舍翁耳不自意陡染惡疾步艱乘苦遂與應試决絶公資美學贍不得一有所遇乃勵志琢磨延名師以訓其後昆嘗

於邑城内鼓樓之西街買房屋數椽爲後昆縣試信宿之所以故蘭芽玉葉咸奮志青雲有所成就長似崑增生克承堂構家乘是修次化龍時來諸生孫治遠恩貢生理諸生丕揚貢生聚奎林遠太學生世雲世望庠生曾孫景升方昶諸生景和貢生昌綸乾隆丙午舉人清恬夢皐廩膳生奕禮仍雲亢宗守舊弗墜箕裘人咸以爲家學淵源有自云

詩賦

古者命太史陳詩以觀民風咏歌所寄託俗之貞淫正變徵焉非徒曰揚風扢雅云爾茲就其麗以則正而葩者載於篇以備輶軒之採志詩賦

賦

國朝

進呈

上賜御筆白羽扇賦臨本賦 有序　　張希良

臣惟景龍兆瑞已開八體之先靈龜負圖早洩六書之秘至帝旁羅日月高陽近倣蟲魚雲篆峯頭碑傳禹畫陳倉野外鼓重宣文賜方國以驚奇煙霏漢札宣廣儀而嗟美露潤唐屏自昔已然于今尤烈欽惟
我
皇上日新盛德天縱多能清讌偶閒游藝不輟頻拈寶跗燦雲漢於堯章毎熙金壺露乾坤於羲畫造化協其隱顯陰陽象其卷舒日珥星鉤邁正觀之飛白龍翔鳳翥渺皇祐之填金片碣所留嶽靈增色单文遣布海嶠生輝百家舉入環中奚啻
帝王第一萬品盡歸鎔鑄直將天地爲三盎氣和則墨和

釀海晏河清之象惟心正則筆正昭垂裳端拱之形
奎文妙已入神
聖學精如不及明臣剩蹟未厭手追唐相風流遂傳心畫因染翰而想雲龍之遇印臨池而見魚水之歡大哉
聖衷讀之欽忭神明再煥寄惟頪上添毫骨力逾超信是此中得味何期重寶下逮微臣
天語殷勤採春華於旣往
聖恩周渥提晚節於方來伏陛鑄心捧函制泪自昔紅綾賜扇榮近侍之恩輝白玉名堂作詞林之光寵劉洎登床引手幾挂彈文趙鎔覩帙生心亦成佳話或宣朝堂而未賜或藏殿閣而弗宣徐鉉工書遲瞻寶翰呂朝蕭奏始賜瑤牋無忌殊榮不過蝶龍數字賓王驟擢才棠鸞鳳四言未有
天藻淋漓連紬竟素
恩波浩蕩溢格踰涯輕用抵鵲之珠重兕雕蟲之技侍臣爲之動色同列見而欣心此雖萃十洲之琳瑯無能擬其價馨九天之雨露未足名其恩者也至小臣學殖漸荒顛毛益素孤蹤孑處抱拙憑愚擢伊呂之科

敢同子壽事
堯舜之主賓勝開元姓氏偶同知遊翰之無意遭逢何幸
君眷注之有憑請始郭生或藉激厲顧爲考究益重
屏營敢不時蒹各薰襲以重錦鏤之於臆豈特翠珉
守之以身貞同鴻寶昭子孫而不朽世矢忠貞拚頂
踵以何辭仰酬
高厚謹拜手稽首而獻賦曰
聖治茂矣
聖學光矣啟祕殿登俊良緬喜起之盛事齊芳躅於虞唐

披瑶函而遠覽嘉魚水於哲王昔在開元忠亮翊輔
應伊尹而擢科與姚宋兮爲伍兼燕公之藻翰饒魏
公之媚嫵深契主衷遂賜白羽銜恩知而點筆蒙深
嘉而樂與君臣之際美談至今傳在竹素散在墨林
當綫暇而游目實有當乎
聖心切夢想於大風綣睿象於澍霖感負狃於莘隴憶投
綸於渭濤緣曲江以寓旨每延佇而虛襟於是拂帝
鴻展龍牋握鏤文之管澄思靜慮乃動乎其天波委
雲屬乾轉坤旋布白則山河朗潤映帯則珠璧蟬聯
往如
神武之震九域止如
聖文之靖八埏若乃蕭森肅穆渾淪停蓄偃波電發中鋒
屓贔縱不矩踰約不規感結搆始終精釆奪目豈惟
識
帝王之有真亦將綿歷算而過上爾其逡躒百代膠轕三
光螭函鈿軸承藉芬芳護以山君衛以海王雖鼎台
其希覯何小臣之敢望冒綴行以陳乞實悚惕而徬
徨際千秋之隆遇竟滿願於非常爾其近侍傳呼玉

階伏跪雲章捧出掩映金阤似若華之四照疑赤城
之霞起爛蓬萊之五色儼榮光之紛委目震蕩以移
時曾不可乎正視忭以加額往復諦觀
天題尚濕泥璽逾丹礬鄉累算不足爲其價康侯三錫無
以表其歡撫微軀而深幸紛感激以闌干若乃江湖
下質蒲柳微姿拙愚終矢文釆漸慚江淹夢回而惋
惜羊欣手重而成嗅雖屢蒙乎
褒錄轉顧影而自媿緈
天章而汗赭愧前代之風儀誓束身於末路拚頂踵以俱

靡曷子孫以忠孝世世夾

聖皇之形墀

學宮告成賦爲劉邑侯作　邑人盧　絳

伊三台之朗朗兮原以映文運之昌迨雙臬之汨汨兮亦以徵德澤之芳我侯才雄八斗書擁千倉聞鴻烈奮奎光稟過庭之懿訓紹世德之綿長操牛刀以小試挽下邑之頽綱百廢俱興庶事安康德威烜爀於有截文教馺沓乎無疆神休旁臻地靈斯見旣應時以協吉自右文而宗彦將遵軌以立極遂尊聖而

而建殿乃展宏規選吉日因子來於庶民豈殫稅於萬室經之營之不華不質韋水臬攢雲梁運鏡石於瓏坂搆梁棟於瀟湘巧奪神工峻極穹蒼起層覆之綿邈建高基之唐皇故其學宮之壯麗也遠而望之若擒朱霞而耀天文廹而察之若仰高山而戴乖雲羅疏柱之汨越肅坻鄂之繽紛飛檐翼以軒翥反宇獻以高騰流翡翠之威蕤響環鐸之鈴鏗旣櫛比而横集又宏敞以豐盈若夫修梁彩制下塞上奇桁梧複疊勢合形離艴如宛虹赫若奔螭㓗榱彤之繡桷垂琺瑁之文楣爰有龍文鐫勒翼張承以陽馬接以員方分間賦白跡密成行宗廟之美俎豆之塲優乎如見愾乎在旁龍蹲鳳峙儀端表祥仰大成之殿陛儼聖德之温良四配十哲兩楹二房旣優域而登岸自入室而升堂覩階除之連遠盡蕭漫以雲征芸若充庭檜柏成陰綴以萬年擁以九垠或以嘉名而取妍或以材美而見珍結實商秋敷華青春廻廊繞砌雙廡輪菌見知之輩聞知之人温房陳其東序凉室列於西宸重樓複屋中權後勁彷彿藏書之府依稀

明倫之政跨蓬萊之海樓探北斗之魁柄爾乃由戟門而望天田華表杌其高懸㒷屭佐以重遷得其門者寡矣近其居者誰焉矧濟濟之仙班與靄靄之後賢尙分左以分右且欲却而欲前環橋觀泮似湯池之鞏固壯金闕之垣郛茄蕸倒植吐彼芙蕖蘚以青蘋綠以白榆菡萏艷翕纖縟紛敷至其左掖也展乎廟貌輝乎聖儀傍瞻神臺順觀雲之執仰對清陛推配天之規採宋制準元時雜以世室重屋之名釋其崇子抑父之疑壯不及奢美適其宜崢嶸嶒嶮執競

緝熙若其前巒也似嵬似嶪忽出忽没拏金龍之撟
蜿挂天珠之硉矹殿閣崛岉以奔向城闕嶔欹而避
謁擻華蓋以倘漭仰奎曜之恍忽鑿五雲之天柱矗
九霄以嵂崒凡若此者何莫非賢侯之經營而揭中
天之日月乎更潔菹醢修粢盛莫三犧薦五牲太祝
正辭兮獻精誠鼓咸和之樂章張鈞天之儆飭孤竹
合奏空桑和鳴葢六變齊九成百神來兮降明庭此
賢侯之八廟告虔而享祀惟殷者也然後殖元氣酌
和風埏植大昭於藝圃栽培廣潤乎儒宗正畸行之

趨向訂諸生之異同疋疋魚魚恂恂冲冲羨龍螭之
繚繞看禮樂之瓏璁則更我賢侯鳴旂在泮之雅化
也豈比夫層臺廣廈爭高競奢與土木騁繁華非崇
文之鉅典徒掩月而參霞也哉進揚休美爲之重曰
穹崇學宮倚天開兮龍嵸鴻濛構瓌材兮偃蹇坱圠
邈崔嵬兮宣昭
聖化育賢才兮

官閣雙泉賦并序

涇上朱　梓

黃安士高而泉少署中素無井自康熙丁丑九河蔡
齋劉公來治黃三月政通人和百廢具舉苦燕堂卑
隘掘地置礎柱忽雙泉溢出左右分列不踰尺寸堂
成因卽命名曰雙泉堂頌德澤及人井養不窮之應
也乾隆丁未歲余亦適宰是邦攬其遺跡心竊異之
黙然有感遂援筆而爲之賦曰
閭嘗遨遊百花之潭嘯傲五湖之舸雙溪夾鏡表名
勝於陵陽二水分洲溯雄風于江左平原則古樹雲
封龍井則靈湫烟鎖非不極宇宙之瑰奇終自列郊
坰之淡沱從未有濫泉瀵沸深藏蓮幕之簷雙穴澄

清近八琴堂之座者也維茲邾城僻壤安邑偏隈四
面山環絶少平原曠野三鄉牙錯迥殊汝墳江涯而
乃耿氏肇疆聿見天台之著劉公建宇忽逢地脉之
開延一脉於江黃淵源遠隔啟雙泉於官閣溢湧何
來是固由地靈之鍾毓而實緣人傑之胚胎則見夫
淵然而靜窈然而深初盤旋而隱伏繼漸漬以浸淫
一穴先開疑堂坳之偶聚雙流並出訝靈液之頻斟
左右分排恰似天然布置大小合度非關人力搜尋
瞻勝境之匪遥退藏于密快纖塵之不染實獲我心

爾乃傍雕楹當玉碣掩映幌柯參差胏石大廷相對鐵兩鏡之同懸公事時臨恍四門之並闢咏伐檀于輪輻不須置彼河干思濯纓於滄浪自可取諸几席雖居傳舍之諠囂不異溪山之形跡是則泉以閣而呈奇閣以泉而增美占井渫之不食行道傷心思涸轍之難圖西江空指惟就深就淺常潔泂于廣厦之天斯爲雨爲霖得潤澤乎蒼生之旨酌貪泉而覺爽此地偏宜對習坎以無言我心則喜於焉閒凭玉案俯瞰明窻覩波光之瀲瀲聽幽韻之淙淙吏散人稀

彈琴而志在流水鳥飛花落修禊而酒泛銀缸湧萬斛之璿源宛助我以蘇潮韓海浸千尋之冷碧更懷人以黃度潘江月影沉時珠還對對星光帶處璧自雙雙洵可引高情于騷客而誌勝事于名邦獨是前人之流風已杳後人之繼跡難賡愷澤宏敷乃致清泉並溢湛恩罔沛字教聖水常盈愧余行之未修謬司承乎茲土緬前人之足法空繾綣于中情飲水思源民監者何如水監履冰知懼心清兮未似冰清慮淄澠之淆亂期涇渭之分明敢不凜雙泉以志潔坐官閣而心驚也哉

詩

明朝 重遊天台　耿定向

自與茲山有夙盟不辭老病往來輕看雲憶昔思何極刻石書遊事幾更八袠翁強七袠子五旬弟傍七旬兒兒曹爲續岡陵頌欣對山靈一舉觴

其二

觧紱歸來苦病侵愛山時復強登臨蒼崖不改千年色古檜猶垂十畝陰風谷坐驚饑虎嘯霜林卧聽曉

猿吟舊遊朋輩今何在手把茱萸淚滿襟

題天臺別意圖　耿定向

層巖崒嵂與雲平一望闕門紫氣橫地坼東西分汝漢天連南北見嵩衡丹邱幾度虛遊子白髮孤征念友生此去秣陵江萬里臨流應憶濯長纓

其二

天臺佳氣鬱蔥蘢悵別瞻依意不窮路側徘徊吾道遠尊前酬贈古人同當年蚤見二三子今日相看七十翁一覽岱宗天地小無勞西極訪空同

宿天臺頂　　温陵李贄

縹緲高臺起暮秋壯心無奈忽同遊水從霄漢分荆楚山盡中原見豫州明月三更誰共醉朔風初動不堪留朝來雲雨千峯閉恍惚仙人在上頭

題天臺十景　　安成鄒善

了心關

了心亦何期一了一切了疇能度此關閒坐聽啼鳥

坐忘臺

匡上雲相逐誰是坐忘者習静此臺中世外任瀟洒

留月巖

明月照空山山空月自住清輝夜半發欲去仍回顧

賓陽壁

日去扶桑東偶此成賓主纖陰不暫停堪與神明伍

撫松岩

嵒上有孤松與來時一撫聊同五柳翁閒作三徑主

披雲峯

雲散瀰蒼穹雲歸仍太空披雲誰氏子獨立向長風

探奇窩

探奇亦何爲可傚荆山璞寧老萬山中毋運匠石琢

卧龍洞

龍卧洞雲閒探驪與世絶豈忘行雨心且任泉聲咽

作霖池

池中有老龍卧此忘春冬誰倩池中水飛洒遍提封

告天爐

我心一天心告天猶告我終朝對此山默默自印可

北山有臺　　白下焦竑

北山有臺南山有窩欝欝中林泛泛横波樂只君子

來遊來歌

南山有窩北山有臺輿雨祁祁育彼羣材樂只君子

其心孔諧

有臺崔嵬萬山宗之樂只君子四國同之

爾德茂矣如山壽矣永昭文德同此四國

弱侯作頌清風珊珊願言同心共登此山

豈無燕婉遊非其鄉不見飛鳥隨風以翔

天臺　　邑人耿定力

誰壘層臺着此岑洪濛天造到于今盤懸仙掌朝承

露泉注瑤池早作霖雩立中天成玉柱風廻石籟振
金鈴到來絶頂揆琴鼓萬壑千巖得我心

其二

足躡丹梯步紫雲息緑離訴達天門（息緑離訴達天臺三門題名）
一聲長嘯千溪應四顧低回萬巘蹲巆起孤標身建
極石交羣聚孰稜文化工巧作支天柱好炷銀釭破
夜昏

天窩行　淮海孫應鰲

天窩高高幾許我誠不知其幾千萬丈但見五城十
二樓金光掩映紅霞裏中有仙人者誰之子方瞳緑
髪披兩耳羽衣蹁躚黃鶴翻瓊玉爲漿芝爲餌奏鈞
天之廣樂躡飛雲之軿履前導安期生後擁赤松子
容成洪厓兮左右顧我粲然啟玉齒授我一靈丹令
我晨不死稽首再拜之服之頓覺沉痾起神清氣爽
毛骨輕一日飛行幾萬里仙人仙人我尙欲遨遊九
垓之上六合之外芒乎芴乎任其所之借君青鳥一
隻騎乘風御氣常相隨

五雲山　同安李獻可

凌空石壁峭嵯峨徑昃參差隱薜蘿叠嶂擁來千頃
壯三台近處五雲多（舊三角山更名三台）憑欄高閣烟中賞策
馬荒郊霧裏過獨怪山靈開泰運邑城今日始絃歌

李節孝一百六十八韻　邑人盧堯臣

翹首嶮巇日朝曦麗早暘一枝紅杏出九畹翠蘭香
弄瓦來名閥調絃適大方粲鴻欽案舉冀缺儼賓莊
甘脆供中饋圖書貢奩裝延陵承父訓隴右凜夫倡
外政無攸遂生謀却有洸陳蒹親曉繹崔整罷新妝
夜讀頻然燼晨炊辦異粻熊當馮節勁圖解謝辯剛
服御皆荊布勤劬問稻糧家甕躬主伯冢督屬糟糠
翁節絲紽素官貧苜蓿涼韋編憑淬礪巾幗任徬徨
漂麥攻高鳳殘機佐樂羊陳牢羣待哺田藥爛成芳
既耐同居忍誰營別室藏那貲分叔季以義報尊章
向令諧婚嫁宏徽比父娘不惟風共爨端可愧門墻
織紝窮吾力騫騰樂彼蒼談經榮里選挾策阻明光
瓊夢悲三號鸞凄失兩眶城頹哀倍杞竹點泪如湘
晝荻懷孤慮摩笄忍自戕目盲心獨曉慈母勗無忘
隴畝勞諸藐書香屬大良和熊投仲郢夜績效齊姜

葛藟登寒杍蘋蘩采懿筐素心卑舐犢赤尾效勞魴
卒歲賡無褐恒饑辨乃倉青氈嗟舊物縫掖步虞庠
白雪歌成調紅霞夢繞床墨莊雖不廢旅櫬復堪傷
父志摩燕闕官卑老越杭夜臺哀纘厲晝錦盼宗亢
在羽期鸞鶩於蹄擬驌驦艮弓繁弱利匣劍太阿鋌
金重雙南價圭稱白玉璋窮愁膚可刺激烈膽堪嘗
寸草思春旭孤吟對曉霜茶經團扇業酒債緼袍償
作賦知呼覓投書笑誤麐幾年營細栁一日賦長楊
桼說權歸洛琳名久度漳七襄雄藻績二酉恣徜徉

平步青蓮社馳神碧草塘惠車儲墳典鄴架飽縑緗
著作思如繡茹搜腹是箱技逢燕國售才許照鄰望
幸附長征尾欣偕上國翔笥窺吳會社紙貴洛陽坊
晉代機雲辟齊朝顏謝儷心雖從帖括血已滿奚囊
袁豹胸蹯富張華記倍彊借書經目卲說古觧頤匡
不是題名囮寧同執戟揚經寥左氏癖書砭夏侯肓
周易情探孔毛詩義阻萇句彫子美上禮問老耼傍
妙運斤成郢精思工薖斯才名超四傑儁譽邁三康
欵縻皆緘舌浮誇敢弄吭詞源傾倒峽筆陣屈長槍

比器膺丹漆如君備楔𣏌停涵中井井韜斂色熿熿
眀識三秦鏡堅持百煉鋼飲和非媚骨守正有剛腸
曠達羞中散真醇到上皇九皐聲噦噦千頃度汪汪
蘊蓄淵難罄英華渾不彰逢人蒙說項更僕數徵臧
投契嘲吳嗤酬譏叱楚狂龍門爭取御北海謬登堂
脫郄形骸畛飄然名利韁知心追管鮑寡合別蘇蟯
末世藉瀾柱斯文拱棟梁名譚穿月脇石盡走風檣
凱論儀于粟危詞辛聚薑詠諧聯色笑辯博黜荒唐
補袞崇山甫殉戈慕國殤愛人忘美醜省己勤型劃

卓有中心好而無猜忌防閔辭安邑餽范極麥舟喪
據簞無長物籌家任乏糧同心真可臭兩面豈成羌
要恥通三界均平徹四旁長城雄百雉大廈列千厢
風韻絲諧竹丰儀琳與瑯山巖夷峻坂川濟穩餘艎
不學蝸牛觸寧儕蟀蝶忙好生仁庋蟻窺殺怒蟾蜋
趨勢嗔撩鬍干時啞吮瘡衢尊隨飲酌巨海納汙潢
麟種誇振趾龍駒仰上驤程門爭避影歐録重嵩房
詞翰能叢苑賢勞廼啄卭雅優賓客對尤擅主司場
杲日千山麗長風萬里浪掄才揮軋茁得士共琮璜

對仗扺鳴馬埋輪欲問狼危明綢戸牖保泰儆城隍
飽笑侏儒粟貧羸説士糧不懷方朔炙寧受鄰侯糖
孝展南陔戀忠懸北闕襄無車歌短鋏有馬陟高岡
鵰翅今搏水雕飛訝槍枋頓回睟烱烱莫禁喜洋洋
賸有虀鹽苦應成桂蕈芳同人聞後笑北叟賽前殃
志足酬君子明還快若郎爵縻知和遠鶴算自神昂
花甲周逾半蓂庚百未央姮娥丹餌緑婺女瑞烟黄
絳亥經年茂嵩申祚應祥推移更稚老閱歷記滄桑
古柏摩烟栁長松傲野棠蟠桃千歲熟閶棗萬年穰

醑授青鸞液精分朱鳥芒艮辰佳宴集美景浩歌颺
素月揚初朏高天激早商山崖層巘嶭海屋逈滄茫
歌吹宣嘹嚦蹁躚響珮璫洞簫調咏間蘭板叶鏗鏘
俎鼎羅冰雪肴蔬進薤菖瓊樓迎爽籟晶宇遶新篁
姑射陳觥斝瑤池共頡頏比隣齊禳頌列管布笙簧
皓髮揆皇覽龎眉逼老彭綺園虛玉質宓洛失金相
久覩雲莖漱長生月藥攘輕身非薏苡紅頰剖檳榔
賁石飱邊汁栽松擣玉肪三多符華祝百禄醉霞觴
歷度期頤永紀膺福祉長郭門丁喚鳥緱氏玉吹凰

喜懼驚遲暮幽閒悼倜儻斑斕晴弄綵霓羽午飄纕
犀列會懸舞尊開沆瀣漿乘槎嗟靡盬愛日喜遑將
綵仗環僊嬪朱絃奏怡嬙蔮先諸毋氏德是丈人行
還鮮占能介辭繪憶未亡泣簪心愷悌置繂恤巖廊
範俗都姚剡傳家有紀綱行行超列傳念念總慈航
里有名媛號居標孝婦鄉固知仁者壽始信善餘慶
果結心田穫因留穀種秧柔嘉行地扎酋上越都驕
椒遠從茲盛瓜綿未可量釜鐘怡豫悦杖履羨踉蹌
莫畏明珠謗還開博望疆易州情見久捧檄義無妨

不作王門倚終圖漢祚昌帝閽今已闢皇路勿教荒
膝下分潛見寰中妙翕張登車雄祖逖在位賴王陽
漆室心原切遵生志復囊范金庸作礪塞鼓敢其鏜
懐穪毋爲繫鋤蘭豈足惶萇宏藏地碧貧子辱奴佯
達孝榮千古訏謨請一當天心方曲折時局尚勖勷
钁鑠猶堪老行藏豈再詳慈幃牽弱線遊子褰征裳
許國務明發揚親在太常驪歌催小草願以報君王

題桃花書屋　邑人吳　化

綺雲萬朶白雲濱都是劉郎手自勻欵以無言存大

道怡然一笑觧逄人漁溪春色猶秦世胡飯仙台有
漢民聞説星精作霖雨何因詔起玉衡神

九日園江舘遲盧蕭二孝廉不至

澤畔行吟強自和遊心無賴任蹉跎黄花對酒三江
外白露伊人一水多深夜月星飛烏鵲高秋風雨起
鼋鼉汀蘭岸芷渾無際何處新詩到汨羅

東堤步月

明月蕩空堤長風萬里西幾聲松子落一個烏兒啼
天地星河動江湖草木低蒹葭淺水外竹笠故人蹊

山居

山寺不聞鐘春寒坐翠茸野雲來萬里朝雨失羣峯
天地一飛鳥江湖起蟄龍懸知小衡嶽七十二芙蓉

登果老石　邑人吳士伸

鬼斧何年劈遊人此日過喚晴禽語滑賽社鼓聲多
石徑生苔蘚巉巖引薜蘿衆山爭到目蒼翠總如螺

其二

造化何其巧亭亭矗一峰恐隨流水去長使白雲封
未駐吹笙鶴曾迎扶老笻雜花春爛熳樵客欲迷蹤

庚辰奇荒歌　邑人盧之懔

仲夏不雨到暮冬可知年穀秋不逄傳説率土無簷
滿兩都米價甚爲釀往年五穀上場時穀賤于泥人
不知今年五穀上塲時穀貴于珠人不支江南斗米
二倍價江北升米人叱咤菽麻豆稑俱不登農夫一
似未曾稼街坊醉夫爲人瑞十戶烟火九不炊羅衣
數典米盈升或有朝飧夕莫繼官吏追呼半逃亡鵠
面鳩形多病厄賣兒不上錢百計賣女并賣其糟糠
田已荒蕪宅已毁道殣相籍骨似霜三四五六歲孩

童爺娘覩如土糞同募糠募粃人誰與嚙絮吞衣箇
是風生者刀劍死者肉日暮塗人早擇宿白日爲盜
昔賢艮殺人奪貨尙不足吁嗟乎鹽似玉柴似禾油
似猩血魚似璠市上每物多錢值不能果腹奈如何
年除矣夕將更田阡二麥尙不成春光冉冉朝如歲
只恐屍横遍野萍老人記得神宗事説道十七年荒
莫與此年京

運米丁夫歌

人不似舟船可以因風行千里人不似騾驢可以鞭

策馳都鄙一肩之力不過幾十斤安能負荷穩步履
餽糧遠道軍待炊莫得將沙量作米軍士枵腹戰不
能運米丁夫趯不起況當此際雪霜天赤脚穿山又
渡水傳言百里無人烟虎豹豺狼與豨兕一石到彼
先辦三十鍾食者為少費者夥士不宿飽哭不黙軍
士尚説多糠粃戰塲之地血為燐夜不生芋充箸匕
采薇采芭冬不生食者運者兩不喜窮民貪利充運
夫重繭龜策不顧趾募夫之錢從何來賣田貽婦並
鬻子一家哭聲不見悲一路哭兮哀如此嗚呼弧矢

欃槍星莫明干戈勿稱車馬勿馳烽火勿報吾民得
以聊生誠幸矣老人後見太平年放歌縱筆千張紙

國朝秋日果老石晚眺　邑人吳之珍

入倚危峯意欲僊何須張果事當年嵯峨石上雲來
去嘹嚦空中鶴往還丹葉滿林留夕照黄花徧地弄
輕烟稻香拂袂頻延佇林外西風咽暮蟬

其二

山懸片石插雲隈俯瞰溪巒萬態開灞水澌聲飛雨
岸蘭峯翠色上層臺孤雲帶雨將西去返照凝霞八

瞭來十畝桑田開野叟羣隨飛鳥莫驚猜

江汝社宴集　黃岡王一翥

逶迤匪御溝碧蒲間淺黃羅戶廓清夜樵隱俱城西
奏愁寧可詳舒意強刀觴開舘詎無友眈歡物不齊
孤景依妙善龍門騰艮驪傾光借短燭蘭氣橫麥畦
偶來投隣壁爨餘絶輪蹄報德切雲覲往史慵討稽
琴高穿地軸羨門希天梯渺予披縩翁放情當巖栖

送秋日桃花店簡耿文倩

澹月桃花店輕雲似馬山送秋戀黄葉結友悔紅顏

丹竈藏非似金囊去不還人情老莫問名在有無間

自得園　周楨

片片城東石授君之野心雜花低結屋一水細穿林
鳥立紅橋雨人迷綠徑陰十年忘出處兵燹敢相侵

花朝自得園賞花　邑人耿應衡

尋盟選勝報筵開酒政茶經次第裁地慣留題延客
坐花知覓句送香來閒翻舊譜懷前哲競酌清尊訢
後杯月下相邀欣入社故移梅影到蒼苔

九日飲陶我容山莊同諸子登高歌

江陵胡在恪

九日又看客中菊萬壑正走先生屋巖腹刺角挂薜蘿陰洞泠泠動蝙蝠童子纔斫松枝歸蒸梨未熟來開扉見客驚呼主人出見我一揖嗟踈違露濤清絶天台月山盤香有漏源蕨堂中簷外渾雲烟更愛高秋高峯揭瓢尊賞之手自携題糕布荻都超越人生瀉水各西東鴻雁横飛霜葉紅長吟一身向天末何處更尋賣藥翁縱酒正高歌其如風雨何山神對慱去樵人歸斧柯握君手偕君走君家醉石傳家久肯與遨遊客借庠何須更買青州酒時將爲山左之行

天台行

遠來不辨仙居樹近來始識天台路憑將黃鶴羽毛高高飛絶巘凌雲霧幽撑摩青遍洞天石脂琅菜護清泉時憑蜥蜴盆能斂俯看熊羆館作烟雨開一練長江曉洞庭葉落沃焦小天目平分少室東壑奔雷走河淮棹錯趾列屏西爽開函關去後幾時回神人何處尋金汁飛鳥頻頻下石臺老君山峙其西

仰天窩次李卓吾壁間韻　邑人鍾琇

高鳥不可即空濛烟水寒掩關人髣髴開峽事艱難松竹清暉老碑銘故字殘幽奇想澗壑長作昔時看

白沙關

萬里經行久今方見楚山歸心疑夢境酒味識鄉關谿水廻千曲夕陽第幾灣畏云親友集宦况愧雲閒

獨山寺

巇巘孤巒蒼翠餘飛來鐘磬滿寒墟石橋潭水堪鑴字澗草漁舟可卜居羸馬已輸塵外杖對牀常快雨中蔬登臨懷遠攜相聚應賦茱萸秋葉疏

送邑侯徐子厚父母　邑人耿宗塤

朱輪遙紫陌冬日霽朝霞京國文章在江黃豈弟賖十年餘客夢千里戀殘家欲別心無限桐垣映月華

謁耿恭簡公專祠　閆儁龔　璋

不獨伊周事燈分濂洛傳六經雄著業雙柱入遙天美覩宫牆近道欽松柏前琳琅風作響繩武看斯年

登天臺　三泰白良琯

誰將一塊石高挿碧雲頭蒼翠千年色青冥萬古秋脉傳華岳意目静洞庭幽清籟朝虛廡星天次第遊

坐忘臺

當日坐忘時可知有臺否臺以坐忘名忘根尚未屬

了心關

心從過關了關以了心謂試問過關人心果了也未

留月岩

萬山烟鎖一峰開明月尋幽自往來極目江光隨島

嶼何餘清影獨徘徊

撫松岩

崖上高吟何所適撫松長嘯豈無因登臨欲叩關中

意明月西來說故人

博士崖

博士門前千尺水潺湲深注古今情我來獨酌丹崖

側花改新粧鳥弄聲

仰天窩

天窩古洞天幽靈與世絕日月自中生廻龍護山闕

亂峰光入流四壁動明滅澹然一老僧意氣春雲叠

手註楞嚴經見面不識客花木亦靜修含香未輕接

會心悅衆妙忘機莫能說忽指巒山音聲從何處歇

乳山石四絕　　邑人盧爾慥

欹寶懸崖奪化工離奇妬殺玉玲瓏寒汀烟鎖西山

雨搖曳雲根萬竅中

其二

詰曲崎嶇鏤幾重天然結構舞虬龍只疑身在蓬湖

畔片片飛來西竺峰

其三

分明五色碭山雲夜半攜來逐楚軍自被歌聲吹裂

後粘泥帶水結殘紋

其四

城西幾處聳璘珣爲結宣和艮岳鄰棄擲不須生愛

惜免教朱勔又勞民

遊天台　　邑人盧　綖

攀藤窮絕頂睥睨小乾坤列嶂排空立嵯岈勢怒奔

臺高難仞計鳥雀碾飛屯繞壁徑如蔓款嵓俯若門

峰峰留蘚篆樹樹挂秋猨松老虬龍舞巒奇虎豹蹲

嵐光翠欲滴石乳膩堪吞邃谷發幽響泉聲珠雪噴

空青蕩胸次俯仰暢吟魂桃漱忘神倦登臨任日昏

披襟領清趣幽爽莫能言帝座知不遠長吟逼九閽
雲霞已滿掬日月誠可捫下瞰彼城市青烟微幾痕
羣山相拱向羅拜如兒孫

登五雲

苔徑石嶙嶙山行展盡折十步五步停人疲徑逾窄
山重林莽深多言爲虎宅時聞腥風來人人皆怖魄
弓獨致從容大笑以向客射石昔誰雄一談便落魄
行行問答間客子心稍釋未幾履層巔四顧心目闢
峻嶺蓋天青羣峯礙雲碧涼陰落我衣謖謖松千尺

望遠衆山低立久境彌曠天晴日色黃空江一線白
置身霄漢間萬里供驅役深嘆古人愚臥遊會何益
憑空一放歌劃然迸雲隙山鳴與谷應下界自驚嘖
薰風吹未休倏爾人烟夕與客豕而歸路傍多虎跡

仰天窩　　　　　　　　邑人張希良

十年不到此泉石事都非老馬披雲入高僧挈棒歸
諸天一氣接孤磬衆山飛翠竹黃花地從今願息機

雙山疊邑北八十里

望去疑無路洪崖到亦開溪聲奔草木天影卧莓苔
度險心逾怯躭奇首重回往來愁化石後騎爲頻催

萬𡍲園

園林非我有魂夢每相關問訊先叢桂探幽得小山
漁樵何處老兵甲此中閒萬事惟杯酒相看且破顔

其二

三徑秋陰積千峰暮色長鳥窺題壁字蟲響讀書床
寂寞思遺老淹留戀晚芳池臺荒更好莫漫感滄桑

屢乞歸養未得　　　　　　　　邑人吳應庚

六載郎官汗漫遊每逢佳節感松楸引舟力竭臨風

健彈鋏歌殘帶雨收令伯有情虛歲月淵明無夢不
林邱公侯關內如雲集細草荒城一片愁

題桃花塔影圖呈于北濵夫子　　　　吳宏初

古塔摩空碧晴雲影獨懸蔭流千嶂澤高傍九重天
麥隴浮煙靜桃花上雨妍南山歌樂只好向畫圖傳

冬日同王子峻山盧子端珳遊天窩

勝地傳聞久追隨及此辰四圍山斗削一徑石嶙峋
瘦樹斜穿壁危巖曲逗津坐來圖畫裏寫興寄霜筠

其二

朔風净木葉晴日煖林邱一共高人往乃知佳致幽
遠山更戶向逝水築堤留不是浮名繫羲皇可與遊

其三

四山如鉢彰兕率別開天鐘遮浮雲外人來落照邊
地寬雷碎石僧逸竹通泉謝眺新詩好應無讓昔賢

其四

來去何匆遽倉忙易倦人偶逢石卽坐遥望鼠難馴
乘興同王子居前愧照鄰行歌離谷口溪印月痕新

張邑侯鰲山書院題壁　張希良

畏壘新成報蚤鶯辦香騎竹滿山城三州入夢雖多
喜百里攀轅可勝情慈藹依稀瞻畫像典型端的倚
宗盟他時共酌韓稜酒也向兒童隊裏行

前題　邑人盧　績

大夫報最發新硎下邑無緣繫福星綠逆虎符秦嶺
樹青留鵠首楚江萍石碑贔屭鐫三異書院縹緗祝
九齡分袂匆匆明月夜慚無杯酒勸長亭

散里歌　邑人鍾應遜

自昔重循良古今稱卓魯亦在止酷烈前後思召杜
吏治雖多端慈惠實所主張侯蒞此邦邦人歌樂土
百里感和風萬戶沐甘雨牧民在休息焉用斤與斧
士以文墨通笑談傾肺腑其或等狂且不嫌賦鸚鵡
老農力耕鑿年來憂粟腐醉飽穩三眠吏胥目未覩
靡麗無所喜廛市無所取給價倍平人風聞來遠賈
聽彼輿人誦詎能指屈數於中有一事乃更足千古
安昔遭喪亂十不存其五餘戶三百六次第輪差伍
十載一當年當年爲最苦每逢歲晚時老幼走公府
官卒循舊章持籌索規矩法密憑伊弄文深亦任舞

此輩已食人尤愁積保戶保戶專苛泒白晝肝人脯
遇事卽風生發言人皆俯纏頭與簪珥取辦悉窮宇
三五類成羣未語先含怒強者偶一吐鰥寡尤所侮
金錢嗔不足益之以布縷布縷窮女紅無能飽饑虎
富者日向貧貧者嘆終窶侯當下車初太息膺常拊
赫然削陳牘盡掃從前蠹里正不到門雞犬皆安堵
如春回黍谷如日正當午又如病困夫頓覺沉痾愈
租稅無後期公私眞兩補向之攫金者寂寞歸農圃
昔之几上肉歡然歌有稌強弱匪所論勤惰分良楛

風俗自此醇鄉曲漸無武㫁法貴久遠今卽後之祖旣巳頌侯德還須勒堂廡守此以勿退安民以無瘉奸頑或竊弄小子當鳴鼓

天臺秋月　　盧績

岧嶤片石削峯尖王氣遙從北固瞻匝地黃花迎玉兔倚雲紅樹擁金蟾霓裳曲度遊仙聽桂子香飄古佛拈莫惜下弦稍黯淡琉璃夜夜補莊嚴

雙泉堂詩有引　　九河劉承啟

黃安建邑百四十餘年矣邑治公廨梁棟墻垣頹朽殆盡幾不能蔽風雨而燕堂湫隘更無退食之所予承乏茲土經營重建非敢侈壯觀恣逸豫也落成之日忽于堦前得泉二眼清泓甘洌可以鑑人邑人士競誇爲異瑞因以雙泉名茲堂賦詩二章用記其事云

薰風時雨徧山城荒署經營幸落成千嶂碧雲迎戶曉數竿修竹映窗明放衙每切思民隱聽事寧求協政聲天勵臣心當似水雙泉爭自獻澄清

其二

銅符初綰坐專城漫望他年報政成處世未諳惟務慎臨民敢信自廉明欲舒鴻雁千村色愧說絃歌萬戶聲酌水有懷天鑒在好教心曲照泉清

和雙泉堂元韻　　盧績

茂宰初膺斗大城隨車甘雨卜秋成保民咸服蒲鞭教課士爭傳藻鑑明百祿受天先有兆雙泉湧地靜無聲我纓久愧塵埃聚滄浪何時一濯清

前題　　邑人耿宗坤

靈泉迸出舊盧城福澤源流巧合成鑿以天工心一徹濬通地脈眼雙明輝生礎柱瀠洄影錦砌屏墻金石聲至治化神何所頌官清難得吏如清

前題　　王鳳隆

蚤卜人龍見楚城雙泉位置自天成頻開水鏡藏花影似湧冰輪妬月明不俟洗心饒美澤定教沐化播休聲賢侯徧地廉風洽共彼安瀾萬古清

劉夫子邑志落成五十韻　　邑人盧紘慈

聖朝崇吏治夫子獨醇儒宿列郎官上名懸御座隅青藜傳舊學白髮奮新圖二陸人爭慕三蘇世莫逾

持標熾八愷飛鳥伺雙鳧紙向長安貴鞭先上苑驅
敲詩探鈷鉧潑壘走珊瑚才遏張燕國猷宣汲長孺
專城被壘綬借徑剖銅符游刃烹初試隨車雨欲濡
阜財揮玉軫律已濯冰壺露冕巡阡陌提筐饁芓蒲
行仁田種玉示信浦還珠獄折刑仍恤情矜罪不辜
公庭消雀鼠夜柝靜萑苻撫字瘡痍起綢繆凋敝扶
琳瑯顏閈閱谷鍾固垣郛豈乏乘軺客爰開授粲廚
琴堂澄井漈綺署闢蓁汙頻壁施塗茨芹宮奠構櫨
丹楹瞻美奐碧甃看平鋪右道功原峻崇文治誕敷

譽才精許月課士振蘇湖并剪裁綃錦奉盧琢珷玞
羼發來俊髦館轂聚生徒學者欽山斗田間侈袴襦
已誇花作縣早見澤淪膚何以敦風俗須知示楷模
廉明操筆削紀載展討謨渾噩殷周別詹炎大小殊
羅搜追遠代問察遍窮嵎合鐵堪成錯微瑕不掩瑜
考文惟杜史廣益集工輸巨傑藉良技鮮生匪棄繻
聞言方耿耿捧諾更瞿瞿吐鳳慚司馬雕蟲愧董狐
慇懃蒙顧盼佩荷頗躊躕德驥難齊駕疲駑許並趨
蓬心研著述奇字拜牀褕帙合縹緗裹函分甲乙區

聊酬班固志莫擬子真愚戴德歸知己銘恩矢報軀
民歌皆樂只我詠在茲乎翰墨通堯陛聲華動舜衢
蘭臺虛左席宣室定前諏帝日汝霖雨人登公舳艫
官勳巍耿賈霄壤隔劉盧尚念門墻物彭宣畧遺無

喜邑志告成　吳宏初

興廢仙才百度貞千秋徵信一編成史傳曾筆風裁
峻學本蘭臺睿藻精慮乞留心尊國老蒐羅不惜采
群英樗材斷朽塹同厠襄贊無能負鑑衡

遊黃楊古砦　邑人盧　續

捶天古砦接浮光好結蘧廬向此藏石巘嵯岈愁虎
豹土坪坦率快牛羊劍門自古難於守棧閣從來失
所防俯覩諸峯如繞膝那知人世有旗鎗

登天臺山

廿載違蘭若沙彌盡白頭輕裘披五月薄凍結三秋
苔蘚封詩闕烟霞鎖寺幽巨靈開妙境想爲玉蟾遊

烟波亭載府志　明吳　琳

漢水連天濶江雲護曉寒青青山數點正好倚欄看

二程山道中示友人韓奕粱庚寅并序

吳應庚

邑西灄里村曰大活野老傳宋洛陽大中程公由黃陂治北携明道伊川兩先生嘗泛灄溪登眺二山山下有小港潛見不常有墩焉高不尋尺二水中分由龍沆石蹬以北達於灄雖港水暴溢墩亦不沒故大中父子下榻其間六百餘年傳述如此顧吾疑之茲區也菊苷薏苢非有丹巖翠壁之勝茂林幽壑之奇與夫樓館臺榭絲竹管絃之麗大中公不憚跋涉而至於再與三也豈其時有故人高士如陳季常輩隱處其中故不吝往來而傳述者之佚其名耶抑如蘇端明所稱風土厚善尊愛賢者雖山谷蚩氓莫不久戴司空之澤深慕大中之賢尤異明道伊川兩先生之穎悟絕倫俾我幼子童孫有所矜式與不然何以美其東阜曰大程西阜曰小程墩曰程子鄉曰程鄉與垂髫戴白者莫不頌其名也若夫東望黃楊西瞻百欒北顧老君南覩木蘭莫不各有雲巖石屋可以悅耳目怡心志茲區特培塿耳且所謂大者卓爾差高小者

坦而少側殆不過難爲兄難爲弟云爾慨自大中暨兩先生隨宦南安從遊周元公而後茲區茲阜徒拜重疊之名索諸殘編斷碣古蹟新坊了無依據何此中人士之質而無華也暇日閱總志載孝感東五里曰程子港者其傳述與茲區同而黃郡志不之及惟黃安初乘云先是有程鄉小學歲取數童子以充學校之選是孝邑之虛名反不若吾鄉之沐實化也明神宗初周恩久修黃郡志於時爲稍近而操觚者概行抹煞後此欲傳將安仿也嗟乎古所謂金錫圭璧之姿在瓦石草木被其光澤則大中再世之宦蹟暨兩先生昆弟之誕生詎特蹟隨山水幽而已哉頃訪友奕梁徘徊山下漫賦二律以釋夙疑輿廻瀾辨誤庶幾采風者申詢愛惜聊脩故實而山川之久晦亦待時以顯云

望曾臺高百里程舟車上下往來輕聰明池名池瑩水壺色理趣林名林幽木鐸聲宦蹟儼傳千古事仁風拂拂四郊清大中繼司空蒞陂邑孝昌志尼徵文獻幾負茲山大小名

千秋絕學肇周程濂洛昌明橫議輕天以一元擒運
會哲如二子著賢聲文成柿葉休非小（柿葉成太平字）復自
蓮花遠益清奇賞析疑同學在登高作賦豈虛名（山頂池中蓮花盛開故並及之）

邑侯張公一躍重修學宮　吳宏初

取食琴堂盡彭遲煌煌黌序壯新儀搟衕政最堯封
日景仰雲生孔壁聯百里謳吟民有母六經鼓吹士
爭師如斯治績題芳碣早信甘棠去後思

邑侯徐公秉仁禱雨有應

一旱春之夏天心懼蹙秘風雷偏有意草木豈無知
花縣陰重滿平疇綠更滋
聖朝霖雨重四海望恩施

邑侯白公良琯賑荒

不堪炎火蘊爞隆深惻災流百室空十五雨風偏此
缺九三耕嗇問誰充爵榆甘我猶難飽易子傷心忍
忍窮
帝命神君炊玉粒春回寒谷一時融

登五雲山塔次同人韻　吳文鳳

憑虛面面盡宜臨翠掩藤蘿覆寶幢畧郭亞愁驚墮
鳥飛帆隱約見長江（遙望長江如帶）九迴遶佛途皆由獨立
千霄影不雙聽覽自矜窮碧落驅魔愁陣一齊降

春遊墨烟冲二首

策蹇通幽逕層巒廻接天蒼蘚盤古木怪石瀉流泉
日暖禽爭語風和柳篆烟誰惟遊子趣更羨得牛眠
路引清風入幽深別是天暗香過竹徑好鳥囀林泉
細滴芽簷雨時烹松火烟絕無詩思苦何俟酒家眠

遊碧巖寺　吳人鳳

覽勝誰辭去路賒山深最處老僧家靈巖瀑布銀河
瀉翠竹平林石徑斜春色一樓風景異村烟幾縷暮
雲遮清幽寂歷塵囂遠一片心情無際涯

恭步郡伯王公捕蝗原韻　吳淵

德望齊山斗賢勞半域中下車纔幾月善政已旁通
盡力除螟螣深情討始終葵心矜向日掩映慶雲紅
水青山色遠郡治亦蓬萊藏得晨星出携將甘雨來
條氛俱洗滌嘉種遍培栽百里區區地先叨燮理才

林邑侯捕蝗四首即次郡伯王公韻

吳兆澧

清遠分山水神君蒞此中丹心膺

帝簡德意與民通旱去三時害能成萬物終河陽花更異

葵藿遍傾紅

螟螣災方熾良田近草萊如雲官吏集積案簡書來

力役連年起祠壇廣里栽萬端勤幹濟竭盡士元才

春日登鼇峯亭　盧淮詩

萊田麥隴碧千重日午遥聞古寺鐘老樹雜將紅杏

好頹垣多是白雲封橋西射圃留陳迹竹外書帷認

舊蹤

謁鼇山書院

境勝不嫌城市近萬山低處一高峯

嶙峋峻壁俯郊垧幽敞朱檐接杳冥此地並無塵可

到昔年曾記我時經一灣春水環堤曲四面遥岑照

眼青試坐石欄杆畔望何輸西蜀子雲亭

雙泉堂　盧國彬

山繞樓臺樹繞窗廉泉地湧即名邦源分左右遥通

海派合東西瞻入江貯膽照來明鏡雨蛟龍伏處夜

珠雙有時巡子挾琴暇吏凛春冰意早降

雲峩寺次果亭韻　吳兆澧

水抱山環竹樹窩禪房有客夜經過雲烟起處揮毫

疾詩料撥來野色多

上方寺

巉屼躋盡歷村西橘刺藤梢路不迷到得上方塵境

隔五更清磬曉雞啼

天臺叠前韻

石磴高盤東復西龍池欲借洗塵迷高人勝蹟難尋

遍鶴起空山鳥亂啼

官閣雙泉

爽塏成官閣雙泉表吉祥自緣君子澤匪只水泉香

甘冽纖塵淨渟涵萬象藏兩行冰鑑列四座玉壺彰

蕉讓無分美東西若並瀼發人占井井綆汲徧瓊漿

鼇峯亭春望　吳大柱

郭外春晴爽氣攢鼇峯亭上耐盤桓景當適意九馳

阪酒入枯腸水下灘溪瀨倒涵高樹矮雲開轉覺瘦

山寬如香不斷催詩債禿筆年來辛未乾

呈孫驥山邑侯次盧鏡亭原韻　吳大渠

聞說盟心凛四知理棼端委細於絲撫民不愧衆人

母學道應推儒者師百里梓桑皆額手一時芹藻盡
埸眉祗憐未遂瞻韓願快讀盧仝七字詩旅食三吳未遂景仰

贈二姪女貞孝　吳謌

貞孝鍾靈淑偏教命不辰何堪待字女長作未亡人
事可追前躅謂從姑貞姑四姑心期慰老親歲寒松柏在同
耐此艱辛

遊五雲山　阮昌綸

萬峯盤錯横空起一逕孤危鳥道裏山前山後盡雲
封片片飛來凝岫紫我登未半目已迷上顛無巔下

無底狐兎驕癡不避人陰森大木逾千紀峯迴忽駭
路不通怪石突出遮遊履悍如怒獸堅如鐵仰行觸
額俯礙趾捫蘿攀壁息復行半日傴僂度邐迤造極
劃然南北開上窺天路惟尺咫呼吸直與帝座連右
控木蘭左舉水習習清風兩腋生一空塵猬無渣滓
坐久白日欲西傾暮色催歸嘆觀止循塗漸下萬仞
蹊迴望深烟凝緑芷始知登高能探奇所見盡非世
人比嘆彼半塗迴轉人學山不至徒徙倚

吾邑徐子鍾玉娶婦秦四載玉亡弟鍾儒越月亦
尋卒儒幼聘王氏聞訃歸徐隨秦守志未幾秦與
遺腹子茹荼晝荻共歷艱辛今孤開先年幾三十
矣成均委贄率由萱訓深嚴因徇其請賦詩贈之

正氣垂千古深閨立大綱妙齡甘苦節皓首擢孤芳
志共乾坤老名懸日月長咸陽家範肅槐室閫維張
憶昔聯鴛夢偕期報佩將結褵瞻婉娩待字羨端詳
百歲同心締踰旬折翼傷貞猶嚴姆訓席莫煖君床
不弔嗟雙逝餘生嘆未亡操盟匣劍在矢死柏舟償
白晝青霄暮高秋八極荒繐幃空寂寞泉路隔微茫

淨洗鉛華質長捐翡翠妝笋凝斑竹淚聲斷子規腸
蟾闕清如水銀缸冷若霜飛原無破鏡鏘早絶鳴璫
從此天難問誰知善有慶弄璋占趾瑞飲泣借荼嘗
晨夕艱危盡門楣慘淡當嫗憐衰齒伴嬰看尺來強
晝荻和燈剔咀丸映雪光且欣儲國器會更舞萊裳
勉勉恩勤隱孜孜婦孺怏卌年人紀振二美世謀昌
堅白風塵礪精神造化勷文章俱爍彩草木亦流香
輶採褒封亟鄉評激賞彰舊新噓笑哭清濁感潢潦
抱一霞分片刊珉祉錫瀼珷筵摛盛德烔烔貫穹蒼

星集郎德星集亦南北通衢
村落依山麓人家綠樹遮雞豚乘暖地魚蟹戲平沙
藥餌分畦種香醪稱量賒幽風圖未遠作息不聞譁
遊千工堰因登五雲山　邑侯孫文驊
瘦馬披雲入閒情偶樂山人行千樹底村在萬峯間
亂石成山徑流泉叠幾彎蘭亭餘斷碣我欲拭苔斑
别有藏書處仰天窩爲李卓吾藏書處行窩倚石根巖深藏福地
路轉見柴門雁爪留陳蹟松濤淨俗喧何年學高隱
添築浣花村

不覺雲峒險曾經蜀道難帽簷秋色滿鞋底葉聲乾
地與蒼明近山還子細看捫胸塵氣少百感笑無端
孤崙凌空起雙眸頓豁然環村皆碧巘負郭盡腴田
遠水平沙外晴霞夕照邊臨風思富樂囊澁買山錢
收拾名山景都歸夾袋中塵消千日酒骨傲九秋風
客意矜遊覽予心念困窮惟期紅葉雨洒遍畝西東
重午後一日遊文昌閣次周半江學師原韻　署邑侯樊鍾英
訟庭無所事桂閣與朋邀漫把蒲觴續聊將白日銷

許聯詩酒社不作賤貧交此地晴光好嵐烟瑣斷橋
爲約窮奢戒時蔬也入筵尊前無雜客座上有詩仙
覆射榴花落杯浮竹葉娟分題勤擊鉢莫問夕陽偏
乙丑三月留别郟城　署邑侯盧家元
出宰山城越十旬殘冬過去又經春年當閏月爽猶
盛地近中州俗更醇私室好無投刺客閒庭幸少受
鞭人原田歷歷常堪念會見芃芃麥穗新
過盧鏡亭山長壺公壺朗頫七四詩集
署邑侯王進祖

天與覓閒養大年倦遊嵩少返林泉折腰尚笑淵明
俗頫首惟稱太白仙絕代才人艱一第百年詩史當
長編小軒自闢壺中境瘦石疎篁瑣碧烟
天台風洞歌　吳　瓊
我來天臺春已暮探奇亂踏天臺路山腰怪石聳嶙
峋虎豹虬龍僅容步側身更向絕頂行歷盡崎嶇漸
坦平危橋盡處有奇窟耳畔號呼風作聲山中老人
爲余說是名風洞殊奇絕吹噓四序嶺頭雲解釋三
伏懷中熱邀我攀藤入洞中蒼松幾樹影摩空洞前

芳草芊芊綠洞口山花故故紅乘閒偶坐松陰下一
枕羲皇正瀟灑倏忽風吹夢漸回千層碧磵潺湲瀉
長嘯一聲天地清洞門人去白雲生何時重與山人
約不負松風夢裡情

雨後同友人登鰲峯亭

翠瑣層巖石徑灣尋芳有客暫忘還四圍草色亭邊
路一帶花香檻外山斷碣凝烟春已暮怠雲拖雨鷺
飛閒老僧細數興亡迹悲咽聲聲磵水潺

遊千工堰次孫邑侯韻　盧熿

穿竹通幽谷山深不見山村烟紅樹裏梵磬白雲間
夾路石千疊沿溪水一灣重來風景是只有鬢毛斑
何處張家寺千尋碧巘根歸雲藏石磴老樹隱山門
地少輪蹄至林惟鳥雀喧分明人境隔雞犬自成村

老君山石門　吴家龍

歷盡蠶叢道攀藤出石門人疑天外到水向峽前奔
繞壑風聲壯銜山日影昏綠溪松竹好緩步悶烟村

乳山寺石

名山走遍眼偏靑不但山靈石也靈半幅奇雲懸峭
壁幾灣流水繞荒庭空明應詡遊三島虛窾渾疑鑿
五丁彷彿吳興圖第一層巖百尺透瓏玲

界林寺　盧煥

薄暮叩禪關松杉杳靄間忽驚千嶂失却對一僧閒
石榻幽雲宿山溪隱鶴還直須披破衲塵慮頓時删

果老石歌　陳中銑

果老石當巖春丁丁一柱凌雲碧磈硊周環近百圍
嵳峩約計三十尺遥擬肩輿歇嶺頭更訝山巔遺礎
碣頂平合駐王子皃勢聳難升謝公屐人功不逮想

神功鄉村皆道張仙迹憶昔鴻濛蝙蝠精唐時光祿
署官名中條山裡傳奇術噀紙成驢走萬程此事由
來涉荒誕正史不載載雜傳緣何砐礒得聲稱高談
倘是庸夫見我聞妙諦自堪輿岡巃嵸結秀氣儲石
骨入相成吉地石形發露氣之餘或作官星或爲曜
此中定有達人居閒遊是處覘形勝纔水盤山左右
廻山環水遶地靈鍾氣核土精堪作證登臨幾欲發
豪吟徘徊更覺增逸興贈言此石幾春秋猶未攀援
到上頭倘教借得階梯便好取人間仙境奇觀一目

收

雙泉堂　　署教諭樊恭懋

堂上雙泉出嘉祥底事呈應將熏作號當以讓爲名水與民同鑑心隨跡共清天教賢邑宰對此發深情

書熊太學之昃傳後　　林縉光

君山傳烈士大義獨能明罵賊剛無屈捐軀死若生一方資保障千載著英聲已入昭忠祀常垂竹帛名

前題　　戴錫綸

礮雲墨黑雷雨惡蟻緣蜂擁豺狼搏戰聲甫歇罵聲

高烈士山頭甘受斫是時青犢起郎襄楚豫傳烽偹陸梁犄角王師增氣勢異人今又說光黃老君南麓熊河北祖臂健兒誓殺賊斷布爲幟竹爲鎗滿腔熱作丸泥塞一朝猿鶴等沙蟲髮指齦穿恨碧紅魄褫張鴟成鷁退祀應汗馬報鴻功我讀此傳念鄉邑兵火當年殆由入（賊由羅山大勝關入光邑之疊斗隘迤東數十里踰觀音巖又折而西南由牛坑出善關入黃安境）修父子國殤悲謝家（斗汝河謝監生父子素武勇聚丁壯堵禦力戰死賊亦大創鬪各隘皆義勇把截不敢更東遂南出光境）鬼雄接武英名立

聖代漸摩大化淳秀民生恥並頑民將軍討逆從天下莽捐軀自性真

前題　　盧墉

我昔客歸自襄邑途逢里老下車揖維時教匪西竄川詢以鄉鄰猶飲泣爲言吾輩生昇平百六十年無刀兵去春小醜襲鄰境（先是匪燒羅山之仙花）預防波及先心驚道路郵傳聲息惡賊來匪只相劫掠握槊操刀敢殺人紛紛老幼填溝壑熊君聞之髮衝冠誓當一面誅凶殘椎牛煮酒督鄉勇堵賊不使

南來安賊營距站三十里不能南下姑東徙（賊由仙花東據光山南境）可憐一路任橫行無數蒼黎馬前死光黃之界老君山峯巒崱屴踰雄關熊君糾丁握其要晝夜設伏青林間提戈枕甲相持久逋寇勢窮惟株守追師鬪有慶將軍百計無如挺而走黃沙四塞雲低垂一雨十日無晴時泥深徑滑烽烟濕强弩利劍無從施鄉兵力絀羣賊喜乘間蹈隙哭如豕十家鄰舍九家逃獨有熊君罵不止自稱天朝國子生久拚一命鴻毛輕死爲厲鬼還殺賊狗彘焉

能汚我名英風凛凛心如鐵白刃攅身氣不折戰袍寸裂血模糊口中一片常山舌賊怒如蛙忿未除積薪舉火焚其尸牛羊倉廩一朝盡高樓廣廈成邱墟既來復去非初意馬不渡河心駭異首伏熊君挫賊鋒簒爾孤城因有備（賊擬南下値河溪水漲復聞城中有備遂西竄）即今祀典明春秋（名入昭忠祠）雙丁二到綿箕裘天佑達人大其後卓哉熊君誰與儔邪有劉生並盧老（諸生劉琨老人盧茂伯均以罵賊死）一坏猶得藏肝腦其餘死者幾千人白骨滿山殊草草爾時我聞里老言臨風搔首歌招魂何幸客遊別松菊到家園聚歡兒孫登堂握手昔年事此日拈毫頻下淚闡揚潛德賴詩人請賦瑶箋勸忠義

己酉秋杪路過西張家書贈明經張光甲庠彥鳴珂鳴鑾弟兄以誌不忘　邑侯朱　梓

爲民勤于役前路日已曛僕夫爭告瘁指宿野人村何來羣俊秀道左躬逢迎肅我入門右再拜伸慇懃兄先而弟後詞氣多溫文名皆列膠庠矜不類蚩氓俄見少年子器宇尤精英揖罷不敢坐云皆渠後昆學書兼學劍選已中干城尚有羣季在頭角皆崢嶸一門環五代食指將百人有書可共讀有田可共耕然各自得團聚爨未分誠哉公藝後能不忝家聲歲晚務已閒婦子無經營況逢歲大有隴畝多收成枯槔掛在壁稻粱貯滿囷安居可閉戶足不入市城夜深留我飲牢槃烹雞豚山肴雜野蔌一一皆具陳莊牀可就枕機上裁布衾雖未詫燦爛清潔有餘溫即此傲羲皇何憂犬夜驚凌晨出戶望山水環前門霜林飽紅葉滿塢堆白雲依然桃源境藏此懷葛民我愧更羈紲僕僕奔紅塵野菊荒三徑孤松翳草根何時返初服社酒洽比鄰作詩聊寄意此意與誰論

登雲臺山　吳盛蘭

城南有雲臺去城不數里峇穿上逼天矗立何秀峙緩步入幽逕烟凝山色紫怪石叠嵯峨驅馬相邐迤颯颯秋風生行行復止止山中一老僧山外幾樵子秋深黃葉多匝地迷遊躅清泉繞磵流野鳥驚人起翹首望霜林爛若霞成綺古寺晚鐘聲縹緲白雲裡

過棗林寄族兒人模　秦大樟

紙牕寒透風聲入老梅半開香欲襲兒童拍手發高

歌光陰冉冉流水急而我聞之慨以慷屈指那堪年
三十學書學劍兩無成爲射爲御將奚執猶記束髮
受書時同學少年俱負笈相逢半作五陵人衣馬輕
肥下車笠壯士得志馬革尸英雄失路牛衣泣儒冠
從戀老生頭皎皎白駒其誰縶阿爺倘在阿母死攤
書怕讀蓼莪什丈夫貴不及親在累茵列鼎終羞澁
我有一人居三山屬在脽行稱既翕願言努力猶未
遲咄咄徒勞重憂悒感子般勤意致深恵我昌言當
拜揖大禹惜寸陶惜分只到於今始見及拔劍斫地

氣復雄我何人斯胡爲不自立君不見南山一夜雷
雨聲池塘頓起蛟龍蟄

桃花書院中秋即事　秦光宸

桃花洞口山巽兀節屆中秋書乍歇歸者大半留者
稀空山飲酒邀明月山有楂兮水有菱採歸盈掬供
肴核高峯平處敞清筵席地列坐當山巔無端風雨
西邊來满頭吹濕青絲髮而我危坐不肯移三友同
心都不發風爲散兮雨亦收爆竹千聲驚棲鶻舉頭
遥望廣寒宮廣寒深際浮雲窟不見素娥神飄揚徵
聞雲桂香馝馞我思去年中秋時同堂惜月悲殞殘
又思明年中秋時射策風簷筆花茁今夕何夕玉山
頭人不倦兮酒不竭吁嗟此地非尋常舊有將軍秉
黃鉞山河半易人半非賴有子孫世閥閱吾儕爲訪
名師來欣逢佳夕思横越未知時命究何如幾回欲
對姮娥白

星朝山并序　韓文清

縣里山多自西北來巃嵷瘦削蜿蜒數十里至南
陽韓氏村一峯秀挺高里許頂平上有池池南二

巨石蹲左右碧碧獅象狀四面衆山環拱勢若列
星故以星朝名每春秋佳日遊人登覽西眺望月
東拱五雲南峭木蘭北枕仙鼎灄水貫其中極大
觀焉乾隆庚子重陽偕姪邑庠思紬子增廣光舉
携菊黃酒效龍山會因各賦詩以誌勝

不辭覽勝步深秋着屐相携策上頭掃盡餘氛開四
面送來爽氣豁雙眸人宜九日清如許山抱群峯翠
欲流到此襟期偏淡遠逍遥還訝御風遊

步前韻

闘盡繁華已晚秋，追隨直上此山頭。十分美景添吟興，別樣清光縱遠眸。絕頂更無纖翳隔，半天時有斷雲流。今朝滿醉茱萸酒，欲擬仙人汗漫遊。思純

真嫌花事已逢秋，載酒還宜步嶺頭。淡遠山光堪入畫，清空景色欲迎眸。俯看羅列羣峯小，遙指灣環一水流。選勝由來恭妙悟，好同風浴舞雩遊。光皋

林明府禱雨有應　學博汪瀛

天降甘雨澤滂沱，殖我百穀生嘉禾。一雨三日優且足，側聽衢巷民謳歌。曰余邑侯蒞茲土，軫念吾民厥

心苦。政簡刑清煩苛除，四序無愆節風雨。今歲亢旱偶爲虐，躬禱名山履絕崿。鶴扇青詞奏重霄，釋迦經宣振梵鐸。赤烏如火蓋不張，泥濘濺韡雨沾裳。以誠感誠獲天助，惟侯之德烏可忘。余聞此語稱謂然，然未足盡邑侯賢。邑侯化民務以實，夙夜捫心期對天。內署自題爲夙夜捫心之室 偏隅小旱時所有，侯曰繄維予之咎。欲與羣生解倒懸，敢爲一身惜奔走。奔走羣神月兩閱，幾次膏雨徧芳疇。齋宮惶悚彌自責，雨不深尺終不休。吁嗟乎！有虎而冠欲谿壑，視民疾苦如隔膜。禁屠戒沽只具文，那得精誠通冥漠。亦或要結愚黔黎，爲民悍患馨璧圭。詡詡輒自矜良牧，弋取民譽爲階梯。如侯豈復宜致旱，遇旱自責不稍緩。禱而得雨寂若無，邑人克知侯意罕。我爲此言非譽美，願侯勤民長覩此。他日台鼎調天工，宰天下亦如是矣。

前題　武進瞿培

日暘日雨主造化，惟人一心與天通。旱乾水潦時所有，至誠感召理則從。今夏不雨將兩月，赤日流火氣蘊隆。萬民奔告苗待槁，邑侯求禱來齋宮。戴星出入

靡敢懈，焚香執禮心愈恭。直履崕巔探龍穴，携取勺水貯杯中。經翻貝葉頌千佛，楊枝甘露一灑空。心誠求之無不應，油然作雲四布濃。般般其雷轉霹靂，雨師開道鞭頑龍。大沛祥霖徧郊野，三農抃舞歌神功。生者已植死者起，須臾轉歉而爲豐。歸之邑侯非諛美，邑侯遜讓歸蒼穹。

黃安道中

肩輿得得轉山腰，五里人家三里橋。纔過重陽冬已到，霜林紅葉氣蕭蕭。

勞勞堪笑此浮生何事能如讀與耕難得深山最深
處數家茆屋出書聲

出南郭門至青蓮庵

人家圖畫間出郭盡秋山埜水寒沙白霜林楓葉斑
畦荒古墓近菴小一僧還信步來初地蕭然塵慮閒

喜雨爲林邑侯作　盧 爌

山城午日逢甘雨化作千村續命絲告廟書懸通邑
曉憂民念切大神知（出示於初六日建）壇先期卽已沛然恰當積水車
乾後剛是蒔禾插罷時翹首湫雲凝不散滿傾蒲酒

賦新詩

題乳山寺　林縉光

山逕盤紆曲開尋古寺來靈泉浮碧蝌怪石點蒼苔
乳脈何年結鐘聲入夜催偶緣公事暇到此絕塵埃

遊鼇峯（錄一）　孟正笏

遊遍天涯興未磨梓鄉勝地笑初過溪環雉堞浮埃
少寺倚鼇峯積翠多空際雲開横雁字橋邊風起度
樵歌登臨滿目饒秋思一望青山靄黛螺

九日登文昌閣次壁間韻（錄一）　教諭侯安國

滿城風雨一朝開爲定題糕不用猜天起高亭遺閣
壯人騎快馬望山來佢凴樹杪看秋霽還據樓頭捧
玉醅此日詩囊何所得歌聲猶聽紫雲回

前題　林縉光

有客登臨草閣開隔林花鳥莫相猜劇憐幽絕慚孤
往不許情深結伴來落日青山撐瘦骨晚霞紅樹醉
新醅一官笑我成羈束又逐風塵擾擾回（時因公下鄉）

登鼇峯（錄一）　盧 爌

岸潤沙如雪橋横水不波秋深場事畢雨霽竹簾多

遠渚翔鷗鷺澄潭泛鴨鵝村連城市近比屋有絃歌

杏花村卽景　李中杰

茆店依村面市廛杏花落盡酒旗懸樹多爾雅無名
鳥山有茶經未品泉古驛昔時稱巨鎭繁林宋代隱
高賢宜人風景都如畫一片秧鍼綠滿田

重修邑志歌行體一首　張孝坦

幸哉遭遇乎斯時也合璧聚奎榮鏡宇宙原隰呈頴
棻鱗毛貢雕繢五嶺岧岧倚天南黔藏造就鍾粤秀
海山鄉裔作霖雨來爲蕞爾之區洗孤陋蒸蒸吏治

成　郅隆求之莫向簿書中果然心勞自政拙詎識
智名兼勇功問誰化蜀俗喻說古文翁問誰冠賈傅
借有一吳公而我林侯篡修盛意能同同林侯八閩
英茂姓鉅門地陣掃秋闈早搴幟人非百里才腹足
五經笥偶然現出宰官身借棲也似蒲亭季下車以
來茲六歲桃李無言文章砥礪禮羅既已切咨諏製
錦尤思絣利濟昔者竊聞史才良最難持中傳信乃
不刊豈徒覓米滋口實諛金尙誚昌黎韓至於郡縣
之志郎小史紀獻蒐文肇諸此我侯壽惠收樸鄙攬
摯如椽不惜齒穫麥絡繹俱大歡喜以爲必獲公且
是敝邑建自有明嘉靖年邑書草創勞前賢久知蹐
漶未讎校矧多殘闕需續編永在盤杅銜在架膠牘
紙裯風月暇侵晨據案花欲飛午夜臨池燭頻亞白
沙闕南紫潭北民生其間者先疇而舊德或從蓽屋
閟瑰琦都伏毛錐起顏色吾儕小人欽啓隙文懸魚
蹟邈刻鵠功勤韍韍若怙灃蓬照餘放紛閑門只許
附劉勝提槧何堪陪子雲叢叢天臺峰嶙嶙以律兀
磊磊似馬嶂嘛嶆更超忽扶輿磅礴動幽潛元氣淋

漓開鬱勃企侯書竣捧書讀稿備輶軒華分典録大
雅卓不羣君子恥爲獨有如敦洽投泥女瘤宿一朝
飾以簪纓賁花沭謠衢擊壤樂春祺慕義疆仁衍星
福蘭弗當門圃亭菊管城本相匯甘肉敢將對山五
泉斧藻之緻爲公祝

七言近體二首

四面雲山繞座來堂中一鏡湛然開口碑久慕司文
化心秤還優作史才遊聽循良搜壯宕深慚幽仄遡
潺臺安仁縣裡花含笑都被陽春着意催
名氏徒存論譔虛瑤琴飛韻滿樵漁兩岐杳杳孤遺
愛三饒荒荒共索居今雨浥成棠蔽芾古風吹長樹
扶疎益昌採入唐家傳欒藉孫公直筆書

前題　韓致中

百年曠典近何如遠溯陳編亦魯魚幸有良才工斧
藻更無軼事隱葭蘆搜羅直欲窮辰谷蒐吊寧教賦
子虛他日輶軒供採訪定知信史擅嘉譽
按舊乘蒐輯藝文稱明備矣緣幅隘未能盡登芟繁
就簡間以己意爲取裁謬妄之譏所不免耳

黃安縣志卷之十

知黃安縣事嶺南林縉光纂輯

雜志

祥異

春秋不言祥異則紀之然石言蛇鬭之類惟見於傳至大水大旱大無麥禾則特書焉盖氣數存乎天而徵應本之人未可謂天灾流行所在多有無關人事也志祥異

明萬歷二年黃州各縣地震　十六年旱　十七年春大疫　三十六年大水壞民居黃州舟可入城

四十二年四月黃州地震是年大旱　四十三年蝗　四十五年大旱飛蝗蔽天　四十六年蝗復爲灾大旱

天啟元年大雪四旬不止人多僵死　五年雨不止無麥禾

崇禎元年春湖廣地震有聲如雷夏冬復震　六年地震有聲　八年冬黃州郡縣地大震　十年有男化爲女　十一年秋野彘突入城　十二年夏大雨河溢城垣壞蛟龍起　十三年蝗大饑　十四年蝗農輟耕民謠云草無實樹無皮宰却耕牛罷却犁孤負蝗蟲來盛意可憐枵腹過黃陂　十五年黃州郡縣蝗大饑繼以疫

皇清順治二年十一月西關外民家牛生犢二首趙家山石驟長　九年大旱

康熙元年旱　二年復旱　六年春夏大旱　七年夏大旱　九年旱　十年大旱　十三年大旱　十四年旱　十八年旱災　二十五年旱災　二十九

年旱　三十二年旱　三十六年閏三月大雨雹　六十年大水南門內行舟

乾隆二十九年大水壞七里坪　三十年夏飛蝗屢入境郡守王三至縣偕知縣林光祿撲滅之有司無我念太守爲民來之句邑人皆和焉　三十九年大旱　四十三年大旱偏災飛蝗入境　五十年大祲流民死者堆積里人掘坑叢瘞之名萬人坑　五十九年大水浸沒文昌閣東牆並仙湖書院

嘉慶三年旱　七年大旱　十二年有火大如毬其

光奕奕由東而西落於泮　十三年至二十三年夏多旱

道光元年日月合璧五星聚奎　二年春野獸入於城西門爲文禱於城隍遂絕秋禾大熟

按祥異關乎天下國史紀之蕞爾邑無所謂祥與異也然麥秀兩岐蝗不入境不可謂之非祥水旱頻仍饑饉洊臻不可謂之非異誠能遇灾而懼側身修行則休咎少天人之應當有不爽者矣

兵事

宋元時地屬邊界屢用兵焉明爲萑苻之藪建邑後烽鏑漸稀洎流賊煽虐延及豫楚崇禎六年至十六年無歲無寇民皆避難深山倚砦爲固本朝定鼎始慶那居小醜跳梁旋即撲滅蓋百有餘年人不知兵也生逢盛世桴鼓不聞踐土食德之餘當勿忘所自矣志兵事

崇禎七年元日城中男女驚逃三日乃還冬流賊至

八年正月有賊數萬來寇焚殺甚慘

九年紫雲砦兵刃有火

十年春流賊至

十三年復至

十五年秋七月賊革里眼率衆萬餘襲城破之大焚殺市井爲墟

十六年春正月賊革里眼復陷城踞城數月

國朝順治元年奸民夏嗣伯等爲寇結朋人會大肆摽掠里人張五敦王獻臣集鄉勇勦平之

五年王俊公等起兵劫降舉人盧希儲不從殺之並

居其村提督柯永盛討平之

八年奸民張正中向有惠廖國楨劉若愚等煽惑臧獲結黨叛主揮戈横市邑紳盧爾慥寶化芳吳晉王獻臣勦之亂乃平

康熙十三年羅山奸民譚以從等嘯聚仙居山知縣徐秉仁遣邑舉人盧爾慥率子生員盧紘慈及生員李之璉張守瓔督鄉勇往諭降之置賊家口於北關外各給米布尋解赴豫省安插

二十七年夏裁兵夏逢龍倡亂會城本邑亂民李若

謙等勾連叛兵朱二許置僞官民盡逃散知縣張國柱偕學周國購及闔邑紳耆率鄉勇殲平之

嘉慶二年春教匪焚仙花蔓延光山逼近安界監生熊之炅等集鄉勇禦之相持三日賊不得進二月二十七日適大雨賊由土脊嶺蜂擁而至遂焚熊家河村落殆盡之炅死之將南掠河水泛漲馬不能前偵知城中有備且聞慶將軍大兵躡其後乃由羊角會横坡岔西竄一路殺人無算其經舉報者皆邀鄖典各附忠義

按安邑堵賊之役運籌帷幄者郡守舒分守四門者知縣王承銓仇必達韓海署令平治日夕派民上垛稽察奸細者典史鄭以仁捐散油燭垛設一燈冒雨提戈倡首登陴者各門紳士凡屬險要皆有鄉兵先聲奪人勇氣百倍故烏合之衆聞風西遁不然一城如斗數千亡命能禁其不豕突而南哉賊匪西竄後有餘黨百餘人留擾華家河趙家嘴等處經鄉勇勦散並緝獲三十餘名解縣懲辦亂乃平

寺觀

寺始於白馬是後蘭若遍宇內矣安邑舊傳五百餘寺今存者百數十餘葢貧者多并於富廢者無力復興亦可驗民間佞佛之風漸衰息也志寺觀

白衣庵

淨土庵　明耿紳建僧心如爲開山鼻祖俗姓王其爲僧也不募緣不叅學惟六時唄誦一衲一念珠見人無貴賤貧富悉以平等視苦行數十年而歿有藏經厨藏西來文字極富

緑照庵　舊名冷家堂明末有王氏女其夫死于賊矢節祝髮爲尼居此後里中齊氏新寡亦矢節同居重新其寺邑人盧爾慥爲文志其事詳藝文

九蓮庵　相傳僧旭明俗姓蘇英年棄家遁跡空門持戒終其身今廢

龍興庵　卽十方庵廣數十畝昔有僧澹然者年八十餘工詩字精內典都人士時相過從近林木蕭索非復當年矣龍潭寺僧購而新之梵宇垣墉漸成壯麗

鐵佛寺　一名六壬庵

青蓮庵　俗呼金井寺明嘗採金於此後金無所得

中止井尚存

竹隱庵

延壽庵

東林寺　在東郭每歲迎春於此

自在庵　邑紳耿應昌建今廢

徐家堂　今廢

準提庵　順治初建今廢

三教堂　一名大隱庵有僧半偈者禪棲二十餘年足不出關外或過之從牖中作竟日談都無俗諦年近八十先定期至期果示寂今廢

小淨土庵　今廢

靈鷲庵　順治間今廢

羅家堂　今廢

蓼莪寺　邑紳周世鎮建念蓼莪也今廢

以上附城

峰山大寺　在峰山麓古刹也又山頂有廟祀土主

基係曹姓所捐嘉慶二年寇匪逼境禱著靈異賊始西遁士人建廟以報功焉

呂家廟

蔡家堂

鐵鑪寺　明行取御史秦鏜建道光元年邑人秦光鼎秦光鵬等重新之舊傳寺有鐵鑪爲宋元故物徐家堂僧文法建俗姓徐中年棄家入釋以田三石囑其姪徐萬憲永爲供佛香火費云

梅家堂

青雲庵　即李家堂明萬歷間建僧客容修持之地

永安寺

南　寺

北　寺　在小均口兩峯對峙搆廟其巔奇趣插雲互相犄角北寺住持西遠坐樓賢方丈徒名松華

柴家堂

鄒家堂

龍潭寺　明僧若無建寺三面距河水環如帶林木幽邃潭水澄深莫測清秋皓魄浸入氷壺其上爲

木魚山折而西為獅子山觀音洞皆勝境也其西
院則明末僧蘊空建
萬護庵 低寺
彭家堂
知音庵
石家衆
興佛庵
上方寺 僧冲然建有大樹壓石簷冲然欲去之衆
謂不利於殿僧意堅斫之不盡如綫幹及牆人力

莫支冲然暗聲佛號樹旋仆不損隻瓦片瓦咸謂
高僧所感云寺遠塵囂山空闃寂但年久傾頹乾
隆間僧慧能復修之
植聖寺 一名仰天窩僧淡然建寺後有泉導以竹
涓涓達香積當谷口彌望渺曠路紆迴由中峯而
上逕側石壁題曰開一逕曰者裡來數折有巨石
蹲而倚若人延佇狀題曰等個人層累而上又題
曰向上處僧重普書後僧洞源置燈田以供香火
天臺山寺 寺在山巔鳥道紆迴人迹罕至

普光寺
雲巖寺 舊多竹乾隆間捕蝗取竹為具蝗息而竹
盡矣
婁老寺
石丈山寺
光玉山寺
張谷冲廟
新安寺
碧岩寺 僧碧岩建

高山寺
長竹山寺
樊家寺 捐貢樊必鶴祖人建
興佛庵 即悟明寺在七里坪
紅花冲寺
張家寺 石磴盤曲叢竹蔽之到門始知有寺
細廟
歸元寺 神最靈春秋進香者不絕
養元寺 林木甚茂邑紳盧柏川讀書於此捐有燈

田四石

馬埠頭寺　一名護城庵

桃花大寺　舊志載寺在桃花鎮北先是一老人偕媪居此居後有井日産鹽數兩乃募緣搆寺其上鼠而貪得掘井擴之鹽不復産云寺內有東坡先生題聯苾草田邊帶雨桑麻隨處緑桃花洞口入空燈火萬年紅之句旁有洞爲方山子故居相傳東坡先生訪之曾三至其地寺側爲鐘鼓樓明尙書吳琳建乾隆五十七年邑舉人吳海生員吳光

韓吳文翰等重新之今寺已頽敗巨鐘尙存數百年物也

左家岔寺

毘盧寺

喻家堂

漢津廟

祁家堂　即龍臺庵僧必成疏濬溪河以便民田

白衣庵

羅家堂

夾山寺　茅　堂　詷御庵　楞伽寺

潛龍寺　原名東嶽廟秦僉事建明太祖微時避亂格此故名

長壽寺　秦太學建

界林寺　一名大圓陽台七十二寺之一也寺居環山中分東西二刹左爲擂鼓台右爲木魚山前峯突起如獸以爲障後山擁伏如龜以爲屏林木清幽景致佳絶

蘆葉岔寺

仙佛寺

天馬寺　前臨大澗後多稻田林木森然有致

安樂寺

柏林寺　內有于太守成龍題庭前柏子匾

淨居庵

古劒庵

不二庵

桃佛庵

柳家堂

西望庵　卽王家堂

雲台山寺　寺居山頂最高俯覗西南諸峯如兒孫

羅列歷歷可數

以上太仙鄉

能忍庵

珍珠觀

王母寺

祖師殿

陳河寺

砦基山寺

楊子山寺

獨山砦

姚家寺

弥陀寺

吴家寺

經　堂

王家堂

清凉寺　在鷹爪山側古木交加盛暑不熱

鐵佛寺

朝陽寺

三師廟　戴洪建在戴氏祖塋百十萬山麓

馬家寺

界嶺寺

方家寺

水岩寺　明萬歷四年張李二姓建寺前有石巖泉

涓涓不息名曰滴水岩因以名其寺

盧家堂

希有庵

仙人山寺

永興寺

蔣家衆寺

八里灣寺

卓望山寺

覔兒寺

保應山寺

龍王山寺　嘉慶十四年鄉民艾榮德修建祠傭工

為業不娶妻積四十年稍有餘貲捐修此寺併置
田六斗以作招僧香燈之費
廣信砦寺
亭堂
以上中和鄉
雙臺庵　僧古春建
楊家寺
汪家寺
廻龍庵

道滿寺
龍泉寺
西張家廟
道林寺
金家寺
安佛寺
佛塔寺
蔡家寺
七寶山寺

存德庵
大寺
後寺
觀主寺
門家寺
圓融寺
萬壽寺
熊家堂
千佛寺

百祥寺
見天寺　環寺皆山當寺中仰覗蔚藍一線故以為
名
乳山寺　詳八景圖考張大地張大士張大成重修
長海寺
老山寺
韓錫寺
羊角寺
五峯寺　明末僧怡然建即植聖寺僧淡然弟也以

兄遁跡空門亦棄舉子業與之偕隱即五峯山搆
寺以居並置燈田以供僧食舊志載寺外秀峯五
不滅炎洲勝概云
易家寺
峯子寺
王家堂
洪安寺
左家堂
靈臺寺

靈洪寺
雲密寺
林峯寺
大量寺
普賢寺
龍田寺
龍王山寺
琉璃寺　宏峻甲諸寺
本心寺

大方寺
華　寺
彭家堂
興法寺
傅家廟
戴家廟
西林寺　宋元以來寇賊蹂躪所至皆成灰燼而此
寺巋然獨存
楊家堂

九龍寺
桐柏廟
興古寺　一名馨穀明初邑人吴祈陽建捐田供香
火勒石焉
保安寺　邑人吴季舒病痊後捐建因以爲名
岐峰山寺
九峯觀　在棗林會
清貞觀　在陂站會
廻龍觀　在吕王會

以上滙源鄉

按淫祠固所必黜而神道亦以設教安邑寺觀大都各擅山林之勝力田自給游手者少焉但百餘年來毀敗既多命名亦半非其舊姑據僧冊參以舊志錄於篇

仙釋

六經無所謂仙與釋也自劉向燃藜而桂父安期始列於傳自達摩面壁而瞿曇刹利遂衍其宗吾儒讀聖人之書服聖人之教原不求仙何羨乎仙既不佞

佛何取乎釋然其人非仙而近於仙奉釋而全於釋則亦仙之釋之而已矣志仙釋

明

耿六沉

耿六沉諱汝念博學不仕棄家去爲赤松黃石之遊至終南幽僻險絕處行半月都無烟火値大雪逸睇山腰有洞如古陶烟一縷迸出急趨赴一道者端坐其中伏戶外以俟踰時道者出念泣懇授書一冊習之知未來事頗多異徵然深自韜晦人莫窺其底蘊偶花辰邀客飲客曰彼庭前石可移置乎念曰諾命數人力扛之及門門狹不得出念叱之石出出復如舊黃初平之叱石成羊殆謂此歟後其書被焚失傳

涂純一

涂純一者名永谿童子時延醫治母疾遇道士醉卧烈日中張蓋陰覆之道士覺問其故具以告道士命隨行若駕雲升空瞬息間渡溪流八九曲一念母不欲前道士嘆曰是尚未可教也因出囊中針授之教其鍼以針母疾言訖擲一自雲中下恍然如醉夢之覺也訊其地則信陽界去家已五百里矣歸持其針

以砭母疾立起徧試諸病者罔不應後入天臺山修葛洪丹砂之術

無名道者

道者何道其所道而非吾之所謂道也其無名奈何以其會謁耿天臺而不得通其名也夫既不通其名矣而猶留一詩云身披破衲草麻鞋短髮長鬚鬢對來只爲清閒游海島豈圖名利謁天臺內知金木交加併外曉丹砂自結胎覽遍乾坤無貴處狂夫依舊笑盈腮是亦逃墨歸楊逃楊歸儒之幾也即謂之以

詩爲名也亦可

李趣蓮

李趣蓮不知何許人狀魁梧鬚長五綹儼然仙也以訪鐵彈僧至耿六沉居六沉叩其由曰募緣詢所需曰待鐵彈至求試其長未嘗一語浪一日六沉謂曰子以蓮名義將焉取蓮笑曰試爲公觧可乎乃取一盂水投蓮子其中頃之葉出花開菡萏生香芙蕖出水衆方詫異而李已聳身蓮上不復見矣

西鄉丐者

有不乞人間食並不乞人間火亦不以其火與食爲人間乞而自食其食者西鄉之丐者也丐者之自食其食也以松葉其煮松葉也自空燒之樹一大木若檻火從下發灰從下燼恒不令人窺有窺之者必知之郎挈之而走甚且訴而投之以石誰得而食之苟得而食之其色明潤其味柔脆其芳香不可名狀因而善良者幾何人然而食之者卒寡以丐者之不輕以食人也若夫詩書中有真味初無有禁之而反不食之者異矣

程八龍家道者

道者不知何許人萬歷末嘗住庠生程八龍家骨瘦如柴不復類人形或強之食犬盡一隻飯盡一斗酒盡一甕不言醉飽或閉戶數日不與食亦不言饑餓盛夏暴日中不知暑隆冬出戶外不知寒偶積雪驅使出久之意其去也察之乃鼾卧屋傍卧處丈餘無雪氣如蒸呼之歸則歸亦不嗔怒住七八年忽去不知所之

無爲僧

隆慶初有僧無爲者敝衲扶笻自北都來遊天臺之陽二舍許曰饅頭石故豺狼窟也駐錫焉一茅廬僅蔽風雨久之里人爲建數椽名曰朝陽庵僧趺坐其中竟夕不寐居數年一日語里人曰吾將以某月某日西去矣其積薪以待衆以爲誕弗聽會耿恭簡公講學天窩山僧請謁恭簡見其狀粗厲弗爲禮漫問之僧答透機乃進之坐僧曰此來無他吾幡化去後遺二三徒衆希公盼睞耳後果如期自焚化去

釋心如

心如俗姓王邑人削髮爲淨土庵開山祖苦脩頓悟耿司馬宦金陵僧隻身往謁歸遇二宄僧威令負重宄者亦不知僧爲淨土庵師也徑造庵門釋子輩望見師懽呼曰師至矣二僧愕然衆將縛撻之心如亟止延二僧上堂欵待以禮語佛法大義二僧感泣不去終身師事焉後楚藩迎主修靜寺端坐而化鼻端玉柱雙垂有異香四散邑釋氏半師之

止止

止止北直行脚僧也嘉靖中卓錫玆土時耿恭簡不

信二氏學獨以眞行重止止爲搆牛耳寺居焉寺前有峯嵯岈巉嶒止止燃一指以禱雷爲擊去未幾復以某事再燃一指故人又名之爲指指絕穀不食食汰米沙或十餘日並沙亦不食常隱居石洞洞門有二虎守之謁者從山下大聲遙呼俟止止驅虎去乃得前迄今石洞宛然名爲止止洞

國朝釋半偈

釋萬緣字半偈俗姓黃年十八父毋俱喪誓不完娶禮師熏普遂祝髮爲弟子後雲遊諸禪林及廬山晒穀石爰戒于了宗了宗深契之歸行苦行瘂無主白骨千計耿宦嘉其勤修延居三教堂歲辛卯慕浙中天童靈岩諸大知識往叅之多所證明仍歸三教堂慨然曰是即可以大隱矣閉關二十年晝夜提撕融會心性邑人欽之投拜皈依者踵相接也客至啟關側小窻對坐語機神所觸莫不歡暢微有領會處噫釋氏以募施爲事而萬緣總不言修助釋氏皆冷煖應酬而萬緣獨持平等心接待一切必不因人爲高下年七十九預定逝期集徒衆屆期微疾而逝至今

屈指僧德無虧戒修兼至者必首萬緣焉

釋旭明

釋定曙字旭明蘇氏子父祖業儒授生徒多榮顯曙年二十一父毋授之室不就寢矢志爲僧遂削髮於淨土庵苦心修行撿埋枯骨收焚字紙種種善果行之久而不倦晝則募餐夜則露宿邑人敬而憐之爲募建準提庵數楹以居凡所得施與恒分濟於人於是助資者日益衆而修行日益篤皆遵淨土開山祖心如垂訓也卒年七十一其徒亦恪守清規焉

淡然

淡然故楚藩戚畹甫結褵三日即棄家直走黄安至邑北七十里地名八畈見其山形若天窩者悅之擬創嵩邱以居初卜基有二虎起白茅中叱曰孽畜此地須讓我虎貼耳去是夜宿虎穴中次日誅虎穴茆得三十餘擔結草庵以棲將搆正殿建左右廂苦地狹又大石肘其腋非人力可去難之一夜震霆若崩裂狀旦視則擊石片片大小咸中矩用代埴塼工費俱省中爲佛殿即虎巢左爲樓即石砌也樓中尚存

石一段横直三四尺高四五寸寺僧不復鑿去留示後人焉淡然能詩字美髯白皙雖爲僧而無僧習態年九十餘卒徒衆至數百人

僧守誾

僧守誾貌甚寢機鋒四出住淨土庵素不識字然士大夫有經史疑義爲敷陳白文即能闡說大意往往有異論出人意表

東林僧

僧某初賣妻出家東林寺襲金飲酒博戲不事僧事久之師不堪督責之則忿怒詬詈師鳴之官法懲之令頂禮其師是日始就叢林規矩其夜擕一蒲團坐師榻前師懼甚假寐伺之夜半乃見火光出其頂大駭叩之則曰我將自焚可廣招僧衆幢旛鼓樂送我於夾山寺也從之遠近驚異施柴山積友僧尤之恐其惑衆而無實行也僧笑曰吾真火已煉就矣試以示汝因兩手相摩於香爐上火光齊濟墜灰中友嘆曰吾不識子矣次晨登柴堆趺坐日中火自發烈焰中見僧兩手持錢紙左右揮以助火勢火熾但見火

色裸形人騰翻上下數次倏然而去邑西郊引龍崗有僧大梁亦如此自焚至今塔踞山旁因並紀其名

僧才合

邑北朝陽寺古刹也井可供數百衆有僧才合自江南來行真篤貌威嚴望而知爲宿德於寺後二里許結茅居靜基即寺坐山背山高里許澗在山足汲運維艱忽一日朝陽寺井涸而茅庵側石罅中清泉湧出人咸謂山神擁德移泉以供語雖不經然兩基共在一山泉脈相通涸此湧彼理或然也後才合死徒

衆散庵邱墟泉流如故亦足紀也

釋冲然

冲然名正義陂邑李氏子幼娶室生子甫就塾性不喜讀書卽棄妻子祝髮於孝感大悟山師喪吾喪吾淨土庵支派也後遍遊南浙諸叢林至天童苦叅密詮若而年值歲暮正默坐澄思忽聞爆竹聲卽成偈日本來空腹乾淨只因悞服毒藥今朝幸遇知音徹底掀翻打破手不能書倩鄰僧筆之自是雖目不識字而冲口成韻又歷諸方若而年

國師宏覺禪師深契之爲付法器歸本邑創素山蘭若忽棄去壬寅來安耿嚴庵以祖六沉避暑亭地延建上方寺寺成殿梁甚巨工人力盡不能起義用杖指之立上寺後有羅漢松工匠鋸將傾勢已壓新宇義亟呼山神卽反風向北得無恙遠近見聞者共尊禮之誠不啻瞿曇之在雷音也居數年又棄去居陂邑西溪庵預定逝期遍辭邑人暨諸舊識果如期趺坐而逝 以上舊志

志遠和尚

志遠俗姓龐黃陂人受戒叢林參學名刹會游南海謁普陀行雲野鶴無定所也乾隆間來黃安駐錫東岳府不招徒侶淡食粗衣日夕一蒲團木魚聲不絕人有佈施則以修廟嘉慶九年營龕廟側單列所有以貽後僧預別諸檀越禮佛而化蓋非中無所得者矣今邑人言禪行清苦無不稱志遠和尚云

按神仙之事原涉渺茫載籍所傳姑妄言之耳彼銀宫珠闕紫府清都誰見之而誰知之耶若夫蘭若祇園隨地皆是所謂德士實繁有徒入其門者

果能去九根空八垢雖抱歉於彝倫固無慙於禪伯矣

僑寓

昔郭林宗訪黃叔度於汝南至今泐碑其地偶爾投足人爭慕之況僑寓是邦者乎安邑僻在萬山建自明末名賢碩士惠然來者無多焉然其人德行文章高出流輩則吉光片羽皆增人景仰之思因據舊志所紀外參以數人亦如桃花之洞不沒坡公灊水之墩猶傳程子云爾志僑寓

明朝狀元焦竑

秣陵焦弱侯竑耿恭簡之門人也恭簡督學金陵執經問道有日矣後入詞林訪師過安築室天窩書院與溫陵李贄及騷人馬逢暘呂四峯何心隱輩同遊處相周旋凡所題咏山川皆增色翰墨淋漓今流落人間者珍之若拱璧公事業在朝廷文章耀當世俱載明史不具論論其僑於安者如是而已矣

太守溫陵李贄

李卓吾名贄字宏甫福建舉人與邑中耿楚倥相遇

白下極友善仕爲姚安太守將之任路經團風紆道過楚倥因謁耿恭簡深投契合遂有寓安之意以其壻及女僑居於耿氏之五棚別墅與楚倥約曰待吾三年滿收拾得正四品祿俸歸來爲居食計郎與先生同登斯岸矣既三年果棄官來歸曰吾老矣得一二友以永日吾樂之何必故鄉耶爰棲此焉初講學多與天臺牴牾晚始合故楚倥傳中有云兩舍則兩忘兩忘則渾然一體又云志同道合豈偶然耶所著焚書藏書續藏書皆脫稿於天窩釣臺似馬之間時

笑傲山水覽輙題咏其遺跡至今宛然在也尋徙麻城

巴州刺史駱億

駱之族其先隸籍義烏後爲麻城人有駱億者字靜軒號無懷中嘉靖甲午鄉試歷官巴州刺史不畏強禦不謟事上官遂不得晋其秩父源泰以孝行聞宗黨之不能自立者悉周之事載麻邑志今其里巳隸吾安而億與源泰之邱墓皆在焉語曰里名勝母曾子不入邑號朝歌墨翟回車觀賢人君子之所止其

亦知風土之所存矣

何心隱呂四峯

何心隱不知何許人與其徒呂四峯以問學來從恭簡遊胸次落落有不屑韁下意每風雨之夕師弟常相抱痛哭人莫知所謂四峯字正賓福建人饒學識身長腰濶虬髯膂力心隱體不勝衣峯事之惟謹及隱被逮峯隨詣訊裂眦握爪隱目囑之乃止會應試鍵闔俄海泊至當事扣闔出峯遇數百倭拔舟桅撞擊賊應手斃奪舟走復揪湫岸石碎舟退寇仍啟闔

竣試事其在安也嘗寓似馬山吳氏書院有蝕檜九孔如貫珠指使射之九發次第不差工詩草間題壁間有龍戰虎爭之狀字漫滅多不可讀僅辨一律云山城一雨百花新水色雲光轉綠蘋芳草不生車馬路垂楊偏戀酒家春南北西郊梅已過一枝聊寄隴頭人後不知所終云爲海外酋長耿司馬一日坐海船中偶念之忽提刀從天際飛來但覺鬚眉改色耳縱談移晷復飛去遂不見

馬逢暘

馬逢暘字伯時金陵人石林書院十八子之一幼治舉子業弱冠爲諸生恂恂雅飭耿恭簡見而奇之命受學於焦弱侯已而出遊得一劍附歸鐔有暘死二字様逢暘不知也妻見之以爲杜郵之命遂伏劍妻家搆之繫獄三年家益落恭簡爲白乃釋歸棄諸生不事擔簦躡屩來黄安見五雲山有耿先生講學精舍因擇最幽處誅茆壘石偃仰其中藝花種竹日以圖書自娛有勸之娶者曰而不見傷弓之鳥驚餌之鱗乎人以室家爲樂固余之弓餌也時與緇衣羽流

往來亦讀二氏書然不深解獨喜故所習儒書居山數年足跡不入城市不知所往

陳法瞻

陳法瞻閩之貴公子也工字法初與董公其昌同師莫雲卿後爲董代筆董莫辨真贋安人耿遠倩盧昭許延師之其論中鋒偏鋒折鋒提飛捺滿真鍾王嫡派然法瞻所貧不在字也常携十客來安於桃花鎮猝遇賊數千南下瞻率客轉鬬而北賊衆披靡伏兩行倏其過始整旅去盖客皆力能舉千鈞超越重壁

劒俠儔也瞻形短小如不能縛雞然肘臂肩膝無非暗器觸之輙死後應楊公嗣昌募不返矣

殷海鶴

殷海鶴孝感人明末天下大亂鶴以僮僕妻子數人來居邑西之岐峰山自言江夏陳生求爲鄉人訓蒙以自給與之論文不應亦終不宣言家世姓字或有遇鶴酒後吟咏極苦似能詩者卒莫得其稿一日忽不知所往入其室見壁間遺聯云閉戸不聞巖虎嘯披衣常待燭龍明墨書淋漓深得顔魯公筆法至今

人呼其址爲陳先生廬云

趙孟襄

趙孟襄太倉人常客安能背誦廿一史不失一字爲文下筆千言立就詩則矢口不假思索善火器有地雷竹炮水炮等百餘種善舞刀舞時人以器擲之皆迎刀破無能中者善導引隆冬裸體以冷水灌頂氣蒸蒸起灌愈多氣愈盛水爲之沸後應楊公嗣昌募去以上舊志

彭蕙支

彭蕙支字田橋四川舉人前令彭公瑞徵猶子也能詩工書著有棧行三十首時目爲名士與孫令文驊善因過訪焉襟期瀟洒議論縱横有不可一世之槩孫令雅重之初至聚飲一枝香室分得田字詩云雲蹤忽寄楚中天舊賜綈袍着五年甘苦境常懷已往升沉事更感當前酒泉有福應封郡陽羨何人爲買田却愧此來仍戴笠莎廳衙放聲吟看啟明樓賞雪分得過字詩云東門門樓做賓座款客客起爲公賀非朝今朝雲氣凝千片萬片雪花大天霏玉屑地無塵麥飽瓊漿人不餓雪兮雪兮入我筵酬爾三杯再飛過皆一揮而就豪於酒無日不醉醉則吟吟則書邑人求書者惟招之飲醉墨淋漓頃刻十餘幅醒則不爲書矣居四月江右撫軍延之去後有自蜀來者傳其屢試春官不第客中州病酒而卒以彼其才淪落如此可哀也巳

賀長清

賀進士長清字酎亭光州人前令李公榛與其太翁璋同年友延之課孫薺吟咏日與邑人相唱和著作

甚富在安五年門人弟兄三同月遊泮後赴都就銓得山東臨朐知縣行至蘆溝疾作而逝曾見其題人別業云修竹成林緑到天閑門清興亦翛然案頭狼藉三升墨腕底綠綸五色箋老屋不華添古趣才人隨地有詩緣輞川別墅平泉業好趁新晴坐曉烟清麗可喜又傳其月夜賞桂有花既分明月亦香之句四座擊節亦嘉話也

瞿培

瞿培字德田武進宦裔也重然諾慎取與動必以禮

工詩古文詞屢躓場屋八都館倉場劉少司農家預校三分書籍在江南徐州時有舊友貧且病慨然送之歸未抵家卒出槖中金為摒擋一切生平古道類如此旋遊江右有匡廬小孤諸記與廉訪嚴公貧賤交延之來楚嚴調甘藩遂客安幕凡六年著有德田存稿五言如風聲驅石走雨勢挾江飛野水浮牛鼻晴沙翹鷺拳百病老方覺一身客亦難初月隱高樹微風生夕涼七言如十數點雨不碍日三四片雲常在天千重紫塞穿雲背萬里黃塵撲馬頭月當寒夜

疑無色樹近深秋易作聲皆警句也道光元年就醫偷寺竟卒孤惇裕扶櫬歸里邑人士重其品愛其詩且稱其古範清標可以風世固請登之僑寓此豈能得之他鄉者嗚呼難矣

按天地蘧廬也人生其間過客也宇宙雖寬何非僑寓之所哉苟其勳名赫奕則不期傳而自傳若岩穴之士惟抱負過人或相與物色焉然而風塵轣轆中交臂失之者比比矣敢謂寥寥數人足以槩萍蹤哉

方技

形上謂道亦形下謂器百工小技而至理寓焉士患無所成名耳果其專心致志則公輸之巧奕秋之善安知不卓絕千古哉志方技

明朝　羅正則

羅正則蜀人也挾奇術遊黃安嘗在松陽令盧繩慈座宴中令衆離席數尺正亦叉腰遠立遂忽起貼粱間頃復下杯肴無所動又宴別駕耿應衢座從衢索硯寶劍衢言劍在後樓請俟異日正遂注目視後劍

忽飛出從盌隙中插立席上庠彥王以延以六壬書數部請時方擁爐正遽投之火延深不平正笑曰書固在也出諸袖中程太守雪門以一硯請正熟視忽迸銀絲一道絲上一蜘蛛飛繞乃目佳佳以器覆之起器硯如故居安數載逞術以千百計後遊燕邸李公括着薦之於朝時有賊星在北斗懷宗命禳之乃披髮仗劍指星而咒咒畢星隕授以兵部司務順治十年後携家來安主庠彥耿邁宗家不復逞術適處之天窩書院中凡二年復歸於蜀觀其人其行或亦

新垣平鄭禪竈之流亞歟

鐵彈僧

耿六沉好奇士有一僧求寄居於其庄側之避暑亭僕許之沉初未之知也一日出二鐵彈子如卵箝其腹以與衆挺搏挺擊彈首尾而莫傷其指笑曰非搏也格也若果搏彈早彈壓人挺莫能舉矣噫其弄丸之僚歟抑公孫大孃之劍渾脫瀏漓而進乎技者歟

彭長溪

彭長溪者太仙里人也少讀書明醫善鍼法一日行

道上見一男子謂之曰是倘有脇痛者其人曰然長曰腹有蛇將嚙汝肝進則不可起矣吾爲若鍼之鍼入臂其人亦不之知也約七日來會於此果如期至長曰其蛇已死可去鍼越三日蛇自腹中出腐其首果如長言

張昌張清

張氏之先有曰昌曰清者兄弟也皆力能斃虎碎石捷若猱猴方未建邑時里中多盜聞盜即往救先後斃盜百數矣盜魁患之佯爲結好思圖之一日折柬

招伯飲仲曰不往示弱往恐見害奈何伯曰往哉汝爲吾續仲伏山後伺動靜伯至羣盜出迎皆如猛獸奇鬼狀伯獨坐南向盜列兩行前擁十餘席蓋暗囚之矣盜魁曰聞公高藝試觀可乎曰諾衆方囑目已飛越十餘席立塀中北向矣會仲亦隨至遂攜手去羣盜股慄裔孫有正甫者傳其鎗法能敵慣盜二十餘人盜不敢犯焉

國朝 王之善

王之善字淑之本農家子習儒者業一日遇道士授

以書占驗休咎其應如響以此徧遊海內名動公卿年六十五以疾卒

李文軒

李文軒不知其名世居灄源里家貧順治初嘗從山僻間得素書一卷砭針數枚鐵馬勒一具遂精馬醫聲譟遠邇林大中丞聞之召試其術有馬孕數月令射腹中覆薪曰皆產黑駒已而果然邑紳有愛馬病令視之曰爲我具雞黍已而取雞腿二納馬鼻中須臾出蜈蚣長數寸許馬遂愈其他破腦開胸應手而

起未可殫述孫列邑庠後其書失傳

王子寧

王子寧邑西鄉人少業匠引繩削墨已擅時名嗣因痘毒入眼年十五而瞽人皆以爲廢及痘痊仍操是業運斤成風視未盲技更進其錐刀斧鑿之物鬬筍合縫之工都不與凡匠等殆所謂盲目而不盲心者歟噫技也而進乎道矣 以上舊志

耿興儼董夢蛟

耿興儼字鐵山善畫馬於山水尤工 省志 後庠彥董夢

蛟字角木亦以水墨大幅著

韓五公子

韓五公子者黃安人兵部職方司庚寅季子也生而聾且啞父教之識字能摹欒毅論見者以爲神肖有武力徒手可敵二三十人雍正間歲大祲富室吳某家近河南有流民恃衆將行刦吳延韓衛之盡逐流民去及歸有十餘人以棒尾其後擊之棒未至碎爲兩段賊斷右臂遁 省志

楊重華

楊重華瞽者也以手相馬贏凡牝牡年齒毛色德性能歷言不爽 省志

彭仁池

彭仁池亦瞽者以星學自活遠行不用相一日憩五里山失錢十七枚既歸仍往原處尋而得之

劉秉德字均粹澴源里人幼業儒不成棄而業醫遂精岐黃一日途遇小兒之以痘殤者將瘞曰可活也乃置尸井傍汲水注之色轉白俄頃兒噓遂活有貴人目中見鏡形乞治均粹邀過巳家食既至劉入內

久不出而几上置鹽一楪貴人取而飲之未幾劉出曰見鏡乎曰無矣劉曰君善飲醉食魚鱗鱗粘肝故有斯疾也乃歡飲而散大抵疾愈奇藥愈妙效愈速其用藥不拘成法或一味或數十百味以意裁之悉與病準無間畛隸乞丐有求必應學使姚公聞其名檄縣舉爲鄉賓辭不赴給扁旌之年八十餘終子紹基庠生紹堯太學生

韓維魯太學生少習舉業父遘疾屢醫不效遂專精岐黃時族中某有奇疾盛暑暴烈日中猶畏寒奄奄

待斃爰診之曰是尚可爲也命取凉水將病者袪衣淋之二人交扇約十數刻汗出如雨氣騰如烟竟勿藥而愈甲午歲光羅大疫延醫至無不應手輒瘥全活甚衆常於通衢置義漿以濟行人猶小惠也

阮楚平字子原幼聰慧博極羣書兼通輿雲致雨之術嘗値歲旱黃陂令延請設壇祈禱刻日甘雨大沛贈以德堪作霖扁額後客京師士大夫皆樂與之遊少宗伯王旲廬參政俞森皆器重之葢不惟其術而惟其品也閱數年歸里子啟稷入黌序

秦德馨庠生膂力過人常逐奔牛持其角牛不得前逐奔馬攬其尾馬爲却步坐山凹間一鹿爲獵者所逐超越其頂遽起執鹿後足而反撲之鹿頓斃又立門閾前數人拽後數人推不爲動其力自十二至七十未嘗少衰亦未嘗一日疾病性和平不與人爭非値用武之時故終無所表見

明陳志明字養晦習岐黃苦於術之無奇由是北遊燕薊西入關中東至白下南涉湘沅徧師名手遂得其要試之無不偶發而奇中於傷寒陰陽二症汗吐下三法尤得其肯綮安陸雷芳鑄倩授之梓一名窺垣秘術其書現存業醫者宗之

按方士近於異端君子不取焉至諸子百家各擅其長皆足名世何百十年來不數數覯也雖然名人高士埋沒塵埃湮滅而不彰者未可勝道矧挾技以遊者乎